Evangelisches Leben

in Hohenzollern und
im benachbarten Württemberg

Evangelisches Leben

in Hohenzollern und im benachbarten Württemberg

Begleitveranstaltungen zur Ausstellung
„Evangelisch in Hohenzollern"
des Evangelischen Kirchenbezirks Balingen
und des Staatsarchivs Sigmaringen
anlässlich des 500-Jahr-Jubiläums
der Reformation 2017

Herausgegeben von
Jürgen Kampmann, Volker Trugenberger,
Beatus Widmann und Andreas Zekorn

EVANGELISCHER
KIRCHENBEZIRK
BALINGEN

Kohlhammer

Umschlagabbildung:
Motiv des Plakats und Katalogumschlags der Ausstellung „Evangelisch
in Hohenzollern" (Katharina Schmidt, adpositdesign, Kirchheim/
Teck): Lutherfigur vom Dachboden der evangelischen Kirche in Horb-
Dettingen (Aufnahme: Reiner Löbe, Bingen) und Holzschnitt zur
Einweihung der evangelischen Kirche in Hechingen (Vorlage: Hohen-
zollerisches Landesmuseum Hechingen)

Gestaltung und Produktion: Verlagsbüro Wais & Partner, Stuttgart
Druck und Bindung: Gulde, Tübingen

Bibliografische Information der Deutschen Nationalbibliothek:
Die Deutsche Nationalbibliothek verzeichnet diese Publikation
in der Deutschen Nationalbibliografie.
Detaillierte bibliografische Angaben sind im Internet abrufbar
über http://www.dnb.ddb.de.

© 2020 Evangelischer Kirchenbezirk Balingen
Kommission und Vertrieb: W. Kohlhammer, Stuttgart

ISBN 9 78-3-17-039997-6

Inhalt

Beatus Widmann

Einleitung

Das Reformationsjubiläum 2017
im Evangelischen Kirchenbezirk Balingen

Was war Absicht und Inhalt des Jubiläums „500 Jahre Reformation" im Evangelischen Kirchenbezirk Balingen? Ich nenne zunächst fünf allgemeine Gründe:

– Dieses Jubiläum sollte *erstens* eine Erinnerung sein. Die damalige Situation, die damaligen Ziele und die damaligen Reaktionen sollten vergegenwärtigt werden. Auch die Folgen der Reformationsbewegung sollten benannt werden, kirchlich, kulturell und politisch.
– Dieses Jubiläum sollte *zweitens* eine Bewertung der Reformation vornehmen, ein Bekenntnis zu den gefundenen Einsichten, aber auch zu der weiteren geistesgeschichtlichen Entwicklung in Aufklärung, Humanismus und neuzeitlicher Wissenschaft. Ein solches Bekenntnis musste freilich auch die Begrenztheit, die Fehler und Fehlentwicklungen benennen.
– *Drittens* sollte dies einhergehen mit einer Neubesinnung: Wo stehen wir? Was sind christlicher Glaube und Kirche für uns heute?
– *Viertens* sollte es zu einer Vertiefung des Verhältnisses mit der römisch-katholischen Schwesterkirche kommen. Es könnte noch mehr Gemeinsames werden! Wichtig war uns, 2017 nur gemeinsam in der Erkenntnis eines gemeinsamen Fundaments und einer geteilten Glaubensbasis zu begehen, keinen Konfessionalismus, keinen Provinzialismus und keine konfessionelle Instrumentalisierung zu betreiben, sondern mehr ökumenische Perspektive zu gewinnen. Darüber hinaus war auch unser Verhältnis zu den anderen christlichen Kirchen, zum Beispiel zu den Orthodoxen Kirchen, zu den Baptisten und Pfingstkirchen zu reflektieren. Wie leben wir angemessen Ökumene heute?
– Und schließlich musste (*fünftens*) eine Verhältnisbestimmung auch zu den anderen Religionen gesucht werden, an erster Stelle zur jüdischen Religion, dann aber auch je länger je mehr zum Islam.

Das Reformationsjubiläum im Evangelischen Kirchenbezirk Balingen: Welche speziellen Angebote wurden gemacht? Es gab Gottesdienste, Kirchenkonzerte, Kirchenführungen – und die Wanderausstellung „Evangelisch in Hohenzollern"! Sie wurde in Sigmaringen,

Albstadt-Ebingen, Hechingen, Haigerloch, auf der Burg Hohenzollern, in Gammertingen, Horb-Dettingen, Rangendingen und Burladingen gezeigt. Begleitet wurde die Wanderausstellung lokal jeweils von Vorträgen wie auch anderen Veranstaltungen. Dieser
Sammelband dokumentiert die begleitenden Beiträge. Die spezifischen Perspektiven der
jeweiligen Verfasser kommen darin zum Ausdruck und können durchaus auch streitig
diskutiert werden.

Weil die altwürttembergische Reformationsgeschichte hier im Zollernalbkreis sehr ver-
gleichbar mit anderen württembergischen Gegenden verlaufen ist, haben wir als inhaltli-
chen Schwerpunkt für die Gestaltung des Reformationsjubiläumsjahres im Kirchenbezirk unser kirchengeschichtliches „Alleinstellungsmerkmal" seit über 150 Jahren hervorgehoben: „Evangelisch in Hohenzollern".
     Einbezogen in das Festprogramm war aber natürlich auch der württembergische Teil
des Kirchenbezirkes. Zu Balingen, seit 1547 Dekanat und Kirchenbezirk, gehörte ursprünglich das Gebiet der drei Ämter Balingen, Ebingen und Rosenfeld. Heute umfasst
der Kirchenbezirk insbesondere ehemals altwürttembergisches, vorderösterreichisches
und hohenzollerisches Gebiet mit aktuell 61100 Gemeindegliedern in 35 Kirchengemeinden mit derzeit 40 Pfarrstellen – Pfarrstellen, die wohl peu à peu reduziert werden müssen aufgrund des demographischen Wandels mit dem damit einhergehenden Rückgang
der Gemeindegliederzahl. Wenn man in die Geschichte blickt, entdeckt man als einzig
Kontinuierliches den steten Wandel der Verhältnisse. Nichts bleibt, wie es ist.
     Seit Sommer 2014 haben wir gemeinsam gut und eng für dieses Jubiläum gearbeitet,
und dafür bedanke ich mich ausdrücklich bei Dr. Volker Trugenberger, dem Leiter des
Staatsarchivs Sigmaringen und Vorsitzenden des Hohenzollerischen Geschichtsvereins,
bei Dr. Andreas Zekorn, Kreisarchivar des Zollernalbkreises und Vorsitzendem der Hei-
matkundlichen Vereinigung Zollernalb, bei Professor Dr. Jürgen Kampmann, Tübinger
Ordinarius für Kirchenordnung und Neuere Kirchengeschichte, bei dem leider schon verstorbenen Dr. Hans Schimpf-Reinhardt, Stadtarchivar der Großen Kreisstadt Balingen,
bei den Pfarrerinnen und Pfarrern der beteiligten Kirchengemeinden des Evangelischen
Kirchenbezirks Balingen, bei Bezirkskantor Wolfgang Ehni, bei Pfarrer zur Dienstaushilfe
beim Dekanat Balingen Martin Schöberl, bei den beteiligten Stadt- und Gemeindeverwal-
tungen sowie bei den beiden Kreisverwaltungen des Zollernalbkreises und des Landkrei-
ses Sigmaringen und nicht zuletzt bei den beteiligten ausstellenden Institutionen.

500 Jahre Reformation – dieses Jubiläumsjahr 2017 war aus meiner Sicht ein großes und
umfassendes und gemeinsames Projekt!
     Und so geht mein herzlicher Dank an alle weiteren Mitwirkenden, besonders auch für
die Überlassung der Manuskripte zur Veröffentlichung in diesem Sammelband (weil
Pater Anselm Grün in Gammertingen am 10. März 2017 frei und ohne Manuskript zum
Thema „Spiritualität" sprach, können wir seinen Beitrag hier leider nicht veröffentlichen).
Die Kenntnis der Geschichte, auch der lokalen Kirchengeschichte bleibt wertvoll, wesentlich und wichtig.

Dekan Beatus Widmann, Balingen

Volker Trugenberger

Die Ausstellung „Evangelisch in Hohenzollern"

Eine Einführung*

Die Wanderausstellung „Evangelisch in Hohenzollern", ein Gemeinschaftsprojekt des Evangelischen Dekanats Balingen und der Abteilung Staatsarchiv Sigmaringen des Landesarchivs Baden-Württemberg, machte von November 2016 bis Juni 2018 in zehn Orten im ehemaligen Hohenzollern und angrenzenden Gebieten Station, wo sie von über 30 000 Menschen gesehen wurde.[1] In Haigerloch, Hechingen und Rangendingen wurde die Ausstellung in Museen gezeigt, in Balingen im Rathaus, in Albstadt-Ebingen in der Stadtbücherei Ebingen, in Gammertingen und Horb-Dettingen in Gemeindesälen der evangelischen Gemeinden, in Burladingen in der evangelischen Versöhnungskirche und auf der Burg Hohenzollern im Torturm. Von der Treppe, die zu diesem Turm führt, hatten die Besucher einen unmittelbaren Blick auf die evangelische Burgkapelle, eines der ersten evangelischen Gotteshäuser in Hohenzollern. Im Gartensaal des Staatsarchivs Sigmaringen wurde sie unter einem Bildnis Martin Luthers und Philipp Melanchthons präsentiert, das der Maler Karl Ballenberger um die Mitte des 19. Jahrhunderts gemalt hatte.

Da es sich um eine Wanderausstellung handelte, wurden grundsätzlich keine Originale gezeigt, sondern 22 sogenannte Rollups, grafisch gestaltet mit Text und Abbildungen.[2]

* Der vorliegende Beitrag gibt im Wesentlichen den Einführungsvortrag wieder, den der Verfasser bei der Eröffnung der Wanderausstellung „Evangelisch in Hohenzollern" an den meisten Ausstellungsorten hielt.
1 Stationen der Ausstellung: Sigmaringen, Staatsarchiv, 16. 11. 2016–27. 1. 2017; Albstadt-Ebingen, Stadtbücherei Ebingen, 9. 2.–24. 3. 2017; Hechingen, Hohenzollerisches Landesmuseum, 5. 4.–28. 5. 2017; Haigerloch, Kunstmuseum Schüz, 22. 6.–13. 8. 2017; Burg Hohenzollern, Torturm, 15. 8.–31. 8. 2017; Gammertingen, Evangelisches Gemeindehaus, 3. 9.–24. 9. 2017; Balingen, Rathausgalerie, 14. 10.–25. 11. 2017; Horb-Dettingen, Evangelischer Gemeindesaal, 14. 1.–4. 2. 2018; Rangendingen, Heimatmuseum „s'Mahles Haus", 4. 3.–29. 4. 2018; Burladingen, Evangelische Versöhnungskirche 3. 6.–1. 7. 2018 (in Burladingen entschied sich die Evangelische Kirchengemeinde aus kommunalpolitischen Gründen kurzfristig, die Ausstellung nicht wie ursprünglich geplant im Rathaus,.sondern in der Versöhnungskirche zu präsentieren).
2 Die Konzeption erarbeitete Dr. Volker Trugenberger vom Staatsarchiv Sigmaringen. Für die Texte zeichneten außer ihm Martin Schöberl, Pfarrer zur Dienstaushilfe beim Evangelischen Dekanatamt Balingen, und Dr. Andreas Zekorn, Kreisarchivar des Zollernalbkreises, verantwortlich. Fotografien eigens für die Ausstellung fertigten der Fotograf Reiner Löbe, Bingen, und Lara A. Sauer, die im Staatsarchiv Sigmaringen 2015/16 ein

Den einzelnen Kooperationspartnern vor Ort blieb es überlassen, gegebenenfalls mit Originalexponaten aus ihren Beständen einen zusätzlichen lokalen Bezug herzustellen.

So bildete in Horb-Dettingen unter anderem eine Lutherstatue aus Gips einen Blickfang. Ein Vorgänger des jetzigen Pfarrers hatte sie beschafft, ein anderer auf den Dachboden der Kirche entsorgt. Etwas abgestaubt im Rahmen der Ausstellungsvorbereitungen fotografiert wurde sie Teil des Titelmotivs, das auf dem ersten Rollup, dem Ausstellungsplakat, der Titelseite des Katalogs[3] und den Werbeflyern Verwendung fand. Für die Ausstellung in Dettingen wurde sie eigens von einer Restauratorin gereinigt.

Das zweite Element des Titelmotivs, ein kolorierter Holzschnitt der Einweihung der evangelischen Kirche in Hechingen 1857 aus den Beständen des Hohenzollerischen Landesmuseums, wurde im Original in Hechingen gezeigt, zusammen mit vielen anderen Zeugnissen zum evangelischen Leben in Hechingen, die das Museum in den vergangenen Jahren gesammelt hatte.

In Gammertingen war unter anderem die Glocke zu sehen, die vom Dach des im Jahre 1900 errichteten Bet- und Pfarrhauses bis in die 1950er-Jahre, als das Gebäude der heutigen Kirche Platz machen musste, die evangelischen Gammertinger zum Gottesdienst gerufen hatte.

Die gedruckte preußische Agende (Gottesdienstordnung) von 1895 in Haigerloch zeigte die Umbrüche zu Beginn des 20. Jahrhunderts. Der Haigerlocher Pfarrer hatte bei der Fürbitte für *die gesamte deutsche Kriegsmacht zu Lande und zu Wasser, insonderheit die Schiffe, welche auf der Fahrt sind,* hinter *Schiffe* mit Bleistift ergänzt *und Luftfahrzeuge.* Nach der Revolution von 1918 entfiel die Fürbitte für den *Kaiser* und *die deutsche Kriegsmacht.* In anderen Fürbitten wurden *Kaiser* und *Reich* durch das *(deutsche) Volk* ersetzt.[4]

Da Hohenzollern als verwaltungsmäßige Einheit – eine geographische Einheit war es nie – 1973 untergegangen ist und in der Bevölkerung das Wissen, was Hohenzollern war, zunehmend abnimmt, erschien es sinnvoll, am Anfang der Ausstellung Hohenzollern vorzustellen, jenen Regierungsbezirk, in dem Preußen die beiden Fürstentümer Hohenzollern-Hechingen und Hohenzollern-Sigmaringen zusammengefasst hatte, nachdem sie 1850 preußisch geworden waren. Ein Gedicht beschrieb Hohenzollern wie folgt:

Mitte rei nach Wirtemberg
Hängt a Socke überzwerch,
Stroifle hot er schwarz und weiße,
daß mer g'sieht, er g'hairt de Preuße.[5]

Freiwilliges Soziales Jahr in der Kultur ableistete. Fotografien und Texte brachte die Grafikerin Katharina Schmid, adposit design, Kirchheim/Teck, für die Rollups und den Katalog (der die Texte und Bilder der Rollups wiedergibt), in eine ansprechende Form. Dabei hat sie – dies sei als Aperçu bemerkt – die Farben der beiden Veranstalter geschickt als Hintergrund mit eingearbeitet: Lila für das Dekanat Balingen, blau für das Staatsarchiv Sigmaringen.
3 Evangelisch in Hohenzollern. Katalog zur Ausstellung des Evangelischen Dekanats Balingen und des Staatsarchivs Sigmaringen. Hg. von VOLKER TRUGENBERGER und BEATUS WIDMANN. Stuttgart 2016.
4 Evangelisch in Hohenzollern. Katalog (wie Anm. 3), S. 37.
5 Abgedruckt in: Mein Heimatland. Hohenzollerisches Lesebuch. Drittes und viertes Schuljahr. Hg. von dem Katholischen Lehrerverband des Deutschen Reiches und dem Verein katholischer deutscher Lehrerinnen. Dortmund [1928], zitiert nach: OTTO H. BECKER [u. a.] (Bearb.): Preußen in Hohenzollern. Begleitband zur Ausstellung Sigmaringen 1995. Hg. vom Haus der Geschichte Baden-Württemberg und dem Staatsarchiv Sigmaringen. Sigmaringen 1995 (Schwarz-Goldene Reihe 2), S. 128.

Hohenzollern (aus: Evangelisch in Hohenzollern. Katalog zur Ausstellung des Evangelischen Dekanats Balingen und des Staatsarchivs Sigmaringen. Hg. von Volker Trugenberger und Beatus Widmann. Stuttgart 2016, S. 8).

Es war ein von württembergischen Enklaven ziemlich durchlöcherter und an den Rändern durch badische und württembergische Gebiete ausgefranster „Socken", der von der Fußspitze Dettlingen bei Horb knapp 60 km Luftlinie in West-Ost-Richtung bis zur Ferse Trochtelfingen reichte, um dort in Nord-Süd-Richtung in den knapp 60 km langen Schaft überzugehen. Das extrem ausgefranste Bündchen grenzte die badische Bezirksstadt Pfullendorf aus. Es gab zahlreiche Exklaven – von Wilflingen bei Rottweil im Westen bis Achberg bei Lindau im Osten.

Die Geschichte der Evangelischen in Hohenzollern lässt sich in vier Kernaussagen zusammenfassen.

Die Ausstellung „Evangelisch in Hohenzollern" in der Stadtbücherei Ebingen
(Aufnahme: Horst Schweizer, Albstadt-Pfeffingen).

1. Luther kam nicht nach Hohenzollern

Diese Aussage trifft in ihren beiden Bedeutungsebenen zu:

– Martin Luther war persönlich nie in Hohenzollern. Auf seiner Romreise 1511 (übrigens zu Fuß) machte er zwar nachweislich in Ulm Station und marschierte wahrscheinlich weiter über Biberach und Ravensburg nach Lindau. Damit ließ er aber Hohenzollern rechts liegen. Er kam dann ein zweites Mal in den deutschen Südwesten im Jahr 1518, und zwar nach Heidelberg zur großen Disputation. Aber Heidelberg ist ja noch weiter von Hohenzollern entfernt.

– Auch Luthers Lehre fand nicht nachhaltig Eingang in den Territorien auf dem Gebiet des nachmaligen Hohenzollern. Die hier regierenden Landesherren, die nach dem Reichsrecht seit dem Augsburger Religionsfrieden von 1555 die Konfession ihrer Untertanen bestimmen durften, waren streng altgläubig.

Die Untertanen hatten sich zumindest äußerlich anzupassen. Wer sich zu einem anderen Glauben als dem des Landesherrn bekennen wollte, musste auswandern. Es waren dies nicht immer Anhänger Luthers. Denn neben der lutherischen Lehrmeinung gab und gibt es unter dem Begriff „evangelisch" noch andere reformatorische Richtungen. Gerade die beiden Fälle, bei denen nicht Einzelpersonen auswanderten, sondern ganze Gruppen,

Plakat der Ausstellung „Evangelisch in Hohenzollern"
im Staatsarchiv Sigmaringen (Vorlage: Katharina
Schmid, adposit design, Kirchheim/Teck).

betrafen keine Anhänger Luthers: 1586 wurden
Täufer, die in der Glashütte Ensisheim (heute
Landkreis Tuttlingen) arbeiteten, ausgewiesen,
und 1720 verließen etwa 40 Personen, die zum
reformierten Glauben konvertiert waren, das
Dorf Bärenthal bei Beuron und gründeten im
Herzogtum Württemberg im folgenden Jahr
das Dorf Neubärental bei Pforzheim.

Erst im 18. Jahrhundert wurde die Obrigkeit
gegenüber anderen Konfessionen toleranter.
Die Sigmaringer und Hechinger Fürsten nahmen evangelische Beamte in ihre Dienste.

Dass Friedrich Wilhelm von Steuben, der
Hofmarschall des Fürsten von Hohenzollern-
Hechingen, auf Druck des katholischen Klerus Hechingen verlassen musste, lag nicht
daran, dass er reformierter Konfession war,
sondern am homosexuellen Umgang mit Knaben.

Fürst Hermann Friedrich Otto von Hohenzollern-Hechingen siedelte 1804 in dem
nach ihm benannten Weiler Hermannsdorf bei Burladingen württembergische (und damit evangelische) Bauern an und gestattete ihnen freie Religionsausübung. In Hechingen
erhielt 1836 der erste Protestant das Bürgerrecht.

Die Beamten und andere evangelische Zuwanderer (genannt werden müssen auch
Dienstboten und Arbeiter) waren zahlenmäßig nicht von Bedeutung. Eine Volkszählung
von 1852 ermittelte 604 Personen evangelischen Glaubens in Hohenzollern. Sie machten
nicht einmal ein Prozent der Gesamtbevölkerung aus.

2. Ohne das Haus Hohenzollern kein „Evangelisch in Hohenzollern"

Nachdem die beiden Fürsten von Hohenzollern-Hechingen und Hohenzollern-Sigmaringen im Gefolge der Revolution von 1848 ihre Fürstentümer 1850 an den stammver-
wandten König von Preußen abgetreten hatten, galt das Fürstenhaus Hohenzollern in
seinen Linien Hechingen und Sigmaringen nunmehr als *nicht regierende Linien* des preußischen Königshauses.[6] Das Königshaus und das Fürstenhaus bildeten das Gesamthaus
Hohenzollern mit dem König von Preußen an der Spitze.

6 Zitat aus dem Vertrag zwischen König Friedrich Wilhelm IV. von Preußen einerseits und den Fürsten von
Hohenzollern-Hechingen und Hohenzollern-Sigmaringen andererseits über die Abtretung der Fürstentümer

Mit den Preußen kamen nun vermehrt evangelische Beamte und Militärs nach Hohenzollern. Und in Preußen regierte mit König Friedrich Wilhelm IV. ein König, dem es als evangelischem Erweckungschristen wichtig war, dass seine evangelischen Untertanen in Hohenzollern *nicht ohne die Stärkung durch das Evangelium gelassen werden* sollten und *für sie eine stets wachsame geistliche Fürsorge zu vermitteln sei, damit sie nicht für die Kirche verloren gehen,* so das Mitglied des preußischen Evangelischen Oberkirchenrats Aemilius Ludwig Richter 1851.[7] Bereits 1853 wurde mit Ernst Jungck ein evangelischer Seelsorger nach Hohenzollern geschickt.

König Friedrich Wilhelm IV. tat jedoch noch mehr: Er veranlasste den Bau der ersten evangelischen Kirchen. Die Hechinger Johanneskirche wurde bereits 1857 eingeweiht, finanziert vom König, dem der Ausspruch zugeschrieben wird *Hier hat der Gustav-Adolf-Verein nichts zu bauen,*[8] geplant von seinem Hofarchitekten Friedrich August Stüler, dem er auch den Wiederaufbau der Burg Hohenzollern anvertraut hatte, und errichtet unter der Bauleitung der preußischen Ingenieuroffiziere, die diese Aufgabe auch bei der Burg Hohenzollern wahrnahmen.

Stüler war auch Architekt der 1862 eingeweihten evangelischen Kirche in Sigmaringen. Vom preußischen Finanzministerium waren 12 000 Gulden für den Bau bewilligt worden. Doch der Sigmaringer evangelische Kirchenbau wurde auch nachhaltig durch die katholischen Fürsten von Hohenzollern-Sigmaringen gefördert: Fürst Karl Anton stellte kostenlos den Baugrund für die Kirche zur Verfügung, und sein Sohn Leopold stiftete den Taufstein. Das Sigmaringer Fürstenhaus wollte dadurch – wie Karl Anton selbst schrieb – seine *Ueberzeugungen echter christlicher Toleranz und Nächstenliebe konstatieren.*[9]

Diese *christliche Toleranz* des Gesamthauses Hohenzollern kommt auch in seinem wichtigsten Bauvorhaben in der Region zum Ausdruck: dem Wiederaufbau der gemeinsamen Stammburg Hohenzollern. Bis heute gibt es dort die katholische Michaelskapelle und die evangelische Christuskapelle in unmittelbarer Nachbarschaft. Ja, vor einigen Jahrzehnten ist noch eine orthodoxe Kapelle hinzugekommen.

3. Von Ökumene keine Spur

Von der *christlichen Toleranz*, der sich das Haus Hohenzollern verpflichtet fühlte, ließen sich die Geistlichen beider Konfessionen, die im Lande wirkten, allerdings nicht anstecken. Es war vielmehr Abgrenzung, wenn nicht gar Provokation und Konfrontation zwischen den Konfessionen angesagt.

Zwei frühe Beispiele aus den Jahren 1858 und 1859:

Hohenzollern-Hechingen und Hohenzollern-Sigmaringen an den König von Preußen vom 7.12.1849 (StAS FAS HS 1–80 T 18 Nr. 62).
7 Zitat aus einem lithographisch vervielfältigten *Vortrag* Richters vom Oktober 1851 *die Verhältnusse der Evangelischen in den Hohenzollernschen Fürstenthümern betreffend* (EZA 7/787 und StAS Ho 235 T 3 Nr. 485).
8 JULIUS THEOBALD (Hg.): Geschichte der evangelischen Gemeinden in den Hohenzollernschen Landen. Festschrift zur Feier des fünfzigjährigen Bestehens evangelischer Kirchengemeinden in Hohenzollern (1861–1911). Sigmaringen 1911, S. 10.
9 Zitiert nach THEOBALD, Geschichte der evangelischen Gemeinden (wie Anm. 8), S. 28.

1) Am 2. Februar 1858 nahm der Hechinger evangelische Pfarrvikar 31 Katholiken aus Bietenhausen und Höfendorf in die evangelische Kirche auf. Diese hatten sich seit Jahrzehnten nach dem Vorbild der evangelisch-pietistischen Hahnschen Gemeinschaften regelmäßig in religiösen Versammlungen (*Stunden*) getroffen. Dass er für die Aufnahme einen eigenen Festgottesdient bewusst an dem katholischen Marienfeiertag Mariä Lichtmess abhielt, erregte Unwillen selbst beim preußischen Regierungspräsidenten, der nicht zu Unrecht um den Religionsfrieden fürchtete.

2) Makabre Züge sind den Vorgängen bei der Beerdigung der Mutter des Stettener Salineninspektors Hermann Karl Ludwig Raiffeisen und des Mitbegründers des deutschen Genossenschaftswesens Friedrich Wilhelm Raiffeisen auf dem katholischen Friedhof in Stetten bei Haigerloch im Januar 1859 nicht abzusprechen: Der katholische Pfarrer untersagte dem evangelischen Hechinger Pfarrvikar, eine Grabrede auf dem katholischen Kirchhof zu halten, und wies die Totengräber an, die Tote in der sogenannten Selbstmörderecke des Friedhofs beizusetzen. Letzteres ließ sich der Salineninspektor nicht gefallen: Er ließ die Leiche wieder ausgraben und im württembergischen Ostdorf bei Balingen beisetzen. So fand die Mutter des Mitbegründers des deutschen Genossenschaftswesens nicht in Hohenzollern ihre letzte Ruhe, sondern in Württemberg.

Dass die katholische Geistlichkeit der Einweihung der evangelischen Kirche in Sigmaringen 1862 demonstrativ fernblieb, ist nicht verwunderlich.

Weiteres Konfliktpotential bargen die zahlreichen Mischehen. Da die preußischen Volksschulen Konfessionsschulen waren, wurde auch die Finanzierung der evangelischen Schulen durch die katholisch geprägten politischen Gemeinden ein Problem, namentlich in Sigmaringen.

Noch 1950 meinte der Berliner Bischof Otto Dibelius den hohenzollerischen Kirchengemeinden bescheinigen zu müssen, *dass Ihr tapfer und treu […] Euren evangelischen Glauben bekannt und zur evangelischen Kirche gestanden habt.*[10]

Doch nicht alle evangelischen Christen in Hohenzollern verhielten sich so, wie es in der Kirchenleitung erwartet wurde. Bereits 1927 musste der Sigmaringer Superintendent feststellen: *Es gibt doch zu denken, wenn die Fastnachtsbeteiligung vieler Evangelischer in einer Weise in Erscheinung tritt, die ganz und gar unevangelisch ist.*[11]

4. Ohne Preußen wird vieles anders

Seit 1898 bildeten die evangelischen Kirchengemeinden Hohenzollerns einen selbständigen Kirchenkreis innerhalb der Kirche der evangelischen Landeskirche der älteren Provinzen Preußens, der späteren Evangelischen Kirche der altpreußischen Union. An der Spitze des Kirchenkreises stand der Superintendent in Sigmaringen.

---

10 Abschiedswort der Kirchenleitung der Evangelischen Kirche der altpreußischen Union an die 5 evangelischen Gemeinden der Hohenzollernschen Lande (LKAS, Altregistratur des OKR, Gen. 528 III Qu. 38/1).
11 Jahresbericht des Superintendenten auf der Synode in Sigmaringen am 3. August 1927 (Jahresberichte für die evangelischen Gemeinden in den hohenzollernschen Landen 1925 und 1926. Druck. Stuttgart [Buchdruckerei Chr. Scheufele] [1927], S. 14 f., in: AEKiR, 1 OB 010 (Landeskirchenamt, Bestand 31 – Kirchenkreise), Kirchenkreisakten Hohenzollern Nr. 1, Bd. 2).

Nach dem Zweiten Weltkrieg war die Zugehörigkeit zur altpreußischen Kirche nicht mehr aufrechtzuerhalten. Preußen gab es de facto und 1947 de iure nicht mehr. Die Evangelische Kirche der altpreußischen Union begann sich aufzulösen. Durch die Aufteilung Deutschlands in Besatzungszonen waren zudem Berlin (Sitz der Kirchenleitung der altpreußischen Kirche) und Düsseldorf (Sitz des für Hohenzollern zuständigen rheinischen Konsistoriums und auch der altpreußischen Kirchenleitung für Westfalen und das Rheinland) nun ganz weit weg.

Sowohl das rheinische Konsistorium als auch Superintendent Seeliger wandten sich bereits im Sommer 1945 an die württembergische Landeskirche mit der Bitte, dass diese sich der evangelischen Kirchengemeinden in Hohenzollern annehmen möge. Seeliger schrieb an den württembergischen Landesbischof: *Wir sind ja in Hohenzollern seit Jahren an ein Abgeschnittensein gewöhnt, aber solche Isoliertheit wie in den letzten Monaten war ganz besonders schwer. […] Weil ich nun befürchte, dass Hohenzollern wie ein abgeschleuderter Stern noch länger in dieser bösen Welt allein bleiben wird ohne Verbindung mit der Mutterkirche, ohne Kirchenbehörde, ohne Vertretung gegenüber den Besatzungsbehörden, möchte ich Sie fragen, ob Sie nicht bis auf Weiteres die Schirmherrschaft für Hohenzollern übernehmen können und übernehmen wollen. […] Das ist auch konfessionell von Bedeutung. Hohenzollern hatte immer nur 5 % evangelische Bevölkerung* [1939 gab es 4139 Evangelische in Hohenzollern], *aber das grosse Preussen stand hinter ihm*[,] *und seitdem nun Hohenzollern in der Luft schwebt, macht sich eine starke Rekatholisierung bemerkbar und es hat den Anschein, als sollten alle evangelischen Beamten verschwinden.*[12]

Es dauerte noch beinahe fünf Jahre, bis die Eingliederung der fünf hohenzollerischen Kirchengemeinden Dettingen, Gammertingen, Haigerloch, Hechingen und Sigmaringen in die württembergische Landeskirche 1950 endgültig vollzogen wurde. Der Kirchenkreis Hohenzollern wurde zerschlagen, indem die fünf hohenzollerischen Kirchengemeinden auf drei württembergische Dekanate aufgeteilt wurden. Der Grabstein des 1952 verstorbenen letzten Superintendenten von Hohenzollern Hans Seeliger ist vor einigen Jahren symbolträchtig neben dem Grabstein des ersten evangelischen Pfarrers Jungck an der Choraußenwand der Sigmaringer Stadtkirche aufgestellt worden.

Allerdings sah der Eingliederungsvertrag ausdrücklich vor: *Die Besonderheiten der bestehenden Gottesdienstordnung* [altpreußische Liturgie] *und der Ordnung des kirchlichen Lebens bleiben den* […] *Kirchengemeinden erhalten, solange sie es wünschen.*[13]

Die Nachkriegsentwicklung brachte in dem bis zum 31. Dezember 1972 in den Altkreisen Hechingen und Sigmaringen sowie dem Hohenzollerischen Landeskommunalverband verwaltungsmäßig bestehenden Hohenzollern eine deutliche Zunahme der Evangelischen. 1970 waren 17784 Einwohner Hohenzollerns und damit 16 Prozent der Gesamtbevölkerung evangelisch. Neue Kirchen wurden gebaut, neue Pfarrstellen geschaffen.

Im konfessionellen Selbstverständnis lässt sich ein deutlicher Wandel beobachten. Statt Abgrenzung wird die Kooperation in der Ökumene gesucht. Ein gutes Beispiel ist das 1895 gegründete Diasporahaus in Bietenhausen. Sollte sich diese wichtige diakonische Einrichtung ursprünglich um die Erziehung verwaister oder verlassener evangeli-

---

12 LKAS, Altregistratur des OKR, Gen. 528 I Qu. 74.
13 Amtsblatt der evangelischen Landeskirche in Württemberg Bd. 34 Nr. 5 vom 21.3.1950.

scher Kinder aus der hohenzollerischen Diaspora bis zur Konfirmation kümmern, so ist heute an Stelle der konfessionellen Prägung der Arbeit ein Handeln – so das Leitbild – aus Wertvorstellungen getreten, *denen ein christliches, humanistisches Weltbild zugrunde liegt,* darunter *Toleranz in weltanschaulichen und religiösen Fragen.*[14] Mittlerweile werden auch Jugendliche betreut, die keiner christlichen Konfession angehören. Und in Sigmaringen gibt es seit einigen Jahren im katholischen Pfarrhaus am Marktplatz das ökumenische Gemeindebüro *Mittendrin* der katholischen und evangelischen Kirchengemeinden Sigmaringen, konfessionsübergreifend und offen für alle – in preußischer Zeit wäre das undenkbar gewesen.

14 Zitiert nach Evangelisch in Hohenzollern. Katalog (wie Anm. 3), S. 62.

Wolfgang Schöllkopf

[E]yfferich zum Wort Gottes

Wie Balingen mit Württemberg evangelisch wurde

Die Reformation ist eine Erneuerungsbewegung der Kirche an der Quelle des Evangeliums. Diese theologische Reformation hat ein historisches Symboldatum mit dem 31. Oktober 1517, ist jedoch zugleich ein ständiger Prozess zur Erneuerung der Kirche. Martin Luther wollte keine neue Kirche gründen, sondern seine Kirche reformieren und kritisierte deshalb ihre Missstände. Das späte Mittelalter war eine religiös reiche Zeit, bestimmt von großen Umbrüchen im politischen und kirchlichen Bereich. Die altehrwürdigen Ordnungen von Kaiser und Kirche waren noch wirksam, aber zugleich aus den Fugen geraten. Fürsten und Städte, Bischöfe und Klöster emanzipierten sich von den großen Autoritäten. Die Reformation ließ den Freispruch des Evangeliums neu laut werden. Die Untertanen forderten die sozialen Folgen dieser wiederentdeckten Freiheit ein. Die große und kleine Welt war in Bewegung geraten. Drei einflussreiche Faktoren bestimmten diese Umbruchszeit: Mächte, Märkte, Medien. Die angeschlagenen Zentralmächte bäumten sich im Kampf um ihren Machterhalt noch einmal auf. Durch die Eroberung Lateinamerikas entstand die frühkapitalistische Geld- und Weltwirtschaft. Das Medium des Druckes verbreitete Nachrichten in Windeseile. Diese Umbrüche erzeugten Ängste und Sehnsüchte zugleich.

1. Die Anfänge der Reformation in Württemberg

Im Herzogtum Württemberg konnte die Reformation erst im Jahr 1534 eingeführt werden.[1] Dieses für das Land prägende Ereignis hängt an der Rückkehr Herzog Ulrichs aus seiner Vertreibung 1534. Wegen unbotmäßigen Verhaltens gegen den Kaiser wurde er

---

1 Literatur: MARTIN BRECHT/HERMANN EHMER (Hg.): Südwestdeutsche Reformationsgeschichte. Stuttgart 1984; HERMANN EHMER: Die Reformation in Schwaben, Leinfelden-Echterdingen 2010; ANDREA KITTEL/WOLFGANG SCHÖLLKOPF (Hg.): Württemberg wird evangelisch. 475 Jahre Reformation in Württemberg – 450 Jahre Große Württembergische Kirchenordnung. Begleitbuch zur Ausstellung. Stuttgart 2009 (Kleine Schriften des Vereins für württembergische Kirchengeschichte 5); ANDREA KITTEL/WOLFGANG SCHÖLLKOPF (Hg.): Luther kommt nach Württemberg – Berührungen, Wirkungen und Bilder. Begleitbuch

Die Schlacht bei Lauffen 1534. Historiengemälde von 1931
(Vorlage: Stadt Lauffen am Neckar, Museum im Klosterhof).

1519 des Landes verwiesen, das von da an als habsburgisches Lehen regiert wurde. Unpassend für die Inhalte der Reformation, die doch mit Gottvertrauen und Freiheit im Glauben verbunden sind, fällt ihre Einführung deshalb zusammen mit einer Schlacht, die an der nördlichen Landesgrenze bei Lauffen am Neckar stattfand. Dies zeigt den engen und problematischen Zusammenhang von Politik und Religion in dieser Zeit. Der hessische Landgraf Philipp, ein führender Kopf der Reformation im deutschen Süden, verhalf Ulrich zur Rückkehr in sein Herzogtum.[2] Dabei zeigt die Mächtekonstellation der Schlacht bei Lauffen am Neckar vom 13. Mai 1534 die politische Großwetterlage: Das hessische Heer stand gegen die zusammengewürfelten, nur widerwillig zum Kampf bereiten kaiserlichen Truppen, die lieber davon liefen, als ihr Leben ließen. Die Hessen befehligte der Landgraf persönlich, die Kaiserlichen führte zunächst Pfalzgraf Philipp, genannt „der Streitbare". Nach seiner Verwundung bei Nordheim übernahm seine Rolle der Uracher Obervogt Dietrich Speth, ein früherer Weggefährte, dann Gegner Herzog Ulrichs. Geld für die Rückeroberung gab der französische König Franz I., der Württemberg als Puffer gegen das habsburgische Reich brauchte. Zum anderen hatte dieser noch eine Rechnung mit dem habsburgischen Kaiser Karl V. offen, wäre der Franzose doch selbst gerne Kaiser geworden, was jedoch die Fugger mit großen Geldsummen verhinderten. Die Bayern

zur Ausstellung. Stuttgart 2017 (Kleine Schriften des Vereins für württembergische Kirchengeschichte 22); PETER RÜCKERT unter Mitarbeit von ALMA-MARIA BRANDENBURG und EVA-LINDA MÜLLER: Freiheit – Wahrheit – Evangelium. Reformation in Württemberg. 2 Bde. Ostfildern 2017.
2 Siehe GURY SCHNEIDER-LUDORFF: Der fürstliche Reformator. Theologische Aspekte im Wirken Philipps von Hessen von der Homberger Synode bis zum Interim. Leipzig 2006; FRITZ WOLFF: Philipp der Großmütige. In: NDB Bd. 20. Berlin 2001, S. 376–379.

Herzog Ulrich von Württemberg (1487–1550)
(Vorlage: Landeskirchliches Archiv Stuttgart).

versprachen, still zu halten, hofften sie doch, dass mit der Rückkehr der in ihrer Obhut befindliche Sohn von Herzog Ulrich und Herzogin Sabine von Bayern, Christoph, Regent würde (dann wäre Württemberg vielleicht bayerisch geworden!). Seinem Unterstützer und Oheim, dem hessischen Landgrafen verpflichtet, führte Ulrich die Reformation in Württemberg ein und verschaffte der reformatorischen Bewegung so einen festen Stand im deutschen Südwesten.[3] Er hatte in seinen Exilsorten in Mömpelgard, der Schweiz und Hessen reformatorische Personen und Positionen kennen gelernt. Am 16. Mai 1534 hielt der hessische Hofprediger Konrad Oettinger von Marburg in der Stuttgarter Stiftskirche den ersten offiziellen evangelischen Gottesdienst. Zuvor gingen die zahlreichen reformatorischen Aufbrüche im Land heimlich, da von der habsburgischen Besatzungsmacht streng verfolgt, vonstatten. Eine Predigt als Anfangspunkt jedoch ist vom Inhalt der Reformation gesehen in jedem Fall einer Schlacht vorzuziehen, denn der Sieg des Evangeliums ist bedeutsamer als der auf dem Schlachtfeld!

Zur geopolitischen Lage Württembergs bestimmte nun auch die „geotheologische" Lage die reformatorischen Inhalte, lag das Land doch zwischen den Ländern der lutherischen Reformation im Osten und Norden sowie der Schweiz und den oberdeutschen Städten Straßburg und Konstanz im Süden und Westen und damit „zwischen Luther und Zwingli". Ulrich und seine Berater suchten zuerst eine pragmatische Lösung für diesen Zwischenzustand, indem sie das Land in zwei Hälften teilten, die, so die volkstümliche Redensart, mit der Stuttgarter alten Weinsteige markiert waren. – In Wirklichkeit wurden die Ämter des Landes aufgeteilt, und die Grenze lag südlicher als die Weinsteige. – Der Luther-Schüler Erhard Schnepf aus Heilbronn war für den nördlichen Teil des Landes („unter der Steig"), der reformiert-oberdeutsche Ambrosius Blarer aus Konstanz für den südlichen Teil („ob der Steig") als Reformator zuständig.[4] Schon bald aber gab es Auseinandersetzungen zwischen den beiden Lagern, vor allem in der Abendmahls- und der Bilderfrage. Zu den anfänglichen Maßnahmen gehörten deshalb sowohl strukturelle als auch inhaltliche Bestimmungen. So entstand eine erste Gottesdienstordnung schon 1535, die den württembergischen Predigtgottesdienst nach dem Vorbild des spätmittelalter-

---

3 Siehe FRANZ BRENDLE: Dynastie, Reich und Reformation. Die württembergischen Herzöge Ulrich und Christoph, die Habsburger und Frankreich. Stuttgart 1998.
4 Siehe SIEGFRIED HERMLE (Hg.): Reformationsgeschichte Württembergs in Porträts. Holzgerlingen 1999; darin: HERMANN EHMER: Erhard Schnepf und die Reformation in Württemberg, S. 255–288, MARTIN BRECHT: Ambrosius Blarers Wirksamkeit im Herzogtum Württemberg, S. 291–319.

lichen Prädikantengottesdienstes der Reichsstädte festschrieb.[5] Dann sorgte man für eine gute Ausbildung des evangelischen Pfarrerstandes und richtete 1536 das evangelische Stift in Tübingen ein.[6] Mit Visitationen sollte der Wissensstand der Geistlichen und ihre Arbeit überprüft werden. Die Klöster wurden in Klosterschulen umgewandelt, denn ein protestantischer Schwerpunkt war von Anfang an die Bildung für alle Begabten. Das Klostergut wurde inventarisiert; seine Kassierung für den Herzog konnte jedoch durch die Einrichtung eines separaten Kirchenguts verhindert werden, das allein kirchlichen, schulischen und sozialen Zwecken dienen sollte. So entstand das landesherrliche Kirchenregiment und in ihm das Modell eines aus evangelischem Geist gestalteten Gemeinwesens.

2. Ausblick auf die Reifezeit der Reformation in Württemberg

Nach den ersten Auf- und Umbrüchen samt ihren pragmatischen Entscheidungen folgte die Reifezeit der württembergischen Reformation in der zweiten Phase unter Herzog Christoph, der ab 1550 regierte, und dem Reformator Johannes Brenz, den der Herzog 1553 als Propst an die Stuttgarter Stiftskirche berief. Zusammen mit dem genialen Juristen Sebastian Hornmoldt aus Bietigheim gestalteten die drei ausgeprägten Persönlichkeiten ein evangelisches Staatswesen, das seinen Höhepunkt erreichte in der Großen Kirchenordnung von 1559.[7] Ihre Schwerpunkte in Gottesdienst, Schulwesen und Sozialfürsorge wirkten wie eine Landesverfassung durch Jahrhunderte. Sie regelte ein verantwortliches Gemeinwesen in evangelischem Geist, weshalb sogar die Apotheker- und Hebammenordnung darin enthalten sind. Mit Brenz wurde die württembergische Kirche in Fragen des Bekenntnisses und der Lehre ganz im lutherischen Lager beheimatet, besonders durch seinen genialen Katechismus, der weite Verbreitung fand.[8] In der Liturgie und Kirchenverfassung dagegen nahm man eine oberdeutsche Vermittlungsposition ein, wie sie besonders Martin Bucer in Straßburg prägte. Allerdings programmierte das landesherrliche Kirchenregiment einen Zentralismus, der dem Leben der Gemeinden nicht immer förderlich war. Dazu entstanden nach der Kritik an den klassischen Hierarchien neue, die oft undurchsichtiger waren als die alten. So blieb Reformation als Kritik und Erneuerungsbewegung für die Kirche Christi ein ständiges Erfordernis.

5 Siehe MATTHIAS FIGEL: Der reformatorische Predigtgottesdienst. Eine liturgiegeschichtliche Untersuchung zu den Ursprüngen und Anfängen des evangelischen Gottesdienstes in Württemberg. Epfendorf/Neckar 2013 (Quellen und Forschungen zur württembergischen Kirchengeschichte 24).
6 Siehe WOLFGANG SCHÖLLKOPF: „Zur erhaltung und erbauung fromer, geschickther, Gottliebender Menschen" – Die Anfänge des Tübinger Stifts. In: Tübinger Blätter 72 (1985), S. 78–80; neu bearbeitete Fassung in: SIGRID HIRBODIAN/TJARK WEGNER (Hg.): Tübingen. Aus der Geschichte von Stadt und Universität. Tübingen 2018 (landeskundig 4), S. 203–212; WOLFGANG SCHÖLLKOPF (Hg.): Schwäbischer Olymp und württembergische Pfarrerschmiede. 450 Jahre Evangelisches Stift Tübingen 1536–1986. Katalog zur Ausstellung. Tübingen 1986.
7 Siehe JÖRG BAUR: Johannes Brenz. Ein schwäbischer Meisterdenker auf den Spuren Luthers, in: Blätter für württembergische Kirchengeschichte 100 (2000), S. 29–57; MARTIN BRECHT: Brenz, Johannes. In: Theologische Realenzyklopädie. Bd. 7. Berlin, New York 1981, S. 170–181.
8 Siehe CHRISTOPH WEISMANN: Die Katechismen des Johannes Brenz. 1: Die Entstehungs-, Text- und Wirkungsgeschichte, Berlin, New York 1990 (Spätmittelalter und Reformation 21); CHRISTOPH WEISMANN: Eine kleine Biblia – die Katechismen von Luther und Brenz. Einführungen und Texte. Stuttgart 1985.

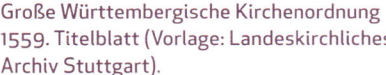

Große Württembergische Kirchenordnung
1559. Titelblatt (Vorlage: Landeskirchliches
Archiv Stuttgart).

Johannes Brenz (1499–1570)
(Vorlage: Landeskirchliches Archiv Stuttgart).

3. Die Reformation in Balingen

Diese landesweiten Ereignisse und ihre Inhalte lassen sich nun in den Geschehnissen in Stadt und Amt Balingen spiegeln und dadurch auch konkretisieren.[9] Im Mittelpunkt steht dabei die stattliche Stadtkirche. Sie bezeugt den religiösen Reichtum des späten Mittelalters mit seiner Marienverehrung und den zahlreichen Altarpfründen. Die Investiturprotokolle des auch für Balingen zuständigen Bistums Konstanz, die die Besetzungen der Priesterstellen akribisch dokumentierten, weisen für die Balinger Kirchen insgesamt sieben Altarpfründen aus: Im Vorgängerbau der Stadtkirche, der Nikolauskapelle je einen Marien-, St. Gallus- und St. Margarethen-Altar, in der jetzigen Friedhofskirche „extra muros" einen St. Katharinen- und St. Petrus-Altar, sowie eine Ölberg-Kapelle.[10] Insgesamt

---

9 Siehe dazu das hilfreiche Kapitel „Frischlins ‚Vatterland'. Balingen im 16. Jahrhundert" in: CASIMIR BUMILLER/HEDWIG RÖCKELEIN: „… ein unruhig Poet". Nicodemus Frischlin 1547–1590. Balingen 1990 (Veröffentlichung des Stadtarchivs Balingen 2), S. 19–34, sowie Beschreibung des Oberamts Balingen. Hg. von dem Königlichen statistisch-topographischen Bureau. Stuttgart 1880.
10 Siehe Die Investiturprotokolle der Diözese Konstanz aus dem 16. Jahrhundert. Teil I: Aach – Kurzenbach. Bearb. von FRANZ HUNDSNURSCHER. Stuttgart 2008 (Veröffentlichungen der Kommission für geschichtliche Landeskunde in Baden-Württemberg A 48), S. 46 f.; Die Investiturprotokolle der Diözese Konstanz aus dem 16. Jahrhundert. Teil III: Einführung, Verzeichnisse, Register. Bearb. von DAGMAR KRAUS. Stuttgart 2010 (Veröffentlichungen der Kommission für geschichtliche Landeskunde in Baden-Württemberg A 49), S. 491–493.

versahen zehn Priester die Altardienste, die durch die dazugehörigen Altarpfründen finanziert wurden.

1443 wurde der gotische Umbau der ursprünglichen Nikolauskapelle zur Stadtkirche begonnen, die den Ort des Gottesdienstes, der zuvor in der Kirche zu Unsrer Lieben Frau, der heutigen Friedhofskirche und damit außerhalb der Stadtmauer lag, in die Mitte der Stadt hereinholte. Als der Umbau 1541 endlich abgeschlossen werden konnte, war Württemberg und damit auch die seit 1403 zum Herzogtum gehörige ehemalige Zollern-Stadt Balingen evangelisch geworden.

Zwei Bilder in und um die Kirche sprechen dazu Bände: Im Chorraum des außergewöhnlichen Chorturms hängt ein Portrait Martin Luthers. Es wurde von dem in Balingen wirkenden Kunstmaler Friedrich Eckenfelder (1861–1938) geschaffen und entstand um Luthers 400. Geburtstag 1883 während seines Studiums in München.[11] Eine Anekdote erzählt, dass Eckenfelder das Bild zunächst verwerfen wollte, weil ihm Luthers Nase nicht gefiel; erst sein akademischer Lehrer ermutigte ihn dazu, den Luther so zu belassen, dessen Nase vielen zu allen Zeiten nicht passte![12] Das Bild gehört zu den unzähligen, die nach Vorlagen des bis heute das Luther-Bild dominierenden Lukas Cranach gemalt wurden, worauf der Kopf (samt Nase), die Amtstracht, die aufgeschlagene Bibel und die darin zum Ausdruck kommende Haltung hindeuten. Doch bevor sich Württemberg und damit auch Balingen vollständig zur Lehre Luthers bekannten, war zuerst noch eine andere Zeit bestimmend, von der das zweite Bild erzählt: Das Ritterstandbild auf dem Brunnen vor der Stadtkirche mit dem württembergischen Wappen wird traditionell als Herzog Ulrich gedeutet, andere Deutungen gehen von einem Wappner aus. Auf jeden Fall symbolisiert das Standbild die Verbundenheit mit dem Herrscherhaus. Ursprünglich in Sandstein gehauen, wurde das verwitterte Original ins Heimatmuseum verbracht und ein Bronzeabguss davon auf den Brunnen gestellt.

Der aus seinem Land vertriebene Herzog Ulrich versuchte in seinen fünfzehn Exilsjahren immer wieder, nach Württemberg zurückzukehren. Dabei spielte Balingen als Amtsstadt im Grenzgebiet im Bauernkrieg 1525 eine wichtige Rolle. Ulrich verpflichtete die Stadt zur Loyalität, die sie ihm gegen die Zusage der Unversehrtheit auch gewähren wollte. Allein, es blieb beim Rückeroberungsversuch, und die Geschütze des Herzogs verblieben in Balingens Mauern! Ulrich aber blieb ein psychisch schwer belasteter, schwieriger Mensch, obwohl er im Land in den Jahren seiner Vertreibung immer mehr verklärt und verehrt wurde. Dabei war er es, der durch seine Verschwendungssucht und Steuereintreibung den Aufstand der Bauern maßgeblich hervorrief, wie schon der Arme Konrad 1514 zeigte.[13] Die Bauernhaufen im Balinger Amt wurden angeleitet vom Pfarrer von Oberdigisheim und angefeuert vom „Karsthans", dem Laienprediger Johann Murer (1490–1525), der aus Straßburg und Basel in diese Gegend kam. Ihre Forderungen nach sozialer Gerechtigkeit waren nach jahrhundertelanger Leibeigenschaft, Ausbeutung und Unterdrückung nur zu berechtigt, ihre gewalttätigen Mittel jedoch bedrohten die junge Reformationsbewegung. 1534, nach der Rückkehr Herzog Ulrichs, führte er auf Geheiß seines

---

11 Siehe BENNO SCHLIPF: Balingen. Große Kreisstadt am Fuß der Schwäbischen Alb. Balingen 1979, S. 74–79; Abb. S. 76.
12 Ebd., S. 77 und 79.
13 Siehe GÖTZ ADRIANI/ANDREAS SCHMAUDER (Hg.): 1514. Macht. Gewalt. Freiheit. Der Vertrag zu Tübingen in Zeiten des Umbruchs. Ostfildern 2014.

Oheims Landgraf Philipp von Hessen, des Schutzherrn der Reformation im deutschen Südwesten, im Land die Reformation ein. – Und nicht, wie man in der Geschichtsschreibung der Romantik gerne kolportiert hat, aus innerer Überzeugung! – In Balingen jedoch hatte man nach den Bauernaufständen einen linientreuen leitenden Priester eingesetzt: Vincenz Hartweg aus Kirchheim/Teck. Er hatte ab 1522 in Tübingen studiert und war dort ab 1532 Dozent gewesen, dessen Unterhalt die Universitätspfarrei Neckartailfingen finanzierte. 1534 wechselte er von Balingen nach Rottweil und Überlingen.[14] Die zehn Priesterstellen in Balingen wurden mit der Reformation auf nur noch zwei reduziert. Der Reformator des südwürttembergischen Landesteils besorgte im Auftrag des Herzogs die Besetzung der ersten evangelischen Pfarrstellen in Balingen.

4. Ambrosius Blarer (1492–1564), der Reformator Südwürttembergs und Balingens

Blarer stammte aus einer Konstanzer Patrizierfamilie.[15] Sein Bruder Thomas wurde Jurist und war Rat und Bürgermeister in der Stadt. Ihre Schwester Margarete stand in enger Verbindung mit dem Straßburger Reformator Martin Bucer und der ihr seelenverwandten Katharina Zell.[16] Beide unterstützten das reformatorische Geschehen durch Briefe und Kontakte. In ihrer Heimatstadt Konstanz baute Margarete Blarer, die unverheiratet blieb, eine große Sozialarbeit zur Versorgung der Armen, Alten und Kranken auf, die im ehemaligen Inselkloster unterkam. Die Konstanzer Reformatoren und Liederdichter Johannes und Konrad Zwick waren Vettern der Blarers.[17] Ambrosius trat gegen den Willen des Rates als Benediktinermönch 1505 ins Kloster Alpirsbach ein und studierte von dort aus in Tübingen. In dieser Zeit lernte er Philipp Melanchthon und den Beginn der humanistischen Reform der Universität kennen. 1521 wählte ihn das Kloster zu seinem Prior, doch schon ein Jahr später erfolgte der Bruch mit dem Klosterleben, und Blarer floh aus Alpirsbach. Seine Gründe dafür erläuterte er 1523 in einer Rechtfertigungsschrift.[18] Wie Martin Luther kritisierte auch er nicht das kontemplative Leben an sich, sondern das elitäre Bewusstsein der Mönche, als wären sie die besseren Christen. Nun stellte ihn der Rat seiner Heimatstadt 1525 als Prädikant an, dessen Aufgabe es war, gebildete Predigten zu halten. Diese Prädikaturen stehen für die Emanzipation und den Bildungsanspruch des städtischen Bürgertums und wurden häufig zum Einfallstor reformatorischer Ideen. Beispiele dafür sind Johannes Brenz in Hall, Matthäus Alber in Reutlingen oder Martin Frecht in Ulm. Es gibt jedoch auch Ausnahmen wie in Balingen, wo zwar 1501 eine Prädi-

---

14 Siehe Investiturprotokolle Konstanz (wie Anm. 10), Teil I, S. 47.
15 Literatur: BERND MOELLER: Blarer, Ambrosius. In: Theologische Realenzyklopädie. Bd. 6. Berlin, New York 1980, S. 711–715; HERMANN EHMER: Ambrosius Blarer und Gerwig Blarer. Zwei Benediktiner in den Entscheidungen der Reformationszeit. In: Blätter für württembergische Kirchengeschichte 86 (1986), S. 196–214.
16 Siehe UWE BIRNSTEIN: Margarete Blarer. In: Who is Who der Reformation. Freiburg 2014, S. 52–53.
17 Siehe BERND MOELLER: Johannes Zwick und die Reformation in Konstanz. Gütersloh 1961.
18 AMBROSIUS BLARER: Warhafft verantwortung Ambrosii Blaurer an aynen ersamen weysen Rat zu Costentz anzaygend warub er auss dem kloster gewichen und mit was geding er sich widerumb hynein begeben wol. O. O. 1523.

katurstiftung durch Balthasar Rieber eingerichtet wurde, ihr erster Inhaber Konrad Ruff jedoch altgläubig blieb bis 1535.

Blarer beteiligte sich aktiv an theologischen Disputationen und arbeitete an den neuen städtischen Ordnungen zu Gottesdienst, Schule, Ehe, Zucht und Armenversorgung mit. Er stand in regem Austausch mit den Reformatoren Huldrych Zwingli in Zürich, Johannes Oekolampad in Basel und Martin Bucer in Straßburg. Neben Konstanz wurde er zum reformatorischen Berater vieler Städte und Territorien wie Ulm, Memmingen, Esslingen oder Isny. Aus seinem Dienst als Reformator Südwürttembergs wurde er nach der Auseinandersetzung mit seinem Kollegen in Nordwürttemberg, Erhard

Ambrosius Blarer (1492–1564)
(Vorlage: Landeskirchliches Archiv Stuttgart).

Schnepf, 1538 unwürdig entlassen. Der Hauptgrund dafür war seine pragmatische Einstellung zur Abendmahlsfrage, in der er weder die Schmalkaldischen Artikel noch die Wittenberger Konkordie annahm und so keine konkrete Position bezog. Weitere Konflikte brachten ihm die Gegenwehr der in seiner Zuständigkeit liegenden Universität Tübingen gegen eine oberdeutsche Reformation ein. Im Interim 1547 lehnte Konstanz die Unterwerfung unter den Kaiser ab, wurde deshalb erobert und verlor seine Reichsunmittelbarkeit. Blarer musste fliehen und verbrachte seinen Lebensabend ab 1551 als Pfarrer in Biel im Berner Land. Er war kein strenger Systematiker, sondern er liebte die Wort-Kunst in Predigten und Liedern.[19] Schon seit dem 16. Jahrhundert wurde ihm der Titel „Apostel Schwabens" verliehen.[20]

Wie setzte Blarer nun das reformatorische Anliegen in Balingen um? Wichtig war zuerst, dass gebildete und überzeugende Pfarrer eingesetzt werden konnten. Dass daraus dann die evangelische Pastorenkirche entstand, obwohl die Reformation doch die Laien aufwertete, ist eine der problematischen Spätwirkungen. Aber woher sollte man diese Geistlichen am Anfang nehmen? Erst 1536 wurde das Evangelische Stift in Tübingen als württembergische Ausbildungsstätte gegründet, das somit 1541 die ersten 36 Absolventen zur Verfügung stellen konnte. In den Jahren zuvor berief man Pfarrer aus anderen reformatorischen Gebieten, und zuerst konnten nur die Städte und strategisch wichtigen Orte mit ihnen besetzt werden. Da Balingen mit seinen damals rund 1000 Einwohnern

---

19 Im Evangelischen Gesangbuch (EG) von 1996 sind noch zwei Lieder von ihm enthalten: EG 127 *Jauchz' Erd' und Himmel, jub'le hell*; EG 244 *Wach' auf, wach' auf, 's ist hohe Zeit*.
20 Siehe MOELLER, Blarer (wie Anm. 15), S. 713.

ein solcher Ort war, wurde der Schweizer Hans Wagner hierher berufen.[21] Er stand in engem Kontakt mit Heinrich Bullinger (1504–1575), dem Nachfolger Zwinglis, und Leo Jud (1482–1542), dem engsten Mitarbeiter Zwinglis in Zürich. Diese empfahlen Wagner an Blarer. Er war zunächst 1523 Leutpriester in Pfäffikon. Doch dort bekam er Ärger wegen einer kritischen Predigt zur Zehnt-Pflicht, die ihn bereits als reformatorischen Denker auswies, dies jedoch im durchaus doppelten Sinne! Auch die Anfänge in Balingen waren für ihn nicht leicht, denn die streng altgläubigen Konrad Ruff und Vincenz Hartweg waren noch da, die ihm das Leben schwer machten, indem sie zahlreiche Gerüchte über ihn verbreiteten.

Zum andern war damals noch Hans von Stotzingen Obervogt im Balinger Schloss, der samt seiner Besitzung Geislingen altgläubig blieb. Zwar wies der Herzog ihn an, Wagner zu schützen und zu unterstützen, aber das tat dieser nur halbherzig. Deshalb wechselte Ulrich den Vogt aus und übergab das Amt an Hans Kaspar von Anwyl, der aus dem Thurgau stammte. Dieser war mit der Schwägerin Blarers verheiratet und hegte schon deshalb größere Sympathien für die Reformation! Danach folgte sein Bruder Fritz Jakob von Anwyl. Wagner wurden die Prädikanten Martin Decker, über den nicht viel bekannt ist, und danach Johann Vetter beigegeben, der anschließend Diaconus in Nürtingen und Wildberg wurde.[22] Bei der Umsetzung der Reformation galt streng das Prinzip, das dann der Augsburger Religionsfrieden von 1555 in Reichsrecht fasste: „cuius regio, eius religio" (oder, schwäbisch und darauf zurückgehend: „wie d'r Herr, so 's G'scherr"). Somit bestimmte der jeweilige Landesherr über die Konfessionszugehörigkeit seiner Untertanen.[23]

Über diese Tage und Jahre des reformatorischen Anfangs wissen wir durch einen detaillierten Brief Hans Wagners an seinen Vertrauten Heinrich Bullinger vom 5. Februar 1535 genau Bescheid.[24] Darin schilderte er ihm die anfänglichen Schwierigkeiten mit den altgläubigen Vertretern, zu denen auch der Priester Konrad Gößinger gehörte, mit dem es mehrfache Diskussionsversuche zu den Heiligen und zum Eheverständnis gab. Wagner nannte diese Widerstandsgruppe innerhalb der Priesterschaft *balische pfaffen,* ein Wortspiel aus Baalspriester und Balingen.[25] Dafür nannte man ihn und seine Züricher Freunde *Wurstbuben*, was sich auf das demonstrative und provokative Brechen der Fastengebote 1522 in Zürich bezog.[26] Neben den ortsansässigen Gegnern hatte Wagner auch Schwierigkeiten mit einem reformierten Konkurrenten, der wohl selbst gerne Pfarrer in Balingen geworden wäre. In seinem schweizerischen Dialekt notierte Wagner den Seufzer: *Aber wir sind so armetsölich lütt, wir achtend keinner ergernus, so ist kein christeliche liebe inn*

21 Siehe Pfarrerbuch Herzogtum Württemberg, www.wkgo.de/Personensuche, s.v. Wagner, Johannes (zuletzt eingesehen am 11.10.2019).

22 Siehe Pfarrerbuch Herzogtum Württemberg, www.wkgo.de/Personensuche, s.v. Decker, Martin und Vetter, Johannes (zuletzt eingesehen am 11.10.2019).

23 Siehe CARL A. HOFFMANN u.a. (Hg.): Als Frieden möglich war – 450 Jahre Augsburger Religionsfrieden. Begleitband zur Ausstellung. Regensburg 2005.

24 Veröffentlicht und ausgewertet in: GUSTAV BOSSERT: Aus den ersten Tagen der Reformation in Balingen. In: Blätter für württembergische Kirchengeschichte NF 14 (1910), S. 72–87. – Eine wissenschaftliche Edition des Briefes findet sich inzwischen in: HEINRICH BULLINGER: Werke. Hg. vom Zwingliverein Zürich. Abt. 2. Briefwechsel. Hg. von FRITZ BÜSSER. Bd. 5: Briefe des Jahres 1535. Bearb. von HANS ULRICH BÄCHTOLD. Zürich 1992, S. 85–90. – Aus diesem Brief stammt auch das Titel-Zitat dieses Aufsatzes.

25 Bullinger, Werke 2, 5 (wie Anm. 24), S. 87.

26 Ebd., S. 87 – Zum Züricher Wurstessen siehe ULRICH GÄBLER: Huldrych Zwingli. Eine Einführung in sein Leben und sein Werk. Berlin 1985, S. 51–54.

uns.[27] Aber Wagner kündete seinem Vertrauten auch vom Eifer der einfachen Leute für das Wort Gottes, besonders auch der Frauen, und über die Fortschritte in der Umsetzung der Reformation: *Aber ein ersamer, wyser radt und ein frumme gemein zu Balingen hörd nun woll, was mein lerr ist; die nit min ist, sondern gottes.*[28] Schließlich lud Wagner Bullinger ein, in Balingen vorbeizukommen, wenn er auf der großen Schweizer Handelsstraße, die durch den Ort führte, das nächste Mal zur Badekur in den Sauerbrunnen nach Göppingen fahren sollte. 1545 wurde Wagner nach Ebingen versetzt, um auch dort die Balinger Erfahrungen umzusetzen. An seiner Stelle folgte Jakob Frischlin (1522–1566), der Vater des Theologen und Dichters Nicodemus Frischlin (1547–1590).[29] Er versah über das Interim hinweg, 1545 bis 1551, erstmals die Pfarrei an der Stadtkirche Balingen und zugleich die dazugehörige Stelle in Endingen, wechselte dann bis 1554 nach Meßstetten, um danach 1556 bis 1562 noch einmal nach Balingen zurückzukehren, wo er 1566 an der Pest verstarb. 1559 wurde im Zuge der Umsetzung der Württembergischen Großen Kirchenordnung in den Ämtern des Herzogtums auch in Balingen ein Dekanat eingerichtet, damals Spezialat oder Superintendentur genannt. Erster Amtsinhaber wurde nicht Frischlin, sondern der neu berufene Alexander Blessing (1518–1584).[30] Der aus Kirchheim/Teck stammende Blessing begann sein Studium in Tübingen 1534, wechselte jedoch kurz danach nach Freiburg, was für eine noch altgläubige Einstellung spricht, kehrte jedoch 1539 wieder zurück und wurde Stipendiat des Tübinger Stifts. Mit dem Zeugnis *ist gelehrt, fromb und halt sich still und wol, hat ein Weib*[31] wurde er 1542 Pfarrer in Derendingen und nach dem Interim, das er zu weiteren Studien in Tübingen nutzte, 1552 in Balingen, ab 1559 auch als Spezial. Zuvor schickte ihn Herzog Christoph nach Biberach, um dort die Reformation in der paritätischen Reichsstadt umzusetzen, aber seine Balinger Gemeinde verlangte ihn dringend zurück. Schließlich ging Blessing 1571 als zweiter evangelischer Abt und Nachfolger des Reutlinger Reformators Matthäus Alber an die Klosterschule Blaubeuren, wo er 1584 verstarb. Seiner Balinger Gemeinde, mit der er sehr verbunden blieb, schickte er von Blaubeuren aus ein Trostbüchlein in den Jahren der Pest, zu dem kein geringerer als der Rektor der Universität und Vater der lutherischen Konkordie, Jakob Andreae, das Vorwort verfasste.[32] Das steht exemplarisch für die Entwicklung Württembergs von einer Position zwischen den reformatorischen Einflüssen hin zu einem „milden Luthertum", wie es der württembergische Landesbischof *Theophil Wurm* formulierte.[33]

27 Ebd., S. 88.

28 Ebd., S. 88.

29 Siehe Fritz Scheerer: Jakob Frischlin der Ältere (1522–1564) und Jakob der Jüngere (1557–1621). In: Heimatkundliche Blätter Balingen 30 (1983), S. 408, 412. (Mit dem Jüngeren ist der gleichnamige Sohn gemeint, der 1611–1616 Präzeptor in Balingen war.)

30 Pfarrerbuch Altwürttemberg, in: www.wkgo.de/Personensuche Pfarrerbuch Herzogtum Württemberg, www.wkgo.de/Personensuche, s.v. Blessing, Alexander (zuletzt eingesehen am 11. 10. 2019).

31 Ebd. Zitiert nach: Christian Sigel (Bearb.): Das evangelische Württemberg: Seine Kirchenstellen und Geistlichen von der Reformation an bis auf die Gegenwart. Teil 2: Generalmagisterbuch: Mitteilungen aus dem Leben der evangelischen Geistlichen von der Reformation an bis auf die Gegenwart. Mschr. 1931.

32 Alexander Blessing: Ein Christlich Trostschrift. M. Alexanders Blessing, Abts zu Blaubeuren an seine liebe alte Pfarrkinder, die Burger zu Balingen. Wider die schrecken deß Todts zur zeit der gegenwertigen Sterbensläuff und in aller widerwertigkeit zu gebrauchen. Tübingen 1576.

33 Theophil Wurm: Der lutherische Grundcharakter der württembergischen Landeskirche (zum 70. Geburtstag, 7. Dezember 1938 vom Verein für württembergische Kirchengeschichte dargeboten). Stuttgart 1938, S. 23.

Woran aber merkten nun die Menschen vor Ort, dass man evangelisch geworden war? Zentral waren die Predigt in deutscher Sprache, der Gemeindegesang mit gehaltvollen Texten und guten Melodien, beides eingebettet in eine schlichte Gottesdienstliturgie. Als Sakramente galten nur noch die Heilige Taufe und das Heilige Abendmahl, das in beiderlei Gestalt mit Brot und Wein gefeiert wurde. Der Pfarrer konnte verheiratet sein. Die Bewährung der Christen im Alltag war wichtiger geworden als die Bewahrung im Heiligen und durch Heilige. Für eine Übergangszeit bis in die zweite Generation mischten sich die religiösen Bräuche und Gewohnheiten allerdings noch, da die Reformation im Bereich der Volksfrömmigkeit defizitär blieb.

So wurde Württemberg evangelisch in turbulenten Zeiten, zwischen politischem Kalkül und der Freiheit des Glaubens, zwischen einer Reformation von oben und ihren Wirkungen für alle Menschen des Landes. In der Summe ist es deshalb überhaupt nicht selbstverständlich, dass sich durch alle Veränderungen dieser Zeit,

Die Predigt im evangelischen Gottesdienst. Holzschnitt (Vorlage: Landeskirchliches Archiv Stuttgart).

zwischen Mächten, Märkten und Medien, durch alles menschliche Wirken, Wirren und Irren hindurch das Evangelium Gehör verschafft hat und dass aus diesem Hören der Glaube als Lebenskraft und Lebensorientierung erneuert wurde. Martin Luther hat dies in einem Brief an den Eisenacher Superintendenten Justus Menius so ausgedrückt, als er sich dankbar für die unversehrte Rückkehr Landgraf Philipps nach der Schlacht bei Lauffen zeigte: *Gott, der wider alles Erwarten unsere Furcht in Frieden verwandelt hat, ist offensichtlich in der Sache. Der es begonnen hat, der wird es auch vollenden. Amen.*[34]

---

34 Brief Martin Luthers an Justus Menius, 14.7.1534, lateinisches Original: *Deus est manifeste in causa, qui contra omnium spem nostrum metum in pacem convertit. Qui coepit, perficiet. Amen.* In: D. Martin Luthers Werke (Weimarer Ausgabe) Briefwechsel Bd. 7. Weimar 1937, S. 89 Nr. 2128.

Sabine Holtz

Zur Einführung der Reformation

Das Reich, das Herzogtum Württemberg und die württembergische Amtsstadt Ebingen

Die Reformationsgeschichte des württembergischen Herzogtums soll im Folgenden mit der Reformationsgeschichte des Reichs verschränkt werden, um so allgemeine, aber auch besondere Entwicklungen herausarbeiten zu können. Eingebettet in die Verschränkung von Reich und Territorium gilt ein spezieller Blick dem Raum um die württembergische Amtsstadt Ebingen. Die benachbarte Amtsstadt Balingen wird einbezogen, weil die Stadt nach Einführung der Reformation Sitz des Dekanats auch für Ebingen wurde, das seinerseits den Dekanatssitz verlor.

Die Reformation reiht sich in eine weit zurückreichende Reformgeschichte ein. Aus dieser Reformzeit ist die Reformation organisch hervorgegangen, hat aber zweifellos an Dynamik und Schärfe hinzugewonnen.[1] Um das religiöse Leben des späten Mittelalters erfassen zu können, müssen zwei Aspekte in den Blick genommen werden, die sich auf den ersten Blick zu widersprechen scheinen. Zum einen ist das religiöse Leben durch einen augenfälligen Verfall gekennzeichnet, zum anderen zeichnet es sich durch eine besonders intensive Frömmigkeit aus.

Der Verfall des Papsttums hatte bereits seit längerem zur Forderung einer Reform an „Haupt und Gliedern" geführt. In der Kritik stand, dass es Rom mehr um politische Macht und repräsentative Selbstdarstellung gehe als um die Wahrnehmung kirchlicher und seelsorgerlicher Aufgaben. Dies hatte erste Reformbestrebungen ausgelöst. Dazu zu zählen sind die bis ins frühe 14. Jahrhundert zurückreichenden Reformkonzilien ebenso wie monastische Reformen und die Entstehung unabhängiger Laienbewegungen. Auch in vielen Klöstern wurden die Ordensregeln oft nur noch dürftig eingehalten. Im Zuge der Reformansätze entstanden Observantenzweige der Orden, die im Gegensatz zu den Konventualen wieder streng auf die Einhaltung und Beobachtung, also die Observanz der ursprüng-

---

1 Vgl. zum Folgenden Bernd Moeller: Frömmigkeit in Deutschland um 1500. In: Archiv für Reformationsgeschichte 56 (1965), S. 5–30.

lichen Ordensregeln, achteten.[2] Den weltlichen Landesherren gaben die Missstände Gelegenheit, in die Kirchenpolitik einzugreifen. In Württemberg nahm Eberhard im Bart die Missstände zum Anlass, selbst die notwendigen Reformen durchzuführen. Er überging dabei die Bischöfe und holte sich direkt beim Papst die Genehmigung, die auf seinem Gebiet liegenden Klöster zu reformieren.[3] Dadurch sicherte sich der Landesherr einen Zugriff auf das in seinem Gebiet liegende fremde Klostergut. Freilich verfolgte der Landesherr bei seinen klosterreformerischen Maßnahmen auch ein machtpolitisches Interesse. Neben diesen Reformbestrebungen war das Spätmittelalter durch eine besonders starke Frömmigkeit gekennzeichnet. Man kann geradewegs von einer der „kirchenfrömmsten Zeiten" sprechen.[4] Das Leben der Menschen war von der Kirche bestimmt, der Lebenslauf jedes Einzelnen war von der Wiege bis zur Bahre religiös begleitet. Der Grund dafür lag darin, dass nach spätmittelalterlicher Auffassung der Weg zum Heil, das die Menschen zutiefst erstrebten, nur über die Kirche führte; außerhalb der Kirche gab es kein Heil. So hatte es Papst Bonifatius VIII. in der Bulle *Unam sanctam ecclesiam* 1302 formuliert: *extra ecclesia nulla salus* (außerhalb der Kirche gibt es kein Heil). Zwei Aussagen belegen diesen Anspruch:

1) *Eine heilige katholische und ebenso apostolische Kirche zu glauben und festzuhalten, werden wir auf Drängen des Glaubens gezwungen, und diese glauben wir fest und bekennen wir aufrichtig, außerhalb derer weder Heil noch Vergebung der Sünden ist […],* sowie

2) *Wir erklären, sagen und definieren nun aber, dass es für jedes menschliche Geschöpf unbedingt notwendig zum Heil ist, dem Römischen Bischof unterworfen zu sein.*[5]

Der Sehnsucht der Menschen stand Heilsunsicherheit entgegen, die sich bis zur Heilsangst steigern konnte. Und der Tod war stetig im Leben präsent. Der aus dem 8. Jahrhundert stammende Hymnus *Media vita in morte sumus* wurde – sicher nicht von ungefähr – im 15. Jahrhundert ins Deutsche übersetzt: *Mitten wir im Leben sind, mit dem Tod umfangen.* Luther fügte später die Strophen 2 und 3 hinzu. War man auf dem richtigen Weg, würde man im Jüngsten Gericht bestehen können, oder drohten Fegefeuer und Hölle? Dies führte zu Versuchen, das Heil zu erzwingen. Das wiederum bewirkte nicht nur eine qualitative, sondern auch eine quantitative Zunahme der Frömmigkeit. Die Frömmigkeit bekam einen „Zug zur Massenhaftigkeit".[6] Sichtbar wurde diese quantitative Frömmigkeit beispielsweise in den Rosenkranzgebeten, am Aufblühen des Reliquienkults und an der großen Anzahl von Wallfahrten.

2 KASPAR ELM: Verfall und Erneuerung des Ordenswesens im Spätmittelalter. Forschungen und Forschungsaufgaben. In: Untersuchungen zu Kloster und Stift. Hg. vom Max-Planck-Institut für Geschichte. Göttingen 1980 (Veröffentlichungen des Max-Planck-Instituts für Geschichte 68), S. 188–238. – KLAUS SCHREINER: Benediktinische Klosterreform als zeitgebundene Auslegung der Regel. Geistige, religiöse und soziale Erneuerung in spätmittelalterlichen Klöstern Südwestdeutschlands im Zeichen der Kastler, Melker und Bursfelder Reform. In: Blätter für württembergische Kirchengeschichte 86 (1986), S. 105–195.
3 Vgl. DIETER STIEVERMANN: Landesherrschaft und Klosterwesen im spätmittelalterlichen Württemberg. Sigmaringen 1989, S. 261–295.
4 MOELLER, Frömmigkeit (wie Anm. 1), S. 22.
5 HEINRICH DENZINGER/PETER HÜNERMANN (Hg.): Kompendium der Glaubensbekenntnisse und kirchlichen Lehrentscheidungen, in deutscher Sprache. Freiburg ³2009, Nr. 870 und 875.
6 MOELLER, Frömmigkeit (wie Anm. 1), S. 11.

Letztlich wurde ein einzelnes theologisches Problem zum Fanal der Reformation: Es ging um den Ablass, der die Reduktion zeitlicher Sündenstrafen, deren Schuld bereits getilgt war, versprach. Der Ablasshandel wurde durch finanzielle Absprachen gefördert, die Albrecht von Brandenburg mit dem Papst getroffen hatte. Albrecht war bereits Erzbischof von Magdeburg und bischöflicher Administrator von Halberstadt und wollte auch noch zusätzlich Erzbischof von Mainz werden. Als letzterer würde er zum Kreis der drei geistlichen Kurfürsten zählen, die an der Königswahl beteiligt waren. Das Amt des Mainzer Erzbischofs, der zugleich der Kurerzkanzler des Reichs war, stellte also ein eminent politisches Amt dar. Seinem Inhaber brachte es zweifellos eine deutliche Machtsteigerung. Die Ämterhäufung geistlicher Würden war aber nach Kanonischem Recht verboten. Einen Ausweg bot ein päpstlicher Dispens, der allerdings seinen Preis hatte. Im Falle von Albrecht einigte man sich darauf, dass der neue Mainzer Erzbischof, eben jener Albrecht von Brandenburg, in seinem Kurfürstentum den Peters-Ablass verkünden lassen sollte und mit der Hälfte der Ablassgelder den gewährten Dispens refinanzieren durfte. Die Erteilung von kirchlicher Gnade wurde durch das Ablasswesen kommerzialisiert, Gnade war gegen Geld zu haben.

Dies war der Ansatzpunkt für die zunächst innerkirchliche Kritik Martin Luthers. Der Augustinermönch war durch ein intensives Bibelstudium zur sogenannten reformatorischen Erkenntnis des *sola gratia* gelangt: Weder durch gute Werke noch durch Fürbitten der Heiligen bzw. durch sakramentale Vermittlung durch geweihte Priester und eben auch nicht durch den Kauf von Ablassbriefen konnte man das Heil seiner Seele bewirken. Das Seelenheil, so Luther, werde dem Gläubigen vielmehr allein von Gott aufgrund des Glaubens (*sola fide*) aus reiner Gnade (*sola gratia*) geschenkt.

Als Luther von den Werbeaktionen für den Ablass erfuhr, schrieb er einen Brief an den für ihn zuständigen Bischof und bot eine theologische Disputation an. Der für Wittenberg und Luther zuständige Magdeburger Bischof war ausgerechnet Albrecht von Brandenburg. Der Brief enthielt die 95 Thesen Luthers. Dort heißt es in den Thesen 1, 36 und 37[7]:

1) *Als unser Herr und Meister Jesus Christus sagte: „Tut Buße, denn das Himmelreich ist nahe herbeigekommen", wollte er, dass das ganze Leben der Glaubenden Buße sei.*
2) *Jeder wahrhaft reumütige Christ erlangt vollkommenen Erlass von Strafe und Schuld, der ihm auch ohne Ablassbriefe zukommt.*
3) *Jeder wahre Christ, lebend oder tot, hat, ihm von Gott geschenkt, teil an allen Gütern Christi und der Kirche, auch ohne Ablassbriefe.*

Ob Luther seine 95 Thesen auch an der Tür der Schlosskirche in Wittenberg angeschlagen hat, ist bis heute umstritten. Das ist aber auch nicht maßgeblich: Entscheidend war, was diese Thesen binnen Kurzem ausgelöst haben. Rasch wurden sie ins Deutsche übersetzt und mit Hilfe damals modernster Technik, dem Druck mit beweglichen Lettern, verbreitet. Albrecht von Brandenburg, 1518 in den Rang eines Kardinals erhoben, reagierte: Er

---

7 URL: https://www.ekd.de/95-Thesen-10864.htm (zuletzt aufgerufen am 7.3.2018). Nach der Übersetzung der lateinischen Lutherschrift „Disputation zur Klärung der Kraft der Ablässe" (kurz: „95 Thesen") von JOHANNNES SCHILLING und GÜNTHER WARTENBERG unter Mitarbeit von MICHAEL BEYER. In: JOHANNES SCHILLING (Hg.): Martin Luther Studienausgabe. Lateinisch-Deutsch. Bd. 2. Leipzig 2006, S. 1–15.

zeigte Luther in Rom an. Ein Ketzerprozess wurde eingeleitet. Luther wurde verhört. Alles deutete auf ein innerkirchliches Geschehen hin.

Im Heiligen Römischen Reich Deutscher Nation wurde nach dem Tod Kaiser Maximilians 1519 dessen Enkel Karl zum König gewählt. 1520 wurde er zum König und 1530, als letzter römisch-deutscher Kaiser, durch den Papst – in Bologna – zum Kaiser gekrönt. Die deutschen Kurfürsten, die 1519 Karl zum König wählten, schrieben erstmals Bedingungen fest, die der zu Wählende akzeptieren musste. In dieser sogenannten Wahlkapitulation war unter anderem festgehalten, dass über kein Mitglied des Heiligen Römischen Reichs Deutscher Nation die Reichsacht verhängt werden konnte, wenn es nicht zuvor vom Reichstag gehört worden sei. Das war ein Politikum, musste doch bisher dem Kirchenbann binnen sechs Wochen auch die Reichsacht folgen. Und Luther, der im Dezember 1520 die Bannandrohungsbulle nicht zum Gesinnungswandel genutzt, sie vielmehr in einer Art „Happening am Elstertor" in Wittenberg öffentlich verbrannt hatte, ließ dem Papst keine andere Wahl, als den Bann über ihn auszusprechen.[8]

Durch diese Wahlkapitulation erhielt der Fall Luther nun eine politische Dimension. Im April 1521 wurde Luther auf den Reichstag nach Worms eingeladen. Trotz der ihm eingeräumten Bedenkzeit widerrief Luther seine Auffassung nicht: Er blieb vor dem Reichstag bei seiner Aussage: [...] *so ist mein Gewissen im Gotteswort gefangen, und darum kann und will ich nichts widerrufen, weil gegen das Gewissen zu handeln weder sicher noch lauter ist. Gott helfe mir, Amen.*[9]

Weil Luther nicht widerrief, verhängte der Reichstag am 26. Mai 1521 das vom Kaiser unterzeichnete Wormser Edikt: Unter Bezugnahme auf die päpstliche Bannbulle war es nun zum einen im gesamten Reich verboten, Luther zu unterstützen oder ihn zu beherbergen, seine Schriften zu lesen oder zu drucken. Und zum anderen schrieb das Edikt vor, Luther festzusetzen und ihn an den Kaiser zu überstellen. Gemäß der Zusage an seinen Kurfürsten, Friedrich den Weisen, erhielt Luther aber freies Geleit. Der Geächtete konnte so auf dem Heimweg von Friedrichs Soldaten „entführt" und auf die Wartburg bei Eisenach verbracht werden, um ihn der Gefahr zu entziehen.

Wegen außenpolitischer Schwierigkeiten konnte Karl V. erst 1530 wieder in das Geschehen im Reich eingreifen. In diesen neun Jahren zwischen 1521 und 1530 machten die Reichsstände die Reformation zu ihrer Angelegenheit. Die Reichsacht machte den Fall Luther zu einer Sache der Reichsstände. Parteinahme für Luther bedeutete Widerstand gegen den Kaiser. Die evangelische Bewegung war längst viel zu stark geworden, als dass ein Edikt sie noch hätte einschränken können. Auf dem nächsten Reichstag, der 1526 in Speyer tagte, wurden Kritik an kirchlichen Missständen und Reformforderungen in bislang ungeahnt drastischer Art und Weise formuliert. Letztlich beharrten die Fürsten noch immer auf der Lösung der religiösen Fragen durch ein nationales Konzil. Diesem Vorschlag konnte sich der Kaiser nicht anschließen.

Entgegen der Formulierung in der kaiserlichen Gesandtschafts-Instruktion schränkte der Reichsabschied die Formel auf die Exekution des Wormser Edikts ein. Es heißt dort

---

8 Heiko Augustinus Oberman: Luther. Mensch zwischen Gott und Teufel. Berlin 1982, S. 189.
9 Heiko Augustinus Oberman: Die Kirche im Zeitalter der Reformation. Neukirchen 1981 (Kirchen- und Theologiegeschichte in Quellen 3), S. 61 mit Anm. 4 (vgl. Deutsche Reichstagsakten Jüngere Reihe 2, S. 556).

im Reichsabschied vom 27. August 1526, man habe sich geeinigt, dass jedem Reichsstand erlaubt sein solle, in Angelegenheiten, die das Wormser Edikt betreffen, *für sich so zu leben, zu regieren und zu halten, wie ein jeder solches gegen Gott und die kaiserliche Majestät hofft und meint verantworten zu können.*[10] Reformatorisch gesinnte Reichsstädte nutzten dies zur Einführung protestantischer Kirchenordnungen. Dies erhöhte die Spannungen im Reich und veränderte die politische Landschaft. Wirtschaftspotente oberdeutsche Reichsstädte schlossen sich den evangelischen Reichsständen an. Die Reichsstädte stellten sich mit diesem Bekenntnis offen gegen ihren kaiserlichen Stadtherrn. Die Loyalität gegenüber Kaiser und Reich geriet ins Wanken. Angesichts solcher Spannungen war ein weiterer Reichstag dringend geboten.

Auf dem zweiten Speyerer Reichstag 1529 fasste die Reichstagsmehrheit den Beschluss, ein weiteres Wachstum des Luthertums zu unterbinden. Der römische Kultus sollte in allen Gebieten erlaubt werden, bei Zuwiderhandlung sollte die Reichsacht verhängt werden. Dies bekräftigte das Wormser Edikt. Die Folge war die sogenannte Protestation vom 19. April 1529. Die Protestierenden griffen hierbei auf ein bestehendes Rechtsinstrument zu, wonach eine Minderheit gegen Mehrheitsbeschlüsse rechtswirksamen Widerspruch einlegen konnte. Fünf Reichsfürsten[11] und 14 Reichsstädte[12] gehörten zu den „protestierenden Ständen". Davon abgeleitet wurden sie künftig als Protestanten bezeichnet.

Auf dem Reichstag von Augsburg 1530 sollten die Religionsstreitigkeiten beigelegt werden. Karl V. hatte die Protestanten aufgefordert, ihre theologischen Positionen darzulegen. Allerdings wurden nicht eine Bekenntnisschrift, sondern drei Bekenntnisschriften[13] vorgelegt. Das zeigt das Auseinandertreten der reformatorischen Bewegung in verschiedene konfessionelle Gruppen. Lediglich das Augsburger Bekenntnis, das Philipp Melanchthon in enger Abstimmung mit Martin Luther und Johannes Brenz verfasst hatte, wurde auf dem Reichstag diskutiert. Abschließend betrachtet war den Einigungsbemühungen jedoch kein Erfolg beschieden. Kaiser Karl V. nahm konfessionspolitisch Stellung: Für ihn waren die Religionsverhandlungen gescheitert, die Confessio Augustana widerlegt. Die Festschreibung der dogmatischen Positionen bewirkte gerade keine Einigung, sondern die konfessionelle Spaltung. Zweifellos würde es im Reich künftig mindestens zwei Konfessionen geben, ungeklärt war lediglich noch die Frage, in welchem Verhältnis die Konfessionen zueinander stehen würden.

Nach dem Scheitern der Religionsverhandlungen 1530 drohte die Vollstreckung des Wormser Edikts. Um im Falle einer Reichsexekution gewappnet zu sein, bildeten die evangelischen Fürsten und Städte im hessischen Schmalkalden ein Militärbündnis.[14] Der Zweck des Bündnisses war der – ausschließlich als letztes Mittel anzuwendende – militä-

---

10 OBERMAN, Kirche (wie Anm. 9), S. 138 f. (vgl. Neue und vollständigere Sammlung der Reichs-Abschiede […]. Teil 2. Frankfurt (Main) 1747. ND Osnabrück 1967, S. 274 § 4).

11 Kurfürst Johann von Sachsen; Landgraf Philipp von Hessen; Markgraf Georg von Brandenburg-Ansbach; Fürst Wolfgang von Anhalt; Herzog Ernst von Braunschweig-Lüneburg.

12 Darunter waren die großen drei Reichsstädte des deutschen Südwestens Straßburg, Nürnberg und Ulm sowie Heilbronn, Isny, Kempten, Konstanz, Lindau, Memmingen, Nördlingen, Reutlingen, St. Gallen, Weißenburg (Franken) und Windsheim.

13 Sie taten es in der Confessio Augustana (Lutheraner), der Confessio Tetrapolitana (Straßburg, Konstanz, Memmingen, Lindau) und der Fidei ratio (Zwingli).

14 GABRIELE HAUG-MORITZ: „Ob wir uns auch mit Gott / Recht und gutem Gewissen/ wehren mögen/ und Gewalt mit Gewalt vertreiben?" Zur Widerstandsdiskussion des Schmalkaldischen Krieges 1546/47. In:

rische Widerstand gegen jeden Angreifer. Unter kursächsischer und hessischer Führung stehend war dieser Bund theologisch vom wittenbergischen Luthertum geprägt.

Mit dem Augsburger Bekenntnis und dem Schmalkaldischen Bund waren sowohl die Konfessionsbildung als auch der politische und militärische Zusammenschluss der protestantischen Stände schon weit fortgeschritten. Erst in dieser Phase der Reformationsgeschichte kam es 1534 auch im Herzogtum Württemberg zur Reformation.[15] Die Gründe hierfür liegen in der Politik. Der expansiv auftretende Herzog Ulrich von Württemberg hatte wenige Tage nach dem Tod Kaiser Maximilians im Jahre 1519 versucht, die von württembergischem Gebiet umgebene Reichsstadt Reutlingen zu mediatisieren und sie in sein Herzogtum einzugliedern. Das war Landfriedensbruch. Ulrich hatte wohl darauf gesetzt, dass der eigens gegen eine solche Aggression eingerichtete Schwäbische Bund über den Tod des alten Kaisers hinweg nicht funktionieren würde. Mit dieser Einschätzung lag er aber vollkommen falsch. Ausgerechnet der Bruder seiner Frau Sabina, der bayerische Herzog Wilhelm von Bayern, übernahm das Kommando des Schwäbischen Bundes und führte die Exekution gegen Herzog Ulrich durch. In der Folge musste Herzog Ulrich sein Herzogtum verlassen; Württemberg wurde daraufhin von Habsburg regiert. Als Schirmherr der Kirche stand Habsburg fest zur alten Kirche. Unter habsburgischer Regentschaft stehend, hatte die reformatorische Bewegung keine große Chance, in Württemberg Fuß zu fassen.

Doch bei der Restitution Herzog Ulrichs kam der Reformation eine gewichtige Rolle zu.[16] Ulrich hatte sich mit einer der führenden Persönlichkeiten unter den deutschen protestantischen Landesfürsten, Landgraf Philipp von Hessen, zusammengeschlossen, bei dem er zwischen 1526 und 1534 auf verschiedenen landgräflichen Schlössern Asyl genossen hatte. Philipp erkannte die mit einer Restitution Ulrichs verbundene strategische Chance: Mit einer Reformation Württembergs gelänge es, eine Brücke zur schweizerischen Reformation zu schlagen und somit das katholische Bollwerk im Südwesten des Alten Reichs aufzubrechen.

Am 12. und 13. Mai 1534 besiegten Philipp von Hessen und Ulrich von Württemberg bei Lauffen am Neckar das Heer des habsburgischen Statthalters. Das Herzogtum konnte eingenommen werden, auch die Landesfestungen fielen wieder in württembergische Hand. Es war keine Frage, dass die Rückkehr Ulrichs auch die Reformation Württembergs bedeuten würde. Bereits am 16. Mai 1534 wurde in Stuttgart der erste evangelische Gottesdienst gehalten. Herzog Ulrich schien der geeignete Vermittler zwischen der schweizerisch-oberdeutschen reformierten und der wittenbergisch-lutherischen Reformation zu sein. Entsprechend wurden die ersten Reformatoren in Württemberg ausgewählt: Die Wahl fiel auf den Lutheraner Erhard Schnepf, Professor in Marburg, und Am-

LUISE SCHORN-SCHÜTTE (Hg.): Das Interim 1548/50. Herrschaftskrise und Glaubenskonflikt. Heidelberg 2005 (Schriften des Vereins für Reformationsgeschichte 203), S. 488–509.

15 Zum Folgenden MARTIN BRECHT/HERMANN EHMER: Südwestdeutsche Reformationsgeschichte. Zur Einführung der Reformation im Herzogtum 1534. Stuttgart 1984, S. 195–290.

16 FRANZ BRENDLE: Dynastie, Reich und Reformation. Die württembergischen Herzöge Ulrich und Christoph, die Habsburger und Frankreich. Stuttgart 1998 (Veröffentlichungen der Kommission für geschichtliche Landeskunde B 141); DERS.: Ulrich von Württemberg (1487–1550). In: SUSAN RICHTER/ARMIN KOHNLE (Hg.): Herrschaft und Glaubenswechsel. Die Fürstenreformation im Reich und in Europa in 28 Biographien. Heidelberg 2016, S. 146–163.

brosius Blarer aus Konstanz, der für die zwinglianische Ausprägung der Reformation stand. Das Herzogtum wurde entlang der Stuttgarter Weinsteige geteilt: Den Bezirk Ob der Steig (gemeint ist die Stuttgarter Weinsteige) mit Sitz in Tübingen übernahm Blarer, den Bezirk Unter der Steig mit Sitz in Stuttgart Schnepf. Dies brachte zunächst unterschiedliche Akzentuierungen im dogmatischen und liturgischen Bereich. So setzte sich beispielsweise Blarer im zwinglianischen Sinn für die Entfernung der Bilder aus den Kirchen und Kapellen ein. Letztlich konnte sich in Württemberg aber das von Wittenberg her geprägte Luthertum durchsetzen. Diese Richtungsentscheidung hing unter anderem auch mit dem Schwäbisch Haller Reformator Johannes Brenz zusammen, der immer größeren Einfluss auf Württemberg erlangte.

Von den unterschiedlichen Akzentuierungen in der reformatorischen Lehre nicht tangiert war die Reformation der Klöster. Hier bestand Einigkeit darüber, die Klöster abzuschaffen. Mittels einer Kastenordnung griff Ulrich auf die Klöster und deren Landbesitz zu. Durch die Säkularisation der 14 Männerklöster konnte der Herzog das württembergische Territorium um rund ein Drittel vergrößern und territorial verdichten. Die Verfügung über das Kirchengut ermöglichte ihm die Reduktion der hohen Schulden und damit auch die Sicherung der Landesherrschaft und die finanzielle Absicherung der Reformation. Die Prälaten, Äbte und Mönche, denen die materielle Existenzgrundlage durch die Klosterreformation genommen war und die sich der Reformation nicht anschließen wollten, erhielten ein Leibgeding und sollten außer Landes gehen. Die Nonnen, denen man ein Leben außerhalb der Klostermauern nicht zumuten wollte, wurden – unter Missachtung ihrer Ordenszugehörigkeit – in einigen Klöstern zusammengelegt; dort konnten sie bis zu ihrem Lebensende verbleiben.

Wie wurde die Reformation im Land umgesetzt? Der schon genannte erste evangelische Gottesdienst in der Stuttgarter Stiftskirche, gehalten am 16. Mai 1534, machte das Herzogtum nicht evangelisch. Der Herzog setzte die Reformation vielmehr im Stil einer Fürstenreformation „von oben" durch. Mit der bisherigen österreichischen Herrschaft hatte die führende bürgerliche Ehrbarkeit ebenso zusammengearbeitet wie die Beamtenschaft. Nach der Rückkehr Herzog Ulrichs erfolgte ein Wechsel der Führungselite. Die Mitglieder der Rats- und Gerichtsgremien von Stadt und Amt wurden daraufhin überprüft, ob sie Anhänger des Herzogs und der Reformation waren. In Ebingen beispielsweise musste Hans Paur, der Schultheiß, der während der österreichischen Herrschaft in sein Amt gelangt war, seinen Posten räumen.[17] Die erforderliche Neubesetzung der Pfarrstellen mit Pfarrern reformatorischer Überzeugung bereitete zunächst erhebliche Probleme. Die personelle Neuordnung wurde zunächst so gehandhabt, dass die Geistlichen eines Amtes in die Amtsstadt gebeten wurden. Sie sollten erklären, von bisherigen irrigen Lehren und Praktiken bei der Messe und anderen Sakramenten und Zeremonien abzustehen, und künftig das reine und lautere Evangelium predigen. Wer sich weigerte, sollte entlassen werden. Hinzu kam: Nicht überall in Württemberg lag das Recht, die Pfarrstellen besetzen zu dürfen, in der Hand des Landesherrn. Eine solche Situation war in Ebingen gegeben. Hier lag das sogenannte Patronatsrecht bei den Herren von Tierberg. Württemberg konnte deshalb – wiewohl Ebingen politisch zum Herzogtum gehörte – an der Stadtkirche

---

17 Vgl. Walter Stettner: Ebingen. Die Geschichte einer württembergischen Stadt. Sigmaringen 1986, S. 265.

keinen evangelischen Pfarrer einsetzen. Der seit 1499 in Ebingen amtierende Pfarrer, Magister Hans Tierberger, war zudem ein Verwandter des Patronatsherrn Hans Conrad von Tierberg.[18] Der Magistergrad, den der Geistliche erworben hatte, verrät, dass Tierberger bereits zu jenen spätmittelalterlichen Geistlichen gehörte, die ein universitäres Studium absolviert hatten. Für Württemberg galt dies für rund ein Drittel des Klerus; in allen übrigen Fällen war der niedere Klerus durch einen Lehrberuf auf die Priesterweihe vorbereitet worden. Da die Tierberger am alten Glauben festhielten, wollte Herzog Ulrich den Pfarrer aber nicht länger auf der Pfarrstelle dulden. Ulrich beauftragte daher den Balinger Obervogt Hans von Stotzingen, dem Pfarrer – widerrechtlich – die Ausübung des Pfarramts zu untersagen. Auf den ersten Blick kam der altgläubige Patronatsherr dem württembergischen Ansinnen entgegen. Er stimmte einer Entfernung des altgläubigen Pfarrers aus dem Amt zu, freilich nicht, ohne ihn zuvor mit einer Leibrente aus den Einkünften der Pfarrei auszustatten. Diese Rente war so hoch, dass mit den verbleibenden Einkünften keine evangelische Pfarrstelle am Ort finanziert werden konnte. Herzog Ulrich protestierte. Allein: Der Streit konnte erst beigelegt werden, als 1554 Ulrich Dietegen von Westerstetten zu Lautlingen in der Nachfolge der Herren von Tierberg das Patronatsrecht übernahm. Die Herren von Westerstetten stimmten einem Tauschgeschäft zu.[19] Sie übernahmen von Württemberg unter anderem die Patronatsrechte der Kirche in Frohnstetten; die politische Herrschaft des Orts hatte dort bereits seit 1532 in Westerstetter Hand gelegen. Im Gegenzug erhielt Württemberg die Patronatsrechte in Ebingen sowie zwei Ebinger Kaplaneien. Insgesamt gab es vor der Reformation acht Kaplaneien in Ebingen. Nun konnte Württemberg in Ebingen einen evangelischen Pfarrer einsetzen und ihn auch besolden.

Ein deutlich länger währendes Problem stellte das Kloster der Franziskanerinnen in Ebingen dar.[20] Die meisten Schwestern hielten am alten Glauben fest. Man ließ sie zunächst gewähren. Auf Bitten der Schwestern ließ man sogar den Plan, sie mit anderen Klosterschwestern zusammenzulegen, fallen. Noch 1560 lebten die Priorin Antonia von Herrenberg und sechs Schwestern in der Klause. Allerdings wurden das klösterliche Steuerprivileg aufgehoben und die Schwestern zur Zahlung von Steuern verpflichtet. 1564 klagte die Gemeinde Ebingen beim Herzog, dass die Schwestern für ihre Abgaben für die Kriegszüge nicht aufkommen wollten. Auf herzoglichen Bescheid hin waren die Franziskanerinnen in die Steuerklasse der Klöster einzuordnen. Nun erhoben die Schwestern ihrerseits Klage, weil sie, aus Ebinger Familien stammend, in Steuerangelegenheiten nicht von der Bürgerschaft geschieden werden wollten. Überdies führten sie an, sie hätten im Schmalkaldischen Krieg ein Kriegsross bereithalten müssen, dessen Dienste jedoch nie eingefordert worden seien. Ihnen seien also nur – unnütze – Kosten entstanden.

---

18 Zum Folgenden vgl. STETTNER, Ebingen (wie Anm. 17), S. 266–270.

19 Zum Folgenden vgl. Die Stadt Ebingen. Sonderdruck aus: Der Landkreis Balingen. Amtliche Kreisbeschreibung. Hg. vom Statistischen Landesamt Baden-Württemberg in Verbindung mit dem Landkreis Balingen. Bd. 2. Stuttgart 1961, S. 33.

20 PETER TH. LANG: [Art.] Ebingen. In: WOLFGANG ZIMMERMANN/NICOLE PRIESCHING (Hg.): Württembergisches Klosterbuch. Klöster, Stifte und Ordensgemeinschaften von den Anfängen bis in die Gegenwart. Stuttgart 2003, S. 217. Vgl. https://www.kloester-bw.de/klostertexte.php?kreis=&bistum=&alle=&ungeteilt=&art=&orden=&orte=1&buchstabe=E&nr=557&thema=Geschichte (zuletzt aufgerufen am 7.3.2018). – Vgl. auch STETTNER, Ebingen (wie Anm. 17), S. 262–265.

Außerdem merkten sie an, dass sie als alte, schwache und arme Schwestern mit der Tierhaltung nicht vertraut gewesen seien. Vier Jahre später klagten die Schwestern über ihre Lebenssituation: Sie müssten in so großer Armut leben, dass bereits erste Schwestern gezwungen seien, als Tagelöhnerinnen zu arbeiten. Die Regierung holte Auskünfte über die Vermögenssituation der Klausnerinnen ein. Dabei wurde berichtet, die fünf Schwestern (zwei alte, zwei junge und eine weitere junge, aber schwache Schwester) seien arbeitsam, sie führten ein stilles, ehrliches, frommes und tugendhaftes Leben. Ihre karitativen Dienste seien in der Gemeinde willkommen. Sie kämen sogar zur evangelischen Predigt, nähmen aber nicht am Abendmahl teil und pflegten die Anrufung der verstorbenen Heiligen in der Fürbitte. Zwei Schwestern reisten eigens nach Stuttgart, um ihre Haltung zu verteidigen. Das Angebot, in ein Spital zu ziehen bzw. ein Leibgeding zu wählen, lehnten sie ab. Es passt in die sich mit religiösen Konflikten gegen Ende des 16. Jahrhunderts erneut aufladende konfessionelle Zeit, dass der neue Pfarrer, M. Wolfgang Kiesel, der 1582 nach Ebingen kam, gegen die letzten „Papisten" in der Stadt vorgehen wollte. Zunächst wirkte der Synodus deeskalierend und empfahl Überzeugungsarbeit per Predigt. Pfarrer Kiesel blieb aber seiner harten Linie treu und meldete (wohl nicht ohne Hintergedanken) an den Synodus in Stuttgart, bei Beerdigungen der Schwestern kämen Weihwasser, Kerzen und Kreuz zum Einsatz, und überdies spende der Pfarrer von Lautlingen den Schwestern sogar heimlich die Sakramente. Die Kirchenleitung sah nun auch Handlungsbedarf, allein, da die Frauen alt waren, ließ man sie schließlich gewähren. Schwester Catharina Leippin starb 1594 im hohen Alter von fast 90 Jahren. Als Schwester Ursula Haug 1605 starb, ging Schwester Margarete Beck dann noch einige Jahre ins Spital, wo sie nach langer Krankheit 1608 verstarb. Erst 74 Jahre nach Einführung der Reformation in Württemberg endete also in Ebingen das klösterliche Leben. Die Klause der Franziskanerinnen wurde verkauft. Die Pietà, die ursprünglich in der Pfarrkirche stand (seit 1950 befindet sich an der Nordseite eine Nachbildung), kam über die Ebinger Franziskanerinnen 1586 in die Pfarrkirche nach Laiz.[21]

Auf Anordnung Blarers, in dessen Reformationssprengel die Schwäbische Alb fiel, kam der Schweizer Pfarrer Hans Wagner nach Balingen. Der Züricher Theologe Heinrich Bullinger hatte den Kontakt zu Wagner hergestellt. In Züricher Tradition kann Wagner deshalb als Vertreter der zwinglianischen Richtung innerhalb der reformatorischen Bewegungen gelten. Nach Wagners Amtsantritt wurden die Bildwerke und Nebenaltäre aus der Pfarrkirche entfernt. Kelche, Monstranzen und andere Kirchengeräte, die nicht mehr benötigt wurden, waren in der fürstlichen Schatzkammer abzuliefern. Aus Ebingen kamen zehn vergoldete Kelche und ein silbernes Messgewand nach Stuttgart; zwei vergoldete Kelche behielt man für die evangelische Abendmahlsfeier vor Ort.[22] Auch eine große Zahl an Messgewändern, Mänteln und Röcken aus edlen Stoffen wie Seide, aber auch aus Wolle, sowie zehn Alben mit Zubehör wurden übergeben. Hier zeigt sich die Pracht der spätmittelalterlichen Kirche.

---

21 Vgl. zu Ebingen http://www.gemeinde.ebingen.elk-wue.de/unsere-gesamtkirchengemeinde/martins-und-kapellkirche/kapellkirche/ (zuletzt aufgerufen am 7.3.2018) und zu Laiz https://www.leo-bw.de/web/guest/detail-gis/-/Detail/details/ORT/labw_ortslexikon/21351/Laiz+-+Altgemeinde~Teilort („Im Westbau [der Pfarrkirche] Pieta aus dem 15. Jahrhundert, 1586 aus Ebingen geflüchtet."). – Vgl. STETTNER, Ebingen (wie Anm. 17), S. 267.
22 Vgl. STETTNER, Ebingen (wie Anm. 17), S. 268.

Weniger Schwierigkeiten als in Ebingen hatte Württemberg mit den beiden Frauenklöstern in Balingen. Die Untere Klause der Balinger Dominikaner-Terziarinnen wurde 1537 Opfer eines Brandes.[23] Die Schwestern fanden Aufnahme in der Oberen Klause bei den Franziskanerinnen-Terziarinnen.[24] Hier brach 1546 ebenfalls ein Brand aus. Das Schwesternhaus wurde zwar noch wiederaufgebaut, doch ein Jahr später wurde das Kloster aufgehoben. Die ins weltliche Leben zurückkehrenden Schwestern erhielten von Herzog Ulrich eine jährliche Leibrente von 20 Gulden. Einige Frauen wollten jedoch auch hier beim alten Glauben bleiben und mussten deshalb in die Klause nach Engstlatt umziehen. Sie diente sechs Schwestern aus aufgehobenen Klausen (Balingen, Engstlatt und Erzingen) als Wohnstätte. Nach dem Tod der letzten Schwester (1570) fiel das Klostergut Württemberg zu.

Vor Beginn des Schmalkaldischen Kriegs 1546 war es dem Kaiser gelungen, das evangelische Lager aufzubrechen: Karl V. hatte Moritz von Sachsen mit dem Versprechen gewonnen, ihm die sächsische Kurwürde zu übertragen. Die Mächtekonstellation erschien zu diesem Zeitpunkt Karl V. günstig, da die Neutralität der europäischen Mächte gewährleistet zu sein schien: Mit Frankreich und den Osmanen war 1544 Frieden geschlossen worden, zudem hatte der Papst seine Unterstützung im Kampf gegen die Protestanten zugesagt. So kam es 1546 zum Schmalkaldischen Krieg, aus dem der Kaiser als Sieger hervorging. Nach dem Sieg wollte er die religiöse Frage kraft kaiserlicher Vollmacht lösen. Am 15. Mai 1548 erließ er dann ohne Rücksprache mit dem Papst das sogenannte Interim: In allen protestantischen Territorien sollte der herkömmliche katholische Kultus (unter anderem mit Messopfer, Heiligenverehrung und Totengedächtnissen) wieder eingeführt werden. Der Kaiser signalisierte den Protestanten jedoch eine (seiner Meinung nach) weitreichende Kompromissbereitschaft, indem er Priesterehe und Laienkelch erlaubte. Die Befolgung des Interims blieb in vielen Territorien mangelhaft.[25] In Ebingen beispielsweise predigte während des Interims ein Prädikant weiter das Evangelium. Die von Tierberg beorderten zuerst den Lautlinger Pfarrer aushilfsweise nach Ebingen, um dort Messe zu halten; schließlich fanden sie in Hans Pfänder von Sigmaringen einen neuen Priester.

Im Frühjahr 1552 kam es dann zum Aufstand der protestantischen Fürsten im Reich, die Frankreich als Verbündeten gewinnen konnten. Die katholischen Fürsten verhielten sich neutral; eine Stärkung der kaiserlichen Macht lag keineswegs in ihrem Interesse. Angesichts der doppelten Kriegsfront gegen Frankreich und gegen protestantische Fürsten unterlag der Kaiser und floh nach Villach (Kärnten). Nach den militärischen Erfolgen des Fürstenbundes lud König Ferdinand, der Bruder des Kaisers, als Vermittler zwischen Kaiser und Fürsten im Juni 1552 zu Verhandlungen nach Passau ein. Ein dort am 2. August 1552 geschlossener Vertrag hob das Interim reichspolitisch auf: Es wurde vereinbart, dass

---

23 Wilhelm Foth: [Art.] Dominikanerinnenkloster Balingen. In: Zimmermann/Priesching, Klosterbuch (wie Anm. 20), S. 183 f. (vgl. https://www.kloester-bw.de/klostertexte.php?kreis=&bistum=&alle=&ungeteilt=&art=&orden=&orte=1&buchstabe=B&nr=559&thema=Geschichte [zuletzt aufgerufen am 7. 3. 2018]).
24 Wilhelm Foth: [Art.] Franziskanerinnenkloster Balingen. In: Zimmermann/Priesching, Klosterbuch (wie Anm. 20), S. 183 (vgl. https://www.kloester-bw.de/klostertexte.php?kreis=&bistum=&alle=&ungeteilt=&art=&orden=&orte=1&buchstabe=B&nr=560&thema=Geschichte [zuletzt aufgerufen am 7. 3. 2018]).
25 Armin Kohnle: Die Folgen des Interims am Beispiel Württembergs. In: Irene Dingel/Gunther Wartenberg (Hg.): Politik und Bekenntnis. Die Reaktionen auf das Interim von 1548. Leipzig 2007 (Leucorea-Studien zur Geschichte der Reformation und der Lutherischen Orthodoxie 8), S. 83–96.

eine friedliche Religionsausübung bis zu einem künftigen Reichstag möglich sein sollte. Damit war – zumindest bis auf weiteres – die evangelische Konfession reichsrechtlich geduldet.

Bereits im darauffolgenden Jahr kam der Reutlinger Pfarrer M. Johann Steudlin[26] nach Ebingen, er blieb bis zu seinem Wechsel nach Alpirsbach (1553) im Ort; ihm folgte der aus Ulm stammende Pfarrer M. Johannes Lun(t)sch, der zuvor als Diakon in Blaubeuren gearbeitet hatte.[27] Seit 1566 war der aus der Pfalz stammende Johann Selbmann[28] in Ebingen tätig, er legte das erste erhaltene Kirchenbuch an, das Taufen (seit 1565), Eheschließungen (seit 1566) und die Verstorbenen der Gemeinde (seit 1575) verzeichnete.

In Württemberg hatte zwei Jahre vor dem Passauer Vertrag der Sohn Herzog Ulrichs, Herzog Christoph, die Regentschaft übernommen.[29] Er war wohl als Statthalter in Mömpelgard mit den reformatorischen Ideen in Kontakt gekommen und setzte nach seiner Regierungsübernahme die reformatorische Ausrichtung des Herzogtums fort. 1553 wurde Johannes Brenz zum Propst der Stuttgarter Stiftskirche ernannt.[30] Mit diesem Amt übernahm Brenz auch das Stuttgarter Pfarramt. Gemeinsam mit Herzog Christoph machte er sich an die Ausarbeitung kirchlicher Organisationsstrukturen. Die 1553 erlassene Kirchenordnung bestätigte die Augsburgische Konfession. Das Württembergische Bekenntnis (1551)[31] und der von Brenz verfasste Katechismus – also die lutherische Lehre – waren damit verpflichtende Glaubensgrundlage der württembergischen Kirche.

Mit dem Augsburger Religionsfrieden erfolgte 1555 die verfassungsrechtliche Anerkennung des Luthertums.[32] Juristen, nicht Theologen, handelten den Frieden aus. Es war also ein politisch-säkularer Friedensschluss, der die theologischen Streitigkeiten lediglich kaschierte. Kaiser Karl V. hatte 1554 alle kaiserlichen Vollmachten an seinen Bruder übertragen. Er wollte sich an einem Religionsfrieden, der für ihn das Scheitern seiner Religionspolitik dokumentierte, nicht beteiligen. 1556 trat Karl V. konsequenterweise von seinem Amt als Kaiser zurück. Der Augsburger Religionsfrieden bedeutete die reichsrechtliche Anerkennung der Lutheraner und somit den Schutz des Landfriedens für nunmehr zwei – die beiden großen – Konfessionen im Reich. Die Reformierten blieben vom Religionsfrieden ausgeschlossen.

---

26 Vgl. das württembergische Pfarrerbuch unter https://www.wkgo.de/personen/suchedetail?sw=gnd: GNDPFB8128 (zuletzt aufgerufen am 7.3.2018).

27 Vgl. das württembergische Pfarrerbuch unter https://www.wkgo.de/personen/suchedetail?sw=gnd: GNDPFB5108 (zuletzt aufgerufen am 7.3.2018).

28 Vgl. das württembergische Pfarrerbuch unter https://www.wkgo.de/personen/suchedetail?sw=gnd: GNDPFB7767 (zuletzt aufgerufen am 7.3.2018).

29 Vgl. MATTHIAS LANGENSTEINER: Kooperation oder Konfrontation? Die inner- und interkonfessionelle Politik Herzog Christophs von Württemberg im Reich. In: Zeitschrift für Württembergische Landesgeschichte 68 (2009), S. 239–251; DERS.: Für Land und Luthertum. Die Politik Herzog Christophs von Württemberg (1550–1568). Köln, Weimar, Wien 2008 (Stuttgarter historische Forschungen 7).

30 Vgl. ISABELLA FEHLE (Hg.): Johannes Brenz 1499–1570. Prediger, Reformator, Politiker. Ausstellung im Hällisch-Fränkischen Museum, Schwäbisch Hall, und im Württembergischen Landesmuseum, Stuttgart, 28. Februar bis 24. Mai 1999; 11. Juni bis 3. Oktober 1999. Schwäbisch Hall 1999 (Kataloge des Hällisch-Fränkischen Museums Schwäbisch Hall).

31 MARTIN BRECHT/HERMANN EHMER (Hg.): Confessio Virtembergica. Das württembergische Bekenntnis von 1552. Holzgerlingen 1999.

32 Vgl. AXEL GOTTHARD: Der Augsburger Religionsfrieden. Münster 2004 (Reformationsgeschichtliche Studien und Texte 148).

Im Zuge der Reformation gab es im Raum um Ebingen einige organisatorische Neuerungen.[33] Zum verkleinerten Pfarrbezirk Ebingen zählten künftig die Stadt und die Filialgemeinde in Bitz. Winterlingen wurde selbständiger Pfarrort. Hossingen blieb zwar 169 Filialgemeinde, wurde aber nach Meßstetten umgepfarrt. Ebingen verlor seinen Dekanatssitz. Das Balinger Stadtpfarramt wurde Dekanatssitz, sein Sprengel umfasste die Ämter Balingen und Ebingen sowie die im Osten des Rosenfelder Amts gelegenen Orte. Der Dekan unterstand dem Generalsuperintendenten mit Sitz in Bebenhausen. Die spätmittelalterlichen Kaplaneien wurden aufgehoben. Im Dekanat Balingen galt, wie überall im Herzogtum, die württembergische Kirchenordnung, die 1559 ein lange tragendes Fundament für den Gottesdienst, das religiöse Leben der Gemeinde, die Schule und die Sozialfürsorge legte.

Der Blick nach Ebingen hat gezeigt, dass die Einführung der Reformation zweifellos ein langwieriger Prozess war. Keineswegs sollte man annehmen, dass es für die neuen Glaubensüberzeugungen überall Begeisterung oder vielleicht auch nur Zustimmung gegeben hätte. So hat sich beispielsweise die einer alteingesessenen Ebinger Familie entstammende Dorothea Datt noch 1564 entschieden, ins Kloster zu gehen.[34] Sie schloss sich den Schwestern im Kloster Mariaberg an.

Der Augsburger Religionsfriede, der das Reformationsrecht in die Hände der weltlichen Obrigkeiten legte, bildete 1555 den Ausgangspunkt für die Entstehung konfessionell gebundener Territorien. Obwohl es Differenzen in den Glaubensinhalten gab, wurden nun in den deutschen Territorien die Konfessionskirchen in ähnlicher Weise errichtet und durchgesetzt. Trotz vieler funktionaler Analogien entfremdeten sich die Konfessionen immer stärker, und aus dem dogmatischen Dissens entwickelten sich bis in das Alltagsleben hinein wirksame kulturelle Trennlinien.[35] Waren von 1555 an nur das Luthertum und der Katholizismus verfassungsrechtlich anerkannte Konfessionen im Reich, kam nach dem Dreißigjährigen Krieg noch der Calvinismus hinzu: Mit dem Westfälischen Frieden wurde das Reich 1648 trikonfessionell. Diese Herausforderung einer dreifachen, dennoch je exklusiv beanspruchten Wahrheit, beförderte die Entwicklung einer Toleranzkultur, die nicht nur die Religion, sondern letztlich auch Politik und Gesellschaft einschloss.[36]

33 Vgl. STETTNER (wie Anm. 17), S. 268. – Vgl. Die Stadt Ebingen (wie Anm. 18), S. 32 f.
34 Vgl. STETTNER (wie Anm. 17), S. 267 f.
35 Vgl. NORBERT HAAG/SABINE HOLTZ/WOLFGANG ZIMMERMANN (Hg.): Ländliche Frömmigkeit. Konfessionskulturen und Lebenswelten 1500–1850 (Festschrift für Hans-Christoph Rublack zum 70. Geburtstag). Stuttgart 2002.
36 Vgl. JOHANNES BURKHARDT: Das Reformationsjahrhundert. Deutsche Geschichte zwischen Medienrevolution und Institutionenbildung 1517–1617. Stuttgart 2002, S. 132–135.

HERMANN EHMER

Simon Grynaeus (1493–1541)

Humanist und Reformator aus Hohenzollern[1]

Das fünfte Jahrhundertgedenken der Reformation im Jahr 2017 konnte sich selbstverständlich nicht auf die Person Martin Luthers beschränken, sondern musste sich auch auf die genauso wichtigen Persönlichkeiten erstrecken, die die Reformation außerhalb von Wittenberg vertraten, die Multiplikatoren, wie man sie heute nennen würde, oder die kleinen Reformatoren, wie man sie in Anlehnung an die großen und kleinen Propheten des Alten Testaments nennen könnte. Zu diesen gehört Simon Grynaeus,[2] der Reformator aus Hohenzollern, nach dem in Veringenstadt das Simon-Grynäus-Gemeindehaus benannt ist. Grynaeus steht so gewissermaßen neben dem Heiligen aus Hohenzollern, dem das Fidelishaus, das katholische Gemeindehaus, gewidmet ist.

Als Reformator hat Grynaeus ein durchaus eigenständiges Profil, er ist Humanist und Reformator. Dies ist auf seinen Werdegang, insbesondere auf seinen Bildungsgang zurückzuführen.[3] Fragt man nach seinem Geburtsort, so tun sich hier schon die ersten Schwierigkeiten auf. Es ist nicht zu entscheiden, ob er aus Veringendorf oder Veringen-

---

1 Die Arbeit geht zurück auf vier Vorträge zum Thema, gehalten am 12. April 1991 im Simon-Grynäus-Gemeindehaus in Veringenstadt, am 3. November 2004 in Veringendorf, am 19. Februar 2016 in Gammertingen und am 28. November 2016 im Staatsarchiv Sigmaringen. Für den Druck wurde der Text erweitert und mit Nachweisen versehen.

2 Grynaeus erscheint selbstverständlich in den einschlägigen Lexika, wie: W. TH. STREUBER (Rudolf Staehelin): [Art.] Grynäus. In: Realencyklopädie für protestantische Theologie und Kirche. 3. Auflage. Bd. 7. Leipzig 1899, S. 218–221; CONRAD BURSIAN: [Art.] Grynaeus, Simon. In: Allgemeine Deutsche Biographie. Bd. 10. Leipzig 1879, S. 72 f.; KURT GUGGISBERG, [Art.] Grynaeus, Simon. In: Neue Deutsche Biographie 7 (1966), S. 241 f.

3 Vgl. dazu HERBERT RÄDLE: Lernen aus der Geschichte? Der Humanist Simon Grynaeus aus Veringendorf über den Nutzen historischer Lektüre. In: Zeitschrift für Hohenzollerische Geschichte 20 (1984), S. 9–15, hier S. 9–11, zum Lebensweg von Grynaeus. – Vgl. ferner: HERBERT RÄDLE : Ein bisher unbeachteter Lebenslauf des Veringendorfer Humanisten Simon Grynaeus aus dem Jahr 1587. In: Zeitschrift für Hohenzollerische Geschichte 22 (1986), S. 41–44 (es handelt sich hier um die Übersetzung des Textes in: NIKOLAUS REUSNER: Icones sive imagines virorum literis illustrium. Straßburg: Bernhard Jobin 1587, Bl. Giii. Neudruck Leipzig/Gütersloh 1973. Dieses Werk enthält das wohl einzige Porträt von Grynaeus, abgesehen von einer Porträtmedaille in der Bibliothèque Nationale Paris, Cabinet des Médailles). – HERBERT RÄDLE: Simon Grynaeus (1493–1541): Briefe. In: Basler Zeitschrift für Geschichte und Altertumskunde 90 (1990), S. 35–118.

stadt[4] kommt; die Familie Griener, der er zweifellos entstammt, ist in beiden Ortschaften vertreten. 1481 erscheint ein Benz Griener als Schultheiß in Veringenstadt, 1522 ist ein Jakob Griener im selben Amt in Veringendorf. Dieser könnte derselbe sein, der 1540 als Amtmann genannt wird.[5] Auch beim Geburtsjahr von Simon Grynaeus ergeben sich Zweifel. Er wurde 1493 geboren, wenn man der bei seinem Tod 1541 gemachten Angabe folgt, dass er 48 Jahre alt geworden sei.[6] Möglich ist aber auch das Geburtsjahr 1495, denn 1529 wird sein Alter mit 34 Jahren angegeben. Jedenfalls gehört Grynaeus der Generation der Reformatoren an: mit Martin Bucer, geboren 1491, Ambrosius Blarer 1492, Philipp Melanchthon 1497 und Johannes Brenz 1499.

Der Vater Jakob Griener, der freilich auch als Thomas Griener erscheint, wird als *einfacher Landmann* bezeichnet. Dies ist freilich etwas nichtssagend. Gewiss gehörte die Familie der ländlichen Oberschicht an, die Schultheißenfamilie des 15. und 16. Jahrhunderts war zweifellos bildungsorientiert, wie die Landsleute aus Grynaeus' engerer Heimat bezeugen. Zu diesen gehört Heinrich Bebel[7] aus Justingen bei Ehingen (1472–1518), einer der ersten Humanisten an der Universität Tübingen, oder Johannes Stöffler[8] von Justingen (1452–1531), der sich als Astronom an derselben Universität Tübingen einen Namen gemacht hat.[9] Hinzu kommt noch Johannes Gruner von Veringen, der 1489 an der Tübinger Universität immatrikuliert wurde,[10] zweifellos ein Verwandter von Simon Grynaeus.

Die Bildungsorientierung der Familie Griener zeigt sich schon daran, dass Simon 1508 auf der Pforzheimer Lateinschule erscheint. Es war dies eine bedeutende Schule mit Georg Simler und Johannes Hiltebrant als herausragenden Lehrerpersönlichkeiten. Man muss sich fragen, wie diese Verbindung aus dem Laucherttal in die markgräflich badische Metropole am Rande des Schwarzwaldes vermittelt wird. Es mögen persönliche Kontakte gewesen sein, vielleicht hatte sich Simon auch einem oder mehreren anderen fahrenden Schülern angeschlossen, die es tatsächlich gegeben hat. Beispiele dafür sind Johannes Butzbach von Miltenberg[11] oder Thomas Platter[12] aus der Schweiz, von denen wir autobiographische Zeugnisse haben, die einen Einblick in diese Welt vermitteln. In Pforzheim hatte Simon Grynaeus als Mitschüler Philipp Melanchthon von Bretten,[13] mit dem er zeit-

---

4   REUSNER, Icones (wie Anm. 3), schreibt: *Feringae Sueviae oppido natus*. Rädle übergeht das *oppido* in seiner Übersetzung. Dem dürfte doch mehr Gewicht beizulegen sein, so dass man Veringenstadt übersetzen müsste.

5   Nachweise in: StAS Dep. 20 (Pfarrarchiv Veringenstadt).

6   So auch REUSNER, Icones (wie Anm. 3).

7   SÖNKE LORENZ: Heinrich Bebel oder der Tübinger Frühhumanismus vor Melanchthon. In: Vom Schüler der Burse zum „Lehrer Deutschlands". Philipp Melanchthon in Tübingen, hg. von SÖNKE LORENZ [u. a.]. Tübingen 2010 (Tübinger Kataloge 88), S. 117–137.

8   KARIN REICH: Johannes Stöffler – Melanchthons Tübinger Lehrer in Mathematik und Astronomie. In: Vom Schüler der Burse (wie Anm. 7), S. 139–151.

9   Vgl. dazu JOHANNES HALLER: Die Anfänge der Universität Tübingen 1477–1537. Stuttgart 1927. Zu Bebel S. 212–235, zu Stöffler S. 263–275.

10   Die Matrikeln der Universität Tübingen. Hg. von HEINRICH HERMELINK. Bd. 1. Stuttgart 1906, 23, 4.

11   JOHANNES BUTZBACH: Odeporicon. Wanderbüchlein. Übersetzt von Andreas Beriger. Zürich 1993.

12   THOMAS PLATTER: Lebensbeschreibung. Hg. von Alfred Hartmann, Basel ²1999.

13   REUSNER, Icones (wie Anm. 3): *Magni illius Melanthonis in schola Portae Hercyiniae condiscipulus.* – Dazu: HEINZ SCHEIBLE: Melanchthon. Vermittler der Reformation. Eine Biographie. München 2016, S. 17. – Eingehender dazu: HEINZ SCHEIBLE: Melanchthons Pforzheimer Schulzeit. Studien zur humanistischen Bildungselite. In: HEINZ SCHEIBLE: Beiträge zur Kirchengeschichte Südwestdeutschlands. Stuttgart 2012, S. 223–267.

lebens befreundet war, wie ihr Briefwechsel bezeugt, ebenso wie die gegenseitigen Widmungen von Schriften.

Im Wintersemester 1511/1512 erscheint Grynaeus als Student in Wien; vermutlich wird er dort im Frühjahr eingetroffen sein, da er gegen Schluss des Semesters eingetragen ist.[14] Auch hier stellt sich die Frage: Warum Wien? Grynaeus wurde wahrscheinlich nach Wien gezogen durch den Humanisten Joachim Vadian, der später als Reformator in St. Gallen wirkte.[15] Diese humanistische Orientierung wird deutlich, als Grynaeus in Wien die *prima laurea*, das Bakkalaureat, den ersten akademischen Grad erwirbt. *Simon Griner ex Feringen* wird dabei als *peritus in lingua Latina, Graeca et Hebraica* bezeichnet.[16] Dies ist zweifellos das beste Zeugnis, das man einem Humanisten ausstellen konnte. Grynaeus ist ein *vir trilinguis*, einer, der in den drei (alten) Sprachen erfahren ist.

Aber was ist Humanismus?[17] Es handelt sich um eine Bewegung, die aus Italien kommt, gegründet auf die Überzeugung, dass bei den alten Griechen und Römern das wahre Menschsein zu finden ist. Dies ist in deren hinterlassenen Schriften aufzusuchen, diese müssen daher studiert, ihre Werke nachgeahmt werden. Mit neuem Eifer befasste man sich mit den Sprachen, wobei das Lateinische die allererste Stelle einnahm. Italie-

Simon Grynaeus, Porträtholzschnitt aus Nikolaus Reusner, Icones sive imagines virorum literis illustrium, Straßburg 1587 (Vorlage: Österreichische Nationalbibliothek 27.Y.35 ALT PRUNK).

nische Humanisten nutzten den Aufenthalt diesseits der Alpen beim Basler Konzil, um in den Klöstern nach alten Manuskripten zu suchen, die in Vergessenheit geratene antike Texte enthielten.[18] Das Griechische kam mit dem Fall von Konstantinopel 1453 und der Flucht griechischer Gelehrter ins Blickfeld des Westens. Das Hebräische fand eigentlich erst durch Johannes Reuchlin (1455–1522) das Interesse nichtjüdischer Gelehrter. Reuch-

14 Die Matrikel der Universität Wien. Bd. 2. Graz/Köln 1959, S. 383: *Simon Griner de Feringen* (unter der *Rhenana natio*).

15 Ernst Götzinger: Joachim Vadian, der Reformator und Geschichtschreiber von St. Gallen. Halle 1895 (Schriften des Vereins für Reformationsgeschichte 50).

16 Dieses Lob wiederholt auch Reusner, Icones (wie Anm. 3).

17 Vgl. August Buck: Humanismus. Seine europäische Entwicklung in Dokumenten und Darstellungen. Freiburg/München 1987.

18 Jan Keupp/Jörg Schwarz: Konstanz 1414–1418. Eine Stadt und ihr Konzil. Darmstadt 2013, S. 136–138.

lin konnte daher als erster *vir trilinguis* bezeichnet werden, der die drei Bibelsprachen, das Hebräische des Alten, das Griechische des Neuen Testaments und das Lateinische der Vulgata des Hieronymus beherrschte.[19]

Der neue Blick auf die römisch-griechische Antike barg natürlich – schon für zeitgenössische Kritiker – die Gefahr des Paganismus, der Erneuerung des alten Heidentums. Nicht selten werden in den Schriften und Briefen der Humanisten die „Götter" angerufen, doch war dies zumeist nur eine formelhafte Wendung. In Deutschland kann man jedenfalls von einem christlichen Humanismus ausgehen, der es verstand, Antike und Christentum miteinander zu verschmelzen. Ein schönes Beispiel dafür ist das Chorgestühl im Ulmer Münster, das von den Persönlichkeiten der Antike über Gestalten des Alten und des Neuen Testaments zu den Heiligen der Kirche führt und diese, eingeteilt in Männer- und Frauenseite, zu einer Einheit zusammenbindet.[20]

Dem Studium des Hebräischen hatte Johannes Reuchlin einen bedeutenden Fortschritt verschafft. Mit *De rudimentae linguae Hebraicae* (1506) hat Reuchlin die erste von einem Deutschen erstellte hebräische Grammatik verfasst, mit *De verbo mirifico* (1494, 1514) bot er eine kabbalistisch bestimmte Theologie der hebräischen Sprache, die für ihn geradezu die Sprache Gottes ist. Ein weiterer wichtiger Beitrag des Humanismus für die Reformation war das 1516 von Erasmus von Rotterdam herausgegebene griechische Neue Testament, begleitet von einer eigenen lateinischen Übersetzung. Unverzichtbar für die Entwicklung der reformatorischen Theologie waren dann auch die von Erasmus und anderen veranstalteten Ausgaben der Kirchenväter.

Der Humanismus, der zurück zu den Quellen der Antike und des Christentums führte, war ursprünglich eine außeruniversitäre Bewegung, die zunächst an den Höfen geistlicher und weltlicher Fürsten, schließlich aber auch in der Bildungsschicht der großen Reichsstädte heimisch war, dann aber auch an den Universitäten ihren Platz fand. Diesen Platz fanden die Humanisten in der traditionellen Artistenfakultät, die gewissermaßen einen Grundkurs für alle Studenten anbot. Dies war der Ort der Artes, der sieben freien Künste, mit Grammatik, Dialektik und Rhetorik im sprachlich orientierten sogenannten Trivium (Dreiweg), dessen Abschluss der Grad des Baccalaureus Artium bildete. Es versteht sich, dass durch den Humanismus eine gründliche Erneuerung dieses Studiengangs, insbesondere des Triviums, durch neue Lehrbücher und die Editionen klassischer Texte eingetreten ist.

Im Quadrivium (Vierweg) wurden Arithmetik, Geometrie, Musik und Astronomie behandelt. Den Abschluss dieses Lehrgangs bildete der Erwerb des Grades eines Magister Artium. Erst dann konnte man ein Studium an einer der oberen Fakultäten, nämlich Theologie, Jura oder Medizin, beginnen.

Simon Grynaeus erwarb in Wien auch den Magistergrad.[21] Hierauf schloss sich ein Aufenthalt in Ofen (Buda) zum Besuch der Bibliotheca Corviniana an. Matthias Corvinus, König von Ungarn († 1490), der Gründer der Universität Preßburg, hatte seine Kontakte

19 STEFAN RHEIN: Johannes Reuchlin (1455–1522). Ein deutscher „uomo universale". In: Humanismus im deutschen Südwesten. Biographische Profile. Hg. von PAUL GERHARD SCHMIDT. Sigmaringen 1993, S. 59–75.
20 Vgl. R. BAUER: Die Anordnung der Figuren am Chorgestühl des Ulmer Münsters. In: Christliches Kunstblatt für Kirche, Schule und Haus 34 (1892), S. 75–80.
21 REUSNER, Icones (wie Anm. 3): *Philosophiae Magister Vienne Austriae nuncupatus.*

nach Italien dazu benutzt, diese bedeutende Bibliothek aufzubauen. Grynaeus war wie sein Lehrer Vadian an Handschriften interessiert und fand solche auch in Ofen.

Grynaeus' nächste Station war Wittenberg. Es muss offen bleiben, ob ihn ein Interesse an der beginnenden Reformation dorthin führte oder ob er einfach auf Stellungssuche war. Immerhin war Philipp Melanchthon seit 1518 dort Professor an der Artistenfakultät und war womöglich in der Lage, dem Freund aus Pforzheimer Tagen weiterzuhelfen. Grynaeus wurde am 17. April 1523[22] als *Simon Grynaeus Alpen*[sis] *Magister Wiennen*[sis] an der Leucorea immatrikuliert und konnte hier auch die Bekanntschaft von Luther machen. Melanchthon widmete Grynaeus eine 1523 erschienene rhetorische Schrift.[23]

1524 wurde Grynaeus nach Heidelberg berufen als Professor für Griechisch, später auch für das Lateinische. Er findet sich allerdings nicht in der Matrikel. Im selben Jahr 1524 war Grynaeus zusammen mit zwei anderen, darunter der damalige Dekan der Artistenfakultät und spätere Ulmer Reformator Martin Frecht,[24] im offiziellen Auftrag der Universität Heidelberg in Bretten, um Melanchthon, der in seiner Vaterstadt gewissermaßen im Urlaub weilte, zu begrüßen und ihm als Ehrengeschenk einen silbernen Pokal zu überreichen.[25]

Nach dem Bauernkrieg 1525 erbat sich Melanchthon von Grynaeus Nachrichten aus der Pfalz.[26] Diese Anfrage Melanchthons steht im Zusammenhang mit dem Gutachten, das Kurfürst Ludwig V. von Melanchthon über die Zwölf Artikel der Bauern angefordert hatte[27] und das veröffentlicht werden sollte.

Wie andere Professoren hat auch Grynaeus Studenten aus der Heimat an sich gezogen. So wird 1525 ein *Marcus Deas de Veringenn, dioc. Constanc.*[28] in Heidelberg immatrikuliert. Dann erscheint auch ein *Thomas Grinerus de Feringen, dyoc. Constanc.* unter den Heidelberger Studenten.[29]

Auf Anregung von Melanchthon und selbstverständlich auch aus eigenem Interesse betrieb Grynaeus auch „Feldforschung" zur Entdeckung bisher unbekannter Werke der Antike. Er untersuchte die Bibliothek des humanistisch orientierten, 1503 verstorbenen Wormser Bischofs Johann von Dalberg in Ladenburg und die Bibliothek des Klosters Lorsch, wo er fünf bisher unbekannte Bücher der Römischen Geschichte des Livius entdeckte. Diese veröffentlichte Grynaeus 1531 in Basel bei Johannes Froben. Die Handschrift befindet sich heute in Wien.[30]

---

22 RÄDLE, Lebenslauf (wie Anm. 3), S. 42 Anm. 10, will, dass die Jahreszahl 1522 sein müsste. Da es sich aber um das Wintersemester 1522/1523 handelt und Grynaeus am 17. April immatrikuliert wird, muss es 1523 heißen.
23 Melanchthons Briefwechsel. Kritische und kommentierte Gesamtausgabe. Im Auftrag der Heidelberger Akademie der Wissenschaften hg. von HEINZ SCHEIBLE. Bd. 1 ff. Stuttgart-Bad Cannstatt 1977 ff. (= MBW), 277.
24 WERNER-ULRICH DEETJEN: Licentiat Martin Frecht, Professor und Prädikant (1494–1556). In: Die Einführung der Reformation in Ulm. Geschichte eines Bürgerentscheids. hg. von HANS EUGEN SPECKER und GEBHARD WEIG. Ulm 1981 (Forschungen zur Geschichte der Stadt Ulm 2), S. 269–321.
25 SCHEIBLE, Melanchthon (wie Anm. 13), S. 91.
26 MBW (wie Anm. 23), 415.
27 MBW (wie Anm. 23), 401.
28 Die Matrikel der Universität Heidelberg von 1386 bis 1662. Bearb. von GUSTAV TOEPKE. Bd. 1. Heidelberg 1884, 538. Es könnte sich bei dem Herkunftsort des Studenten auch um Vöhringen bei Sulz handeln.
29 Ebd., 539.
30 MBW (wie Anm. 23), 587.

1529 wurde Grynaeus auf Betreiben von Johannes Oekolampad nach Basel berufen.[31] Dieser stammte aus Weinsberg, studierte in Heidelberg und war ein großer Kenner des Griechischen. Er hat im Übrigen auch seinen Heidelberger Mitstudenten Johannes Brenz im Griechischen unterrichtet. Oekolampad umwarb Grynaeus, führte gewissermaßen Berufungsverhandlungen mit ihm, indem er die Vorzüge von Basel schilderte wie ein ansehnliches Gehalt, die schöne Stadt, die Druckereien, die Anwesenheit von Erasmus. Grynaeus wollte nicht so recht, eigentlich hatte er vor, Medizin zu studieren, worauf Oekolampad einwandte, dass er dies auch in Basel könne. Gleichwohl befand sich Basel in einer schwierigen Situation. Die Reformation war in der Stadt auf Druck der Bürgerschaft eingeführt worden, die Universität befand sich daher in einer Krise. Erasmus war nach Freiburg gezogen, Grynaeus sollte ihn gewissermaßen ersetzen. Doch Grynaeus lebte zunächst als Privatgelehrter in Basel, edierte Texte wie Plutarch, Livius und Aristoteles, teilweise in Zusammenarbeit mit Erasmus, der in Freiburg saß. Grynaeus hielt weiterhin Verbindung mit Melanchthon, der ihm 1531 seine Ausgabe einer Einführung in die Astronomie widmete.[32]

1531 unternahm Grynaeus eine Reise nach England und traf dort Thomas Morus und wurde auch bei König Heinrich VIII. eingeführt. Auch in England machte Grynaeus Handschriftenfunde, die zu entsprechenden Editionen führten. Das Gutachten Melanchthons vom 23. August 1531 für Heinrich VIII. in seiner Ehescheidungssache wurde durch Grynaeus vermittelt.[33] 1534 beriet Grynaeus Melanchthon wegen einer Englandreise.[34] Er riet, dorthin nur zu gehen, wenn der König ihn einlade. Doch könne Melanchthon den Übertritt des Königs und seines Reichs zur Reformation erreichen. Bekanntlich wurde diese Reise nicht ausgeführt.

Das Jahr 1531 war das Katastrophenjahr für die Schweizer Reformation. Zwingli, der Züricher Reformator, fiel in der Schlacht bei Kappel im Kampf mit den katholischen Kantonen. In Basel starb Oekolampad an der Pest. Grynaeus wurde daraufhin 1532 Professor der Theologie an der Universität Basel.[35]

Bei Oekolampad war die besondere Eigenart der Schweizer oder oberdeutschen Reformation zum Tragen gekommen. Bei Luther zeigt sich mehr existentiell der Mönch, der nach dem gnädigen Gott fragt. Die Oberdeutschen kommen mehr vom Humanismus her, der das Verstandesargument betont. Daraus ergaben sich schwerwiegende theologische Unterschiede. Hinzu kam der zwischen Luther und Erasmus geführte Streit um den freien Willen. Während Luther den Menschen ganz von der göttlichen Gnade abhängig sah, wollte Erasmus immer noch der menschlichen Entscheidungsfreiheit Raum gewähren. Die theologischen Unterschiede zwischen Luther und Zwingli brachen 1524 an der Abendmahlslehre auf. Bei dieser folgenschwereren Auseinandersetzung über die Abend-

---

31 Briefe und Akten zum Leben Oekolampads. 2 Bde. Bearb. von ERNST STAEHELIN. Leipzig 1927 und 1934 (Quellen und Forschungen zur Reformationsgeschichte 10 bzw. 19). Der einschlägige Briefwechsel Oekolampads mit Grynaeus findet sich in Bd. 2, Nr. 646 ff.

32 MBW (wie Anm. 23), 1176.

33 MBW (wie Anm. 23), 1180.

34 Grynaeus an Melanchthon, Frankfurt, 1. März 1534; MBW (wie Anm. 23), 1413.

35 Er wird daher erst im Wintersemester 1532/1533 an der Universität immatrikuliert: Die Matrikel der Universität Basel. Hg. von HANS GEORG WACKERNAGEL. Bd. 2. Basel 1956, S. 2, Nr. 12: *magister Simon Gryneus – quia ordinarius lingue Grece, nihil.* Da Grynaeus bereits Professor für Griechisch war, musste er keine Einschreibegebühr entrichten.

mahlslehre kann man die Unterschiede zwischen Luther und Zwingli so zusammenfassen, dass Luther ein reales, Zwingli ein symbolisches Verständnis vertrat.

Die Konfrontation fand zunächst nicht direkt, sondern über Stellvertreter statt. Oekolampad veröffentlichte eine Schrift, in der er das symbolische Verständnis mit Zitaten aus den Kirchenvätern zu untermauern suchte. Für seine Darlegungen erbat er sich die Meinung der Brüder in Schwaben. Damit waren die einstigen Heidelberger Studienfreunde gemeint, vornean Brenz, die in den niederschwäbischen Reichsstädten, in Hall und Heilbronn und im Kraichgau in Kirchenämtern standen. Unter der Leitung von Brenz verfassten diese 1525 eine Schrift gegen die Oekolampadsche Abendmahlsauffassung, die von ihrem ersten Drucker *Syngramma Suevicum* genannt wurde. Martin Luther begrüßte selbstverständlich, dass Brenz und seine Freunde ihm zur Seite traten.[36]

Gleichwohl warben die Straßburger Prediger immer noch um die Kraichgauer für die zwinglische Auffassung. Man plante ein Gespräch auf Burg Guttenberg um Weihnachten 1525. Guttenberg am Neckar, gegenüber von Gundelsheim, war der Sitz des Dietrich von Gemmingen, der sich schon früh der Reformation geöffnet hatte. Simon Grynaeus sollte von Heidelberg aus für die Straßburger an dieser Disputation teilnehmen. Es ist wahrscheinlich, dass dieses Gespräch tatsächlich stattgefunden hat.[37] Freilich blieb es ohne Ergebnis, war aber immerhin ein Vorläufer des Marburger Religionsgesprächs von 1529.

Nicht zuletzt dank Brenz, der auf Luthers Seite am Marburger Religionsgespräch 1529 teilnahm, setzte sich die lutherische Lehre in Süddeutschland durch. Dem Marburger Religionsgespräch wohnte auch Herzog Ulrich von Württemberg bei, der sich damals in Hessen im Exil befand. Mit Hilfe des Landgrafen von Hessen gelang es dem Herzog 1534, sein Land zurückzugewinnen. Der Herzog kam nach Württemberg zurück mit dem Vorsatz, hier die Reformation durchzuführen. Für dieses Vorhaben waren entsprechende Fachleute notwendig. Die Straßburger machten dafür Vorschläge und empfahlen Blarer und Grynaeus.[38] Capito schrieb am 21. Mai 1534 an Jakob Truchseß von Rheinfelden, Rat des Herzogs, *Capito möchte helffen, die Universitet zu Dübingen in ein recht wesen pringen, darauß fromkeit und gute sitten sampt rechten künsten in das gantz Fürstenthumb und in Oberdeutschland keme.*[39] Bucer teilte Ambrosius Blarer am 29. Mai 1534 mit, dass er beiden Fürsten, dem Herzog wie dem Landgrafen, sowohl ihn als auch Grynaeus empfohlen habe.[40]

Durch die Mittellage Württembergs musste der Herzog beiden reformatorischen Richtungen Rechnung tragen, nachdem der Kaadener Vertrag mit König Ferdinand ihm die Möglichkeit zur Reformation eröffnet hatte. Als leitende Theologen für die Kirchenrefor-

---

36 HERMANN EHMER: Politik und Religion. In: Johannes Brenz. Prediger – Reformator – Politiker. Schwäbisch Hall 1999 (Kataloge des Hällisch-Fränkischen Museums), S. 98–119.

37 Dazu: HERMANN EHMER; Die Kraichgauer Ritterschaft und die Reformation. In: STEFAN RHEIN (Hg.): Die Kraichgauer Ritterschaft in der frühen Neuzeit. Sigmaringen 1993 (Melanchthonschriften der Stadt Bretten 3), S. 173–195, hier S. 187 f., Anm. 65.

38 JEAN V. POLLET: Martin Bucer. Études sur la correspondance avec des nombreux textes inédits. 2 Bde. Paris 1958 und 1962, Bd. 2, S. 370–400 (Bucer et Grynaeus) und 381–389 (zu seiner Empfehlung durch die Straßburger und der Berufung nach Tübingen).

39 Druck: CHRISTIAN FRIEDRICH SATTLER: Geschichte des Herzogthums Würtenberg unter der Regierung der Herzogen. Tl. 3. Ulm: August Lebrecht Stettin 1771, Beilage Nr. 12, S. 107–112, hier S. 109.

40 Briefwechsel der Brüder Ambrosius und Thomas Blaurer 1500–1548. Bearb. von TRAUGOTT SCHIESS. Bd. 1. Freiburg (Breisgau) 1908, S. 501 Nr. 423.

Karte des Laucherttales mit dem Spethschen Besitz Gammertingen und Hettingen und dem Zollernschen Veringenstadt und Veringendorf. Ausschnitt aus der Karte des Zwiefaltener Forsts von Georg Gadner, 1588 (Hauptstaatsarchiv Stuttgart N 3 Nr. 1/18).

mation in Württemberg berief er Erhard Schnepf und Ambrosius Blarer. Wider Erwarten konnten sich die beiden in der Abendmahlsfrage einigen, wofür Blarer eine der in Marburg vorgeschlagenen Formeln ins Spiel gebracht hatte. Das Herzogtum Württemberg bildete damit eine Brücke zwischen den Zentren der Reformation.

Eine Sonderaufgabe war die Reform der Universität Tübingen. Melanchthon konnte nicht kommen, Grynäus wurde von Blarer angefragt, doch Basel gab ihn nicht her. Allenfalls wollte man sich auf eine Beurlaubung auf kurze Zeit verstehen. Seit Oktober 1534 wirkten Blarer und Grynaeus als *Superattendenten* der Universität in Tübingen, wenngleich sie auch nicht in der Matrikel erscheinen. In dieser Zeit widmete ihm Melanchthon eine von ihm herausgegebene astronomische Schrift von Georg Peurbach.[41]

41 GEORG PEURBACH: Theoricae novae planetae. Wittenberg: Josef Klug 1535. – MBW (wie Anm. 23), 1509.

Die Reformation der Universität Tübingen stieß auf den Widerstand der Professoren, auch aus formalen Gründen. Beide Reformatoren waren nur Magister, und Blarer kam nicht einmal von einer Universität. Somit konnte die Universitätsreform zunächst nur in Ansätzen durchgesetzt werden. Zwar hatte Melanchthon Grynaeus zu dieser Aufgabe noch beglückwünscht, er selbst hatte aber dafür keinen Urlaub bekommen.[42] Das Verdienst des Grynaeus in dieser Situation war, dass er bedeutende Leute nach Tübingen brachte.[43] Dazu gehörte der Mediziner Leonhard Fuchs, der heute noch durch sein Kräuterbuch bekannt ist. Ferner sind zu nennen die Juristen Johann Sichard und Bartholomäus Amantius. Als Lehrer des Griechischen konnte Joachim Camerarius gewonnen werden, als weiterer Artist und Humanist Melchior Volmar Roth, der sich durch einen Frankreichaufenthalt qualifiziert hatte. Johannes Sinapius von Schweinfurt, der in Ferrara studiert hatte, ein Humanist, wurde für die Medizin gewonnen.[44]

Die Theologische Fakultät war problematisch. Als Professor amtierte seit 1522 Balthasar Käuffelin. Geplant war die Berufung von Bullinger und Bibliander aus Zürich, doch kam die Berufung nicht zustande. Die Universität Tübingen geriet daher in eine Krise und kam nicht so richtig in Gang. Vor allem in der Theologie fehlte es noch lange. 1536 wurden Melanchthon und Brenz beratend tätig, und Brenz selbst half 1537/1538 für ein ganzes Jahr als Lehrbeauftragter aus.[45] Schließlich sollten Paul Constantin Phrygio von Schlettstadt, zuvor in Basel, ein Hebraist, zusammen mit Käuffelin die theologische Fakultät versehen. Phrygio starb 1543, an seine Stelle trat dann Erhard Schnepf.[46]

Grynaeus war im Sommer 1535 wieder nach Basel zurückberufen worden, er war dort für Kirche und Schule unentbehrlich. In einem Empfehlungsschreiben für Simon Sulzer aus Bern vom 26. März 1538 fragte Grynaeus nach Melanchthons Meinung über die weitere politische Entwicklung in Deutschland. Er selbst war der Hoffnung, dass die Habsburger ihre reformationsfeindliche Haltung aufgeben würden.[47]

Wie stand es aber in der Heimat von Grynaeus? Die Grafschaft Hohenzollern verschloss sich der Reformation. Gleichwohl wurde im Laucherttal teilweise reformiert. Die Herrschaft Gammertingen und Hettingen, der Besitz von Dietrich Speth, war von Herzog Ulrich konfisziert worden, da er Speth als seinen persönlichen Feind ansah. Es wurde daher dort reformiert, aber als die Herrschaft nach dem Schmalkaldischen Krieg den Speth zurückgegeben werden musste, wurden die Reformen rückgängig gemacht. Die Sache endete schließlich mit einem Vergleich 1580.[48]

In Basel war Grynaeus Professor für Neues Testament geworden, die Abendmahlsfrage beschäftigte ihn deshalb weiterhin. Ebenso war Grynaeus auch an der Herausbildung des

---

42 MBW (wie Anm. 23), 1545. – Dazu: ULRICH KÖPF. Melanchthon und die Reform der Universität Tübingen. In: Vom Schüler der Burse (wie Anm. 7), S. 187–195.

43 HALLER, Anfänge (wie Anm. 9), S. 333 schätzt die Verdienste von Grynaeus um die Universität wohl zu gering ein.

44 Ebd., S. 336–341.

45 ULRICH KÖPF: Johannes Brenz in Tübingen oder Wie reformiert man eine Universität? In: Blätter für württembergische Kirchengeschichte 100 (2000), S. 282–296.

46 Zu ihm: HERMANN EHMER: Erhard Schnepf. Ein Lebensbild. In: Blätter für württembergische Kirchengeschichte 87 (1987), S. 72–126.

47 MBW (wie Anm. 23), 2010.

48 Das Land Baden-Württemberg. Amtliche Beschreibung nach Kreisen und Gemeinden. Bd. 7. Stuttgart 1978, S. 798.

Bekenntnisses beteiligt. Für den Augsburger Reichstag 1530 hatten die Lutheraner unter maßgeblicher Leitung von Melanchthon das Augsburger Bekenntnis (Confessio Augustana = CA) erarbeitet und vorgelegt.[49] Die Oberdeutschen unter Führung von Straßburg und Beteiligung von Konstanz, Lindau und Memmingen hatten das Vierstädtebekenntnis (Confessio Tetrapolitana = CT) für den Reichstag vorbereitet, während Ulrich Zwingli ein eigenes Bekenntnis, seine *Fidei ratio*, niedergelegt hatte.[50] Lediglich die dem Kaiser vorgelegte CA war von rechtlicher Bedeutung, da durch den Augsburger Religionsfrieden 1555 ausschließlich die Bekenner der CA den Friedstand zugesichert erhielten.

Die Notwendigkeit einer Bekenntnisschrift zeigte sich vollends durch die Einberufung des Konzils auf Mai 1537. Hierfür war eine Stellungnahme notwendig, die die Mitglieder des Schmalkaldischen Bundes nach ausführlichen Beratungen im Februar 1537 in den Schmalkaldischen Artikeln niederlegten.

Die unter den Oberdeutschen, vor allem durch Martin Bucer in Straßburg unternommenen Einigungsversuche führten zur Abfassung der ersten Helvetischen Konfession (Confessio Helvetica Prior) auf einer Zusammenkunft in Basel im Januar 1536, die von Zürich, Bern, Basel, Schaffhausen, St. Gallen, Mülhausen im Elsass und Biel beschickt wurde. Basel war durch Mykonius und Grynaeus vertreten. Der entscheidende Punkt war, dass die Abendmahlslehre im wesentlichen zwinglisch blieb. Gleichwohl versuchte Bucer, das Bekenntnis Luther schmackhaft zu machen, was aber letztlich doch nicht gelang.

Doch zeitigten die Bucer'schen Bemühungen 1537 die Wittenberger Konkordie, durch die eine Vereinigung zwischen Lutheranern und Oberdeutschen, vor allem den Reichsstädten Reutlingen, Ulm, Augsburg, Kempten und anderen erzielt wurde. Die Schweizer und vor allem Konstanz waren nicht dabei, trotz der Bemühungen von Bucer und Grynaeus. Damit waren die Schweizer und Konstanz isoliert. Eine weitere Folge war, dass Ambrosius Blarer 1538 aus württembergischen Diensten entlassen wurde.

Die Bemühungen von Grynaeus zeigen, dass er offensichtlich auf einen Ausgleich bedacht war. Er hielt auch weiterhin Verbindung mit den Schweizern, mit Calvin, aber auch mit Melanchthon. So sandte er 1538 ein Empfehlungsschreiben für den Berner Simon Sulzer an Melanchthon.[51] Beim Religionsgespräch in Worms 1540/1541, einer offiziellen, auf dem Reichstag beschlossenen Verhandlung, war Grynaeus auf Bitten Bucers als einziger Schweizer dabei. Zum letzten Mal traf er hier mit Melanchthon zusammen. Nach Basel heimgekehrt starb Grynaeus am 1. August 1541 an der Pest, von der humanistischen Welt betrauert, wie die ihm gewidmeten Epicedien, unter anderen von Camerarius in Leipzig[52] und Theodor Beza, dem späteren Nachfolger Calvins in Genf, belegen.[53]

---

49 Texte mit geschichtlichen Einleitungen in: Die Bekenntnisschriften der evangelisch-lutherischen Kirche. Göttingen ⁵1963. Zu den Texten vgl. jetzt: Die Bekenntnisschriften der Evangelisch-Lutherischen Kirche. Quellen und Materialien. Hg. von IRENE DINGEL. 3 Bde. Göttingen 2014.

50 Die Bekenntnisschriften der reformierten Kirche. Hg. von ERNST F. MÜLLER, Leipzig 1903. – Neue Ausgabe der Texte mit Einleitungen: Reformierte Bekenntnisschriften. Hg. von HEINER FAULENBACH und EBERHARD BUSCH. Bd. 1 ff. Neukirchen-Vluyn 2002 ff.

51 MBW (wie Anm. 23), 2010.

52 Eine Übersetzung des Epicediums von Camerarius bietet RÄDLE, Lebenslauf (wie Anm. 3), S. 44, Anm. 13.

53 Die insgesamt sechs Epicedien sind abgedruckt bei REUSNER, Icones (wie Anm. 3), Bl. Giiiv-Gv.

Die Lebensleistung von Grynaeus bestand in seiner Tätigkeit als Lehrer an verschiedenen Universitäten.[54] Als Wissenschaftsorganisator wirkte er bei der Reformation der Universität Tübingen durch die Berufung bedeutender Gelehrter mit. Als Theologe war Grynaeus wohl nicht so bedeutend, war aber eine Mittlergestalt, die auch dann noch einen Versuch unternahm, wenn andere schon aufgegeben hatten. Dies dürfte ein wichtiges Vermächtnis sein.

Ein großer Gelehrter war er als Kenner des Lateinischen und des Griechischen. Dies bezeugen die von ihm herausgegebenen Ausgaben klassischer Schriftsteller, die auch noch nach seinem Tod aufgelegt wurden.[55] Zu nennen sind die Ausgaben der Werke von Aristoteles und Platon, der Komödien des Aristophanes, der Parallelen Leben Plutarchs, in denen Lebensbeschreibungen berühmter Griechen und Römer einander gegenübergestellt sind. Dann gab Grynaeus ein griechisch-lateinisches Wörterbuch heraus sowie das Onomastikon. Nicht zu vergessen ist seine Ausgabe des Livius.[56]

Auch ein Beitrag zur Geographie ist Grynaeus zu verdanken, die Beschreibung der *neuentdeckten Inseln im westlichen Meer*, womit natürlich die amerikanischen Entdeckungen von Kolumbus gemeint sind. Deren Beschreibung erschien in Sebastian Münsters Kosmographie im 5. Buch als Nachtrag zu Asien.[57] Die Kosmographie erschien in lateinischer und deutscher Sprache und erlebte zahlreiche Auflagen. Grynaeus referiert in seinem Beitrag die einschlägigen Berichte, tut sich aber bei der Lokalisierung dieser Inseln etwas schwer. Der Zahlendreher „1429" statt „1492" zu Beginn seines Beitrags geht natürlich auf Rechnung des Druckers und des Korrektors.

Grynaeus war zweimal verheiratet. Seine erste Ehe schloss er 1523 mit einer Magdalena von Speyer, die zweite Ehefrau war Katharina Lompart. Sein Sohn Samuel aus der zweiten Ehe wurde Professor der Rechte in Basel. Die Familie blühte bis ins 18. Jahrhundert in Basel. Der letzte Vertreter des Geschlechts war Simon Grynaeus (1725–1799), der sich als Übersetzer – auch der Bibel (Basel 1776) – hervortat.[58]

Simon Grynaeus, Porträtmedaille von Jakob Stampfer. Umschrift: SIMON·GRYNAEUS·OBIIT·AN[no]· D[omi]N[i]·MDXLI·ÆT[atis]·XLVIII (Simon Grynaeus starb im Jahre des Herrn 1541 im Alter von 48 Jahren.) (Vorlage: Historisches Museum Basel, Aufnahme: A. Seiler).

54 Ebd.: *Quas ipse doctrinas passim in Academiis Viennae, Vitebergae, Heidelbergae, Basileae multis annis publice privatimque professus est.*

55 Ebd.: *Multis egregie Latinis et Graecis auctoribus suo nitori et lumini restitutis.* – Zur Tätigkeit von Grynaeus als Herausgeber und Übersetzer vgl. RÄDLE, Lernen aus der Geschichte (wie Anm. 3), S. 11 f.

56 Eine Zusammenstellung der Editionen und Übersetzungen klassischer Autoren, die Grynaeus herausgebracht hat, bietet RÄDLE, Lebenslauf (wie Anm. 3), S. 42, Anm. 11.

57 SEBASTIAN MÜNSTER: Cosmographey. Oder beschreibung aller Länder, herrschafftenn und fürnemesten Stetten des gantzen Erdbodens […]. Basel: Sebastian Henricpetri 1588. ND Grünwald bei München 1977, S. 1365–1378.

58 STREUBER, [Art.] Grynäus (wie Anm. 2), S. 221. – Nach Fertigstellung des Aufsatzes wurde mir bekannt: WALTER ROMINGER: „Der größte Gelehrte seit Erasmus" – und dennoch zu wenig bekannt und beachtet. Simon Grynaeus (1493–1541): „Großer Gelehrter" und „kleiner Reformator". In: Blätter für württembergische Kirchengeschichte 116 (2016) S. 323–339.

Dorothee Kommer

Flugschriftautorinnen der Reformationszeit in der Diasporasituation

Argula von Grumbach in Bayern und Margareta von Treskow im Erzstift Magdeburg

1. Reformation und Diaspora

Wir feiern in diesem Jahr das Reformationsjubiläum. Vor 500 Jahren, am 31. Oktober 1517, veröffentlichte Martin Luther seine 95 Thesen. Damit wollte er keine neue Kirche gründen, sondern die bestehende Kirche reformieren. Aber es kam anders, denn die Meinungen über Luther waren geteilt. So gab es Anhänger und Gegner von Luthers Lehre. In einem jahrzehntelangen Prozess entwickelte sich daraus die uns heute geläufige konfessionelle Unterscheidung in evangelisch und römisch-katholisch. Der Augsburger Religionsfriede von 1555 brachte diese Entwicklung zu einem vorläufigen Abschluss. Von nun an galt: „Cuius regio, eius religio."[1] Im Flickenteppich der deutschen Kleinstaaten konnte jeder Landesherr seine Konfession frei wählen, die Untertanen dagegen nicht. Wenn der Landesherr konvertierte, wurde dies von seinen Untertanen auch verlangt, wenn sie weiterhin in seinem Herrschaftsgebiet leben wollten. Nur das Recht auszuwandern wurde ihnen eingeräumt. Dieses beneficium emigrandi war „das erste allgemeine Grundrecht, das das Reich durch das geschriebene Verfassungsrecht jedem Deutschen garantierte."[2]

Auch wenn dies rechtlich eine große Errungenschaft war, hatte das beneficium emigrandi doch zur Folge, dass es evangelische Christen in mehrheitlich katholischen Gebieten ab 1555 nicht mehr oder höchstens noch im Geheimen gab. Umgekehrt galt dasselbe für katholische Christen in mehrheitlich evangelischen Gebieten. Das änderte sich erst Jahrhunderte später. Als die beiden hohenzollerischen Fürstentümer 1849/50 an das preußische Königshaus abgetreten wurden, war ein Konfessionswechsel der kompletten Bevölkerung nicht mehr denkbar. Die Herrscher waren evangelisch, die Bevölkerung

---

1 Vgl. Horst Rabe: Reich und Glaubensspaltung. Deutschland 1500–1600. München 1989, S. 300.
2 Martin Heckel: Deutschland im konfessionellen Zeitalter. Göttingen 1983 (Deutsche Geschichte 5), S. 42 f.

blieb katholisch. Eine evangelische Minderheit gab es in den hohenzollerischen Landen zwar schon, bevor das Gebiet zu Preußen kam. Erst dann entwickelten sich aber evangelische Gemeinden, die freilich in der Minderheit blieben. Diese Situation einer religiösen Minderheit zeigt die Ausstellung „Evangelisch in Hohenzollern".[3] Man spricht von einer Diasporasituation. „Diaspora" bedeutet Zerstreuung und wurde als Begriff ursprünglich zur Bezeichnung für die Juden außerhalb Palästinas verwendet,[4] später dann für die ersten Christen in ihrer Minderheitensituation.[5] In der Zeit des Staatskirchentums, das mit Kaiser Konstantin im 4. Jahrhundert eingeläutet wurde, war der Begriff in Vergessenheit geraten.

Erst in der Reformationszeit machte man sich neu darüber Gedanken, was es bedeutete, als Christ in einer religiösen Minderheitensituation zu leben. Martin Luther selbst empfand das so. In seiner Psalmenvorlesung sagte er, dass die Kirche verborgen und *sehr zerstreut*[6] wäre. Auch seine Anhängerinnen und Anhänger erlebten dies teilweise so – abhängig davon, ob ihr Umfeld mehrheitlich aus Luthergegnern oder aus Lutheranhängern bestand. Zwei Lutheranhängerinnen werden im Folgenden vorgestellt – Argula von Grumbach und Margareta von Treskow. Beide verfassten Flugschriften, um die reformatorische Überzeugung zu verteidigen. Flugschriften sind handliche, gedruckte Schriften, die sich an eine anonyme Leserschaft richten und aktuelle Themen zum Inhalt haben.[7] Der einige Jahrzehnte zuvor erfundene Buchdruck machte es möglich, dass man diese kleinen Schriften für wenig Geld überall auf den Marktplätzen kaufen konnte. Weiterhin verbindet die beiden hier vorgestellten Frauen, dass sie in einer Diasporasituation lebten – das heißt in Gebieten, in denen die Gegner der lutherischen Lehre die Mehrheit und die Macht hatten. Argula von Grumbach lebte und wirkte in Bayern, Margareta von Treskow im Erzstift Magdeburg.

2. Argula von Grumbach

Argula von Grumbach (ca. 1492–1556/57) war die erste und erfolgreichste Flugschriftenverfasserin auf Seiten der Reformation.[8] Sie war eine geborene von Stauff. Somit entstammte sie einer bayerischen Adelsfamilie. Sie genoss eine standesgemäße Erziehung

---

3 Vgl. VOLKER TRUGENBERGER/BEATUS WIDMANN (Hg.): Evangelisch in Hohenzollern. Katalog zur Ausstellung des Evangelischen Dekanats Balingen und des Staatsarchivs Sigmaringen. Stuttgart 2016.

4 Vgl. TESSA RAJAK: [Art.] Diaspora. II. Jüdische Diaspora. 1. Antike. In: HANS DIETER BETZ/DON S. BROWNING [u. a.] (Hg.): Religion in Geschichte und Gegenwart. Handwörterbuch für Theologie und Religionswissenschaft. Vierte, völlig neu bearbeitete Auflage, Bd. 2. Tübingen 1999, Sp. 827–829, hier Sp. 827.

5 Vgl. WALTER FLEISCHMANN-BISTEN: [Art.] Diaspora. III. Christliche Diaspora. In: Religion in Geschichte und Gegenwart Bd. 2 (wie Anm. 4), Sp. 830–831, hier Sp. 830.

6 Zit. nach ebd.

7 Diese Definition von Flugschrift lehnt sich an im Wesentlichen an VOLKER LEPPIN: Antichrist und jüngster Tag. Das Profil apokalyptischer Flugschriftpublizistik im deutschen Luthertum. Gütersloh 1999 (Quellen und Forschungen zur Reformationsgeschichte 69), S. 29.

8 Zu Argula von Grumbach vgl. SILKE HALBACH: Argula von Grumbach als Verfasserin reformatorischer Flugschriften. Frankfurt (Main) [u. a.] 1992 (Europäische Hochschulschriften 23, 468); DOROTHEE KOMMER: Reformatorische Flugschriften von Frauen. Flugschriftautorinnen der frühen Reformationszeit und ihre Sicht von Geistlichkeit. Leipzig 2013 (Arbeiten zur Kirchen- und Theologiegeschichte 40), S. 51–115; PETER MATHESON (Hg.): Argula von Grumbach. Schriften. Gütersloh 2010 (Quellen und Forschungen zur Reforma-

Wye ein Christliche fraw des adels / in
Beyern durch iren/in Gotlicher schrifft/wolgegrund
tenn Sendbrieffe/ die hohenschul zu Ingoldstat/
vmb das sie eynen Euangelischen Jungling/zu
widersprechung des wort Gottes/betrang
haben/straffet.

Auch volgent hernach die artickel/ so Magister Arsacius
sehoffer von Munchen durch die hohenschul zu Ingeldstat beredt am abent vnser frawē geburt nechst
verschinen widderruffen vnd verworffen hat.

Actum Ingeldstat. M D XXiij.

Argula von Grumbach disputiert mit den Professoren der Universität Ingolstadt.
Titelholzschnitt aus Argula von Grumbach: Wye ein Christliche fraw, 1523
(Württembergische Landesbibliothek Stuttgart, Kirch. G. qt. 894, Bl. [A]r).

am Münchener Hof als Hofdame von Herzogin Kunigunde von Bayern. Bereits im Alter von zehn Jahren war sie im Besitz einer deutschen Bibel, in der sie sich sehr gut auskannte, wie die zahlreichen Bibelzitate in ihren Flugschriften beweisen.[9] In den Jahren 1523 und 1524 verfasste sie acht Flugschriften in insgesamt 30 Auflagen. Allein ihre Erstschrift erfuhr 16 Auflagen.[10] Bei dieser Schrift handelt es sich um einen offenen Brief an die Universität Ingolstadt, in dem Argula von Grumbach den Ketzerprozess gegen den jungen Magister Arsacius Seehofer kritisierte. Ihm wurde abverlangt, seine reformatorischen Lehren zu widerrufen. Nach erfolgtem Widerruf wurde er in das Kloster Ettal verbannt, konnte aber von dort fliehen. Später war er als Pfarrer in Württemberg tätig und verfasste eine evangelische Predigthilfe. Sein Widerruf war somit nicht aus Überzeugung erfolgt. Argula von Grumbach war von diesem Ketzerprozess zwar nicht persönlich betroffen, empfand ihn aber als einen Unrechtsprozess. Über die Vorgänge an der Universität Ingolstadt war sie vermutlich durch ihren dort studierenden Bruder Marcellus informiert.[11] Da sonst niemand gegen den Ketzerprozess protestierte, sah sie sich als Christin verpflichtet, das Wort zu ergreifen. Diese Verpflichtung leitete sie aus der Bibel ab. In ihren Flugschriften führte sie dafür das Christuswort aus Matthäus 10,32–33 an: *Wer mich bekent vor den menschen, den beken[n] ich auch vor meinem himlischen Vatter. Vn[d] […] Wer sich mein schembt vnd meiner wort, des wird ich mich auch scheme[n], so ich kom[m] in meiner Maies[tet] etc.*[12] Zu diesen Bibelversen bemerkte sie: *es werden weder frawe[n] noch ma[n] darinne[n] ausgeschlossen.*[13] Für Argula von Grumbach zählte somit nicht das Geschlecht, sondern Glaube und Bekennermut. So schrieb sie an anderer Stelle: *wer gott nit bekennt, ist kain Christ nit, ob er tausent mal getaufft wurdt.*[14] Die Grundlage für ihre Überzeugung war die Bibel. Die Gelehrten der Ingolstädter Universität forderte Argula von Grumbach daher auf, mit ihr auf Deutsch zu disputieren und sie anhand der Bibel zu widerlegen.[15] Neben der schriftlichen Öffentlichkeit, die sie durch die Publikation ihrer Flugschriften in Anspruch nahm, forderte sie somit auch die mündliche Öffentlichkeit.[16]

Argula von Grumbach verfasste innerhalb von wenigen Monaten sechs weitere Flugschriften. Die Adressaten waren der ihr aus ihrer Zeit am Münchner Hof persönlich bekannte Herzog Wilhelm von Bayern, der Rat der Stadt Ingolstadt, Pfalzgraf Johann von

---

tionsgeschichte 83); PETER MATHESON: Argula von Grumbach. Eine Biographie. Göttingen 2014.; WILMA RADEMACHER-BRAICK: Frei und selbstbewusst. Reformatorische Theologie in Texten von Frauen (1523–1558). St. Ingbert 2017 (SOFIE. Schriftenreihe zur Geschlechterforschung 21), S. 21–79.

9 Vgl. MATHESON, Schriften (wie Anm. 8), S. 72.
10 ARGULA VON GRUMBACH: Wie eyn Christliche fraw des adels […]/ die hohenschul zuo Jngoldstat […] straffet. [Nürnberg: Friedrich Peypus 1523]. – Zu den 16 Auflagen dieser Schrift vgl. KOMMER, Flugschriften (wie Anm. 8), S. 337–340. – Zu den weiteren Flugschriften von Argula von Grumbach s. u. Anm. 17 und Anm. 24.
11 Zu Arsacius Seehofer und Argula von Grumbachs Verbindung zur Universität Ingolstadt vgl. KOMMER, Flugschriften (wie Anm. 8), S. 71 f.
12 MATHESON, Schriften (wie Anm. 8), S. 64.
13 Ebd.
14 Ebd., S. 120.
15 Vgl. ebd., S. 74 f.
16 Vgl. JOHANNES SCHWITALLA: Frauen als Autorinnen in der reformatorischen Öffentlichkeit. Der Streit um das Recht des öffentlichen Worts. In: ELISABETH CHEAURÉ/ORTRUD GUTJAHR [u. a.] (Hg.): Geschlechterkonstruktionen in Sprache, Literatur und Gesellschaft. Freiburg 2002 (Rombach Wissenschaften: Reihe Cultura 21), S. 281–304, hier S. 286.

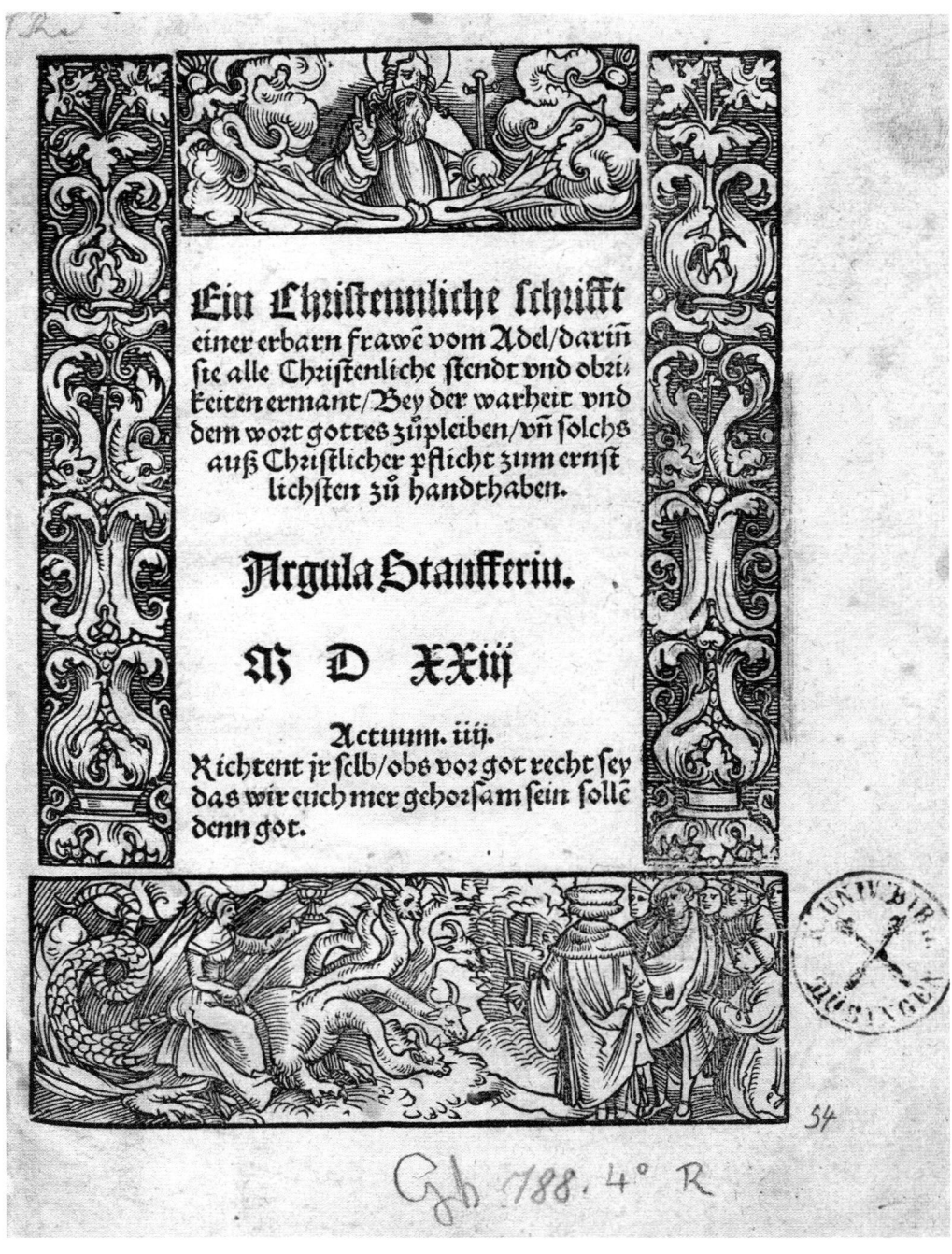

Gott als Weltenherrscher und die auf einem Drachen reitende Hure Babylon. Titeleinfassung aus
Argula von Grumbach: Ein Christennliche Schrifft, 1523 (Universitätsbibliothek Tübingen, Gh 788.4, Bl. [A]r).

Pfalz-Simmern, Kurfürst Friedrich der Weise von Sachsen, ihr Verwandter Adam von Thering und der Rat der Stadt Regensburg.[17] Die zahlreichen Veröffentlichungen brachten Argula von Grumbach in Schwierigkeiten. Ihr Mann verlor ihretwegen seine gut dotierte Stellung als Pfleger in Dietfurt.[18] Zudem wurde ein gegen sie gerichtetes Spottgedicht veröffentlicht.[19] Der unter dem Pseudonym Johannes aus Landshut firmierende Verfasser bezeichnete Argula von Grumbach in Anspielung auf ihren Vornamen als *arg*,[20] schamlos und ohne weibliche Zucht. Er unterstellte ihr, Luthers Lehre nur deswegen anzuhängen, weil sie den Frauen Unzucht und Ehebruch erlaube.[21] Argula von Grumbachs Parteinahme für Arsacius Seehofer wird in diesem Gedicht mit derben Worten als sexuelles Interesse an dem achtzehnjährigen *Arsacius im kraußen har*[22] gedeutet. Statt *mit gottes wortten Stoltzieren vnd die Menner leren*[23] solle sie handarbeiten und wie Magdalena zuhören. Argula von Grumbach reagierte auf das Spottgedicht mit einer ebenfalls in Reimform abgefaßten Flugschrift.[24] Dabei verwies die Autorin auf die in Joel 3,1 verheißene Geistausgießung auf Männer und Frauen und bezog sich auf biblische Frauengestalten wie Judith, Deborah und Jael.[25] Trotz des Heranziehens dieser Bibelstellen, in denen Frauen als den Männern gleichgestellt begegnen, akzeptierte Argula von Grumbach die zeitgenössischen Vorstellungen von der Frau als körperlich und geistig schwach. So schrieb sie von sich *als ainem thorlichem weyb*[26] und konnte sich selbst als schwach und ihren Verstand als klein bezeichnen.[27] Ebenso wie Kinder, Bauern und Ungebildete gehöre sie als Frau zu den *klainen*.[28] Andererseits sah Argula von Grumbach gerade in ihrer Schwäche eine Legitimation für ihr öffentliches Auftreten in Glaubensfragen, denn nach ihrem Verständnis wirkte Gottes Geist durch die Schwachen.

---

17 ARGULA VON GRUMBACH: Ein Christennliche schrifft einer erbarn frawen vom Adel […], [Bamberg: Georg Erlinger 1523]. – ARGULA VON GRUMBACH: An ain Ersamen Weysen Radt der stat Jngolstat/ ain sandtbrieff […], [Augsburg: Philipp Ulhart d. Ä. 1523]. – ARGULA VON GRUMBACH: Ermanung an den Durchleuchtigen […] Johannsen Pfaltzgrauen bey Reyn […]. [Bamberg: Georg Erlinger 1523]. – ARGULA VON GRUMBACH: Dem Durchleuchtigisten […] Friderichen/ Hertzogen tzuo Sachssen […]. [Erfurt: Wolfgang Stürmer 1523]. – ARGULA VON GRUMBACH: An den Edlen vnd gestrengen herren / Adam von Thering […]. [Augsburg: Philipp Ulhart d. Ä 1523]. – ARGULA VON GRUMBACH: Ein Sendbrieff der edeln Frawen Argula Staufferin/ An die von Regenßburg. [Nürnberg: Hans Hergot 1524]. Zu weiteren Auflagen und bibliographischen Angaben vgl. KOMMER, Flugschriften (wie Anm. 8), S. 340–345.
18 Vgl. HALBACH, Grumbach (wie Anm. 8), S. 90.
19 Ein Spruch Von der Staufferin Ires disputierens halben. [Landshut: Johann Weißenburger 1524]. Zu den in dieser Flugschrift verwendeten negativen Frauenstereotypen vgl. SCHWITALLA, Frauen (wie Anm. 16), S. 292–294.
20 MATHESON, Schriften (wie Anm. 8), S. 150.
21 Vgl. ebd., S. 152.
22 Ebd., S. 153.
23 Ebd.
24 ARGULA VON GRUMBACH: Eyn Antwort in gedichtß weiß/ ainem auß der hohen Schul zu Jngolstat […]. [Nürnberg: Hieronymus Höltzel 1524]. – Vgl. Kommer, Flugschriften (wie Anm. 8), S. 345.
25 Vgl. MATHESON, Schriften (wie Anm. 8), S. 136 und S. 141–143.
26 MATHESON: Schriften (wie Anm. 8), S. 119.
27 Vgl. ebd., S. 93 und S. 136.
28 Ebd., S. 67 und S. 137.

3. Margareta von Treskow

Margareta von Treskow (um 1500 – nach 1548), geborene von Krüsicke, lebte im Dorf Bukow im Jerichower Land.[29] Sie war die Witwe des zwischen 1526 und 1530 verstorbenen Joachim von Treskow, der sechs minderjährige Kinder hinterließ. Als Witwe übte Margareta von Treskow stellvertretend für ihre erbberechtigten minderjährigen Kinder die an ihre Adelsgüter gebundenen Rechte und Pflichten aus. Dazu gehörte auch das Patronatsrecht, das insbesondere darin bestand, für den pfarramtlichen Dienst an der Ortskirche einen Geistlichen auszuwählen und dem Bischof zur Amtseinsetzung vorzuschlagen. Margareta von Treskow wählte als Pfarrer für Bukow Michael Topp aus, der daraufhin auf die dortige Pfarrstelle eingesetzt wurde. Im Einverständnis mit Margareta von Treskow predigte Topp in Bukow reformatorisch und teilte das Abendmahl in beiderlei Gestalt aus. Margareta von Treskow nutzte somit den Handlungsspielraum, den sie als Vormund für ihren Sohn hatte, um über die Ausübung des Patronatsrechts in Bukow die Reformation einzuführen.

Ähnliches geschah laut dem Chronisten Gebhard von Alvensleben auch an anderen Orten im Erzstift Magdeburg. Er berichtete von *etlichen von Adel, so ungeachtet ihres Herren Verbot und Ungnade sich zu der evangelischen Religion bekannt und evangelische Prediger vociret, unter denen Andreas von Meyendorf zu Ummendorf, Joachim von Alvensleben zu Eichenbarleben, Matthias von der Schulenburg zu Altenhausen und Joachim von Treskow zu Buckow Wittwe Margarethe von Krosigkin, wo nicht die ersten, doch gewiß unter den ersten gewesen.*[30] Hier zeigt sich, dass eine auf einzelne Orte beschränkte Einführung der Reformation auch in beim alten Glauben gebliebenen Territorien wie dem Erzstift Magdeburg möglich war. Sie stand aber immer in der Gefahr, von den altgläubigen Autoritäten wieder unterbunden zu werden. In Bukow strengte der zuständige Bischof von Havelberg, Busso von Alvensleben, einen Strafprozess gegen den von Margareta von Treskow ausgewählten Pfarrer Michael Topp an. Als im Herbst 1534 die Flugschrift von Margareta von Treskow erschien,[31] war Michael Topp schon über ein Jahr lang ein Gefangener des Bischofs.[32] In dieser Zeit hatte Margareta von Treskow ihre Beziehungen zu den Fürsten von Anhalt und zu Kardinal Albrecht von Mainz genutzt und diese einflussreichen Personen dafür gewinnen können, im Fall Michael Topp zwischen Bischof Busso und ihr zu vermitteln.[33] Diese Vermittlungsversuche waren jedoch gescheitert. Margareta von Treskow nutzte daraufhin das neue Medium der Flugschrift, um eine größere Öffentlichkeit auf den Prozess gegen Michael Topp aufmerksam zu machen. Für

---

29 Zu Margareta von Treskow vgl. KOMMER, Flugschriften (wie Anm. 8), S. 214–234; GISELA MÖNCKE: Margareta von Treskow, eine unbekannte Flugschriftenverfasserin der Reformationszeit. In: Zeitschrift für Kirchengeschichte 108 (1997), S. 176–186; RADEMACHER-BRAICK, Theologie (wie Anm. 8), S. 129–135.

30 Zitiert nach GUSTAV HERTEL: Zur Geschichte der Reformation im Erzstift Magdeburg. In: Geschichtsblätter für Stadt und Land Magdeburg 15 (1880), S. 416–420, hier S. 417.

31 MARGARETA VON TRESKOW: Ein Sendebreff einer Erbaren frowen/ van wegen eres gefangenen Parheren/ An den Bischop tho Hauelberg/ Mit einer klenen voerrede Niclas Ambsdorff. [Magdeburg: Michael Lotter] 1534.

32 Dies erwähnt Nikolaus von Amsdorf in seinem Vorwort zu Margareta von Treskows Flugschrift, vgl. TRESKOW, Sendebreff (wie Anm. 31), Bl. [A1]v.

33 Vgl. ebd., Bl. B3r-v.

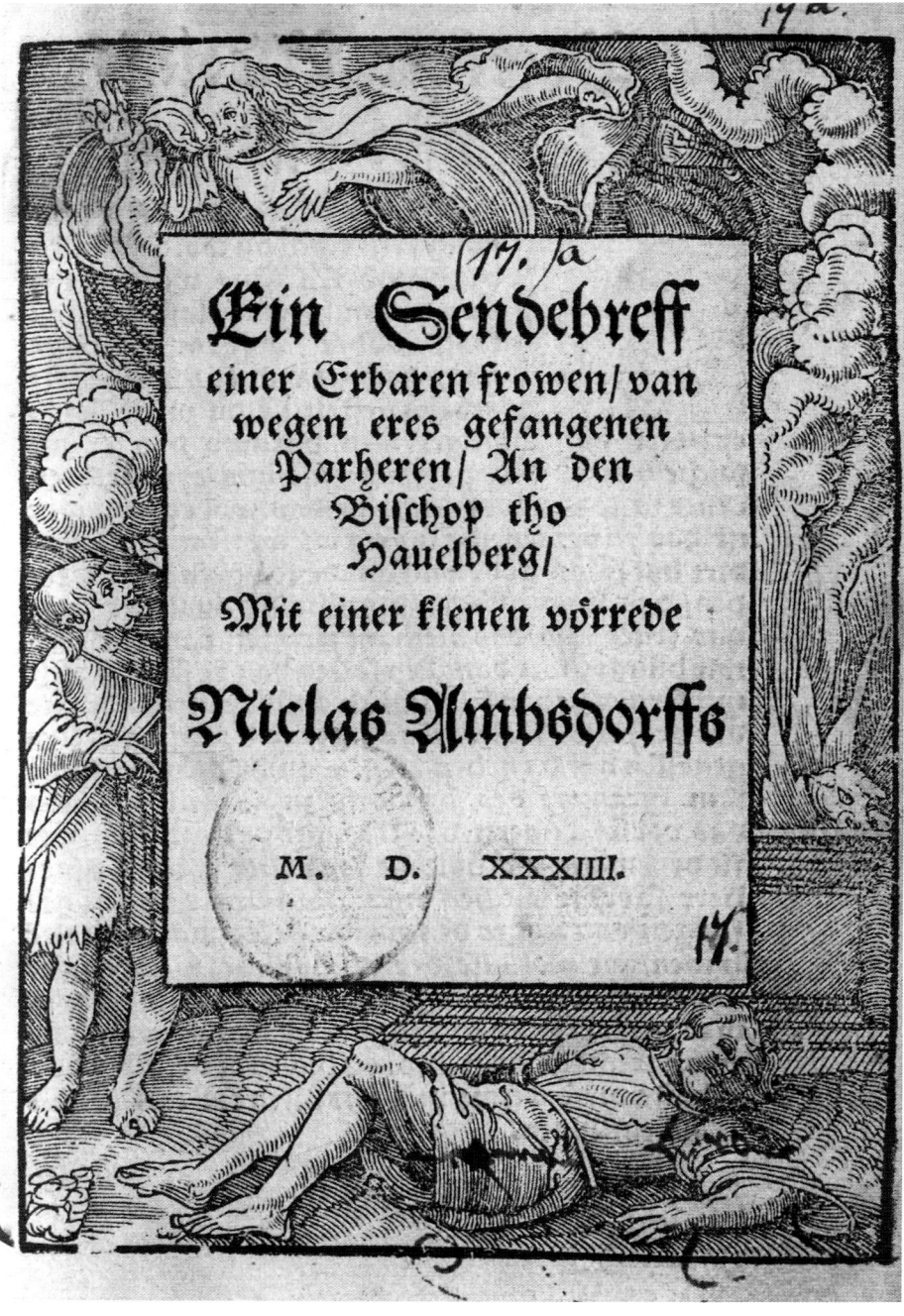

Kains Brudermord. Titeleinfassung aus Margareta von Treskow: Ein Sendebreff einer Erbaren frowen, 1534 (Thüringer Universitäts- und Landesbibliothek Jena, 4° Bud. Hist. eccl. 276 b (17a), Bl. [A]r).

ihre Flugschrift wählte sie die Form eines offenen Briefs an Bischof Busso von Alvensleben, in dem sie den Havelberger Bischof um Freilassung ihres Pfarrers bat und darlegte, welche Härte es für eine Gemeinde bedeutete, keinen Pfarrer zu haben.

Aufgrund dieser Abfassungssituation war es Margareta von Treskow in ihrer Flugschrift nicht möglich, so deutlich Stellung gegen die altgläubige Seite zu beziehen, wie dies Argula von Grumbach tat. Ohne jede Polemik bezeichnete sie Bischof Busso in ihrer Schrift durchgängig als lieben Vater und Hirten. Seine Autorität wurde von ihr nicht in Frage gestellt, um ihr Anliegen nicht zu gefährden. Dennoch gelang es Margareta von Treskow, ihre reformatorischen Überzeugungen zum Ausdruck zu bringen. Sie tat dies, indem sie diese als allgemein christliche Überzeugungen hinstellte, die somit auch dem Havelberger Bischof ein Anliegen sein müssten. So sei es etwa Bischof Bussos Aufgabe, den ihm anvertrauten Christen das Evangelium zugänglich zu machen. Falls es unter den ihm anvertrauten Christen Irrtümer gebe, sei es seine Aufgabe, diese Christen anhand des Wortes Gottes ihrer Irrtümer zu überführen.[34] Somit „ist zu konstatieren, daß sie auf der Basis eines freundlich scheinenden Tones ganz dezidiert ihre Grundüberzeugungen vertritt: An der allein an Christus ausgerichteten Predigt in Deutsch und am Abendmahl in beiderlei Gestalt hält sie fest".[35]

Der offene Brief an Bischof Busso von Alvensleben ist die einzige Flugschrift, die von Margareta von Treskow überliefert ist. Offenbar verfasste die Autorin aber noch andere Schriften auf Seiten der Reformation, von denen der Chronist Gebhard von Alvensleben schrieb, sie seien *durch Unseligkeit der Zeiten von abhanden kommen*.[36] Möglicherweise ist dabei an die Wirren des Dreißigjährigen Kriegs zu denken. Margareta von Treskow fasste ihre Flugschrift in niederdeutscher Sprache ab. Der eigentlichen Flugschrift vorangestellt ist ein Vorwort in hochdeutscher Sprache von Nikolaus von Amsdorf. Dieses Vorwort war für den Magdeburger Drucker Michael Lotter offenbar so bedeutsam, dass er allein Amsdorfs Namen auf den Titel der Flugschrift setzte. Der Name der Autorin erscheint dagegen erst am Ende der Flugschrift: *Margareta moder Margareta Jochim van Treskaw yn Godt seliger nagelaten wedwe*.[37]

Wie der Prozess um Michael Topp ausgegangen ist, lässt sich nicht mehr im Einzelnen nachvollziehen. Jedoch muss es offensichtlich eine Lösung gegeben haben, die es Margareta von Treskow bis zum Jahr 1549 ermöglichte, für reformatorische Pfarrer in Bukow zu sorgen. 1549 wurde mit Johann Schulde erneut ein reformatorischer Geistlicher, der auf Betreiben von Margareta von Treskow Pfarrer in Bukow geworden war, gefangen genommen. Im Zusammenhang mit diesem Konflikt wandte Margareta von Treskow sich ratsuchend an Nikolaus von Amsdorf, der ihr am 2. Juni 1549 brieflich antwortete. Johann Schulde kam dann 1552 auf Vermittlung von Fürst Wolfgang von Anhalt frei und war wieder als Pfarrer in Bukow tätig. Aber Margaretas Sohn Hans von Treskow war kein Anhänger der Reformation. Als er mündig wurde, machte er die von seiner Mutter in Bukow eingeführte Reformation rückgängig: *Als die Bauern zu dem alten Pfarrer, der eine neue Stelle auf dem Nachbargut Groß Wudicke erhalten hatte, zum Abendmahl gingen, ließ*

---

34 Ebd., Bl. [B6]v-[B7]r.
35 RADEMACHER-BRAICK, Theologie (wie Anm. 8), S. 134.
36 Zitiert nach HERTEL, Geschichte (wie Anm. 30), S. 418.
37 TRESKOW, Sendebreff (wie Anm. 31), Bl. [B8]v.

Hans mehrere deren aufgreifen und elf Tage in den Stock gespannt sitzen. Auf die Klagen der Bauern erfolgte eine scharfe Vermahnung des evangelisch erzogenen Erzbischofs Sigismund, gegen die Leute nicht so tyrannisch zu verfahren.[38]

4. Fazit

In der frühen Reformationszeit war es noch möglich, auch in mehrheitlich altgläubigen Territorien öffentlich für die reformatorische Überzeugung Stellung zu beziehen. Argula von Grumbach meldete sich im Ketzerprozess gegen einen Anhänger der reformatorischen Lehre an der Universität Ingolstadt zu Wort. Von diesem Konflikt war sie persönlich nicht betroffen. Durch die in Matthäus 10,32–33 überlieferte Aufforderung Jesu Christi zum Bekenntnis fühlte sie sich aber dazu verpflichtet. Margareta von Treskow nutzte die rechtlichen Möglichkeiten, die sie als Vormund für ihren Sohn hatte, zur Einführung der Reformation in ihrem Gebiet. Ihr Votum für einen reformatorischen Pfarrer in Bukow führte zum Konflikt mit dem Bischof, auf den Margareta von Treskow mit der Abfassung ihrer Flugschrift reagierte. Beide Flugschriftautorinnen ließen sich von der Diasporasituation, in der die Gegner der lutherischen Lehre die Mehrheit und die Macht hatten, nicht davon abhalten, ihre reformatorische Überzeugung in Wort und Tat zum Ausdruck zu bringen. Zudem durchbrachen sie als Frauen, die in für die Öffentlichkeit bestimmten Schriften zu theologischen Streitfragen Stellung bezogen, die Rollenbilder ihrer Zeit. Das neue Medium der Flugschrift eröffnete ihnen die Möglichkeit, die Einschränkungen, die für sie als Frauen und durch ihr Leben in der Diasporasituation bestanden, zu überwinden und ihre reformatorischen Überzeugungen öffentlich zu äußern.

---

[38] Heinrich von Tresckow: Familien-Geschichte derer von Tresckow, Potsdam-Wildpark 1920. In: Wiprecht U. von Treskow: Chronik der Familie von Treskow. Dülken 1956/59, S. 11–284, hier S. 39. – Zur Entwicklung in Bukow bis 1549 vgl. Kommer, Flugschriften (wie Anm. 8), S. 221–223.

Walter Stäbler

Die Theologie Philipp Matthäus Hahns, des genialen Erfinders und Mitarbeiters am Reich Gottes

Wenn heute die Persönlichkeit und das theologische Lebenswerk von Philipp Matthäus Hahn zur Sprache kommen sollen, so möchte ich mit einer persönlichen Vorbemerkung beginnen:

Ich selbst stamme aus Echterdingen – heute Leinfelden-Echterdingen – auf den Fildern. Echterdingen, im 18. Jahrhundert die bestdotierte Pfarrei im Herzogtum Württemberg, war Hahns letzte Pfarrstelle (1781–1790). Bis in unsere Tage hat sich in diesem ehemals schönen Filderdorf die Erinnerung an Pfarrer Hahn lebendig erhalten, weniger wegen seiner theologischen Werke als vielmehr wegen seinen auffälligen Tätigkeiten. Mein Vater war es, der mir als Jungscharbub, also im Alter von acht bis zehn Jahren, wundersame Geschichten über diesen ehemaligen Echterdinger Seelsorger erzählte. So wusste er zu berichten, dass Hahn so begabt gewesen sei, dass er neben seinem Pfarramt kunstvolle astronomische Weltmaschinen gebaut wie auch die Echterdinger Kirchturmuhr konstruiert habe. In diesem Zusammenhang erwähnte er auch, dass Hahn geistig so auf seine mathematischen und technischen Probleme konzentriert gewesen sei, dass er keinen großen Wert aufs Grüßen gelegt habe. Als er eines Tages am Fenster seines Studierzimmers gestanden habe und ihm von einem freundlichen Gemeindeglied ein guter Morgen gewünscht worden sei, da habe er nur verärgert geantwortet: *Jetzt hat Er mich in meinen mathematischen Überlegungen um 14 Tage zurückgeworfen*. Überdies (so fuhr mein Vater fort) sei Hahn – und da wurde es besonders geheimnisvoll und gruselig spannend – zu nächtlicher Stunde vom Pfarrhaus in die nahegelegene Kirche gegangen und habe um Mitternacht den Geistern, die keine Ruhe fanden, das Wort Gottes gepredigt.

Warum erzähle ich das? Geht es hier darum, mit den exzentrischen Einfällen eines merkwürdigen Landgeistlichen zu unterhalten? Keineswegs. Es hat sich im Rahmen der vielfältigen Vorbereitungen auf das Hahnjubiläum 1989/1990 herausgestellt, dass Philipp Matthäus Hahn auf dem Gebiet der Technik und der Mathematik für damalige Verhältnisse Immenses geleistet hat. Nebenbei bemerkt, das Werk jener Echterdinger Kirchturmuhr, von der mir mein Vater erzählte, hat man wieder aufgetrieben und rekonstruiert; sie

Philipp Matthäus Hahns Rechenmaschine von 1774
(Vorlage und Aufnahme: Landesmuseum Württemberg, P. Frankenstein / H. Zwietasch).

kann heute mitten in Echterdingen bei der alten Kreissparkasse bewundert werden. Auf der anderen Seite sollte mein Vater mit jener Geschichte vom Geisterprediger Hahn Recht bekommen. Ich hatte sie nach der Pubertät, vor allem aber im Theologiestudium für Humbug gehalten, weil ich nicht verstehen konnte, was gemeint war.

Philipp Matthäus Hahn (1739–1790) war ein genialer Erfinder und kreativer Theologe, den das Herzogtum Württemberg in der Mitte des 18. Jahrhunderts hervorbrachte. Es wäre reizend, beide Neigungen oder besser Berufungen Hahns, die technische und die theologisch-theosophische, in ihrer Relation vorzustellen. Aber heute soll doch die Theologie in besonderer Weise zu Ehren kommen. Deswegen nur ganz kurz einige Bemerkungen vorweg zum Naturwissenschaftler und Techniker Hahn.

1. Kurze Bemerkungen zu Hahn als Naturwissenschaftler – oder: Der geniale Erfinder

Hahn war ein exzellenter Naturwissenschaftler, nach heutigen Maßstäben nobelpreiswürdig – und gleichzeitig ein sensibler Seelsorger, Pfarrer und brillanter Theologe. Er korrespondierte mit den wissenschaftlichen Autoritäten seiner Zeit, er exzerpierte die

Schriften des großen deutschen Philosophen Immanuel Kant, ihn beschäftigten die Erkenntnisse des angesehenen und anerkannten schwedischen Naturforschers Emanuel Swedenborg. Er zählt zu den Persönlichkeiten, denen es gelungen ist, aus der Not ihrer Situation eine Tugend zu machen.

Die Rechenmaschine, die Hahn theoretisch konstruierte und auch in der Praxis verwirlichen konnte, markiert einen Meilenstein auf dem innovativen Weg hin zum Computer unserer Tage.

Hahns Name verbindet sich nicht nur mit der Konstruktion verschiedenster Großuhren und Planetarien, deren Schmuckstücke heute in den bedeutendsten Museen gezeigt werden, sondern auch mit dem Bau von präzisen Taschenuhren und anderen mechanischen Kunstwerken.

Überdies sehen viele in Hahns Waagenmodellen die Wiege der süddeutschen Waagenindustrie, deren Markenzeichen „Bizerba" oder „Kern/Sauter" Weltruhm erlangt haben. Bis heute profitieren Tausende von Menschen von seinen Erfindungen. Dem Denker Hahn ist es gelungen, Menschen zu Arbeit und damit zur Sicherung ihrer Existenz, zu wirtschaftlichem Fortkommen – über Jahrhunderte – zu verhelfen.

Philipp Matthäus Hahn (1739–1790) (aus: Philipp Matthäus Hahn, 1739–1790. Ausstellungen des Württembergischen Landesmuseums Stuttgart und der Städte Ostfildern, Albstadt, Kornwestheim, Leinfelden-Echterdingen. Teil 2: Aufsätze. Stuttgart 1989, Abbildung gegenüber dem Schmutztitel).

Nicht von ungefähr würdigt der berühmte Schweizer Theologe und Schriftsteller Johann Caspar Lavater (1741–1801; Zürich) das technische und das theologische Schaffen Hahns gleichermaßen: *Unter allen mir bekannten Theologen, der – mit dem ich am meisten sympathisiere – oder vielmehr dessen Theologie zunächst an die meinige grenzt, und der doch so unaussprechlich von mir verschieden ist, als es ein Mensch sein kann. Ein ganz außerordentlich mechanisches, mathematisches und astronomisches Genie, das immer erfindet, immer schafft – mit ausharrender, allüberwindender Geduld, zum letzten Ziel alles ausführt. Er schafft Welten, und freut sich einfältig seiner stillen Schöpfungskraft [...].*[1]

Hahns Forschen und technisches Wirken war – abgesehen von seinen materiellen Interessen – letztlich theologisch motiviert. So kam er als Vikar in Breitenholz bei Herrenberg 1761 auf den Gedanken, den Himmelsbau beweglich in einer Maschine darzustellen,

---

1 Zitiert nach Philipp Matthäus Hahn, 1739–1790 Ausstellungen des Württembergischen Landesmuseums Stuttgart und der Städte Ostfildern, Albstadt, Kornwestheim, Leinfelden-Echterdingen. Gesamtleitung Christian Väterlein. Katalogredaktion Aagje Ricklefs. 2 Teile, Stuttgart 1989, hier: Teil 1: Katalog, S. 27.

Hahns Ludwigsburger Weltmaschine heute
(Vorlage und Aufnahme: Landesmuseum Württemberg, P. Frankenstein / H. Zwietasch).

als ich einmal des Nachts den gestirnten Himmel mit Vergnügen anschaute.[2] Hahn fing an,
*ein Hauptbild einer künftigen Maschine auszusinnen, und die Bewegungen in Rad und
Getrieb zu berechnen.*[3] Damals schaffte er noch nicht, was ihm in Onstmettingen gelingen
sollte: der Bau der astronomischen Uhren.

Der kongeniale und praktisch versierte Philipp Gottfried Schaudt (1739–1809), mit dem
Hahn in Onstmettingen zusammenarbeitete,[4] ging daran, die Arbeit mit Messing und
Stahl zu erlernen, so dass die technischen Voraussetzungen geschaffen wurden, die Stock-

2 PHILIPP MATTHÄUS HAHN: Beschreibung mechanischer Kunstwerke. Stuttgart 1774, S. VIII.
3 Ebd.
4 Vgl. ALFRED MUNZ: Die Onstmettinger Schule von 1602–1973. Onstmettingen 1973, S. 17–21.

Hahns Salemer Stockuhr 1769
(Vorlage und Aufnahme: Landesmuseum
Württemberg, H. Zwietasch).

uhren oder kleinen astronomischen Uhren in Metall zu bauen. Eines dieser Exemplare befindet sich – wohl seit 1769 – im Besitz der Markgrafen Baden.[5]

Für diese Arbeit hatte Hahn 1767 von Herzog Carl Eugen von Württemberg (1728–1793) 300 Gulden bekommen und dazu den Befehl, *eine grössere dergleichen Maschine für die Herzogliche öffentliche Bibliothek in Ludwigsburg zu verfertigen.*[6] Außerdem brachte sie Hahn die Anwartschaft auf die Pfarrei in Echterdingen bei Stuttgart ein. Der Durchbruch für Hahn als genialer Erfinder war geschafft.

Nachzutragen ist, dass Hahn in Onstmettingen auch genial-einfache Waagenkonstruktionen herausbrachte, mit denen er die Balinger Waagenindustrie begründete. Es verwundert nicht, wenn das Museum in Albstadt-Onstmettingen gerade in der Geschichte der Präzisionswaagen federführend ist im südlichen Teil Deutschlands.

In die Kornwestheimer Zeit, in der Hahn wunderschöne große astronomische Uhren konstruierte und fertigen ließ, fällt die für die Informatik bahnbrechende Erfindung der Rechenmaschine. Hahn als Konstrukteur stand vor dem kaum lösbaren Problem, die Zahnräder für seine Maschinen berechnen zu müssen: *So waren ganz neue langwührige und sehr beschwerliche Rechnungen hiezu vonnöthen, also, dass ich beynahe stumpf im Denken wurde, und wann ich eine halbe Nacht hindurch gerechnet hatte, nimmer zwo Zahlen zuverlässig zusammen zehlen konnte. Dieses brachte mich auf den Gedanken: ob nicht eine Rechnungs-Maschine möglich sey.*[7] Hahn war zunächst der Meinung, diese Arbeit in wenigen Wochen fertigstellen zu können. Es sollte aber fast zehn Jahre dauern, bis die endgültig ausgeführte Form im *Teutschen Merkur* der Welt vorgestellt wurde (Mai 1779). Schließlich sei der Vollständigkeit halber erwähnt, dass Hahn in Echterdingen vor allem durch den Bau von Taschenuhren berühmt wurde und daran auch etliches verdiente.

Taschenuhr, Echterdingen 1785. Mit Hauptzifferblatt und drei Hilfszifferblättern für Stunden- und Minutenanzeige, Mondphasen sowie Anzeige der Monatstage. Vollplatinenwerk mit Schlüsselaufzug, Messing vergoldet. Replik, gefertigt von Alfred Leiter, Kleinaspach. Privatbesitz (Aufnahme: Dr. Walter Stäbler, Neckartenzlingen)

Wir haben vorhin schon gesagt, dass es materielle Interessen waren, die Hahn zum Bau dieser Konstruktionen bewogen. *Wer gantz allein aufs Geistliche siehet, der bekomt einen Rausch darinnen.* Hahn stand allerdings auch seinen mechanischen Produkten in einem gespaltenen Verhältnis gegenüber. Er konnte schreiben: *Oft befiel mich ein Eckel an allen mechanischen Dingen, welcher oft etliche Wochen anhalten konnte.*[8] Fest steht

---

5 Vgl. Philipp Matthäus Hahn: Kurze Beschreibung einer kleinen beweglichen Welt-Maschine, hg. von Reinhard Breymayer. Tübingen 1988, S. XXIf. (Breymayer schließt aufgrund von Indizien auf den Besitz). – Vgl. ferner: Hahn, Katalog (wie Anm. 1), Teil 2, S. 385.

6 Hahn, Kunstwerke (wie Anm. 2), S. XI.

7 Ebd., S. XIV–XV.

8 Ebd., S. XX.

aber auch, dass Hahn die Mechanik, das Technische, die Mathematik nicht lassen konnte. Dafür mag es viele Gründe geben: Hahn spricht davon, dass er enorm fleißig gewesen sei und deshalb auch in diesem Bereich habe arbeiten können, dass er Abwechslung gebraucht habe, dass ihn alle Arten von Amtsgeschäften nicht schwer angekommen seien, so dass er sie schnell habe erledigen können. *An dem rechten Gebrauch der Zeit und frischem Angriff der Sachen ist alles gelegen. Wann andere Leute schlafen, so wache ich.*[9]

2. Philipp Matthäus Hahn – Aspekte seines Lebens

Philipp Matthäus Hahn wurde am 25. November 1739 in Scharnhausen bei Stuttgart geboren. Sein Leben währte wenig mehr als 50 Jahre, er starb am 2. Mai 1790. Auf dem Hintergrund dieser Daten lässt es sich leicht verstehen, dass 1989/1990 große Hahnjubiläen und Feierlichkeiten mit Repräsentanten von Staat und Kirche begangen wurden, eine Menge von Büchern über Hahn erschien und dann auch faszinierende Ausstellungen in Scharnhausen, Albstadt-Onstmettingen auf der Balinger Alb, in Kornwestheim, in Stuttgart sowie in Leinfelden-Echterdingen gezeigt wurden. Diese Ausstellungsorte markieren zugleich die wichtigsten Stationen von Hahns Leben.

2.1 Scharnhausen

In seinem Lebenslauf,[10] den er wohl für seine Vorstellung beim Antritt der ersten Pfarrstelle in Onstmettingen entworfen hatte, schrieb er: *Ich, M[agister] Philipp Matthäus Hahn, habe das Licht dieser Welt erblickt, Anno 1739, dem 25.ten Nov[ember]. Mein Vatter ist der noch lebende Pfarrer in Ostdorf, M[agister] Georg Gottfried Hahn. Meine Mutter hieße Juliana Kunigunda, und war des ehmaligen Pfarrers von Scharnhausen Stuttgardter Amts, M[agister] Johann Philipp Kaufmanns eheliche Tochter, welche mir sehr lieb gewesene Mutter aber, schon vor ohngefehr 12 Jahren durch den Tod entrissen worden.*

Hahn besuchte die Lateinschule in Esslingen, später in Nürtingen. Sein Ziel war es, das Landexamen, also die Prüfung für das theologische Seminar, zu bestehen. Hätte Hahn diese Prüfung erfolgreich abgelegt, so hätte er im Blick auf die materielle Basis seiner Ausbildung ausgesorgt gehabt, denn die Stipendiaten konnten an den niederen und höheren Seminaren, vor allem dann aber im Stift in Tübingen kostenfrei studieren. Hahn nahm fünfmal Anlauf, diese Prüfung zu meistern – er fiel jedoch immer durch. Aber er gab nicht auf. Als Autodidakt erwarb er sich im Selbststudium fundamentale Kenntnisse in den damaligen mechanischen und mathematischen Wissenschaften, so dass er sich 1756 mit fast 17 Jahren – nunmehr von Onstmettigen aus – an der Universität Tübingen einschreiben konnte.

---

9 Ebd.
10 Quellen und Schriften zu Philipp Matthäus Hahn. Im Auftrag des Württ. Landesmuseums Stuttgart hg. von CHRISTIAN VÄTERLEIN. Teil 9: Lebenslauf, Onstmettingen 1764. Faksimile der Handschrift von Philipp Matthäus Hahn und Transkription. Stuttgart 1989, S. 14.

2.2 Onstmettingen

Für Philipp Matthäus Hahn verband sich mit dem Ortswechsel von Scharnhausen nach Onstmettingen ein glücklicher Umstand. Denn er lernte dort den für seine technischen Arbeiten entscheidend wichtigen Philipp Gottfried Schaudt kennen, der dann später, als Hahn selbst Pfarrer in Onstmettingen wurde, auch als Schulmeister dort tätig war. Während Hahn die theoretischen Grundlagen schuf, war es Schaudt, der für Hahn die technischen Gerätschaften baute und die Werkstatt betreute.

Hahn studierte von 1756 bis 1760 Philosophie und Theologie, wirkte in den folgenden vier Jahren von 1760 an in verschiedenen Vikariaten, unter anderem in Breitenholz und Herrenberg, und erhielt bereits mit 25 Jahren (für damalige Verhältnisse eine Sensation!) eine erste Pfarrstelle in Onstmettingen. Hier wirkte er von 1764 bis 1770.

Durch intensive seelsorgerliche Tätigkeit gelang es Hahn, den Gemeindeaufbau voranzutreiben. Er legte in dieser Zeit bereits sein Theologisches Notizbuch an, in dem er sich als äußerst kundiger Theologe ausweist. So exzerpierte er eine wichtige Schrift Kants (*Träume eines Geistersehers*), er beschäftigte sich intensiv mit Swedenborg und vor allem mit den Schriften Oetingers, bei dem er 1762 in Herrenberg Vikar gewesen war.

Bedeutsam für Hahns äußeren Werdegang wurden allerdings seine technischen Erzeugnisse, von denen der württembergische Herzog über den Balinger Dekan erfuhr und die Hahn schließlich die am zweitbesten dotierte Pfarrstelle in Württemberg einbrachten: Kornwestheim.

2.3 Kornwestheim (1770–1781)

Hahns Arbeit konzentrierte sich von nun an auf den Aufbau des „Stundenwesens", vor allem aber auf die Veröffentlichung theologischer Schriften. Bedeutsam und bis heute in weiten Kreisen gelesen ist sein 1774 erschienenes Predigtbuch. Weniger bekannt dagegen ist seine Übersetzung des Neuen Testaments, die drei Jahre später herauskam. Daneben verfasste er viele theologische Aufsätze und vor allem bedeutsame Auslegungen des Epheser- und Kolosserbriefes.

Hahn beschäftigte in seiner Kornwestheimer Werkstatt – der Schulmeister Schaudt ließ sich vom Herzog nicht nach Kornwestheim bewegen – seine Brüder und Söhne, aber auch zum Teil Gesellen aus dem Dorf, mit denen der Umgang nicht leicht war.

Zweimal versuchte der Herzog, Hahn von seinem Pfarramt wegzulocken und ihm eine Professur in Mathematik oder Philosophie in Tübingen anzubieten. Aber Hahn blieb seinem Pfarramt treu. *Ach, dachte ich heute schon, mit wieviel onnöthigen Hindernissen bistu umgeben und hastu dich selbst verwickelt, da doch das Evangelii zu predigen, auseinanderzuwickeln und in demselben zu arbeiten eine tausendmal interessantere Sache ist! Was Rechenmaschine, was astronomische Maschine, das ist Dreck! Jedoch um Ruhm und Ehre zum Eingang und Ausbreitung des Evangelii zu erlangen, will ich die Last noch weiter tragen […]. Herr, lass mich doch leben, dass ich dein Evangelium der gantzen Welt verkündige!*, schreibt Hahn am 10. August 1773.[11]

---

11 PHILIPP MATTHÄUS HAHN: Die Kornwestheimer Tagebücher, 1772–1780. Hg. von MARTIN BRECHT/RUDOLF F. PAULUS, Berlin/New York 1979 (Texte zur Geschichte des Pietismus 8,1), S. 175 f.

Es muss allerdings angemerkt werden, dass wohl auch materielle Gründe eine Rolle spielten. In einem Brief Hahns an den berühmten Philosophen und Dichter Johann Gottfried von Herder führt er aus: *Ich bin jezo seit 14 Tagen 42 Jahre alt und habe 7 Kinder, bin ohne Schulden und von mittelmässigem Vermögen. Meine hiesige Besoldung beträgt 1500 Gulden, wenn ich den Zehnten an Geld einziehe; käme aber auf 2000, wenn ich die Mühe eines Naturaleinzugs über mich nehmen könnte und möchte […]. Mithin kann ich wohl stehen, was das Äußere betrifft.*[12] Als Professor in Tübingen hätte er 600 Gulden verdient.

2.4 Echterdingen (1781–1790)

1781 wurde Hahn (wohl durch die Gunst des Herzogs Carl Eugen) als Pfarrer nach Echterdingen bestellt. Die Flügel waren ihm infolge eines Lehrzuchtverfahrens durch die Oberkirchenbehörde kräftig beschnitten, nur noch heimlich und unter falschem Namen konnte er zwei kleinere Schriften veröffentlichen. Auch die Erbauungsstunden im Pfarrhaus waren ihm bei einem Konflikt mit dem Kirchenrat untersagt worden, so dass er – gleichsam im Untergrund – nach anderen Möglichkeiten suchte und sie auch fand. Zeitweise dachte er daran, ob er nicht nach Amerika auswandern und dort eine eigene Heilige Gemeinde gründen sollte. Hahn verstarb am 2. Mai 1790 in Echterdingen, wo sein Grab auf dem Friedhof bei der Kirche lange Zeit als verschollen galt, doch konnte Hahns Ruhestätte bei den Vorbereitungen zum Jubiläum 1989/1990 in mühsamer Kleinarbeit wieder ausfindig gemacht werden.

3. Philipp Matthäus Hahn – Aspekte seiner Theologie

Bedeutsam für Hahn wurde es, dass er mit 14 oder 15 Jahren Johann Arndts (1555–1621) *Wahres Christenthum* studierte.

Das *Wahre Christenthum* war als Erbauungsbuch überaus geschätzt und weit verbreitet. Hahn las es und wurde von seinem Inhalt ergriffen. Er berichtet in seinem frühen Lebenslauf von 1764: *Doch geriethe ich endlich über Joh[ann] Arnds wahres Christentum, welches meine Mutter jederzeit hochgehalten, ich aber bisher ohne Eindruck gelessen hatte. Weil mich nun Gott durch innerlich Creutz mürbe und durstig gemacht, So wurden mir die 3 erste[n] Capitel so eindringlich und überzeugend, daß ich mich nach und nach zu rechte finden konte: besonders wurde mir die Wahrheit, welche man sonsten liest, selten aber mit Eindruck glaubt, offenbahr und lebendig: daß ich mangle des Ebenbildes oder der Herrlichkeit Gottes, Röm 3. Und diese 3 Hauptartickel, von dem Ebenbilde Gottes, von unserem Fall oder Verlust des Ebenbildes, und von Christo dem Wiederbringer des göttlichen Ebenbildes, wurden dann unter allerley geistlich und leib[lichen] Leyden und Gebett, zum Grund meiner ganzten Theologie gelegt, ehe ich nach Tübingen kame. Und das ist noch der Haupt-*

---

12 Hahns Brief vom 4. Dezember 1781 an Johann Gottfried Herder. Kopien der besonders wichtigen Briefe Hahns an Herder liegen dem Autor vor. Vgl. Stadtbibliothek Schaffhausen JGM Fasz. 507, 65–84.

inhalt meiner gantzen theologischen Erkenntnis, von welcher ich nicht abgehe, und solte auch die Hölle sich wieder mich empören.[13]

Als das Zentrum von Hahns Theologie wird gerne seine Botschaft vom Königreich Christi angesehen. Das ist in der Tat ein einschneidender Gesichtspunkt und ein gewichtiges Element seiner Rede von Gott. Seinen eigenen Worten zufolge ist das Königreich Jesu *die Hauptsache in der Schrift: die Hauptsache der Schöpfung, die Hauptsache der Erhaltung und Verherrlichung aller Dinge.*[14] Hahn ist überzeugt davon, so vertraut er seinem Theologischen Notizbuch um 1769 an, dass Gott ein neues Volk *durch den Hussen, Luther, Arnden* [Bengel ist gestrichen] *Böhmen etc* [sammelt]. *In unseren Tagen durch unzählige Diener Gottes, die aus dem Geist lehren.*[15]

Wenn in dieser Notiz der Name von Jakob Böhme (1575–1624; Görlitz) fällt, so ist festzuhalten, dass Hahn in der Tat entscheidende Impulse von diesem heute fast vergessenen, aber großen Theosophen des 16. Jahrhunderts erhalten hat. Dessen Einfluss auf Hahn ist über Friedrich Christoph Oetinger gelaufen, den er wohl zu jenen unzähligen Dienern Gottes gerechnet hat, die aus dem Geist lehren.

Zu den Lehrern Hahns muss auch Johann Albrecht Bengel (1687–1752) gerechnet werden. Ihn hat Hahn bei dieser frühen Notiz im Theologischen Notizbuch wohl deshalb gestrichen, um nicht alle lebendigen Glaubenszeugen nennen zu müssen.

Versucht man, Hahns Theologie, seine Art, in seiner Zeit verantwortlich von Gott zu reden, systematisch darzustellen, so muss man ausgehen von einem Grundbegriff, der sein Denken zentral bestimmt und den er vor allem aus dem Neuen Testament, speziell aus dem Epheserbrief, gewonnen hat. Für Hahn steht fest, dass sich Gott von Ewigkeit her vorgenommen hat, seinen Liebesplan mit seiner Welt zu verwirklichen. *Bin aufs neue bestätiget worden im ewigen Liebesvorsatz Gottes und wie nöthig eine gantze Erkentnis des gantzen Evangelii sey, und wie ein stücklichtes* [in Stücke zerteiltes] *Evangelium nicht stärcke und auch dem allgemeinen Wahrheitsgefühl nicht genug thue*, vertraut er seinem Tagebuch am 8. Januar 1773 an.[16] In diesem kurzen Zitat ist jeder Begriff entscheidend. Hahn spricht von ganzer Erkenntnis des ganzen Evangeliums, er spricht davon, wie ein *stücklichtes Evangelium* nicht stärkt. Hier grenzt er sich von einseitigen Frömmigkeitsformen ab, die sich mit dem ewigen Einerlei von Sünde und Gnade begnügen. Hahn will mehr. Hahn will hineinsehen in den – kosmischen – Liebesratschluss und Heilsplan Gottes. Und an dieser Stelle sind ihm besonders die theologischen Aussagen des Epheserbriefes hilfreich, den er immer wieder (vor allem in den Erbauungsstunden) auslegt und dessen Kommentare er auch publiziert. Diesem Drang nach Erkenntnis entspricht gleichsam als Organ oder Sensorium im Menschen das allgemeine Wahrheitsgefühl (*sensus communis*).

In Hahns erstem Kommentar zum Epheserbrief, der den bezeichnenden Titel trägt *Etwas zum Verstand des Königreiches Gottes und Christi*, ersieht man auf einen Blick das Grundanliegen der Theologie Hahns: *Gott will das ganze Schöpfungsall mit seiner Herr-*

---

13 HAHN, Lebenslauf 1764 (wie Anm. 10), S. 14 f.
14 PHILIPP MATTHÄUS HAHN: Eines ungenannten Schriftforschers vermischte theologische Schriften. Bd. 2. Winterthur 1779, S. 2 (Vorrede) und S. 3.
15 [PHILIPP MATTHÄUS HAHN/JAKOB FRIEDRICH KLEMM:] Etwas zum Verstand des Königreichs Gottes und Christi. Frankfurt/Leipzig 1774, S. 125.
16 HAHN, Kornwestheimer Tagebücher (wie Anm. 11), S. 89.

lichkeit erfüllen [Eph 1,23] […] oder: der unsichtbare Gott […], das allervollkommenste geistliche Wesen, hat sich von Ewigkeit vorgesetzt, aus seinen unergründlichen und unfasslichen Tiefen in die Sichtbarkeit hervorzutreten, sich zu offenbaren und sich stufenweise in einer Reihe von unzähligen Ewigkeiten fasslich, leibhaft und mitteilbar zu machen. Der Beweis hierfür ist das Wort ‚zu Lobe seiner Herrlichkeit‘, das Epheser 1 dreimal vorkommt. […] Sein Lob kann nicht ohne seine Erkenntnis und Offenbarung sein. Auf diesen großen Zweck der Erkenntnis und Offenbarung Gottes gründet sich die Schöpfung und Erlösung, und sein ganzer Vorsatz oder das Geheimnis seines Willens. […] Gott will sich offenbaren, zeigen und sichtbar machen.[17] Halten wir fest: Außer seiner Offenbarung ist Gott ohne allen Raum, ohne Zeit und Ort zu denken. Da ist er für den Menschen unfassbar, Gott in seiner Tiefe! Da sich nun aber Gott geoffenbart hat und offenbart, aus sich heraustritt und zeigt, kann Hahn von lauter Offenbarungen Gottes reden, durch die er als geoffenbarter Gott *in dem unendlichen Raum Himmels und der Erde, in allen Menschen, Engeln und Geschöpfen, in jedem nach seiner Art*[18] wohnt.

Hahn geht es in diesen Ausführungen darum, nachvollziehbar darzulegen, weshalb Gott aus seiner Unsichtbarkeit herausgetreten ist. Recht verstanden versucht er (als Theologe der Aufklärungszeit), im Gefolge des Theosophen Jakob Böhme eine Antwort auf **die** Frage aller philosophischen und theologischen Fragen

[PHILIPP MATTHÄUS HAHN:] Etwas zum Verstand des Königreichs Gottes und Christi […]. Frankfurt und Leipzig 1774 (Vorlage: Halle/Saale: Franckesche Stiftungen Bibliothek S/THOL:KÄ XVI A 018).

---

17 Ebd., S. 75 f.

18 [PHILIPP MATTHÄUS HAHN]: Fingerzeig zum Verstand des Königreichs Gottes und Christi; bestehend: I. in einer Einleitung zum Verstand des ersten Capitels des Briefes an die Epheser. II. in einem kurzen Lehrbegriff von dem Geheimniß des Willens Gottes. III. in einer Abhandlung von der Schöpfung und der bewundernswürdigen ununterbrochenen Reyhe der Geschöpfe, vom Staub an bis zum Thron-Engel. Winterthur ²1778, S. 84.

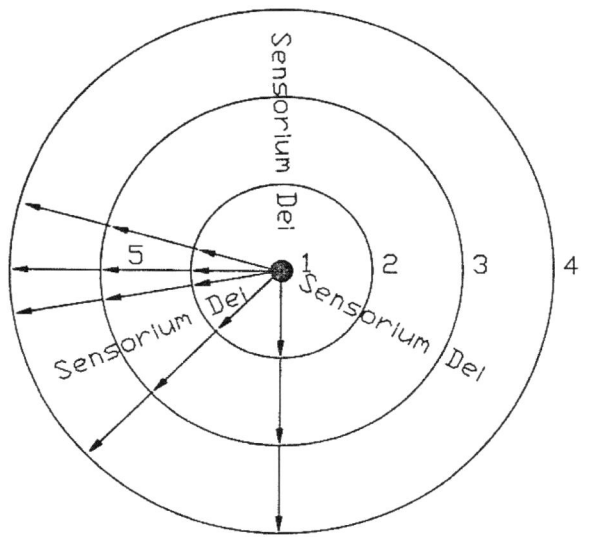

Schema zur Erläuterung der Trinitätslehre Hahns (aus: WALTER STÄBLER: Pietistische Theologie im Verhör. Stuttgart 1992, S. 146).

1: = erste Ichheit – Vater – unsichtbarer Gott
2: erster Umkreis = Lichtkreis = 2. Ichheit der Gottheit, ihr vollkommener Spiegel und Ebenbild
3: 2. Kreis = himmlische Welt
4: 3. Kreis = irdische Welt
5: Strahlen durchdringen alles und erstrecken sich teilend vom Mittelpunkt bis zum äußeren Kreis = Äußeres Gottes = Geist; sie fließen aus der ersten Ichheit, bilden das *sensorium Dei* ab

zu geben: „Warum ist überhaupt etwas und nicht vielmehr nichts?" In Entsprechung zu dem auf dieser Seite oben dargestellten „Modell Gottes" versteht Hahn den Menschen. Wenn Gott in allen Menschen wohnt, so ist jeder verständige Geist *ein kleiner Gott, der einen Abgrund von verborgenen Vollkommenheiten in sich liegen hat, die er ebenso wie Gott an das Licht zu bringen und seine Herrlichkeit zu offenbaren bemüht ist.*[19]

In seinem Tagebuch notiert er am 4. November 1772 nach einem Gespräch mit dem Metzinger Strumpfweber Jud: *Ich sagte ihm auch meine Meynung von der Beschaf[f]enheit des gantzen Menschen mit Leib, Se[e]l, Geist, Gott wie Zwiebelhäute in einander, da Gottes Aug, Ohr, Mund, Kraft der innerste Punct ist.*[20] Man erkennt an diesem Beispiel, wie bei Hahn das theologische Denken vom Bild und der Anschauung her geprägt ist.

Vergleicht man dieses Bild vom Menschen, wie es Hahn zeichnet, mit Grundaussagen der biblisch-reformatorischen Theologie, dann zeigen sich fast von selbst eklatante Differenzen: Gilt nach biblischer Einsicht und im reformatorischen Lied *Durch Adams Fall ist ganz verderbt menschlich Natur und Wesen,*[21] so ist nach Hahn der Mensch durch den Sündenfall zwar von Gott entfremdet, aber der göttliche Lichtfunken ist im Menschen noch vorhanden. Wäre, so fragt man sich, der Mensch nicht zumindest theoretisch imstande, von sich aus diesen göttlichen Funken aufleben zu lassen und zur Herrlichkeit Gottes aufzusteigen?[22]

Hahn denkt den Sündenfall nicht radikal, ja er kann bei ihm fast eine positive, heilsgeschichtliche Bedeutung bekommen, wenn er schreibt: Gott sah des Menschen *Fall, ob er schon nicht nothwendig erfolgen mußte, sondern als ein freyes Geschöpf im Glauben und*

---

19 HAHN, Verstand (wie Anm. 15), S. 85.
20 HAHN, Kornwestheimer Tagebücher (wie Anm. 11), S. 63.
21 Verfasst von Lazarus Spengler 1524.
22 Im Gegensatz dazu Martin Luther in der Erklärung zum dritten Glaubensartikel: *Ich glaube, dass ich nicht aus eigener Vernunft noch Kraft an Jesus Christus, meinen Herrn, glauben oder zu ihm kommen kann.*

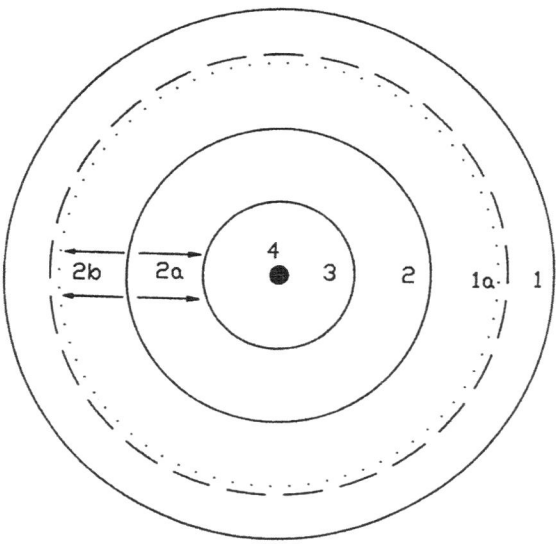

Hahns Anthropologie in schematischer Darstellung (aus: WALTER STÄBLER: Pietistische Theologie im Verhör. Stuttgart 1992, S. 209).

1: Dimension des Leibes: Der Leib ist grob, sichtbar …
1a: Sensorien von höherem Ursprung
2: Die Seele, bestehend aus Geist und Materie
2a: Geistiger Teil
2b: Materiell-leiblicher Teil
3: Geist, Grenzort zu Gott
4: Gott

Gehorsam gegen GOtt hätte bleiben können, zuvor [= voraus]; und ließ sich durch diesen nicht abhalten, seinen Vorsatz auszuführen, weil er in seiner Weisheit schon Wege wußte, durch diesen Fall nur desto mehr seine Erbarmung, Weisheit und Allmacht zu offenbaren.[23]

Welche Bedeutung hat dann in Hahns System der Gottessohn Jesus? In Hahns Christologie gilt es zwei Stufen oder Ebenen zu betrachten und voneinander zu unterscheiden: Redet Hahn von Jesus, so kann er recht menschlich von ihm sprechen: Jesus hatte Hunger, bekam Anfälle und Affekte, fühlte wie ein Mensch, doch er war ohne Sünde. Ungeachtet dessen wuchs in ihm die Gotteserkenntnis von Stufe zu Stufe bis zu ihrer höchsten Entfaltung in seiner Auferstehung. Von dieser Jesulogie, die hier nur kurz dargestellt werden kann, unterscheidet er eine Christologie höherer Ordnung: Vor aller Zeit, als Gott begann, aus seiner Tiefe gleichsam in einem trinitarischen Prozess aus sich herauszutreten, kam es zur Bildung einer himmlischen Menschheit, die sich mit dem eingeborenen Sohn Gottes, also der zweiten Person der Trinität, so verband, dass sich der Erstgeborene bilden konnte. Dieser Erstgeborene ist der Schöpfungsmittler, eben der Erstgeborene allen Geschöpfs.

In der Fleischwerdung – man könnte auch einfacher sagen: im Weihnachtsgeschehen – nahm dieses geistige Geschöpf die irdische Menschheit Jesu als Hütte an. In Jesus wohnten also für Hahn zwei Menschheiten:

a) die himmlische, vollendete Menschheit und
b) die irdische Menschheit, die sich stufenweise – in vollem Gehorsam gegenüber Gott bis zum Tod am Kreuz – vervollkommnet, um an der Auferstehung die Seinsqualität der himmlischen Menschheit zu erreichen. Um den Wachstumsprozess in Jesus bildlich auszudrücken, spricht Hahn auch von der Salbung durch den heiligen Geist.

23 PHILIPP MATTHÄUS HAHN: Eines ungenannten Schriftforschers vermischte theologische Schriften. Bd. 1. Winterthur 1779–1780, S. 38 (4. Aufsatz: Gedanken von der Versöhnung Gottes).

Nach seinen eigenen Worten hat Hahn das Leiden Jesu, dessen Passion, als einen Rechtsprozess betrachtet. Jesus gibt Gott die Ehre, indem er den Versuchungen Satans widersteht. Schon sehr früh, er dürfte gerade zwei Jahre in Onstmettingen als Pfarrer tätig gewesen sein, trägt er in seinem theologischen Notizbuch ein: *Da schritte Gott zu dem letzten Mittel, zur Sendung des ewigen Wortes in das Fleisch: Von dieser Erlössung wir im folgenden sagen werden: Der war der erste Mensch in Gnaden, der alle Versuche des Feindes, alle Finsternis im Fleisch überwunden und also den Fluch aus dem Fleisch genommen hat, d[as] i[st] die Feindschaft mit Gott, welches der wahre Fluch ist, der uns von Gott abschneidet und uns unselig macht. Der ward gehorsam bis zum Tode Phil. 2. und hat an dem, als er litte, Gehorsam gelernet: So versteh ich sein Leyden und anderst nicht. Mit diesem Menschen, da Gott keinen Widerstand mehr in seinem Fleisch fand, konte sich also Gott ewig und hoch vereinigen, denn Gott senckt sich von selbst aus seiner Natur in das, wo er Platz und keinen Widerstand findet, und das ist eben die größste Seligkeit.*[24]

Jesus erreichte als erster Mensch den schon für Adam vorgesehenen Weg der Herrlichkeit und Verherrlichung. Nachdem Jesus in seinem Tod die Opferung des Fleisches vollzogen hat und damit dessen Vorherrschaft gebrochen wurde, ist es für alle Menschen möglich, dieselbe Verklärung und Vollendung zu erlangen wie Jesus. Von Gottes Vorsatz her sind alle Menschen zur Sohnschaft bestimmt und zur Herrlichkeit verordnet. Der im Menschen schlafende geistliche Same [= Lichtfunke] kann durch das Wort der guten Botschaft wiedergeweckt und damit das innere geistliche Leben entzündet werden. Durch die Wiedergeburt im Glauben gelangt der Mensch auf dem Weg der Nachfolge Jesu, auf dem es manche Hindernisse zu überwinden gilt, allmählich zur Ähnlichkeit Gottes als seinem Ebenbild. Hahn hat in seiner Lehre von den Lebensstufen den Weg des neuen Menschen genau beschrieben.

4. Hahns Lehre vom Königreich und die Wiederbringung aller Dinge

Hahns eigenen Worten zufolge ist das Königreich Jesu *die Hauptsache in der Schrift*. Als Schüler und im Gefolge Johann Albrecht Bengels (1687–1752) ist auch Hahn insbesondere durch seine Beschäftigung mit der Offenbarung des Johannes am Kommen des Reiches Christi höchst interessiert und erwartet Zeit und Stunde. Bereits 1772 in Kornwestheim hat er Bengels Schriften, die sich mit der Auslegung der Offenbarung des Johannes beschäftigen, ausgewertet und veröffentlicht.

Nach Hahns eigenen Worten gehörten zum Verstand des Königreiches Christi *der ewige Liebes Vorsatz, ewige Erwählung und die Wiederherstellung aller Dinge: ohne welche die Lehre nicht in ihrer grossen Kraft und Umfang kan verstanden und angenommen werden.*[25]

So steht auch hinter Hahns Lehre vom Königreich Christi der große Plan und die Absicht Gottes, wie sie sich schon ergibt aus seinem Vorsatz. Gott nahm sich vor, schreibt er in seinem Predigtbuch, *alles geschaffene mit seiner Herrlichkeit zu erfüllen: daß das ganze Schöpfungsall ein Tempel GOttes werde, da sich GOtt in seinen Tiefen der Vollkommenheit,*

---

24 HAHN, Verstand (wie Anm. 15), S. 124 f.
25 Ebd., S. 219; Zitat aus PHILIPP MATTHÄUS HAHN: Theologische Notizen und Exzerpte, 1766–1776, Württembergische Landesbibliothek Stuttgart, Cod. theol. et phil. oct. 157, S. 347.

Hauptbild der kabbalistischen Lehrtafel der Prinzessin Antonia (Evangelische Dreifaltigkeitskirche Bad Teinach, 1673). Es zeigt die zehn Abglänze (Sefirot) Gottes: Gott Vater (Kätär/Krone), Sohn (Choch-mah/ Weisheit) rechts und Heiligen Geist (Binah/Einsicht) links oben in der Kuppel um die goldene Scheibe gruppiert; rechts davon die Gnade (Gedulah/Größe, Huld), links davon die Gerechtigkeit (Geburah/ Stärke); in der Mitte oberhalb der zwei gewundenen Säulen die Liebe (Tiph'ärät/Schönheit), am Boden der gewundenen Säule rechts der Sieg (Näzach), am Boden der gewundenen Säule links das Lob (Hod); zwischen den beiden Säulen oberhalb der Treppe das Fundament (Jesod) und Christus (Malchut/Königs-herrschaft) inmitten des Paradiesgärtleins (aus: Walter Stäbler [Hg.]: Philipp Matthäus Hahn – Jakob Friedrich Klemm: „Etwas zum Verstand des Königreichs Gottes und Christi". Stuttgart 2016, S. 22).

Süssigkeit, Schönheit, Weisheit und Kraft, offenbaret, und seinen Geschöpfen mittheilet.[26] Dieser Tempel Gottes ist unermesslich groß, und das Königreich reicht weit hinaus. *Himmel und Erde, alle Geschöpfe, Engel und Menschen gehören zu diesem Königreich.*[27]

Dabei spielt der Mensch eine herausgehobene Rolle als Ebenbild Gottes. Durch ihn als seinen Tempel will Gott in alle anderen Geschöpfe wirken, sich in sie abglänzen und sie mit seiner Herrlichkeit stufenweise erfüllen. Ist der Plan Gottes durch den – zwar vorausgesehenen – Sündenfall gewissermaßen unterbrochen worden, so beinhaltet die Vollendung des Königreiches Gottes die Rückführung des Menschen in jenen ihm von Gott zugedachten Urzustand. Was am Anfang war, allerdings nicht vollendet werden konnte, soll durch das Königreich in Erfüllung gehen. Das Königreich ist seit den Tagen Christi im Wachsen begriffen. Immer wieder gibt es neue Anfänge Gottes mit den Menschen, nicht zuletzt in Hahns Tagen *durch unzählige Diener Gottes, die aus dem Geist lehren.*[28] Auch wenn sich das Königreich jetzt gleichsam in einem embryonalen Zustand befindet, so könnte man es doch einem Sauerteig vergleichen, der den ganzen Teig durchsäuern wird. Um Anteil am Königreich zu bekommen, bedarf es des Loskaufs aus fremder Gewalt oder der Wiedergeburt aus dem Geist. Sonst kann der Mensch das Königreich Gottes nicht sehen.

Hahn hat lange Zeit mit Bengel das Jahr 1836 als Termin der Wiederkunft Christi angesehen.[29] In diesem Jahr sollte das Tausendjährige Reich beginnen. Er wurde allerdings in späteren Jahren vorsichtiger in der Nennung von Daten, gehörte also zu den Theologen, die sich im Laufe der Zeit mehr und mehr von der Bengelschen Berechnung gelöst haben, obwohl für ihn damit die Bedeutung Bengels nicht schwand. Nach Hahn vollzieht sich die Weltenwende in verschiedenen Entwicklungsstufen. Gegenüber der vollkommenen Verwirklichung des Reiches Gottes im Eschaton ist das Tausendjährige Reich trotz seiner Herrlichkeit nur ein Schatten. Es markiert den Beginn des großen Hochzeitstages Jesu mit seiner Gemeinde. Die Voraussetzungen für dieses Friedensreich Christi sind darin gegeben, dass Satan für tausend Jahre gebunden ist.

Hahn spricht von drei Auferstehungszeitpunkten: Zunächst nennt er die Auferstehung Christi und die der Vollendeten. Davon unterscheidet er die erste oder allgemeine Auferstehung derer, *welche Christum angehören, wenn Christus kommen wird, das ist, wann sein Reich auf Erden anbricht, wie denn alle Propheten geweissaget haben. Das ist nach der Offenbarung Johannis in den 1000 Jahren der güldenen Zeit.*[30] Schließlich kommt es drittens zur zweiten Auferstehung, *welche vollends das ganze Corpus der Menschheit enthält.*[31]

Wenn nun aber für Hahn der Grundsatz gilt *Gleichwie nun im Leiblichen nichts plötzlich wächset, so kommt auch alles dieses* [gemeint ist die endzeitliche Entwicklung] *nach*

---

26 [PHILIPP MATTHÄUS HAHN]: Sammlung von Betrachtungen über alle Sonn-Fest und Feyertägliche Evangelien durch das ganze Jahr. Nebst Sechszehen Passions-Predigten. Für Freunde der Wahrheit. O. O. 1774, S. 101.

27 Ebd.

28 HAHN, Verstand (wie Anm. 15), S. 125.

29 Nicht Weltuntergang, wie man vielfach hört.

30 HAHN, Theologische Notizen (wie Anm. 25), S. 323.

31 Ebd.

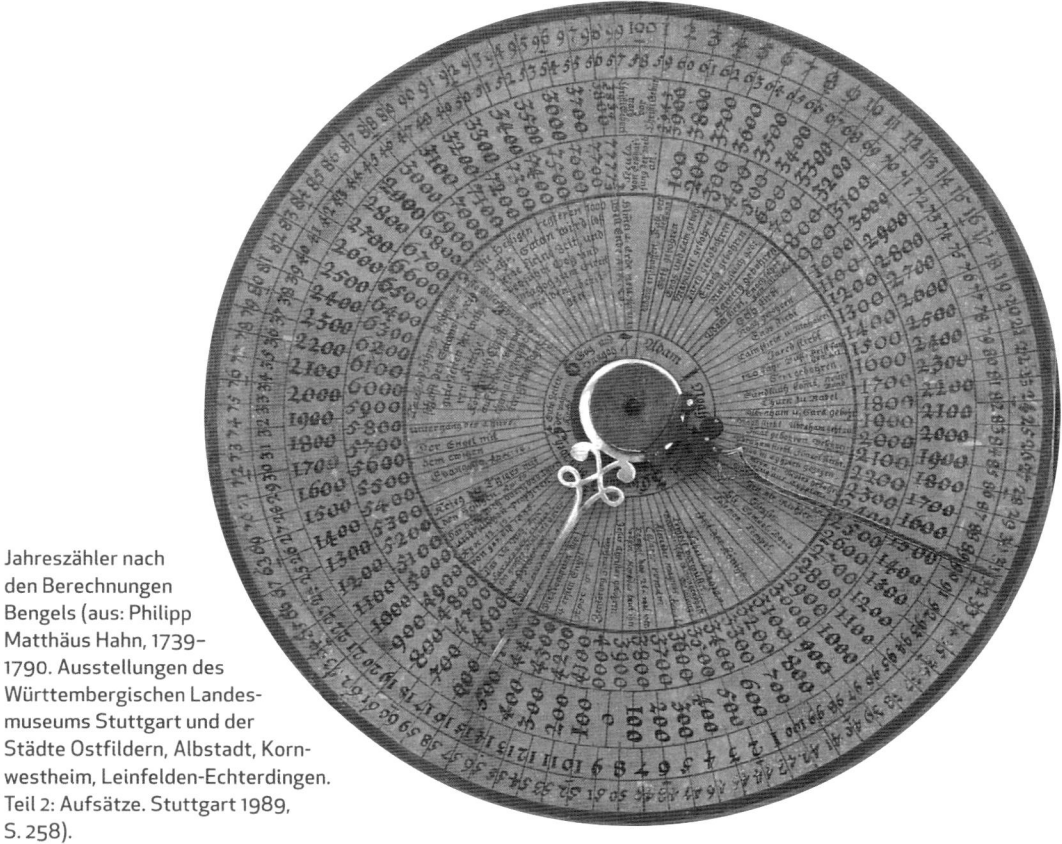

Jahreszähler nach den Berechnungen Bengels (aus: Philipp Matthäus Hahn, 1739–1790. Ausstellungen des Württembergischen Landesmuseums Stuttgart und der Städte Ostfildern, Albstadt, Kornwestheim, Leinfelden-Echterdingen. Teil 2: Aufsätze. Stuttgart 1989, S. 258).

und nach zu seiner Zeit [...],[32] so kommt man nicht umhin festzustellen, dass Hahn die Auferstehungen nicht punktuell denkt, sondern als einen Prozess. So wie auch Jesus vom Vater von einer Stufe zur anderen erhöht wird, so kommt es auch beim einzelnen Menschen und in der Auferstehung zu einer Höherentwicklung. Hahn selbst ist überzeugt davon, *schon in den Zeiten der ersten Auferstehung zu sein, welche von der Verklärung des Geistes Jesu*[33] nach Johannes 7 bereits angefangen haben.

Auf dem Hintergrund dieses Denkens lässt sich nun viel einfacher Hahns eingangs erwähnte Geisterpredigt verstehen, denn es geht dabei darum, Auferstandenen das Evangelium zu verkündigen, damit sie sich auch nach dem Tod weiterentwickeln können. Am 19. November 1772 vermerkt Hahn in seinem Tagebuch: *Nachts thate nichts als probirte noch eine Rechnung, welche mir einen Blick in meinen bisherigen Anstand gab, wofür ich der Quelle der Weisheit* [= Gott] *dankte. Wolte noch über zwölf Uhr aufbleiben, kam mich aber ein Schauer an und dachte, vielleicht ist ein Geist vorhanden, der mit mir sprechen*

---

32 [PHILIPP MATTHÄUS HAHN]: Eines ungenannten Schriftforschers Betrachtungen und Predigten über die Sonn- und Feiertägliche Evangelien wie auch über die Leidensgeschichte Jesu. Frankfurt/Leipzig 1780, S. 5.
33 HAHN, Theologische Notizen (wie Anm. 25), S. 333.

will, wie mir eben heute von einem gewissen verstorbenen Spezial [= Dekan] *erzählt worden, der seit kurzem zu einem Pfarrer in der Kirchheimer Diöces gekommen und mit ihm geredet haben soll. Ich war dißmahl zu solchem ohngewohnten Discours nicht aufgelegt und macht mich zu Bette.*[34]

Den Himmel oder den Aufenthalt der veredelten Menschen nach der allgemeinen Auferstehung sieht Hahn auf dieser Erde: *Auf derselben wird das neue Jerusalem, das alsdenn vom Himmel herabsteigen wird auf einem hohen Berg sichtbar werden. Das wird eine Stadt seyn, die so groß als ganz Deutschland ist.*[35] Hahn wird nicht müde, diese Stadt in Maßangaben und prächtigen Farben zu beschreiben. In seinem Buch *Gedanken vom Himmel* heißt es unter anderem: *Sie ist vierckicht; und eine Seite ist 257 Meilen lang.* […] *Ich habe die Anzahl berechnet, und nach des seel*[igen] *Herrn Bengels Meynung für die Weltwährung 7777 ⁷/₉ Jahr angenommen. Und dabey, daß in diesem Zeitraum, jede Sekunde* […] *ein Mensch geboren und gestorben sey. – Auf diese Art fand ich 245 000 Millionen Menschen. Wenn man nun von diesen, 24 Millionen in die Stadt oder vielmehr in die Mauer der Stadt logirt, und 2400 Millionen auf die obere Hälfte der neuen Erde, so bekäme ein jeder von diesen 18 Morgen Platz.* […] *Unterdessen redet man gern von dem, was man liebt.*[36]

Die Erneuerung, die sich zuerst an der Erde vollzieht, dehnt sich nach Hahn auf das Sonnensystem wie auch auf den ganzen Kosmos aus. Wenn nun aber das ganze Schöpfungsall zum Tempel Gottes werden und also das Königreich Jesu nach seinem weiten Umfang alles umfassen wird, kann es schließlich keinen Bereich mehr geben, der nicht in Verbindung mit Gott stünde, so dass Gott sein wird alles in allem: *Bis Gottes Licht uns gantz durchscheinet und die Finsternis gantz von dem Licht durchdrungen ist,* […] *daß es eine solche Haushaltung wird, da Gott aus seiner Tiefe heraustritt und als Vatter mit Kindern in lauter und ewiger Liebe mit uns spielt und Jesus selbst seinen allervollkommensten Sieg und überwindungs Herrlichkeit erlangt.*[37]

Die Wiederbringungslehre oder Allversöhnungslehre ist mit ein Punkt gewesen, der Hahn bei einem Lehrzuchtverfahren schwer angekreidet wurde. An dieser Stelle reagierten die Konsistorialräte besonders sensibel, zumal rund 50 Jahre zuvor dem Neckartenzlinger Pfarrer Anton d'Attrin (1680–1755) in dieser Frage ein Disziplinarverfahren angehängt worden war![38] Blicken wir zurück auf den theologischen Teil, dann dürfte deutlich geworden sein, dass Hahn im Blick auf die Bekenntnisschriften an die Grenzen des orthodox Erträglichen gegangen ist. Den Sündenfall in der Weise zu deuten, dass durch ihn *der allerinnerste Punct des Geistes Gottes, der in dem Menschen und in allen Creaturen ist, nicht verunreiniget sey und nicht verunreinigt werden könne* – so formuliert im Tagebuch am 20. September 1772[39] – oder gar in der Allversöhnungslehre so eindeutig zu werden, heißt, seine theologischen Kompetenzen überschreiten. Dieser Vorwurf kam dann auch massiv von Seiten der Konsistorialräte.

34 HAHN, Kornwestheimer Tagebücher (wie Anm. 11), S. 69.
35 PHILIPP MATTHÄUS HAHN: Gedanken vom Himmel. Winterthur 1780, S. 115.
36 Ebd.
37 HAHN, Theologische Notizen (wie Anm. 25), S. 249.
38 Vgl. dazu Confessio Augustana, Artikel 17, sowie WALTER STÄBLER: Von geistlichen Originalen und anderen Predigern. Neckartenzlingen 2018, S. 34–38.
39 HAHN, Kornwestheimer Tagebücher (wie Anm. 11), S. 47.

Es fällt auf, dass Hahns „Sympathisanten", die in ganz Deutschland verbreitet waren und auch in der Schweiz gelebt haben, seine Theologie in einem anderen Licht gesehen haben. Nur ein Beispiel sei angeführt: Es ist bekannt, dass der Bauer und spätere Erweckungsprediger Heinrich Boßhard in Rümikon bei Winterthur, der bestimmt war, Hahns wichtigster Jünger in der Schweiz zu werden, in der orthodoxen Lehre immer die Menschheit Christi, wie er sie in der Bibel fand, arg verkürzt gefunden hatte und nun aufjubelte, als er bei Hahn ein begeistertes Zeugnis von Christi wahrer Menschheit fand. Hahns Theologie ist in seiner Zeit auf breite Zustimmung gestoßen. Dafür spricht schon äußerlich die Tatsache, dass sein Predigtbuch überaus geschätzt und in ganz Deutschland verbreitet war.

Ergänzend möchte ich noch auf eine Wirkung Hahns hinweisen, auf die *Reinhard Breymayer* aufmerksam gemacht hat. *Breymayer* hat die geistige Umwelt des jungen Hölderlin erforscht und dabei festgestellt, dass es offensichtlich Affinitäten zwischen Pietisten und Freimaurern gab. So hat er zum Beispiel herausgefunden, dass auch Hahn Beziehungen zu Freimaurern unterhielt.[40]

Überdies – so darf aus jüngsten Forschungsergebnissen berichtet werden – ist Friedrich Schillers Ode *An die Freude* von Hahns Liebestheologie beeinflusst, wenn es heißt: *Brüder – überm Sternezelt muss ein lieber Vater wohnen.*[41] Philipp Matthäus Hahn hat nicht den Zorn, sondern seiner Freude über den göttlichen Liebesvorsatz folgend, die väterliche Liebe Gottes betont.[42]

Mit Philipp Matthäus Hahn sind wir in der Theologie, aber auch in der Erforschung seiner technischen Produkte noch lange nicht zum Abschluss gekommen.

---

40 REINHARD BREYMAYER: Friedrich Hölderlin, Patensohn eines Freimaurers! Eine genealogische Studie zu Freimaurern im Umkreis Hölderlins. Forschungsloge Quatuor Coronati Nr. 808. Bayreuth 2005, S. 95.
41 Schillers Religionslehrer war Karl Friedrich Harttmann (1743–1815). Er war mit Hahn bekannt – und auch dessen Nachfolger in Kornwestheim. Harttmann verwirklichte im Religionslehrplan für die Eleven der Hohen Carlsschule Hahns Theologie, wie sie sich im Anschluss an den Liebesvorsatz Gottes im Epheserbrief gestaltete.
42 Vgl. dazu HAHN, Verstand (wie Anm. 15), S. 29.

Anselm Schubert

Union und Agende

Die kirchliche Lage in Preußen 1810–1829[1]

In der preußischen Kirchengeschichtsschreibung ist es seit dem 19. Jahrhundert Tradition, zwischen Erfolgen und den Fehlschlägen der preußischen Religionspolitik fein säuberlich zu unterscheiden. Die Union von 1817 wurde schon von den Zeitgenossen als kirchengeschichtlicher Meilenstein begrüßt, und so ist es bis heute in der Forschung und im öffentlichen Bewusstsein. Die Agende dagegen, die König Friedrich Wilhelm III. von Preußen seit 1822 in dieser unierten Landeskirche einzuführen versuchte, stieß auf fast ebenso einhellige Ablehnung. Sie löste den berüchtigten Agendenstreit aus, die umfangreiche publizistische und kirchenpolitische Auseinandersetzung im deutschen Protestantismus des 19. Jahrhunderts, über dem die gerade gewonnene Einheit der Union wieder zerbrach.[2] Diese Unterscheidung zwischen einer „guten Union" und einer „schlechten

---

1 Vortrag im Rahmen der Wanderausstellung „Evangelisch in Hohenzollern", der auch auf der Jahrestagung des Vereins für schlesische Kirchengeschichte 2017 in Breslau gehalten wurde und im Jahrbuch für schlesische Kirchengeschichte 95/96 (2016/2017), S. 211–222, veröffentlicht ist. Zum politischen und liturgischen Hintergrund der Agende vgl. grundlegend Anselm Schubert: Christliche Klassik. Friedrich Wilhelm III. und die Anfänge der Preußischen Kirchenagende von 1822. In: ZKG 119 (2008), S. 178–202, sowie Ders.: Liturgie der Heiligen Allianz. Die liturgischen und politischen Hintergründe der Preußischen Kirchenagende von 1821/22. In: Zeitschrift für Theologie und Kirche 110 (2013), S. 337–361, und Ders.: Die Religionspolitik Preußens im Rahmen der Heiligen Allianz. In: Ders./Wolfgang Pyta (Hg.): Die Heilige Allianz. Stuttgart 2018.
2 Zum Agendenstreit vgl. grundlegend Hermann Theodor Wangemann: Sieben Bücher Preussischer Kirchengeschichte [...] 1. Union und Agende. Berlin 1859; vgl. auch: Ders.: Die Kirchliche Cabinets-Politik Friedrich Wilhelms III. [...]. Berlin 1884, und Friedrich Brandes: Geschichte der kirchlichen Politik des Hauses Brandenburg. 1. Geschichte der evangelischen Union in Preußen. Gotha 1873; die wichtigsten Darstellungen sind Erich Foerster: Die Entstehung der Preussischen Landeskirche unter der Regierung Friedrich Wilhelms des Dritten nach den Quellen erzählt. Ein Beitrag zur Geschichte der Kirchenbildung im deutschen Protestantismus. 2 Bde. Tübingen 1905 und 1907; zusammenfassend Wilhelm H. Neuser: Agende, Agendenstreit und Provinzialagenden. In: J. F. Gerhard Goeters/Rudolf Mau (Hg.): Die Geschichte der evangelischen Kirche der Union. Bd. 1: Die Anfänge der Union unter landesherrlichem Kirchenregiment (1817–1850). Leipzig 1992, S. 134–159; als Spezialstudie vgl. Jürgen Kampmann: Die Einführung der Berliner Agende in Westfalen. Die Neuordnung des evangelischen Gottesdienstes 1813–1835. Bielefeld 1991 (Beiträge zur Westfälischen Kirchengeschichte 8). – Zum König selbst vgl. Rulemann Friedrich Eylert: Charakter-Züge und historische Fragmente aus dem Leben des Königs von Preußen Friedrich Wilhelm III. 5 Bde. Magdeburg 1843–1846.

Agende" basiert allerdings auf einer problematischen Psychologisierung der Geschichte, und bei genauem Hinsehen erkennt man, dass diese Interpretationslinie nichts anderes ist als die Verlängerung der kirchenpolitischen Fronten des Agendenstreites selbst.

1. Vorgeschichte: Unionen und Agenden

Die Agende war mitnichten ein spontaner Einfall Friedrich Wilhelms III., sondern hatte eine lange und komplizierte Vorgeschichte in der Kirchenpolitik Preußens.[3] 1613 war Kurfürst Sigismund zum Calvinismus übergetreten. Die Folge war eine konfessionelle und politische Spaltung Brandenburgs in eine mehrheitlich lutherische Bevölkerung und einen calvinistischen Hof und seine Beamtenschaft. Seitdem im Westfälischen Frieden 1648 der Calvinismus als anerkannte Religion zugelassen worden war, war es ein innenpolitisches Ziel aller preußischen Kurfürsten und Könige, die konfessionelle (und damit politische) Spaltung ihres Landes zu beseitigen. Man versuchte es zunächst mit Religionsgesprächen, Toleranzedikten und dem wiederholten Verbot von Kanzelpolemik, aber alle Bemühungen scheiterten am Widerstand der Theologen beider Konfessionen und der Stände.[4]

Gegen Ende des 17. Jahrhunderts zeichnete sich eine neue Option ab. Seit den 1690er-Jahren mehrten sich in Mitteleuropa Initiativen zu Reunionsgesprächen zwischen den Konfessionen. Treibende Kräfte waren irenisch gesinnte Theologen, aber im Hintergrund standen stets auch Fürsten, die mit solchen Reunionen handfeste dynastische Interessen verfolgten.[5] Der treibende Kopf in Brandenburg war der reformierte Hofprediger Daniel Ernst Jablonski, der in Oxford studiert hatte und als Freund der anglikanischen Kirche zurückgekehrt war.[6] Seit 1698 vertrat er immer offener die These, eine Einheit aller christlichen Konfessionen sei nicht durch den *theologischen* Ausgleich der Konfessionen, sondern durch die Übernahme der anglikanischen *Liturgie* zu erreichen, die der Mittelweg zwischen dem abergläubischen Katholizismus und einem kalten, ritenleeren Protestantismus sei. In ihr habe sich der Ritus der alten Kirche unverfälscht erhalten. Da sich alle Konfessionen darauf beriefen, die legitimen Erben der Urkirche zu sein, müsse die altkirchliche Liturgie für alle Konfessionen annehmbar sein. Aus der liturgischen Einheit werde die kirchliche dann automatisch folgen.

Seine irenischen Vorstellungen schienen Wirklichkeit zu werden, als König Friedrich I. 1704 verlauten ließ, er wünsche die Liturgie der anglikanischen Kirche in Preußen einzuführen. Anlass für diesen Plan waren auch dynastische Ambitionen des Hauses Brandenburg,[7] und versuchsweise scheint die anglikanische Liturgie tatsächlich an den Hofkirchen

---

3 Zur Kirchengeschichte Preußens vgl. grundlegend GERD HEINRICH (Hg.): Tausend Jahre Kirche in Berlin und Brandenburg. Berlin 1999.
4 Vgl. WOLFGANG RIBBE: Brandenburg auf dem Weg zum polykonfessionellen Staatswesen (1620 bis 1688). In: HEINRICH, Tausend Jahre (wie Anm. 3), S. 267–293.
5 Vgl. dazu HANS OTTE/RICHARD SCHENK (Hg.): Die Reunionsgespräche im Niedersachsen des 17. Jahrhunderts. Rojas y Spinola – Molan – Leibniz. Göttingen 1999.
6 Vgl. für das Folgende SCHUBERT, Liturgie der Heiligen Allianz (wie Anm. 1), S. 295–297.
7 Die Schwiegermutter Friedrichs I. war seit 1701 Anwärterin auf den englischen Thron und mit der Einführung des Anglikanismus konnte man einer möglichen zukünftigen Verbindung Brandenburgs mit der englischen Krone vorarbeiten. Vgl. dazu grundsätzlich WALTER DELIUS: Berliner kirchliche Unionsversuche im

ausprobiert worden zu sein.[8] Offenbar war das Experiment jedoch nicht erfolgreich, denn 1710/1711 entwarf Jablonski einen eigenen Plan zu einer gemeinsamen Liturgie, die sich nur lose an der anglikanisch-altkirchlichen Gottesdienstordnung orientierte.[9] Nachdem 1714 Georg I. von Hannover den englischen Thron bestiegen hatte, waren die Träume eines anglikanisch-antiken Brandenburgs ohnehin ausgeträumt. Doch die Idee, die Union der Konfessionen sei durch eine gemeinsame Liturgie zu erreichen, war in der Welt.[10]

2. Religion als Verwaltungsaufgabe

Friedrich II., kaum war der verhasste Vater 1740 gestorben, machte die meisten von dessen liturgischen Dekreten wieder rückgängig.[11] Er förderte milde lutherisch geprägte Aufklärungstheologie, kümmerte sich aber ansonsten kaum um die Kirchenverwaltung. Dass es keine allgemein anerkannte Liturgie mehr gab und die Aufklärung eine unüberschaubare Menge liturgischer Experimente hervorgebracht und ansonsten alles den einzelnen Pfarrern überlassen hatte, machte die Sache nicht besser. Der Versuch Friedrich Wilhelms II., Abhilfe zu verschaffen, indem man wieder an die Bekenntnisse des 16. Jahrhunderts anknüpfte (das berüchtigte Wöllnersche Religionsedikt von 1788), wurde weithin als Heuchelei empfunden und verpuffte wirkungslos.[12]

Eine grundlegende Reform war notwendig, auch weil man am Nachbarland Frankreich sehen konnte, was passierte, wenn die Kirche ihre Autorität einbüßte. 1793 hatte die Revolution die Kirche abgeschafft, die Republik ausgerufen und den König geköpft. Um dem Staat eine feste Stütze zu geben, musste, so schien es, die Akzeptanz von Kirche und Christentum in der Bevölkerung wieder fester verankert werden. Direkt nach der Thron-

17. und 18. Jahrhundert. In: Jahrbuch für Brandenburgische Kirchengeschichte 45 (1970), S. 7–121; R. BARRY LEVIS: The Failure of the Anglican-Prussian Effort of 1710–1714. In: Church History 47 (1978), S. 381–399; JOACHIM BAHLCKE: Daniel Ernst Jablonski (1666–1741). Glaubenssolidarität, Kirchenunion und Frühaufklärung. In: ALBRECHT BEUTEL (Hg.): Protestantismus in Preußen. Bd. 1: Vom 17. Jahrhundert bis zum Unionsaufruf von 1817. Frankfurt (Main) 2009, S. 133–162.

8 Vgl. LEVIS, Failure (wie Anm. 7), S. 385.

9 Erhalten nur in der englischen Fassung: The liturgy used in the churches of the Principality of Neufchatel with a letter from the learned Dr. Jablonski, concerning the nature of liturgies […]. London 1712. Eine Übersetzung findet sich in: ANONYM: Darlegung der im vorigen Jahrhundert wegen Einführung der englischen Kirchenverfassung in Preußen gepflogenen Unterhandlungen […]. Leipzig 1842.

10 1705 führte der König ein gemeinsames Kirchenbuch für beide Konfessionen ein, das die Nivellierung des konfessionellen Gegensatzes schon im Titel trug: *Kirchen-Gebehte* [!] *welche von Seiner Königl. Majestät in Preussen / in allen Evangelischen / sogenannten Reformirten und Lutherischen Gemeinen dero Königreichs* […] *vorzubethen verordnet seien.* In einer überarbeiteten Auflage (anlässlich des Reformationsjubiläums 1717) war die Agende der reformierten Gemeinden mitabgedruckt, ohne dass das im Titel irgendwie erkennbar war. Durch den Gebrauch der gemeinsamen Kirchengebete sollte die reformierte Agende langsam aber sicher auch im lutherischen Gottesdienst einsickern. – Zu den liturgischen Reformen vgl. THOMAS KLINGEBIEL: Pietismus und Orthodoxie. Die Landeskirche unter den Kurfürsten und Königen Friedrich I. und Friedrich Wilhelm I. In: HEINRICH, Tausend Jahre (wie Anm. 3), S. 312–316; grundlegend auch GEORGES PARISET: L'État et les Églises en Prusse sous Frédéric-Guillaume Ier (1713–1740). Paris 1897.

11 Zur Kirchenpolitik Friedrichs II. vgl. HORST MÖLLER: Toleranz als zärtliche Mutter. Kirchen und Konfessionen im Zeitalter der Aufklärung und religiösen Indifferenz. In: HEINRICH, Tausend Jahre (wie Anm. 3), S. 325–363.

12 Vgl. dazu UTA WIGGERMANN: Woellner und das Religionsedikt. Kirchenpolitik und kirchliche Wirklichkeit im Preußen des späten 18. Jahrhunderts. Tübingen 2010.

besteigung 1797 rief Friedrich Wilhelm III. eine Kommission zusammen, die eine Reform der Kirche durchführen sollte. Sie wartete, kaum verwunderlich, mit dem Vorschlag auf, eine gemeinsame Agende für beide protestantischen Kirchen einzuführen, um eine Union vorzubereiten.[13] Doch alle entsprechenden Pläne waren Makulatur, als Preußen 1806 von Frankreich besetzt und als eigenständiger Staat zerschlagen wurde.

Während der sogenannten „preußischen Reformen" bemühte sich Preußen, die hoch effiziente Staats- und Militärverwaltung des kaiserlichen Frankreich zu übernehmen.[14] Dazu gehörte auch der Umgang Napoleons mit Kirche und Religion.[15] Wie Napoleon es seit 1802 vorgemacht hatte, unterstellte auch der preußische König die Kirchen und Religionen des Königreiches 1808 dem Innenministerium:[16] Jahrhundertealte Probleme des landesherrlichen Kirchenregiments schienen mit einem Federstrich beseitigt. Katholische, lutherische und reformierte Kirchen wurden aus einer einzigen Abteilung des Ministeriums heraus gelenkt, die Pfarrer waren seit 1811 Staatsbeamte mit Amtsbesoldung und Amtsuniform.[17] Ein endgültiger Zusammenschluss der evangelischen Konfessionen schien nur noch eine Sache der Zeit, aber wieder machte der Krieg 1813–1815 die entsprechenden Pläne zur Makulatur.

3. Union ohne Agende: Das Jahr 1817

Nach dem ersten Pariser Frieden zurückgekehrt, machte sich der preußische König im Oktober 1815 daran, die Kirchenreformen wieder aufzunehmen. Als Anregung überreichte der Leiter des Geistlichen Departments, Nicolovius, dem König im November 1815 die oben erwähnte Denkschrift Daniel Ernst Jablonskis.[18] Das befremdliche liturgische Konzept Jablonskis sollte die eigentliche Hauptquelle der merkwürdigen Liturgien werden, die Friedrich Wilhelm III. in den folgenden Jahren reihenweise entwarf. Ziel, so Jablonski, müsse sein, einen wahrhaft urchristlichen Gottesdienst einzuführen, um alle Konfessionen wieder zu vereinen: In der Antike sei Aufgabe des Gottesdienstes nicht die Lehre

13 Vgl. FOERSTER, Entstehung (wie Anm. 2), Bd. 1 S. 104–105.
14 Vgl. grundlegend ERNST VON MEIER: Französische Einflüsse auf die Staats- und Rechtsentwicklung Preußens im XIX. Jahrhundert. 2. Preußen und die französische Revolution. Leipzig 1908.
15 Vgl. dazu grundlegend JAQUES-OLIVIER BOUDON: Napoléon et les Cultes. Les religions en Europe à l'aube du Xie siècle 1800–1815. Paris 2002; WALTHER HUBATSCH: Die Stein-Hardenbergschen Reformen. Darmstadt 1977; PAUL NOLTE: Staatsbildung als Gesellschaftsreform. Politische Reformen in Preußen und den süddeutschen Staaten 1800–1820. Frankfurt (Main) 1990; STEFAN HAAS: Die Kultur der Verwaltung. Die Umsetzung der preußischen Reformen 1800–1848. Frankfurt (Main) 2005, S. 353–358; ANSELM SCHUBERT: Des Königs schwarzer Rock. Der evangelische Pfarrertalar zwischen Reform und Neukonfessionalismus. In: Zeitschrift für Theologie und Kirche 112 (2015), S. 62–82.
16 Vgl. dazu grundlegend J. F. GERHARD GOETERS: Die Reorganisation der staatlichen und kirchlichen Verwaltung in den Stein-Hardenbergschen Reformen. Verwaltungsunion der kirchenregimentlichen Organe. In: GOETERS /MAU, Geschichte der evangelischen Kirche der Union (wie Anm. 2), S. 54–58; auf der Provinzialebene gingen die geistlichen und Schulangelegenheiten an die jeweiligen Regierungen über (vgl. ebd., S. 56 f.); folgerichtig wurden die kirchlichen Oberbehörden im Laufe des Jahres 1809 allesamt aufgehoben.
17 Vgl. SCHUBERT, Des Königs schwarzer Rock (wie Anm. 15), S. 62–82.
18 Vgl. zum Folgenden SCHUBERT, Liturgie der Heiligen Allianz (wie Anm. 1), S. 297–299 – Vgl. das Gutachten bei ALFRED NICOLOVIUS: Denkschrift auf Georg Heinrich Ludwig Nicolovius. Bonn 1841, S. 245, auf das Foerster, Entstehung (wie Anm. 2), Bd. 1 S. 231, aufmerksam gemacht hat; vgl. auch FRITZ FISCHER: Ludwig Nicolovius. Rokoko – Reform – Restauration. Stuttgart 1939, S. 402.

gewesen, sondern im Herzen Frömmigkeit zu erwecken. Deshalb habe der Gottesdienst aus einer Reihe von Andachtsübungen bestanden (Gebete, Lieder und Lesungen). Eine Predigt habe nicht zum eigentlichen Gottesdienst gehört, könne bei Bedarf aber hinten angehängt werden. Ein solcher Gottesdienst aus Beichte, Anbetung, Danksagung, Heiligung und Vaterunser habe nicht länger als 45 Minuten gedauert, sei erbaulich und der „gesunden und geheiligten Vernunft" entsprechend gewesen.[19]

An diese Vorgaben hielt sich der König, als er im Winter 1815 begann, selbst eine Liturgie auszuarbeiten, nachdem ihn liturgische Entwürfe der Hofprediger nicht zufriedengestellt hatten. Diese königliche Liturgie wurde anonym gedruckt, im August 1816 an den Hof- und Domkirchen eingeführt und sollte sich von dort als best practice im ganzen Land verbreiten und so die Union der beiden Kirchen bewirken. Die anonyme Liturgie erregte allerdings Anfang 1817 die Aufmerksamkeit Friedrich Daniel Ernst Schleiermachers, der sie öffentlich einer vernichtenden Kritik unterzog, womit er sich die lebenslange Feindschaft des Königs zuzog.[20] Dennoch verfehlte seine Kritik ihre Wirkung nicht.[21] Immer neue Überarbeitungen des Königs wurden in den Hofkirchen in Potsdam und Berlin ausprobiert – ohne zufriedenstellendes Ergebnis. Der Plan, durch eine gemeinsame Liturgie die Union auf indirektem Wege herbeizuführen, schien gescheitert.

Just in diesem Augenblick wurde an den König die Frage herangetragen, wie man das Reformationsjubiläum von 1817 zu feiern gedenke. Aus einer Anregung der Geistlichkeit der Grafschaft Mark heraus entstand die Idee einer Union anlässlich des Reformationsfestes.[22] Eine äußere Vereinigung würde nur nachvollziehen, was verwaltungstechnisch schon gang und gäbe war. Und der bereits unierten Kirche würde sich eine gemeinsame Liturgie nachträglich nur umso leichter geben lassen. Die Einzelheiten und das theologische Konzept des Unionsaufrufes können hier nicht eingehend erläutert werden. Aber es sei darauf hingewiesen, dass die Union selbst zunächst im Prinzip ebenfalls nichts anderes war als eine *agendarische* Angelegenheit: Da keinerlei Regelungen über die innere und äußere Ausgestaltung der Union getroffen worden waren (der Bekenntnisstand jeder Gemeinde ja vielmehr unangetastet bleiben sollte), bedeutete die Union praktisch nur, dass einige lutherischen Gemeinden 1817 die Brechung der Hostien einführten. Es war geplant, eine gemeinsame Abendmahlsfeier abzuhalten, aus der heraus die Gemeinden dann eine gemeinsame Gottesdiensttradition begründen sollten.

Dementsprechend bemaß sich der Fortschritt der Union, den eine vom König beauftragte Untersuchung 1818 messen sollte, danach, welche Gemeinden *den Ritus beim Säkularfest angenommen und beibehalten haben.*[23] Die Berichte des Geistlichen Depart-

---

19 Vgl. FISCHER: Ludwig Nicolovius (wie Anm. 18), S. 59.

20 FRIEDRICH DANIEL ERNST SCHLEIERMACHER: Über die neue Liturgie für die Hof- und Garnisongemeinde zu Potsdam und für die Garnisonkirche in Berlin. In: GÜNTHER MECKENSTOCK [u. a.] (Hg.): Friedrich Schleiermacher. Kritische Gesamtausgabe. Bd. 9: Kirchenpolitische Schriften. Berlin, New York 2000, S. 79–105; dazu FOERSTER, Entstehung (wie Anm. 2), Bd. 1 S. 233 f. – Sicherlich noch harscher wäre Schleiermachers Kritik ausgefallen, hätte er die zeremoniellen Ausführungsbestimmungen gekannt, die nicht mit abgedruckt waren.

21 Dies behauptet EYLERT, Charakter-Züge (wie Anm. 2), Bd. 5 S. 313, und mit ihm die gesamte Forschung. – Vgl. FOERSTER, Entstehung (wie Anm. 2), Bd. 1 S. 234.

22 Vgl. die in Anm. 2. angegebene Literatur.

23 Vgl. DIETRICH LOOCK: Vom Kirchenwesen zur Landeskirche. Das Zeitalter der Reformen und der Konfessionsunion (1798 bis 1840). In: HEINRICH, Tausend Jahre (wie Anm. 3), S. 363–428, hier S. 396.

ments zeichnen ein düsteres Bild: Nur wenige Gemeinden hatten den Ritus des Brotbrechens beibehalten, alle anderen Gemeinden verfuhren wieder nach lutherischem Ritus. Dass reformierte und lutherische Gemeinden tatsächlich **zusammen** Gottesdienst feierten oder sich gar vereinigten, kam praktisch nicht vor. Selbst in den meisten Simultankirchen feierten die Gemeinden nach wie vor alternierend und nicht etwa zusammen ihre Gottesdienste. Noch 1827 konnte ein Bericht an den Kultusminister nur notdürftig kaschieren, dass sich im Grunde gar nichts geändert hatte.[24]

Da das Reformationsjubiläum die liturgische Vereinigung aber nicht bewirkt hatte, musste die Union doch wieder über eine gemeinsame Agende versucht werden. Die von Schleiermacher verrissene Liturgie war dazu allerdings nicht mehr zu gebrauchen. Seit 1818 arbeitete König daher an einer neuen Fassung, die die Vereinigung der Konfessionen in Preußen endlich bewirken sollte.

4. Agende ohne Union: Das Jahr 1822

Das bevorzugte Experimentierfeld des Königs war der Armeegottesdienst: Als Oberbefehlshaber konnte der König hier frei anordnen, ohne konfessionelle Rücksichten zu nehmen. Ohnehin waren die Armeegottesdienste bikonfessionell. Zu Weihnachten 1821 führte der König deshalb für die preußische Armee eine Liturgie ein, die sich von allen bisherigen grundlegend unterschied:[25] Sie verfolgte nicht mehr Jablonskis Modell, sondern das des extrem konservativen lutherischen Messordo Brandenburgs von 1540. Der König mutete den Gemeinden die volle Länge einer Messliturgie zu: Stufengebet, Introitus, Kyrie, Gloria, Kollektengebet, Epistel, Graduale, Evangelium, Glaubensbekenntnis, Präfation, Sanctus, Benedictus (nur die Predigt konnte bei Bedarf wieder angehängt werden). Hinzu kam eine Fülle an Neuerungen im Ritual: der mit Paramenten behängte Altar, das Kruzifix zwischen brennenden Kerzen, die Prachtbibel sowie der obligate vierstimmige Männerchor im russischen Stil, der an Stelle der Gemeinde die Responsorien sang.[26] Wie in der Messe der Gegenreformation wurde die Konsekration vom Priester wieder mit von der Gemeinde abgewandtem Gesicht vollzogen, und während der Einsetzungsworte und der neuerdings wieder eingeführten Elevation von Brot und Kelch hatte das Volk zu knien. Auch die Bekreuzigung, in Preußen völlig außer Gebrauch gekommen, war in der Agende wieder vorgesehen.

In dieser Form wurde die Militäragende mit Kabinettsorder vom 19. April 1822 auch den Zivilgemeinden in ganz Preußen zur freiwilligen Annahme „empfohlen", woraus schlussendlich der Agendenstreit resultierte.[27] Für die Zeitgenossen bedeutete all das einen massiven Bruch mit dem Geist des Protestantismus und eine Rückkehr zu einem falsch verstandenen, katholischen, ja mittelalterlichen Ritualismus.

Dass der König auch diese neue Liturgie als *Unionsliturgie* verstand, zeigt ein vor einigen Jahren aufgefundenes Konzept von der Hand des Königs. Es veranschaulicht, wie er

24 Vgl. ebd.
25 Vgl. dazu SCHUBERT, Christliche Klassik (wie Anm. 1), S. 184 f.
26 Vgl. dazu grundlegend ULRICH LEUPOLD: Die liturgischen Gesänge der evangelischen Kirche im Zeitalter der Aufklärung und der Romantik. Kassel 1933.
27 Vgl. FOERSTER, Entstehung (wie Anm. 2), Bd. 2 S. 59–60.

seine neue Agende zusammengesetzt hatte:[28] Die Struktur des brandenburgischen Mess-ordo von 1540 war aufgefüllt mit Texten aus den unierten Kirchengebeten von 1717, der Kirchenagende Sachsens von 1539, der russisch-orthodoxen Katechumenenmesse, der schwedischen Liturgie, dem anglikanischen Book of Common Prayer, dem Messbuch der Diözese Paris, dem römischen Messbuch und Zitaten, die der König reformierten Tradi-tionen entnommen haben wollte.[29]

Erst auf den zweiten Blick erschließt sich diese bizarre Liturgie: Mit den Texten aus der russisch-orthodoxen, der römisch-katholischen, der anglikanischen, der schwedisch-lu-therischen Kirchen waren sämtliche Verbündeten Preußens in den Befreiungskriegen li-turgisch vertreten. Die Tatsache, dass auch der Messordo von Paris mehrfach zitiert wur-de, legt überdies die Vermutung nahe, dass der König offenbar an die in der Heiligen Allianz versammelten europäischen Mächte dachte, die so liturgisch verewigt wurden.[30] Und tatsächlich fand sich unter den Kollektengebeten nun auch ein eigens verfasstes Ge-bet für die Heilige Allianz.[31] Ganz offensichtlich wollte der König mit seiner neuen Agen-de nicht nur die innerpreußische Union bewerkstelligen, sondern auch dem aus den Be-freiungskriegen hervorgegangenen überkonfessionellen Bündnis der Heiligen Allianz ein „monumentum aere perennius" setzen. Die preußische Union sollte nur der erste Schritt sein, sollte offenbar aufgehen in einer noch größeren Union aller christlichen Konfessionen, der Heiligen Allianz. Neuere Untersuchungen zur Symbolpolitik der Hei-ligen Allianz bestätigen diesen Befund. Auf den Kongressen der Heiligen Allianz in Aa-chen, Troppau, Laibach und Verona wurde die Heilige Allianz weniger in gemeinsamen politischen Beschlüssen als in den liturgischen Inszenierungen der Monarchenbegeg-nungen deutlich.[32]

Indes war der Agende von 1822 kein besseres Los beschieden als der Union. Der König führte sie wieder an den Hofkirchen ein und hoffte, dass sie sich von selbst einbürgern würde, doch Umfragen ergaben 1823, dass 97 % der Gemeinden die neue Agende ablehn-ten.[33]

5. Union versus Agende 1822–1829

Immer verzweifelter versuchte der König, die Agende mit allen erdenklichen Maßnah-men durchzusetzen. Er besserte ständig daran herum, was bei den verschiedenen Dru-cken und Auflagen für Konfusion sorgte. Er verlieh gehorsamen Pfarrern Orden oder Be-lohnungen, was Spott erregte. Er setzte durch, dass nur Kandidaten zum Pfarramt zugelassen wurden, die die Agende akzeptierten, was ihn weithin Sympathien kostete.

---

28 Vgl. SCHUBERT, Liturgie der Heiligen Allianz (wie Anm. 1), S. 314 f.
29 Vgl. ebd., S. 304–306.
30 Vgl. SCHUBERT, Religionspolitik (wie Anm. 1).
31 Vgl. ebd.
32 Vgl. JOHANN KIRCHINGER: Liturgie als Vorbild. Die performative Visualisierung der Heiligen Allianz auf den Monarchenkongressen des frühen 19. Jahrhunderts. In: SCHUBERT/PYTA, Heilige Allianz (wie Anm. 1), S. 154–181.
33 Vgl. FOERSTER, Entstehung (wie Anm. 2), Bd. 2 S. 245–246.

Der eigentliche Agendenstreit ist – wie schon erwähnt – die größte innerprotestantische Auseinandersetzung des 19. Jahrhunderts und kann hier nicht behandelt werden.[34]

In einer ausgedehnten öffentlichen Diskussion stellten die Theologen die liturgische Qualität der Agende in Frage, mit ihren seltsamen Texten, altertümelnden Riten und kaum zu bewältigenden Chören; für viele Theologen und Juristen war auch die kirchenrechtliche Legitimität dieser Liturgie eine Frage. Als Summepiskopus durfte sich der König nicht in die inneren Angelegenheiten wie Lehre oder Liturgie einmischen. Er sah sich indes in der Tradition seiner erlauchten Vorfahren und Napoleons, die die Kirche als Teil des Staates verstanden hatten, in dem sie zu bestimmen hatten.

Der Haupteinwand der Agendenkritiker aber war der Vorwurf *fehlender konfessioneller Integrität* der neuen Agende. Sie sei im Grunde mittelalterlich, ja katholisch, auf jeden Fall ein Rückschritt in unaufgeklärte Zeiten. Tatsächlich beging Witzleben, der Adjutant des Königs, sogar den Fehler zu behaupten, die Agende solle langfristig eine Union auch mit der katholischen Kirche möglich machen.[35] Das stimmte zwar nicht, zeigt aber, wie die Liturgie auf die Zeitgenossen wirkte.

Als die Kritik nicht nachließ, veröffentlichte der König 1827 anonym eine Verteidigungsschrift der Agende.[36] Dass der Plan einer Vereinigung der beiden Konfessionen auf ein Gutachten des Jahres 1711 zurückging, durch die napoleonische Religionspolitik inspiriert war und als Ziel die Überhöhung der Heiligen Allianz hatte, konnte der König allerdings nicht mehr anführen: Die Heilige Allianz hatte 1825 faktisch aufgehört zu existieren und war bei der Bevölkerung mindestens so verhasst gewesen wie Napoleon. Der König versuchte deshalb theologisch zu argumentieren und nachzuweisen, der Messordo der Agende stimme in allen entscheidenden Punkten mit den Ideen Luthers überein: Einem evangelischen Christen könne die Agende deshalb nicht unwillkommen sein. Wer anders denke, sei offenbar ein ewiggestriger Konfessionalist.

Das aber war ein äußerst zweischneidiges Argument: Zwar versuchte der König, den Kritikern den Wind aus den Segeln zu nehmen, aber mit der Behauptung, die Agende stimme mit Luther überein, hatte die Agende konfessionell Position bezogen. Die Diskussion über die konfessionelle Prägung der Agende und ihr Verhältnis zu Luther und der Reformation begann nun erst recht.[37] Die freiwillige Union wurde als lichtvolles Ereignis und die Zwangsagende als Rückkehr in finstere Zeiten der Restauration dargestellt. Während die freiwillige Union den Frieden unter den Konfessionen gefördert **und** die Rechte und Freiheiten der Kirche gewahrt habe, sei die aufoktroyierte Agende ein Rückfall in Unfreiheit, Zwang und Mittelalter. Die schlesischen Lutheraner drehten das Argument um: Sie lehnten die Agende ab, gerade weil sie (ganz zu Recht) in ihr die Vorbereitung bzw. Vollendung der Union sahen.[38]

Dessen ungeachtet bemühte sich der König seit 1827 um immer weitere liturgische Reglementierungen: Seit 1811 trugen alle evangelischen Geistlichen, ob reformiert oder lutherisch, als gemeinsame Amtsunion den Talar, der ebenfalls aus Frankreich übernom-

---

34 Vgl. dazu Schubert, Christliche Klassik (wie Anm. 1), S. 188–198.
35 Vgl. ebd., S. 195 f.
36 Vgl. ebd., S. 186–187.
37 Vgl. Foerster, Entstehung (wie Anm. 2), Bd. 2 S. 70–92.
38 Vgl. dazu Wolfgang Nixdorf: Die lutherische Separation. Union und Bekenntnis (1830). In: Goeters/Mau, Geschichte der evangelischen Kirche der Union (wie Anm. 2), S. 220–240.

men worden war.[39] Seit 1822 bemühte man sich um die Einführung einer einheitlichen Liturgie, 1827 verfügte nun der König, dass jede in Preußen auf Staatskosten neu gebaute Kirche einem bestimmten architektonischen Modell entsprechen musste (die sogenannte Normalkirche), und auch die Einrichtung dieser Kirchen wurde normiert: Alle Altargeräte mussten aus einem Katalog der Königlichen Eisengießereien in Berlin bezogen werden. Bei den angesehensten Kapellmeistern Europas ließ der König seine Agende vertonen, freilich ohne dass diese Fassungen immer Eingang in die autorisierten Fassungen gefunden hätten.[40] Aus der Agende drohte ein religiöses Gesamtkunstwerk zu werden.[41]

Um seine Agende gegen alle Widerstände zu retten, ließ sich der König auf Kompromisse ein: In seiner Neubearbeitung von 1829 waren alle fremdkonfessionellen Texte und alle Passagen, die irgendeinen Bezug auf die Heilige Allianz hatten, wieder getilgt. Vor allem aber hatte jede Provinz ihren eigenen Provinzialanhang zugebilligt bekommen, mit eigenen Texten und Gebeten. Die Struktur der Hauptliturgie blieb gleichwohl unangetastet. Das hatte sich nach Pommern vor allem die rheinische Provinzialkirche zur Bedingung gemacht, wenn sie die Berliner Agende einführen sollte, und nach und nach bekam jede Provinz ihren eigenen Anhang. So wurde der einheitsstiftende Charakter der Agende freilich wieder unterlaufen.[42]

Um seine Agende dennoch zu retten, machte sich schließlich sogar der König die Unterscheidung zwischen Union und Agende zu eigen, die doch seine Gegner eingeführt hatten: Um der Agende willen gab er die Union preis. In seiner berühmten Kabinettsordre von 1834 behauptete er, gegen jene, *welche aus Abneigung gegen die Union auch der Agende widerstreben,*[43] also vor allem die schlesischen Altlutheraner, die Union sei gar keine Pflicht, sondern *eine Sache des freien Entschlusses,* die nur den Geist der Mäßigung und Milde derer ausdrücke, die ihr beigetreten seien. Die Agende sei dagegen eine vorgeschriebene Ordnung des Gottesdienstes, die überall einzuführen sei. Dass es ihm von Anfang immer nur darum gegangen war, durch eine gemeinsame Agende die Union zu erzwingen, verschwieg er.

6. Fazit

Union und Agende dürfen nicht gegeneinander ausgespielt werden: Die Agende war weder eine Laune des Monarchen noch entsprang sie dem besseren Geist eines ökumenischen Zeitalters, als die Jablonski sie sich gewünscht hatte. Sie entstand mit der Zielsetzung einer politischen Unterordnung der Kirche unter den Staat und seine Zwecke. Die

---

39 Vgl. Schubert, Des Königs schwarzer Rock (wie Anm. 15).

40 Vgl. Anselm Schubert: Dimitrij Bortnjanskijs Vertonung der Preußischen Kirchenagende von 1823/24. In: Jahrbuch für Liturgik und Hymnologie 54 (2015), S. 35–41.

41 Vgl. Anselm Schubert: Religiöse Norm und technische Normierung. Zur „preußischen Normalkirche" zwischen Restauration und Industrialisierung. In: Historische Zeitschrift 297 (2013), S. 64–83.

42 Vgl. dazu einführend Neuser, Agende (wie Anm. 2), S. 155–157, und Kampmann, Einführung (wie Anm. 2), S. 417–418.

43 Zitiert nach Ernst Huber/Wolfgang Huber (Hg.): Staat und Kirche im 19. Jahrhundert. Dokumente zur Geschichte des deutschen Staatskirchenrechts. Bd. 1: Staat und Kirche vom Ausgang des alten Reichs bis zum Vorabend der bürgerlichen Revolution. Berlin 1973, S. 582 f.

Agende war das Mittel, wenn nicht die Union, so doch zumindest die Einheitlichkeit der protestantischen Konfessionen zu erreichen.

Diese konfessionelle Vereinheitlichung vollzog sich nach einem liturgischen Drehbuch, das tief in die preußische Geschichte des konfessionellen Zeitalters zurückreichte. Schon 1711 hatte Jablonski den König davon überzeugen können, eine Union werde sich nur durch eine gemeinsame Liturgie erzielen lassen, die an den Hofkirchen eingeführt und dann nach und nach freiwillig übernommen werden solle. Napoleon hatte dann 1802 gezeigt, wie einfach man die Kirchen in den Regierungsapparat eingliedern und vereinheitlichen konnte, und damit das Erfolgsmodell geliefert, das im 19. Jahrhundert von zunehmend mehr Staaten übernommen wurde. Auch Napoleon wollte seiner Kirche eine staatliche Einheitsliturgie verordnen, kam dazu aber nicht mehr. Württemberg und Preußen versuchten es beide und scheiterten beide auf ihre Weise daran. Mit Rücksicht auf die Tatsache, dass die *Mehrheit der Bevölkerung* anderer Konfession war, verzichtete man in Preußen darauf, die Agende einfach zu verordnen, sondern griff zum Modell der freiwilligen Verbreitung, das freilich auch nicht von Erfolg gekrönt war.

Das Reformationsjubiläum 1817 schien die noch bessere Chance zu bieten, die Union vorzuziehen und die Agende nachträglich einzuführen. Als auch das nicht den gewünschten Erfolg hatte, kehrte der König 1822 zum Modell der freiwilligen Übernahme zurück. Mittlerweile hatte er sich in den Kopf gesetzt, mit der Agende nicht nur die Union in Preußen, sondern auch die Einheit der christlichen Konfessionen in der Heiligen Allianz zu stiften. Als auch diese Agende nicht akzeptiert wurde, begann er sie seit 1824 mit Zwangsmaßnahmen und Kompromissen durchzusetzen, bis die Einheit der preußischen Landeskirche an der Agende zerbrach, die sie durchsetzen sollte.

Übrig blieb eine äußere, liturgische Vereinheitlichung der protestantischen Konfessionen, während die Frage nach dem konfessionellen Charakter der Union im weiteren Verlauf des 19. Jahrhunderts schmerzlich unbeantwortet blieb. Es ist eine nachgerade Hegel'sche List der Vernunft, dass es im Laufe des 19. Jahrhunderts schließlich doch die gemeinsame Agende war, die – nach vielen Revisionen – am ehesten die Konturen einer unierten Identität beschrieb.[44]

---

44 So WOLFGANG HERBST: Der evangelische Gottesdienst. Quellen zu seiner Geschichte. Göttingen ²1992, S. 170.

Gottesdienst nach der Ordnung der Agende für die evangelische Kirche in den Königlich Preußischen Landen. Mit besonderen Bestimmungen und Zusätzen für die Provinz Westphalen und die Rhein-Provinz. Berlin 1834

Sonntag Septuagesimae, 12. Februar 2017, 10 Uhr, in der Johanneskirche Hechingen

Liturgen: Pfarrer Herbert Würth und Professor Dr. Jürgen Kampmann
Predigt: Professor Dr. Jürgen Kampmann
Kantor und Organist: Bezirkskantor Wolfgang Ehni

Orgelvorspiel
F-Dur op. 60 Nr. 6 von Adolph Friederich Hesse (1809–1863)

Liturg: Einleitung zum Gottesdienst

               Gnade und Friede von Christus, unserem Herrn!

               Zu Gottes Dienst sind wir heute, am Sonntag Septuagesimae, 70 Tage vor Ostern, versammelt. Er will uns besonders auf Gottes Freiheit aufmerksam machen, uns Menschen mit Gnade zu begegnen. Was heißt das aber praktisch? Welche Folgen hat das für uns Menschen? In den Lesungen, den Liedern und in der Predigt wird diesen Fragen nachgegangen.

Liturg: Die Ordnung des heutigen Abendmahlsgottesdienstes folgt derjenigen, die in den 1850er Jahren in Gebrauch stand, als die Evangelische Kirchengemeinde in Hechingen entstand. Damals war die Landesherrschaft in Hohenzollern ja von Preußen übernommen worden, und damit wurde auch die sonst in Preußen übliche Ordnung des Gottesdienstes hier eingeführt. Sie ist in den Grundzügen bis heute ja nicht nur hier am Ort, sondern auch in weiteren hiesigen Gemeinden wie in Rangendingen, in Haigerloch oder in Sigmaringen in Gebrauch. Im Zuge des Reformationsjubiläums in diesem Jahr soll an die Anfänge der evangelischen Gemeinden hier im Lande erinnert werden – indem wir uns mit denen verbinden, die vor uns als Christen gelebt haben, und indem wir uns in Wort und Ton zum Lob Gottes lebendig mit ihnen verbinden.

Liturg: Besonderes Kennzeichen dieser Gottesdienstordnung, die der preußische König Friedrich Wilhelm III. in den 1820er-Jahren entwickelt hat, ist, dass ein vierstimmiger Chor mitwirkt – und eine Klangwelt eröffnet wird, die sich an die des russisch-orthodoxen Gottesdienstes anschließt. Jeder ist eingeladen, in die zumeist ganz einfache Melodieführung mit einzustimmen.

An dieser Stelle bereits ein besonderer Dank allen, die sich bereitgefunden haben, in einem Projektchor mitzuwirken, um die alten Sätze heute zum Klingen zu bringen – und an Herrn Bezirkskantor Wolfgang Ehni aus Balingen, der mit dem Chor geübt hat und uns heute musikalisch durch diesen Gottesdienst geleitet!

Alle: *Eingangslied* EG 194,1–3

1. O Gott, du höchster Gnadenhort, | verleih, dass uns dein göttlich Wort | von Ohren so zu Herzen dring, | dass es sein Kraft und Schein vollbring.

2. Der einig Glaub ist diese Kraft, | der fest an Jesus Christus haft'; | die Werk der Lieb sind dieser Schein, | dadurch wir Christi Jünger sein.

3. Verschaff bei uns auch, lieber Herr, | dass wir durch deinen Geist je mehr | in dein'r Erkenntnis nehmen zu | und endlich bei dir finden Ruh.

[Danach erheben sich alle.]

Liturg: Im Namen des Vaters und des Sohnes und des Heiligen Geistes.

Chor (Alle):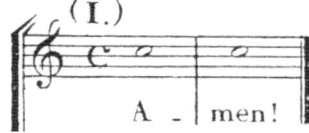

Liturg: Unsere Hülfe sey im Namen des Herrn, der Himmel und Erde gemacht hat.

Liturg: Geliebte in Christo! Lasset uns in tiefer Demuth vor dem Herrn unsere Un-
würdigkeit und unsere Sünden bekennen und mit einander sprechen:

Alle: Ich armer sündiger Mensch bekenne vor Dir, allmächtiger Gott, daß ich oft
und viel gesündigt habe, mit Gedanken, Worten und Werken; ich erkenne
meine Schuld, meine ganze Schuld: aber ich bereue sie von Herzen, und
nehme mir fest vor, unter Verleihung Deiner Gnade mich ernstlich zu bessern, und nie mehr zu sündigen.

Liturg: Der allmächtige Gott erbarme sich über euch und vergebe euch alle eure
Sünden! Er stärke und bevestige euch durch seinen Geist in allem Guten,
und bringe euch in sein ewiges Reich, durch Jesum Christum, unsern Herrn.

Chor (Alle):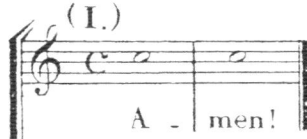

Liturg: Herr, unsere Seele verlangt nach Deinem Heil, und hofft auf Dein Wort;
Dein Wort ist unsers Fußes Leuchte und ein Licht auf unserem Wege; Du
bist unser Schirm und Schild; erhalte uns durch Dein Wort, daß wir leben,
und laß uns nicht zuschanden werden über unsere Hoffnung.

Chor (Alle):

Liturg: Herr, sey uns gnädig!

Chor (Alle):

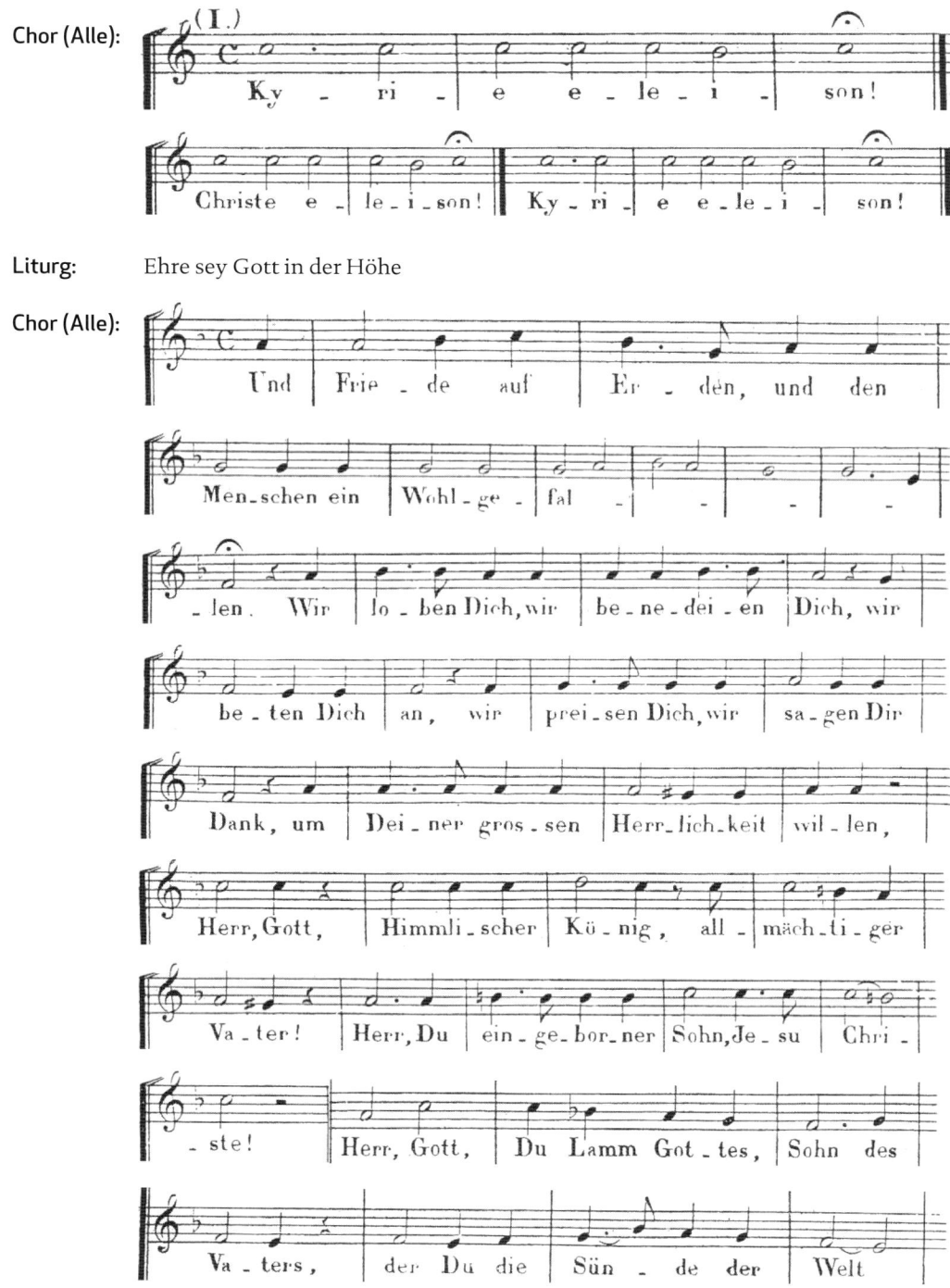

Liturg: Ehre sey Gott in der Höhe

Chor (Alle):

Liturg: Der Herr sey mit euch!

Chor (Alle):

Und mit dei_nem Gei _ _ ste.

Liturg: Allmächtiger Gott! Gieb uns den rechten wahrhaften Glauben, und mehre denselben täglich in uns; verleihe uns auch wahre Liebe und Hoffnung, damit wir Dir und unserm Nächsten nach Deinem Wohlgefallen dienen mögen, durch Jesum Christum Deinen Sohn, unsern Herrn.

Chor (Alle):

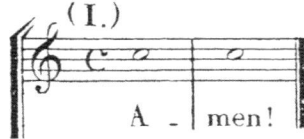

Liturg: Die Epistel stehet geschrieben: im 1. Brief des Paulus an die Korinther im 9. Kapitel (1 Kor 9,24–27):

Wisst ihr nicht: Die im Stadion laufen, die laufen alle, aber nur einer empfängt den Siegespreis? Lauft so, dass ihr ihn erlangt. Jeder aber, der kämpft, enthält sich aller Dinge; jene nun, damit sie einen vergänglichen Kranz empfangen, wir aber einen unvergänglichen. Ich aber laufe nicht wie ins Ungewisse; ich kämpfe mit der Faust nicht wie einer, der in die Luft schlägt, sondern ich schinde meinen Leib und bezwinge ihn, dass ich nicht andern predige und selbst verwerflich werde.

Liturg: Zeige mir, Herr, den Weg Deiner Rechte, daß ich sie bewahre bis ans Ende. Alleluja.

Chor (Alle):

Alle: *Lied* EG 342,1+5–7

1. Es ist das Heil uns kommen her | von Gnad und lauter Güte | die Werk, die helfen nimmermehr, | sie können nicht behüten. | Der Glaub sieht Jesus Christus an, | der hat für uns genug getan, | er ist der Mittler worden.

5. Daran ich keinen Zweifel trag, | dein Wort kann nicht betrügen. | Nun sagst du, dass kein Mensch verzag | – das wirst du nimmer lügen –: | „Wer glaubt an mich und wird getauft, | demselben ist der Himmel erkauft, | daß er nicht werd verloren."

6. Es ist gerecht vor Gott allein, | der diesen Glauben fasset; | der Glaub gibt einen hellen Schein, | wenn er die Werk nicht lasset; | mit Gott der Glaub ist wohl daran, | dem Nächsten wird die Lieb Guts tun, | bist du aus Gott geboren.

7. Die Werk, die kommen g'wißlich her | aus einem rechten Glauben, | denn das nicht rechter Glaube wär, | wollst ihn der Werk berauben. | Doch macht allein der Glaub gerecht; | die Werk, die sind des Nächsten Knecht, | dran wir den Glauben merken.

Liturg: Das heilige Evangelium stehet geschrieben: beim Evangelisten Matthäus im 20. Kapitel (Mt 20,1–16):

[Jesus sprach zu seinen Jüngern:] Denn das Himmelreich gleicht einem Hausherrn, der früh am Morgen ausging, um Arbeiter anzuwerben für seinen Weinberg. Und als er mit den Arbeitern einig wurde über einen Silbergroschen als Tagelohn, sandte er sie in seinen Weinberg.

Und er ging aus um die dritte Stunde und sah andere auf dem Markt müßig stehen und sprach zu ihnen: Geht ihr auch hin in den Weinberg; ich will euch geben, was recht ist. Und sie gingen hin. Abermals ging er aus um die sechste und um die neunte Stunde und tat dasselbe. Um die elfte Stunde aber ging er aus und fand andere stehen und sprach zu ihnen: Was steht ihr den ganzen Tag müßig da? Sie sprachen zu ihm: Es hat uns niemand angeworben. Er sprach zu ihnen: Geht ihr auch hin in den Weinberg.

Als es nun Abend wurde, sprach der Herr des Weinbergs zu seinem Verwalter: Ruf die Arbeiter und gib ihnen den Lohn und fang an bei den letzten bis zu den ersten. Da kamen, die um die elfte Stunde angeworben waren, und jeder empfing seinen Silbergroschen. Als aber die Ersten kamen, meinten sie, sie würden mehr empfangen; und sie empfingen auch ein jeder seinen Silbergroschen. Und als sie den empfingen, murrten sie gegen den Hausherrn und sprachen: Diese Letzten haben nur eine Stunde gearbeitet, doch du hast sie uns gleichgestellt, die wir des Tages Last und Hitze getragen haben.

Er antwortete aber und sagte zu einem von ihnen: Mein Freund, ich tu dir nicht Unrecht. Bist du nicht mit mir einig geworden über einen Silbergroschen? Nimm, was dein ist, und geh! Ich will aber diesem Letzten dasselbe geben wie dir. Oder habe ich nicht Macht zu tun, was ich will, mit dem, was mein ist? Siehst du darum scheel, weil ich so gütig bin?

So werden die Letzten die Ersten und die Ersten die Letzten sein.

Liturg: Gelobt seyst Du, o Christus.

Chor (Alle):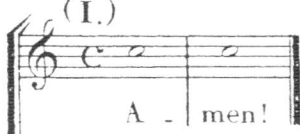

Chor (Alle):

von dannen er kommen wird, zu richten die Lebendigen und die Todten.

Ich glaube an den heiligen Geist, eine heilige allgemeine christliche Kirche,

die Gemeinschaft der Heiligen. Vergebung der Sünden,

Auferstehung des Fleisches, und ein ewiges Leben

A men! A men! A men!

Alle: *Predigtlied* EG 341,3–5

3. Mein guten Werk, die galten nicht, | es war mit ihn' verdorben; | der frei Will haßte Gotts Gericht, | er war zum Gutn erstorben; | die Angst mich zu verzweifeln trieb, | daß nichts denn Sterben bei mir blieb, | zur Hölle mußt ich sinken.

4. Da jammert Gott in Ewigkeit | mein Elend übermaßen; | er dacht an sein Barmherzigkeit, | er wollt mir helfen lassen; | er wandt zu mir das Vaterherz, | es war bei ihm fürwahr kein Scherz; | er ließ's sein Bestes kosten.

5. Er sprach zu seinem lieben Sohn: | „Die Zeit ist hier zu erbarmen; | fahr hin, meins Herzens werte Kron, | und sei das Heil dem Armen | und hilf ihm aus der Sünden Not, | erwürg für ihn den bittern Tod | und lass ihn mit dir leben."

Predigt (zu Lukas 17,7–10)

Die Gnade unseres Herrn Jesu Christi und die Liebe Gottes und die Gemeinschaft des Heiligen Geistes sei mit euch allen! [Amen].

Vorgesehen ist in der üblichen Ordnung für Predigttexte, die der Predigt grundgelegt werden, dass wir uns in diesem Jahr am Sonntag Septuagesimae befassen sollen mit einem Abschnitt aus dem 17. Kapitel des Lukas-Evangeliums; darin ist in den Sätzen 7 bis 10 folgende Anrede Jesu an seine Jünger überliefert:

„Wer unter euch hat einen Knecht, der pflügt oder das Vieh weidet, und sagt ihm, wenn der vom Feld heimkommt: ‚Komm gleich her und setz dich zu Tisch‘? Wird er nicht vielmehr zu ihm sagen: ‚Bereite mir das Abendessen, schürze dich und diene mir, bis ich gegessen und getrunken habe, und danach sollst du essen und trinken‘? Dankt er etwa dem Knecht, dass er getan hat, was befohlen war? So auch ihr! Wenn ihr alles getan habt, was euch befohlen ist, so sprecht: ‚Wir sind, unnütze Knechte, wir haben getan, was wir zu tun schuldig waren.‘“

Herr, dein Wort ist meines Fußes Leuchte und ein Licht auf meinem Wege. Amen.

Liebe Gemeinde,

wir stehen heute an einer interessanten Gelenkstelle innerhalb des Kirchenjahrs – der Weihnachtsfestkreis mit dem Christfest als Zentrum ist mit der Woche nach dem Letzten Sonntag nach Epiphanias zu Ende gegangen, und der Osterfestkreis mit Karfreitag und dem Tag der Auferstehung, dem Ostersonntag als Höhepunkt, beginnt. In beiden Festkreisen tritt die Kirche Jesu Christi mit einer Botschaft auf, die sich in den Alltag der Menschen gerade nicht einpasst, mit einer Botschaft, die markant jenseits dessen liegt, was wir üblicherweise denken – und wonach wir üblicherweise unser Leben und unseren Lebensalltag einrichten. „Gott wird Mensch“ – das wird im Weihnachtsfestkreis immer wieder zum Thema gemacht, Gott begegnet in Jesus, dem Christus; was Gott will, an Gutem, an Heilvollem will, das ist an ihm, an Jesus Christus zu erkennen – darüber muss nicht spekuliert werden, das ist klar gesagt in Worten, die Menschen auch verstehen können. Gott wird Mensch – er dient uns damit, dass er nicht hoheitsvoll-majestätisch-zurückgezogen-unnahbar in einem fernen Jenseits verharrt, sondern dass er gegenwärtig wird in der Person Jesu Christi. Das will der Weihnachtsfestkreis zeigen. Und der Osterfestkreis überbietet die überraschende und alles andere als selbstverständliche Hinwendung Gottes zu den Menschen und seine Selbstkundgabe, seine Offenbarung in Jesus Christus noch: Gott wird nicht nur Mensch – er gibt sich auch für die Menschen hin. Er geht ans Kreuz, er nimmt Leiden, er nimmt Sterben, er nimmt Tod und Totenreich auf sich – begibt sich mit dahin, wo es für Menschen ganz und gar nichts mehr zu hoffen gibt – und eröffnet genau da Zukunft, neues Leben, Auferstehung von den Toten, Anteilhabe an der himmlischen Wirklichkeit. Das sprengt alle sonst üblichen Vorstellungen, die Menschen von der Zukunft haben: Nicht sie müssen auf welchem Weg und durch welche Mittel und Methoden auch immer dahin sich einen Weg bahnen – sondern Gott ist es, der dies bewirkt. Darauf hinzuweisen, dieses Evangelium zu hören, dieses Evangelium sich gefallen zu lassen, so zu leben, wie es diesem Evangelium entspricht, das will die Kirche im Osterfestkreis in Sinn und Herz der Menschen legen, dazu will sie sie mit ihrer Verkündigung gewinnen – das ist ihr Auftrag! Heute stehen wir an der Gelenkstelle zwischen diesen beiden zentralen Anliegen der Verkündigung. Und es geht an dieser Gelenkstelle nun genauso zu wie sonst auch, dass gezeigt wird, wie Gott unsere menschlichen Vorstellungen von ihm gerade nicht einfach bedient und wie er uns gerade nicht einfach gut zuredet und wie er gerade nicht einfach sagt: „Macht mal weiter so, und wenn ihr fleißig und fügsam sind, dann bin ich am Ende auch nicht so und belohne euren Fleiß, eure Ausdauer, euren Goodwill.“

Nein, das Evangelium des ersten Sonntags, der zum Osterfestkreis gehört, das stellt sich allen Ideen, man könnte als Mensch mit Gott irgendwie „ins Geschäft kommen“, in den Weg. Nicht wir sind es, die bei Gott irgendetwas erreichen – sondern er erreicht etwas bei uns. Habt ihr noch das Evangelium, das Gleichnis von den Arbeitern im Weinberg, in Erinnerung? Es ist ja ein Himmelreichsgleichnis – es will zeigen, es will auf den Punkt bringen: „So geht es bei Gott zu."

Und da ist es so, ob einem das nun gefällt oder nicht, dass sich alle Trümpfe in der Hand des Hausherren, von dem in dem Gleichnis die Rede ist, befinden: Ihm gehört der Weinberg, er ist es, der Arbeit im Weinberg zu vergeben hat, er stellt ein, und: Er hat auch das Vermögen, den Lohn zu zahlen. Und mehr noch: Er hat auch die Freiheit, mit seinem Vermögen zu machen, was er will, er hat die Freiheit, sein Vermögen einzusetzen und zur Anwendung zu bringen, wie er es will. Und das Großartigste: Der Hausherr macht von dieser Freiheit zugunsten derer Gebrauch, die er in seinen Weinberg zur Arbeit holt. Die bekommen alle genug – den Tagelohn, den sie zum Leben, zum Durchkommen unbedingt brauchen, den erhalten alle – den erhalten alle, obwohl das nach menschlichen Maßstäben, nach menschlichen Vorstellungen von Gerechtigkeit ungerecht ist. Unter Menschen wird nach tatsächlicher Leistung abgerechnet – dieser Hausherr vergütet aber nach seinem ganz anderen Maßstab: dem Maßstab der Barmherzigkeit und der Güte. Und: Er behauptet diesen Maßstab auch selbstbewusst gegenüber denen, die meinen, es müsse vorrangig gerecht zugehen. Das stimmt bei Gott nicht. Bei ihm geht es zuerst nach seinem Willen und damit gütig zu – so dass alle bei ihm das bekommen, was sie zum Leben, zum Durchkommen, nötig haben.

Worauf es bei Gott, der sich in Jesus, dem Christus, zu verstehen gibt und der sich für die Menschen hingibt, ankommt, kann man an diesem Himmelsreichsgleichnis bestens erkennen: Er, Gott, verhält sich gerade nicht so, wie es sich die Menschen erträumen. Die römische Göttin Justitia wird ja in der Kunst und bis in die Gegenwart hinein immer wieder so dargestellt, dass sie eine sich genau im Gleichmaß befindende Balkenwaage in der Hand hält, bei der sich keine der beiden Waagschalen nach links oder nach rechts neigt, also alles genau ausgeglichen ist – und dabei ist Justitia blind, ihr sind die Augen verbunden – sie soll beim Herstellen dieses Gleichmaßes durch nichts und niemanden beeinflusst werden. Bei Gott ist es anders: Der handelt nicht blind, sondern sieht die Menschen an, und wirkt aus Güte und Barmherzigkeit, was die Menschen nötig haben – bei Gott bestimmt nicht die menschliche Leistung den von ihm gewährten göttlichen Lohn, sondern seine göttliche Gnade. Das ist seine befreiende, frohmachende Botschaft, sein Evangelium. Und damit eckt Gott an, will er auch anecken, unser menschliches Denken mit einem großen Fragezeichen versehen – und zeigen: „So wie bei euch, so wie ihr euch das vorstellt, so geht es bei mir gerade nicht zu!"

Gott beruft gern in seinen Dienst, immer wieder neu. Gott lohnt gern und in aller Freiheit nach seinem Maß – dem Maß der Gnade, die uns erhält. Und unser Auftrag in seinem Dienst geht weiter – für den Herrn, dass dessen Acker bestellt wird, dass dessen Weinberg gepflegt, dessen Vieh versorgt wird und das Essen auf den Tisch kommt. Das reicht ganz ohne Zweifel auch für den Knecht, den Diener, der seinen Auftrag einfach und ohne großes Aufhebens darum wahrnimmt – wahrnimmt so lange, bis der Herr ihn dann seinerseits an seinen von ihm gedeckten Tisch ruft. Bis dahin sind wir ganz einfach auf Erden fleißig – und glücklich und dankbar für das Evangelium seiner Gnade.

Gottes Friede, der höher ist als alle Vernunft, der bewahre eure Herzen und Sinne in Christus Jesus, unserem Herrn. Amen.

Alle: *Lied* EG 404,1+3+4+6+8

1. Herr Jesu, Gnadensonne, | wahrhaftes Lebenslicht: | mit Leben, Licht und Wonne | wollst du mein Angesicht | nach deiner Gnad erfreuen | und meinen Geist erneuen; | mein Gott, versag mir's nicht.

3. Vertreib aus meiner Seelen | den alten Adamssinn | und lass mich dich erwählen, | auf dass ich mich forthin | zu deinem Dienst ergebe | und dir zu Ehren lebe, | weil ich erlöset bin.

4. Befördre dein Erkenntnis | in mir, mein Seelenhort, | und öffne mein Verständnis, | Herr, durch dein heilig Wort, | damit ich an dich glaube | und in der Wahrheit bleibe | zu Trutz der Höllenpfort.

6. Ach zünde deine Liebe | in meiner Seele an, | dass ich aus innerm Triebe | dich ewig lieben kann | und dir zum Wohlgefallen | beständig möge wallen | auf rechter Lebensbahn.

8. Darum, du Gott der Gnaden, | du Vater aller Treu, | wend allen Seelenschaden | und mach mich täglich neu; | gib, dass ich deinen Willen | gedenke zu erfüllen, | und steh mir kräftig bei.

[Danach erheben sich alle.]

Liturg: Bekennen will ich Dich, o Herr, aus vollem Herzen. Deine Worte will ich achten und bewahren; laß mich nach ihnen leben, o Herr!

Liturg: Der Herr sey mit euch!

Chor (Alle):

Liturg: Erhebet eure Herzen.

Chor (Alle):

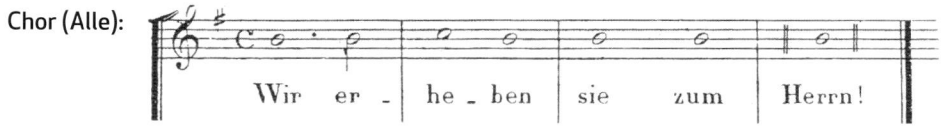

Liturg: Lasset uns danken dem Herrn unserm Gotte!

Chor (Alle):

Liturg: Recht ist es, und wahrhaft würdig und heilbringend, Dir, Allmächtiger, Dank zu sagen, zu allen Zeiten und an allen Orten, durch Jesum Christum unsern Herrn, um dessenwillen Du uns verschonet hast, uns unsere Sünden vergiebst, und die ewige Seligkeit verheißest, und mit allen Engeln und Erzengeln und dem ganzen Heere der himmlischen Heerscharen, singen wir dir und Deiner unendlichen Herrlichkeit Einen Lobgesang:

Chor (Alle):

Liturg: Herr Gott, himmlischer Vater! Wir bitten Dich, Du wollest Deine christliche Kirche mit allen ihren Lehrern und Dienern, durch Deinen heiligen Geist regieren, daß sie bei der reinen Lehre Deines Wortes erhalten, der wahre Glaube in uns erweckt und gestärkt werde, auch die Liebe gegen alle Menschen in uns erwachse und zunehme.

Laß, o Herr, Deine Gnade groß werden über alle, die regieren oder ein öffentliches Amt ausüben. Erhalte sie uns zum beständigen Segen und christlichen Vorbilde. Beschütze die, die für die öffentliche Ordnung und Verwaltung sorgen. Lehre sie stets, wie Christen zu handeln, und laß dann ihre Dienste gesegnet seyn zu Deiner Ehre und aller Bestem. Segne uns und das ganze Land. Hilf einem jeden in seiner Noth, und sey ein Heiland aller Menschen, vorzüglich Deiner Gläubigen. Bewahre uns vor einem bösen, unbußfertigen Tode, und bringe uns endlich Alle in Dein ewiges Himmelreich, durch Jesum Christum unsern Herrn.

Chor (Alle):

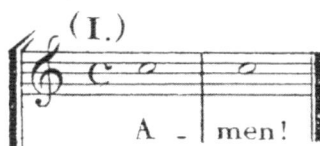

Liturg (Alle): Unser Vater, der Du bist im Himmel! Geheiligt werde Dein Name; Dein Reich komme; Dein Wille geschehe, wie im Himmel, also auch auf Erden; unser täglich Brodt gieb uns heute; vergib uns unsere Schulden, wie auch wir vergeben unsern Schuldigern; führe uns nicht in Versuchung, sondern erlöse uns vom Uebel; denn Dein ist das Reich, die Kraft und die Herrlichkeit, in Ewigkeit. Amen.

Liturg: Der Herr segne dich und behüte dich! Der Herr lasse sein Angesicht leuchten über Dir und sey dir gnädig! Der Herr hebe sein Angesicht über dich und gebe dir Frieden. †

Chor (Alle):

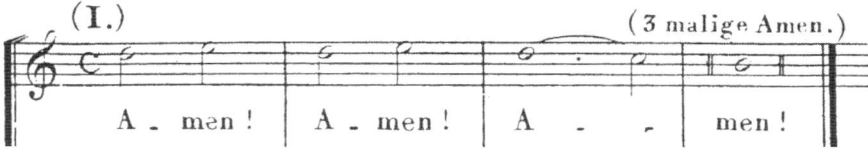

Liturg: Abkündigungen

Alle: *Lied* EG 220

Herr, du wollest uns bereiten | zu deines Mahles Seligkeiten; | sei mitten unter uns, o Gott! | Lass uns, Leben zu empfahen, | mit glaubensvollem Herzen nahen | und sprich uns los von Sünd und Tod. | Wir sind, o Jesu, dein; | dein lass uns ewig sein! | Amen, Amen. | Anbetung dir! | Einst feiern wir | das große Abendmahl mit dir.

[Danach erheben sich alle.]

Liturg: Geliebte in dem Herrn! Da wir jetzt das Gedächtnißmahl unsres Herrn Jesu Christi zu halten Willens sind, das zur Stärkung und Befestigung unsres Glaubens von ihm eingesetzt worden ist, so prüfe ein jeder sich selbst, wie uns hiezu der Apostel Paulus ermahnt; denn dies heilige Sacrament ist den betrübten Gewissen, die ihre Sünden bekennen, Gott fürchten und die Erlösung begehren, zur Stärkung und zum Troste gegeben, wenn sie zugleich dabei den ernsten Vorsatz fassen, sich zu bessern, die Sünde zu fliehen und ein rechtschaffenes Leben zu führen. Da wir uns nun sündhaft und schuldig erkennen müssen, und uns selbst zu helfen unvermögend sind, so hat Christus, der Sohn Gottes, unser geliebter Herr, sich über uns erbarmet, und ist um unsrer Sünden willen Mensch geworden, auf daß Er das Gesetz und den Willen Gottes uns zu gute erfülle, und den Tod und alles, was wir mit unsern Sünden verschuldet haben, zu unsrer Erlösung auf sich nehme und erdulde. Um dieses zu bekräftigen, setzte Er sein heiliges Abendmahl ein, auf daß ein jeder, der von diesem Brodte isset und aus diesem Kelche trinket, an die dabei gesprochene Worte und empfangene Zeichen Jesu Christi glaube, auf daß er in dem Herrn Christo, und Christus in ihm, bleibe und ewig lebe. Dabei sollen wir sein gedenken, und seinen Tod verkündigen, nämlich daß Er für unsre Sünden gestorben und zu unsrer Rechtfertigung wieder auferstanden sey. Dankbar für diese unaussprechliche Gnade nehme daher jeder von uns sein Kreuz auf sich, um Ihm nachzufolgen und uns nach seinen Geboten untereinander zu lieben, wie Er uns geliebet hat; denn wir sind alle Ein Leib, weil wir alle Eines Brodtes theilhaftig sind, und aus einem Kelche trinken. Wer aber unwürdig, das ist mit unbußfertigem Herzen, ohne Glauben an die Verheißung Gottes, ohne Versöhnlichkeit und ohne Vorsatz der Besserung von diesem Brodte isset und aus diesem Kelche trinket, der ist schuldig des Leibes und Blutes des Herrn und isset und trinket ihm selber das Gericht, wovor Gott uns alle gnädiglich bewahren möge.

Liturg: [Kniet nieder und] Vernehmet die Einsetzungsworte:

Liturg: Unser Herr Jesus Christus in der Nacht, da Er verrathen ward, nahm Er das Brodt, dankete, gab es seinen Jüngern und sprach: Nehmet hin und esset, das ist mein Leib †, der für euch gegeben wird, das thut zu meinem Gedächtnis.

Desselbigen gleichen nach dem Abendmahl, nahm Er den Kelch, sagte Dank und sprach: Nehmet hin und trinket alle daraus, dieser Kelch ist das Neue Testament in meinem Blute †, das für euch und für viele vergossen wird zur

Vergebung der Sünden, solches thut, so oft ihr's trinket, zu meinem Gedächtniß.

Liturg: Der Friede des Herrn sey mit euch allen.

Chor (Alle):

Und   mit dei_nem   Gei _ _ ste.

Liturg: Lasset uns beten:

Herr! Der Du mit Deinem Tode der Welt das Leben gabst, erlöse uns von
allen unsern Sünden und von allem Uebel; verleihe uns die Kraft des Willens, Deinen Geboten immer treu zu bleiben, und gieb nicht zu, daß wir uns
jemals von Dir trennen, der Du mit dem Vater und dem heiligen Geiste re-
gierest in Ewigkeit.

Chor (Alle):

Chor (Alle):

[Während der Austeilung des Heiligen Abendmahls wird gesungen:]

Alle: *Lied* EG 641 (Ich bete an die Macht der Liebe)
Lied EG 213 (Kommt her, ihr seid geladen)

[Die Austeilung erfolgt mit den Worten:]

Nehmet hin und esset, spricht unser Herr und Heiland Jesus Christus: Das ist mein Leib, der für euch gegeben wird; das thut zu meinem Gedächtniß.

Nehmet hin und trinket Alle daraus, spricht unser Herr und Heiland Jesus Christus: Dieser Kelch ist das Neue Testament in meinem Blute, das für euch vergossen wird; solches thut zu meinem Gedächtniß.

[Nach Abschluss der Austeilung erheben sich alle.]

Liturg: Lasset uns beten:

Allmächtiger, Ewiger Gott! Wir sagen Dir unsern inbrünstigen Dank für die unaussprechliche Gnade, deren wir durch den Genuß des heiligen Abendmahls theilhaftig geworden sind; wir bitten Dich demüthiglich, Du wollest uns der Wirkungen Deines heiligen Geistes eben so gewiß werden lassen, als wir Dein heiliges Sacrament jetzt empfangen haben, damit wir Deine göttliche Gnade, Vergebung der Sünden, Vereinigung mit Christo, und ein ewiges Leben, so uns allen darin verheißen ist, mit festem Glauben ergreifen, und ewig behalten mögen. Wir danken Dir auch, daß Du uns durch Deine göttliche Gnade erquickt hast, und bitten Dich, daß Deine Barmherzigkeit uns solches gedeihen lasse zum starken Glauben an Dich, zur brüderlichen Liebe gegen alle Menschen und zum Wachstum in der Gottseligkeit und allen christlichen Tugenden, durch unsern Herrn Jesum Christum, der vereint mit Dir und dem heiligen Geiste regieret in Ewigkeit. Amen.

Liturg: Danket und lobet den Herrn!
Dem Herrn sey Dank und Lob!
Beuget eure Herzen zu Gott und empfahet den Segen.

Liturg: Der Herr segne dich und behüte dich!
Der Herr lasse sein Angesicht leuchten über dir und sey dir gnädig!
Der Herr hebe sein Angesicht über dich und gebe dir Frieden. †

Chor (Alle):

Lied EG 355,2+5 [stehend gesungen]

2. Ich hatte nichts als Zorn verdienet | und soll bei Gott in Gnaden sein; | Gott hat mich mit sich selbst versühnet | und macht durchs Blut des Sohns mich rein. | Wo kam dies her, warum geschieht's? | Erbarmung ist's und weiter nichts.

5. Gott, der du reich bist an Erbarmen, | reiß dein Erbarmen nicht von mir | und führe durch den Tod mich Armen | durch meines Heilands Tod zu dir; | da bin ich ewig recht erfreut | und rühme die Barmherzigkeit.

Orgelnachspiel
Alla breve g-moll op. 179 Nr. 7 von Gustav Merkel (1827–1885)

— 20 —

Allgemeine Bestimmungen und Erläuterungen über die Liturgie.

Anordnung des Altars.

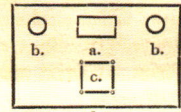

a. Das Kruzifix.
b. b. Die Leuchter mit brennenden Wachskerzen.
c. Die große Bibel.
d. Die Stelle für den Liturgen.

Der Hauptgottesdienst an Sonn- und Festtagen darf zwar in der Regel nicht das Zeitmaaß Einer oder höchstens Einer und einer halben Stunde überschreiten; es können jedoch Ausnahmen gestattet werden an Orten, wo Local-Verhältnisse eine Verlängerung desselben erforderlich machen sollten. Diese sind in dem Falle dem Consistorio nahmhaft zu machen, welches, in Gemäßheit seiner Instruction, die Befugniß hat, über solche und ähnliche Fälle zu entscheiden.

Wenn sich nicht das ganz ausdrückliche Verlangen der Gemeinde dagegen aussprechen sollte, so wird im allgemeinen ein kürzerer Gottesdienst dem längeren vorzuziehen seyn. Anzeigen, die sich auf den Gottesdienst beziehen, geschehen vor

— 21 —

dem Segen am Schlusse der Predigt. Ueber die Stelle, welche den übrigen Bekanntmachungen, Aufgeboten u. s. w. anzuweisen ist, hat nach den jedesmaligen Local-Verhältnissen das Consistorium zu bestimmen.

Die Chöre werden von den Kirchensängern in der Regel ohne Orgelbegleitung gesungen; sie sind vierstimmig und müssen aus wenigstens acht Personen bestehen. Die Gesänge der Gemeinde geschehen unter Begleitung der Orgel und werden von den Sängern ebenfalls mitgesungen.

Bei denjenigen Kirchenfesten, deren die Agende nicht erwähnt, und die von Alters her in gewissen Kirchen gefeiert werden, können, bis darüber Bestimmungen erfolgt seyn werden, in den Gemeinden fortwährend die bisher nach den älteren Agenden im Gebrauch gewesene Gebete und Formulare angewendet werden, so wie auch das Intoniren des Geistlichen, das Absingen des „Unser Vater", der Einsetzungsworte ꝛc. wo dergleichen gebräuchlich ist, ferner gestattet wird. Eben dies gilt von allen kirchlichen Handlungen, z. B. Früh- und Nachmittags-Gottesdienst ꝛc., für welche die Agende noch keine besonderen Vorschriften enthält.

Wo außer den Perikopen noch andere biblische Vorlesungen gewünscht werden, (als etwa die der 10 Gebote ꝛc.), da können dieselben ihre Stelle am Anfange des Gottesdienstes vor dem Eingangsliede erhalten.

Allgemeine Bestimmung und Erläuterungen über die Liturgie (aus: Agende für die evangelische Kirche in den Königlich Preußischen Landen. Mit besonderen Bestimmungen und Zusätzen für die Provinz Westphalen und die Rhein-Provinz. Berlin 1834).

MONIKA SPICKER-BECK

Eine evangelische Insel im katholischen Meere

Das Diasporahaus Bietenhausen[1]

Eine evangelische Insel im katholischen Meere,[2] so hatte man das Diasporahaus wenige Jahre nach seiner Gründung bezeichnet. In der Tat hatten die Evangelischen in Hohenzollern am Ende des 19. Jahrhunderts noch einen gewissen Seltenheitswert, lebten sie doch in der „Diaspora".

Diaspora – das Wort kommt aus dem Griechischen und bedeutet „Zerstreuung". Es bezeichnet die Situation einer religiösen Minderheit von Menschen, die zerstreut in einer Mehrheit Andersgläubiger leben. Im Gegensatz zum benachbarten Herzogtum Württemberg konnte sich die Reformation in Hohenzollern nicht durchsetzen. Streng nach dem Grundsatz „wessen Gebiet, dessen Religion" hatte der jeweilige Landesherr die Macht, auch das Bekenntnis seiner Untertanen zu bestimmen. Wer sich der Konfession der Obrigkeit nicht unterordnen konnte oder wollte, wurde ausgewiesen oder wanderte aus. Hohenzollern blieb so über Jahrhunderte einheitlich katholisch.[3]

Erst im 19. Jahrhundert ist eine allmähliche Lockerung dieser strengen Bestimmungen zu beobachten. 1834 heiratete der Erbprinz Karl Anton von Hohenzollern-Sigmaringen (1811–1885) sogar eine evangelische Prinzessin, Josephine von Baden (1813–1900), die allerdings später zum katholischen Glauben übertrat. Auch im benachbarten Hohenzollern-Hechingen war man den Protestanten gegenüber toleranter geworden. Fürst Hermann Friedrich Otto (1751–1810), der südlich von Burladingen nahe der Grenze zum

---

1 Bei diesem Beitrag handelt es sich um eine Zusammenfassung der 2017 erschienenen Schrift: MONIKA SPICKER-BECK: Diasporahaus Bietenhausen. Vom Bethaus zum erfolgreichen Jugendunternehmen. Rangendingen-Bietenhausen 2017. Zu beziehen über das Diasporahaus Bietenhausen e. V., 72414 Rangendingen-Bietenhausen.
2 Diaspora-Blätter Nr. 58 (2/1909), S. 17–19. Archiv Diasporahaus Bietenhausen (im Folgenden Archiv DHB), Nr. 715.
3 Evangelisch in Hohenzollern. Katalog zur Ausstellung des Evangelischen Dekanats Balingen und des Staatsarchivs Sigmaringen. Hg. von VOLKER TRUGENBERGER und BEATUS WIDMANN. Stuttgart 2016, S. 10–13.

Ansicht des Bethauses und des Schulhauses in Bietenhausen aus den frühen Jahresberichten (Vorlage: Diasporahaus Bietenhausen).

protestantischen Württemberg zwei große Anwesen besaß, ließ diesen Besitz in der Größe von etwa 300 ha in zwanzig Höfe aufteilen. Im Jahr 1804 wurde die Besiedlung der Höfe ausgeschrieben, und insgesamt 19 Siedler aus dem benachbarten Württemberg erhielten den Zuschlag. Sie alle waren zwar protestantischer Konfession, doch war ihnen vertraglich die freie Religionsausübung gestattet. Die neue Siedlung wurde nach dem Namen des Landesfürsten „Hermannsdorf" genannt.[4]

Es gab aber auch noch andere Wege, über die die evangelische Konfession in Hohenzollern Fuß fasste. In den ersten Jahrzehnten des 19. Jahrhunderts entstand in einigen Dörfern des Fürstentums Hohenzollern-Sigmaringen eine pietistische Strömung, die die dortigen katholischen Einwohner erfasste. Sie ließen sich von der evangelisch-pietistischen Lehre Michael Hahns (1758–1819) inspirieren, der in Sindlingen bei Herrenberg als Bauer lebte und dort mit seinen Bibelauslegungen großes Gehör fand. Obwohl katholi-

4 HERMANN-JOSEF MICHEL: 200 Jahre Hermannsdorf. Hermannsdorfer Heimatbuch. Bitz 2004. – GUSTAV HEBEISEN: Die Gründung der Gemeinde Hermannsdorf 1804. In: Hohenzollerisches Heimatblatt 3 (1928).

scher Konfession, gründeten sie nach dem Vorbild der Hahnschen Gemeinschaft Bibel-
kreise und hielten Andachtsstunden ab.

In Bietenhausen erhielt die sogenannte „Michelianer-Bewegung" unter der Leitung des
dortigen Mesners und Schullehrers Xaver Kuhn besonderen Auftrieb. Dies ging so weit,
dass sich 1859 eine Gruppe von 35 abtrünnigen Katholiken aus Bietenhausen und Höfendorf dazu entschloss zu konvertieren. Kurz darauf baute die junge Gemeinde in Bietenhausen ein eigenes „Bethaus". Im Erdgeschoss befanden sich ein Versammlungs- oder
Schulraum, ein Wohnzimmer und eine Küche, darüber der *geräumige, lichte Betsaal* mit
Blick auf den Zoller, und auf dem Dach gab es ein Glockentürmchen mit zwei Glocken.

Zunächst vergrößerte sich die evangelische Gemeinde Bietenhausen. Schon zur Einweihung des Bethauses traten weitere 46 Personen zum evangelischen Glauben über.

Allerdings bewertete man die Zu-
kunftsaussichten denkbar schlecht,
waren die Mitglieder dieser Gemeinde doch hauptsächlich unverheiratet. *Der Keim des Siechtums
war ihr von Anfang an einge-
pflanzt*, sagte der spätere Superintendent Julius Theobald rückblickend über die Gemeinde.[5] Das
Ideal der Ehelosigkeit wurde bei
den Michelianern großgeschrie-
ben, entsprechend war mit wenig
Nachwuchs zu rechnen. Tatsächlich wurde die Gemeinde mit den
Jahrzehnten wieder deutlich kleiner. Aber Julius Theobald, zu jener
Zeit Stadtpfarrer von Haigerloch,
hatte eine Vorstellung, wie man
dem *Siechtum* der Gemeinde begegnen konnte, nämlich durch die
Gründung einer Erziehungsanstalt für konfessionell gefährdete
Kinder.

Das Bethaus mit dem Betsaal für die
Mitglieder der Gemeinde Bietenhausen wurde 1860 erbaut (Vorlage: Diasporahaus Bietenhausen).

---

5 JULIUS THEOBALD: Festschrift zur Feier des fünfzigjährigen Bestehens evangelischer Kirchengemeinden
in Hohenzollern (1861–1911). Sigmaringen 1911, S. 52.

Die zerstreut in den Hohenzollernschen Landen lebenden Evangelischen kannten sich. Ganz besonders standen natürlich die Pfarrer der Gemeinden in engem Kontakt. So erfuhr Julius Theobald in Haigerloch von seinem Amtsbruder Müller von einem Unglück, das sich in dem bereits erwähnten Hermannsdorf bei Burladingen ereignet hatte: Dort war in der Nacht vom 5. auf den 6. September 1893 ein Mord geschehen. Der 42-jährige Friedrich Stiefel vom „mittleren Hof" war auf dem Heimweg bei der Ziegelhütte tot aufgefunden worden. Man hatte ihm mit einem Messer die Kehle durchschnitten. Der Familienvater hinterließ elf Kinder sowie seine Frau Karoline, die gerade mit dem zwölften Kind schwanger war. Der Mord konnte niemals aufgeklärt werden. Karoline Stiefel allerdings stand von heute auf morgen vor dem Nichts, denn der Hof war erst neun Jahre zuvor neu aufgebaut worden und noch stark verschuldet.[6]

Als Stadtpfarrer Theobald vom Unglück der Familie Stiefel erfuhr, fügte er die Dinge zusammen. Er sah die Not der Witwe Stiefel mit ihren zwölf Kindern und seine eigene Not mit der Gemeinde Bietenhausen, *die immer mehr zusammengeschmolzen war*. Was lag da näher, als die geplante Erziehungsanstalt gleich mit einer großen Anzahl an Kindern zu füllen, auch wenn diese nicht in erster Linie konfessionell gefährdet waren? Pfarrer Theobald machte Karoline Stiefel also den Vorschlag, mitsamt ihren Kindern nach Bietenhausen in die leerstehende Wohnung des *verödeten Bethauses* zu ziehen und die-

---

6 Auf der Grundlage der verfügbaren Quellen hat Gerd Stiefel, Urenkel von Friedrich und Karoline Stiefel, zur Geschichte seiner Familie einen Roman verfasst: GERD STIEFEL: Stiefels Stein. Ein Frauenschicksal von der Schwäbischen Alb. Tübingen 2011.

ses so wieder zum Leben zu erwecken. Gleichzeitig stellte er einen Antrag zur Gründung einer evangelischen Privatschule und ersuchte den Zentralvorstand des Evangelischen Bundes, ihn zu unterstützen. Ziel war, so formulierte Theobald, dass dieses *Zentrum evangelischen Lebens in dem schwärzesten Teil der preußischen Monarchie erhalten bleibe.*[7]

Die Idee war gut, doch waren noch verschiedene Schwierigkeiten aus dem Weg zu räumen. Das größte Problem bereitete zunächst die Gemeinde Bietenhausen, die mit aller Macht den Zuzug der Witwe Stiefel und ihrer Kinder verhindern wollte. Grund war die Befürchtung, dass die Gemeinde künftig für die Armenunterstützung und die soziale Sicherung der Familie Stiefel zuständig sei. Karoline Stiefel erklärte ausführlich in einem Brief, dass vier ihrer zwölf Kinder bereits *in Lohn und Brot* seien und sich auch bereiterklärt hätten, von ihren Einkünften *das meiste herzugeben.*[8] Aber auch das konnte den Gemeinderat nicht umstimmen.

Obwohl das Problem noch nicht gelöst war, zog die Witwe Stiefel mit acht ihrer Kinder am 12. Juli 1894 nach Bietenhausen in das leerstehende Bethaus. Am Tag darauf ließ Bürgermeister Beuter sie vorladen und befragte sie eingehend nach ihren Vermögensverhältnissen. Vier Tage später schickte er ihr einen schriftlichen Ausweisungsbeschluss mit der Verfügung, den Ort Bietenhausen unverzüglich wieder zu verlassen.[9] Man stelle sich die Enttäuschung bei der Familie Stiefel vor, fünf Tage nach ihrer Ankunft wieder vertrieben zu werden!

Julius Theobald musste sich also erneut Gedanken machen und fand schließlich die Lösung für das Problem. Er holte seinen späteren Schwiegervater, den Fabrikanten Heinrich Meyer, mit ins Boot, der in Karlstal eine Baumwollspinnerei betrieb. Dieser erklärte sich zusammen mit seinem Sohn Heinrich Meyer junior und Stadtpfarrer Theobald bereit, *der Gemeinde Bietenhausen gegenüber für allen Schaden aufzukommen, welche[r] derselben aus dem Anzug der Witwe Stiefel jetzt und in Zukunft erwachsen könnte.* Sie verpflichteten sich außerdem für den Fall, dass die Witwe Stiefel einmal der Armenpflege bedürftig sein sollte, alle Ausgaben der Gemeinde zu erstatten.[10] Am 27. Oktober 1894 wurde diese Verpflichtungserklärung von der Gemeinde Bietenhausen schließlich akzeptiert.

Einige Wochen später, im Januar 1895, traf die Genehmigung der königlich preußischen Regierung ein, die offiziell die Gründung einer evangelischen Privatschule erlaubte.[11] Die Stelle des Lehrers wurde mit einem *gläubigen württembergischen Lehrer* besetzt, Gottlob Dippon aus Beutelsbach, der aus den Kreisen der in Bietenhausen nicht unbekannten Hahnschen Gemeinschaft stammte.[12]

Stadtpfarrer Theobald konnte sich nun also der *Ausbaustufe* zuwenden, denn Ziel war ja nicht nur die Schule, sondern eine Privat-Erziehungsanstalt für *konfessionell gefährdete Kinder* einzurichten. Auch dieses Vorhaben versuchte man, mit allen Mitteln zu verhindern. In den einschlägigen Zeitungen wurde von *dem schweren Los* berichtet, das die *Gemeinde gezogen habe*, wenn in Bietenhausen nun auch noch eine *Anstalt* aufgebaut

---

7   Archiv DHB Nr. 40.
8   Gemeindearchiv Bietenhausen Nr. 1042, Schreiben der *Witwe Friedrich Stiefel* vom 15. Februar 1894.
9   Gemeindearchiv Bietenhausen Nr. 1042, Ausweisungsbeschluss vom 16. Juli 1894.
10   Archiv DHB Nr. 690. – Ebenso Gemeindearchiv Bietenhausen Nr. 1042.
11   Archiv DHB Nr. 690.
12   Stuttgarter Evangelisches Sonntagsblatt vom 24. November 1895, S. 418. – THEOBALD, Festschrift (wie Anm. 5), S. 58.

werden würde. Für ein *evangelisches Kinderasyl* bestehe absolut keine Notwendigkeit, so der Tenor der überwiegend katholisch geprägten Presseartikel.[13]

Julius Theobald ließ sich jedoch nicht beirren. Mit einem Häufchen Gleichgesinnter, dem sogenannten *Comité*, Vorläufer des 1903 gegründeten Vereins *Diasporahaus Bietenhausen e. V*, plante er zunächst den Bau eines Anstaltsgebäudes. Unermüdlich verfasste er Spendenaufrufe, um die nötigen Mittel zu beschaffen. Der noch erhaltene diesbezügliche Briefwechsel bestätigt sein außerordentliches Engagement.[14] Noch vor Erteilung der Genehmigung im Januar 1897 begann man mit dem Bau des Anstaltsgebäudes, das bereits im November 1897 eingeweiht werden konnte. Nach Ansicht Theobalds wurde es zu einer *Zierde des ganzen Ortes*.[15] Die Zuschüsse der Gustav-Adolf-Stiftung, des Evangelischen Oberkirchenrats, viele kleine Spenden und mehrere Darlehen bildeten die Grundlage der Finanzierung.

Schnell füllte sich das Diasporahaus Bietenhausen mit Leben. Man verfasste ein Rundschreiben an alle evangelischen Pfarrämter Hohenzollerns und der angrenzenden Gebiete von Württemberg, Baden und Bayern, um *anzufragen, in welchen Gemeinden konfessionell gefährdete Kinder sich befänden*.[16] Die Belegung lag schon nach zwei Jahren bei 30 Kindern, eine Zahl, die im Durchschnitt mit Ausschlägen nach oben und unten bis zum Ersten Weltkrieg in etwa konstant blieb. Freilich stieß der missionarische Charakter der Rekrutierung in katholischen Kreisen auf Widerstand. *Viele in die Hohenzollern'schen Lande einwandernde Protestanten*, so konnte man in der Presse lesen, *hegen die falsche Meinung, als seien sie eigens berufen, bei uns Licht und wahre Erkenntniß der religiösen Wahrheit zu bringen*. Der *voreilige protestantische Bekehrungseifer* sei nicht geeignet, *zur Erhaltung des confessionellen Friedens beizutragen*.[17]

Dass hinter dem Begriff *konfessionell gefährdet* aber auch auf evangelischer Seite ein gewisses „Feindbild" steckte, klingt in den Formulierungen der Jahresberichte des Diasporahauses zwischen den Zeilen immer wieder durch. So heißt es 1902 über die Aufnahme eines Mädchens aus Württemberg, dass es *in Gefahr war, in einem katholischen Hause untergebracht zu werden*.[18] In einem anderen Jahresbericht ist von *Intrigen katholischer Pflegeeltern* die Rede, die eine *gewissenlose Mutter zu überreden verstanden, ihren Sohn katholisch erziehen zu lassen, wofür sie unentgeltliche Verpflegung versprachen*.[19] Eine evangelische Anstalt war aus Sicht der Autoren einer katholischen Familie also in jedem Fall vorzuziehen.

Es ist daher als ganz besondere Leistung des Hausvaters Gustav Dippon zu sehen, wenn er es schaffte, ein gutes und harmonisches Verhältnis des Diasporahauses zur bürgerlichen Gemeinde Bietenhausen aufzubauen. Dass zu der Abschiedsfeier der Hauseltern Dippon im Jahr 1903 der katholische Bürgermeister von Bietenhausen mit einem Gemein-

---

13 Archiv DHB Nr. 40, Der Zoller, 15. März 1894, ähnlich am 22. Januar 1895. – Deutsches Volksblatt vom 13. Dezember 1895. Vgl. STIEFEL, Stiefels Stein (wie Anm. 6), S. 60 f., S. 123 f.

14 Archiv DHB Nr. 40.

15 Archiv DHB Nr. 686, Jahresberichte für die evangelischen Gemeinden in den Hohenzollernschen Landen Nr. 36 (1887), S. 6.

16 Archiv DHB Nr. 18 und Nr. 19, Sitzungsprotokoll vom 23. November 1897.

17 Archiv DHB Nr. 40, Deutsche Reichszeitung, 6. Januar 1895, und Der Zoller, 10. Januar 1895.

18 Archiv DHB Nr. 80 und Nr. 691, Jahresbericht Nr. 8 (1901/02), S. 8.

19 Archiv DHB Nr. 81 und Nr. 691, Jahresbericht Nr. 11 (1904/05), S. 6 f.

In dem 1897 neu erbauten Schul- und Wohnhaus befanden sich ein Schulsaal und ein Schlafsaal, im Obergeschoss eine Wohnung für die Lehrerfamilie sowie zwei Krankenzimmer. Heute wird das Haus als Verwaltungsgebäude genutzt (Vorlage: Diasporahaus Bietenhausen).

deratsmitglied erschien und den Dank für das der Gemeinde entgegengebrachte Interesse ausdrückte, spricht für sich. Tatsächlich war es zu Beginn der Tätigkeit Dippons keineswegs abzusehen, dass *die anfängliche feindselige Stimmung der Andersgläubigen in Bietenhausen gegen die Anstalt schließlich doch in eine duldsame, ja wohlwollende Stimmung umgeschlagen ist*, so heißt es im Jahresbericht 1903.[20] Mehrere katholische Mitbürger halfen sogar beim Umzug der Dippons. Der Umstand, dass selbst Katholiken nach den acht Jahren der Abschied so schwerfallen würde wie der Evangelischen Kirchengemeinde und den Mitgliedern der Anstalt, übertraf alle Erwartungen.

Neben den regelmäßig eingeworbenen Spenden bildete vor allem die Landwirtschaft die wirtschaftliche Grundlage des Diasporahauses. Schon in den ersten Jahren bewirt-

20 Archiv DHB Nr. 691, Jahresbericht Nr. 9 (1902/03), S. 8.

Hausordnung des Diasporahauses Bietenhausen

—⟨⚬⟩—

§. 1.

Da das Diasporahaus eine Familie von echt evangelisch-christlichem Glauben und Leben darstellen soll, haben alle Hausgenossen zur Lösung der Anstaltsaufgabe in diesem Geiste zu wirken und zu leben.

§. 2.

Die Anstaltskinder erhalten im Diasporahause christliche evangelische Erziehung und Pflege wie in einer Familie.

§. 3.

Die Anstaltskost besteht morgens und abends in Suppe mit Brot oder Brei, mittags aus Suppe, Gemüse oder Suppe, Gemüse, Kartoffeln und Fleisch (letzteres 2 bis 3 mal in der Woche.) Vormittags 9 Uhr resp. 10 Uhr und nachmittags halb 4 Uhr bekommen die Kinder Brot.

§. 4.

Die Tagesordnung ist folgende:

Morgens ¼6 Uhr Sommers und 6 Uhr Winters, **Aufstehen**, Ankleiden, Waschen, Betten, Herrichten des Schlafsaales u. s. w. (Die Mädchen haben einander im Kämmen und Haarflechten zu unterstützen.)

Um 6 bezw. ¾7 Uhr **Frühstück**, zu dem wie beim Mittags- und Abendessen alle Angestellten und Kinder pünktlich zu erscheinen haben.

Nach dem Frühstück **Hausandacht**, bestehend in Gesang, Bibellektion und Gebet. Der Rest der Zeit bis zur Schule wird auf die nötigen Hausarbeiten verwendet.

Die Schule des Diasporahauses schließt sich an die Ordnung der Volksschule an.

Mittags 12 Uhr **Mittagessen**.

Nach dem Mittagessen bis 1½ Uhr **freie Zeit**. Die

Mädchen helfen abwechselungsweise bei den Arbeiten in Küche und Haus.

Nach der Schule, soweit es die Tageszeit erlaubt **Hausarbeiten** und Gartenarbeiten.

Alle Kinder haben täglich 1—1½ Stunden Zeit zur Erholung und zum Spielen. Die Lernstunden stehen unter Aufsicht.

Um ½7 resp. 7 Uhr **Nachtessen** und **Abendandacht**.

Nach dem Nachtessen bis 8 resp. ½9 Uhr freie Beschäftigung und Spiel unter Aufsicht.

Um 8 Uhr resp. ½9 Uhr gewöhnlich **Zubettgehen**. Alle Hausgenossen sind verpflichtet, an den gemeinsamen Mahlzeiten teilzunehmen.

§. 5.

Die Kinder dürfen ohne Erlaubnis des Hausvaters die Anstalt nicht verlassen. Anverwandten ist der Besuch bei Kindern gestattet, doch soll derselbe nicht zu oft stattfinden, und die Kinder dürfen von den Anverwandten nicht in ein Wirtshaus mitgenommen werden. In die Anstalt kommende Fremde sind zuerst beim Hausvater anzumelden; ohne dessen Wissen ist ein Verweilen oder Herumführen Fremder in der Anstalt unstatthaft.

§. 6.

Verfehlungen der Kinder hat in erster Linie der Hausvater zu rügen. Die Hausgenossen haben Verfehlungen der Kinder dem Hausvater anzuzeigen.

§. 7.

Der vom Ausschuß bestellte **Hausvater** hat alle Rechte und Pflichten, die dem Vater in einem christlichen Hause zustehen. Alle anderen Angestellten sind ihm zu Gehorsam

verpflichtet. Die **Hausmutter** besorgt die Haushaltung [...] hat alle Rechte und Pflichten einer Mutter in einem ch[...] lichen Hause.

§. 8.

Alle Angestellten müssen Mitarbeiter besonders an [...] Erziehung der Kinder sein und in Wort und Wandel [...] Kindern voranleuchten. Nach außen ist über das, was der Anstalt geschieht, Stillschweigen zu beobachten. Niem[...] darf sich ohne Wissen der Hauseltern von Haus entfer[...]

§. 9.

Verfehlungen der Angestellten rügt in erster Linie [...] Hausvater. Bei größeren Verfehlungen hat er das Re[...] im Einverständnis mit dem Vorsitzenden sofort zu entlas[...]

Besondere Bestimmungen für die täglichen Arbeiten [...] für einzelne Einrichtungen im ganzen Anstaltsbetriebe wer[...] je nach Bedarf und nach Lage der Verhältnisse vom Ha[...] vater getroffen.

Es wird erwartet, daß jeder nach besten Kräften die genaue Innhaltung dieser Hausordnung hält. N[...] wird sie freilich nur derjenige erfüllen, der das Wort herzigt: „Der Buchstabe tötet, aber der Geist macht leb[...] dig 2. Kor. 3, 6.

———

Durch Unterschrift verpflichte ich mich hierdurch auf d[...] Hausordnung.

Bietenhausen, den ....ten .... 19[...]

Die Hausordnung des Diasporahauses regelte den Tagesablauf der *Zöglinge* und der *Hausgenossen* (Vorlage: Archiv Diasporahaus Bietenhausen Nr. 684).

schaftete man um die drei Hektar landwirtschaftliche Fläche. Immer wieder vergrößerte sich diese Wirtschaftsfläche durch Legate und Vermächtnisse von Mitgliedern der ehemaligen evangelischen Gemeinde. Im Kuhstall hatte man etwa vier Kühe stehen. Angesichts der ständigen Erweiterung war der Ausbau von Scheune und Stallung dringend nötig, und so plante und baute man ein neues landwirtschaftliches Gebäude, das sogenannte *Ökonomiegebäude*, das man 1905 in Betrieb nehmen konnte.[21] Die Landwirtschaft war stets ein wichtiges Standbein zur Selbstversorgung des Diasporahauses, in späteren Krisenzeiten, besonders in der Inflationszeit, war es sogar überlebenswichtig. Bis dahin hatte sich die bewirtschaftete Fläche nahezu verdreifacht.

Die Kinder waren bis in die Zeit nach dem Zweiten Weltkrieg in den Betrieb der Landwirtschaft mit eingebunden. Nach der Schule am Vormittag, dem Mittagessen und einer Spielpause ging es hinaus an die Arbeit. Wie gut ihnen das tue, an der frischen Luft zu sein, bestätigten die jeweiligen Vorsitzenden des Diasporahauses immer wieder in ihren jährlich erscheinenden Berichten. *Die Zöglinge, die ja alle, soweit sie kräftig genug sind, in der Landwirtschaft mithelfen müssen, zeigen sich fast durchweg geschickt und eifrig bei*

---

21 Archiv DHB Nr. 691, Jahresbericht Nr. 10 (1903/04), S. 5. – Archiv DHB Nr. 686, Jahresberichte für die evangelischen Gemeinden in den Hohenzollernschen Landen 1905–1907.

der Arbeit; und man merkt es den meisten an, wie gern sie sich mit der Ökonomie beschäftigen, schreibt Stadtpfarrer Schmidt, der Nachfolger von Julius Theobald in Haigerloch. *Sie gedeihen auch alle prächtig dabei, denn die Arbeit macht Appetit, und zu essen gibt es reichlich und gut. Schon manches Kind*, so heißt es im Bericht des Jahres 1904, *das mit bleichem Antlitz und hohlen Wangen zu uns kam, sah nach kurzer Zeit des Hierseins ganz anders aus, rotwangig und pausbäckig. Kein Wunder, daß sich die Kinder alle wohl hier fühlen, zumal sie auch merken, daß ihre Behandlung und Erziehung zwar eine strenge[,] aber liebevolle ist.*[22]

In den Jahresberichten rückten freilich stets eher die positiven Seiten des Lebens im Diasporahaus in den Vordergrund. Sie hatten zwar die Funktion von Rechenschaftsberichten, waren aber zugleich auch für die Spendeneinwerbung gedacht.

Immer wieder betonte Schmidt, dass das Diasporahaus ein Ersatz für die Familie sei und das Bestreben dahin gehe, *den Kindern eine zweite Heimat zu bieten, in der sie sich wohl fühlen*. Tatsächlich kamen die Kinder fast immer aus schwierigen sozialen Verhältnissen. Meist waren ihre Eltern nicht in der Lage, sich um sie zu kümmern, häufig waren sie als Waisen, Halbwaisen oder uneheliche Kinder den überforderten Großeltern überlassen worden. Die aus den *traurigsten und ärmlichsten Verhältnissen* kommenden Kinder erholten sich in der Regel schnell. *Fast nie zeigt eins der Kinder Spuren von Heimweh, was bei vielen ja auch gar nicht zu verwundern ist, da sie bisher kein rechtes Heim gehabt hatten*, schreibt Pfarrer Schmidt; *sie sehen nunmehr in der Anstalt, die ja wie eine große Familie sich darstellt, ihr Heim und sind zufrieden und fröhlich dabei.*[23]

Dass es zumeist gelang, den Kindern einen Familienersatz zu bieten, zeigten die Dankesbriefe, die nach der Entlassung im Diasporahaus einträfen, berichtete Pfarrer Schmidt. Der Abschied vom Diasporahaus, der normalerweise mit der Konfirmation erfolgte, falle allen Beteiligten fast immer sehr schwer. Tatsächlich finden sich im Archiv des Diasporahauses Briefe an die Hauseltern, die eine enge Bindung ausdrücken. Der ehemalige Zögling Karl meldete sich beispielsweise aus seinem neuen Wohnort Dußlingen: *Liebe Hauseltern! Will Euch nur mitteilen, daß es mir hier gefällt und gut geht. Auch danke ich Euch für alles[,] was Ihr an mir getan habt. Denn jetzt erst sieh ich es ein, wie viel man an einem tun muß[,] bis man groß ist. Deßhalb möcht ich mich bei allen noch einmal bedanken.*[24]

Nach dem Abschied des ersten Hauselternpaares Dippon begann eine krisenhafte Zeit im Diasporahaus. Mehrere Hauselternwechsel brachten große Unruhe.[25] Besonders einer der Hausväter, Gustav Fritz, der mit seiner Schwester 1907 die Hauselternstelle übernommen hatte, war aller Sympathien verlustig gegangen. Er hatte eine Beziehung mit der 17-jährigen Frieda Stiefel, einer der Töchter der Karoline Stiefel, angefangen. Als sich herausstellte, dass Frieda von ihm schwanger geworden war, war der Skandal perfekt, und er wurde sofort entlassen. Bald darauf verließ auch die Witwe Stiefel das Diasporahaus Bietenhausen und zog zu ihren Kindern. Erst ab 1913 kam mit den Hauseltern Vöhringer, die bis 1921 blieben und gute Arbeit machten, das Diasporahaus wieder in ein ruhigeres Fahrwasser.

---

22 Archiv DHB Nr. 691, Jahresbericht Nr. 10 (1903/04), S. 7.
23 Archiv DHB Nr. 691, Jahresbericht Nr. 7 (1900/01), S. 7.
24 Archiv DHB Nr. 201, 6. Januar 1927.
25 SPICKER-BECK, Diasporahaus (wie Anm. 1), S. 40–45.

In diese Zeit fiel auch der Abschied von Superintendent Julius Theobald, dem Gründer und „spiritus rector" des Diasporahauses. Er selbst bezeichnete die Sorge um die Geschicke des Hauses als seine *eigentliche Lebensarbeit*. Rückblickend schrieb er: *Habe ich doch auch manches durchgemacht und durchgekämpft und durch Verkennung und Anfeindung viel Seufzen und innere Not gehabt*.[26] Schon bald nach Beginn des Ersten Weltkriegs, am 1. November 1914, wurde er nach Wanzleben bei Magdeburg versetzt.

Bald zeigten sich die Auswirkungen des Ersten Weltkriegs auf schmerzliche Weise, denn es zogen immer mehr *Kriegswaisen* in das Diasporahaus ein: Kinder beispielsweise, die bisher bei ihren Vätern gelebt hatten, jetzt aber, da die Väter eingezogen wurden, ganz ohne Eltern zurückblieben. Pfarrer Schüz, der seit 1912 in Haigerloch amtierende Vereinsvorsitzende, sah die dringende Notwendigkeit, diese Kinder zu retten. Vermutlich verstellte ihm der herrschende Zeitgeist den Blick auf die Widersprüchlichkeiten, wenn er in seinen Jahresberichten und besonders im Konfirmandenbrief 1915 das Sterben für das Vaterland in den höchsten Tönen verherrlichte. *Mit jauchzender Seele hauchen sie ihr Leben aus*, sagt er über die sterbenden Soldaten. Den angesprochenen Konfirmanden unterstellte er, dass sie den Wunsch hätten: *Auch ich möchte mich wert erweisen solchen Heldentums, auch ich möchte etwas tun, etwas hingeben, da ich noch zu jung bin, mein Leben dem Vaterland zu opfern*.[27] Ob er mit diesen Vermutungen Recht hatte oder ob die Konfirmanden das eher kritisch sahen, sei dahingestellt. Angesichts der Kriegsereignisse beschloss der Vorstand,

Eine enge Bindung an das Diasporahaus und tiefe Dankbarkeit zeigen sich im Brief des ehemaligen Zöglings Karl (Vorlage: Archiv Diasporahaus Bietenhausen Nr. 201).

---

26 Archiv DHB Nr. 686, Jahresberichte für die evangelischen Gemeinden in den Hohenzollernschen Landen Nr. 53 (1915), S. 6.

27 Archiv DHB Nr. 201, Konfirmandenbrief vom 25. Februar 1915.

dass Neuaufnahmen von Kindern zwar bevorzugt nach dem Grundsatz der konfessionellen Gefährdung vorzunehmen seien, dass die vorhandenen 30 Plätze aber auch mit konfessionell nicht gefährdeten Kindern aufgefüllt werden dürften.[28]

Nach Kriegsende waren die finanziellen Probleme trotz guter Bewirtschaftung groß. Zu diesem Zeitpunkt ahnte man noch nicht, dass sich die schon angelaufene Inflation noch beschleunigen und bis 1923 zu einer völligen Geldentwertung führen würde. In der Zwischenzeit hatte auch wieder ein Hauselternwechsel stattgefunden: Seit 1921 leiteten der Landwirt Christoph Unsöld und dessen Ehefrau die Geschicke des Diasporahauses. Schon gleich zu Beginn ihrer Tätigkeit hatten sie mit einem schlechten Erntejahr und der massiven Geldentwertung zu kämpfen. Der Winter 1922, so ist zu lesen, war der *schwerste Winter, den das Diasporahaus bisher erlebt hatte.*[29] Dass die Einrichtung der Inflationszeit überhaupt standhielt, war *neuen Helfern* aus dem Ausland zu verdanken. Sie schickten aus der Schweiz, aus den Vereinigten Staaten und aus Schweden Spenden, die umso nötiger waren, als angesichts der Teuerung aus Deutschland keine Gaben mehr eingingen. In seiner unverkennbaren Ausdrucksform hatte Pfarrer Schüz formuliert: *Ja wir schämen uns nicht, wenn wir rufen in alle Welt: helft unserem armen am Boden liegenden deutschen Volk vor allem in seiner Kinderwelt.*[30]

Auch wenn die Hilfen aus dem Ausland nötig waren, das wichtigste Kapital lag in der Landwirtschaft und damit auch in der *persönlichen Tüchtigkeit der Hauseltern*, die diesen Betrieb führten. Das Diasporahaus war schon immer gezwungen, den Hauptanteil seiner ökonomischen Existenz selbst zu erwirtschaften. Viele ähnliche Anstalten, die sich lediglich aus Zuweisungen und Spenden finanzierten, waren zwar vor der Inflationszeit besser gestellt, konnten sich aber nicht mehr halten, als die regulären Geldzuweisungen ausblieben. Nach der Währungsreform 1923 gelang es in Bietenhausen, den Landbesitz so zu vergrößern, dass zusammen mit den staatlichen Zuschüssen die weitere Existenz als gesichert gelten konnte.[31] Ende der 1920er-Jahre bewirtschaftete man rund zehn Hektar Land, außerdem gehörten zum landwirtschaftlichen Betrieb zwei Pferde, sechs Kühe, zwei Stück Jungvieh und eine Reihe landwirtschaftlicher Maschinen.

Nur wenige Jahre später setzte man alle Hoffnungen auf eine bessere Zukunft in die neuen nationalsozialistischen Machthaber. Der Vorsitzende des Diasporahauses, Pfarrer Schüz, formulierte in der Weihnachtsbitte 1933: *Wann wird unserem armen, niedergetretenen Vaterland Hilfe kommen, die alle Lebensgebiete durchdringt?* So habe man sich noch im letzten Jahr gefragt. *Und sie kam über alles Erwarten, und wir können nicht genug danken für die große Wendung, die Gott uns durch unseren Führer gab.*[32] Im Jahresbericht 1934 entbot er *Dank zuerst gegen Gott, der uns in unserem Führer Segen gab: die große Wendung hin zu den Quellen der wahrhaft deutschen, weil in Christus mit Gott verbundenen Kraft.*[33] Zudem lobte er noch die Übereinstimmung zwischen den Werken

---

28 Archiv DHB Nr. 18 und Nr. 19, Protokoll der Vorstandssitzung vom 16. November 1916.
29 Archiv DHB Nr. 201, Jahresbericht Nr. 28 (1922).
30 Archiv DHB Nr. 201, Jahresbericht Nr. 29 (1923).
31 Archiv DHB Nr. 686, Jahresberichte für die evangelischen Gemeinden in den Hohenzollernschen Landen 1927, S. 22. Manuskript in Archiv DHB Nr. 42.
32 Archiv DHB Nr. 93 und Nr. 691, Weihnachtsbitte Nr. 39 (Dezember 1933).
33 Archiv DHB Nr. 94 und Nr. 691, Jahresbericht Nr. 40 (1934).

der staatlichen NSV, der Nationalsozialistischen Volkswohlfahrt, und den Werken der Inneren Mission: Volkswohlfahrt sei *Christentum der Tat*.

Auch im Allgemeinen begrüßte man auf evangelischer
Seite die Machtergreifung durch Hitler. Die Anhänger der
neuen Machthaber fanden ihr Sprachrohr besonders in der
„Glaubensbewegung Deutsche Christen". Superintendent
Seeliger in Sigmaringen stieß in das gleiche Horn. Seiner
späteren Entnazifizierungsakte ist zu entnehmen, dass er
am 1. Mai 1933 in die NSDAP eingetreten war,[34] und seine
Predigten sprechen eine ähnliche Sprache wie die Verlaut-
barungen von Stadtpfarrer Schüz.

Ab 1936 etwa werden die politischen Äußerungen von
Pfarrer Schüz allerdings zurückhaltender. In den späteren
Konfirmandengrüßen, Weihnachtsbitten und Jahresberichten positioniert er sich nicht mehr politisch und enthält sich entsprechender Kommentare. Ob dies damit im
Zusammenhang stand, dass die Behörden dem Diasporahaus durch eine Veranlagung zur Körperschaft- und Ver-
mögensteuer größere finanzielle Probleme bereiteten,
oder ob er andere Beweggründe hatte, ist nicht mehr zwei-
felsfrei festzustellen. Aus der NS-Zeit sind nur noch ver-
schwindend wenige Quellen über die Arbeit im Diasporahaus erhalten. Während der Zeit des Zweiten Weltkriegs
jedenfalls hatte man unter extremem Personalmangel zu
leiden, der landwirtschaftliche Gehilfe, ebenso der Lehrer
wurden eingezogen. Indizien weisen darauf hin, dass man
dem Arbeitskräftemangel in der Landwirtschaft auch
durch den Einsatz von Zwangsarbeitern beizukommen
versuchte: Dem Jahresbericht von 1942 zufolge ersetzten
ein Pole und ein Franzose fehlende Helfer. Außer dieser
Notiz gibt es dazu allerdings keinerlei weiteres Quellen-
material. Die Personalsituation wurde immer schwieriger,
das Diasporahaus war sogar von der Schließung bedroht.
Nur mit Mühe konnte man für den Hausvater Hans Un-

söld eine Unabkömmlichkeitsbescheinigung erhalten. Dabei war das Haus während der
ganzen Kriegszeit voll belegt, man musste sogar Kinder abweisen. Pfarrer Schüz geriet
auf diese Weise an die Grenzen seiner Kräfte; er wurde 1943 in den Ruhestand verabschiedet.[35]

In den ersten Jahren nach Kriegsende erhöhte sich der Anteil der durch den Krieg ge-
schädigten Kinder und Jugendlichen. 1952 lebten im Diasporahaus 25 Kinder, von denen
14 als Flüchtlinge ihre frühere Heimat hatten verlassen müssen. Viele waren Voll- oder

34 Evangelisch in Hohenzollern (wie Anm. 3), S. 69.
35 Spicker-Beck, Diasporahaus (wie Anm. 1), S. 51 f.

Die Arbeit in der Landwirtschaft gehörte bis in die Zeit nach dem Zweiten Weltkrieg zum Alltag der Kinder im Diasporahaus (Vorlage: Diasporahaus Bietenhausen).

Halbwaisen. Beispielsweise hatte Manfred, ein Junge aus dem ostpreußischen Königsberg, seinen Vater schon in der frühen Kindheit verloren, und seine Mutter starb während der Flucht aus der bisherigen Heimat. Das zu dieser Zeit siebenjährige Kind war daher gezwungen, *sich in jener Zeit allein durchzuschlagen*. Ähnlich dramatisch war die Situation bei Georg, dessen Vater gefallen war und der mit seiner Mutter und seinen Geschwistern aus Ungarn geflohen war. In Deutschland angekommen, starb die Mutter an den

Lehrer Knapp mit seinen Schülern im Jahr 1952 (Vorlage: Archiv Diasporahaus Bietenhausen Nr. 98).

Folgen der Flucht. Bei den zehn Halbwaisen konnte sich der übriggebliebene Elternteil meistens nur wenig um das Kind kümmern. Andere Eltern waren geschieden, und kein Elternteil sorgte für das Kind. Fest steht, dass alle Kinder, die aufgenommen wurden, bereits ein schweres Schicksal erlitten hatten.[36]

Von 1953 an setzte man einen großen Teil der Energie in Umbau- und Renovierungsarbeiten. Seit Jahrzehnten hatte die Bausubstanz des Diasporahauses sehr gelitten. Hatte man in der NS-Zeit ohnehin nichts investiert, so waren mit der Währungsreform 1948 auch die finanziellen Grundlagen zunichte gemacht. Nun aber wollte man das Bethaus umbauen. Wie dringend nötig das war, zeigt die Klage des Lehrers Knapp, der sich darüber beschwerte, in einem Zimmer wohnen zu müssen, in dem er *jede Nacht in Gesellschaft von Mäusen und Ratten* sei.[37] Und ein Vertreter der Inneren Mission, die Vorläuferorganisation der heutigen Diakonie, bestätigte, beim Diasporahaus handele es sich *um die heruntergekommenste Kinderanstalt der Inneren Mission.*[38]

Neue Heimleiterin war seit 1951 Fräulein Marie Cuno. Sie hatte sich außer mit dem Umbau mit einem ständigen Personalmangel auseinanderzusetzen. Denn hatte man endlich neue Mitarbeiter gefunden, so blieben sie angesichts der schwierigen Bedingungen aller-

---

36 Archiv DHB Nr. 20, Verzeichnis der Kinder des Diasporahauses, o. D. (vermutlich 1952).
37 Archiv DHB Nr. 44, Schreiben Knapp vom 12.11.1953.
38 Archiv DHB Nr. 44, Aktennotiz des Landesverbandes der Inneren Mission in Württemberg vom 29.1.1954.

meist nicht lange. Obwohl man für den Bethaus-Umbau schon 1953 Richtfest gefeiert hatte, dauerte es noch weitere drei Jahre, bis das Haus eingeweiht werden konnte.[39]

Dies geschah 1956 mit der Einführung des neuen Hauselternpaars Erich und Margarete Niethammer. Mit der Leitung Erich Niethammers begann für das Diasporahaus eine rasante Entwicklung auf allen Ebenen.[40] Wer glaubte, der eben abgeschlossene Umbau des alten Betsaalgebäudes sei eine große Sache gewesen, sah sich bald eines Besseren belehrt. Schon im Jahr nach dem Dienstantritt der Hauseltern Niethammer entstand die Idee, das alte Waschhaus zu einem Schulhaus umzubauen. Denn während es im Jahr zuvor noch an Kindern fehlte, mangelte es nun an Platz: Der Ansturm war so groß, dass man nicht alle Bitten um Aufnahme berücksichtigen konnte. Seit dem Schuljahr 1957 wurde die *Evangelische Heimvolksschule*, wie sich das Diasporahaus nun nannte, zweiklassig geführt, und eine zweite Lehrerin, Fräulein Rein, wurde angestellt. Der neue Schulsaal konnte 1959 eingeweiht werden.

Um mehr Platz zu schaffen, beschloss man, die Landwirtschaft aus dem Anstaltsgelände auszugliedern und sie in einem Aussiedlerhof unterzubringen und danach das bisherige Ökonomiegebäude zu einem Internatsgebäude umzubauen. Der stattliche Neubau des Aussiedlerhofs, zu dem nun 14 ha Wirtschaftsfläche gehörten, wurde am 2. Oktober 1960 mit Gesang und Posaunenchor eingeweiht, mehr als 300 Gäste nahmen daran teil. Damit wurde das bisherige landwirtschaftliche Gebäude frei für eine Erweiterung des Hauses. Zusammen mit der leistungsfähiger gewordenen Landwirtschaft sollte die Erweiterung auf nunmehr 70 Heimplätze das Diasporahaus auf eine bessere wirtschaftliche Grundlage stellen.

Wie die Diskussionen über Gruppenpädagogik und familienorientierte Wohngruppenarbeit zeigen, vollzog sich zu dieser Zeit ein grundlegender Wandel in der Heimerziehung. Endlich wollte man die Aufteilung der Kinder in kleinere Gruppen verwirklichen, was bisher aus Platzmangel nur in Ansätzen möglich gewesen war. Das enge Zusammenwohnen war für die Kinder wie für die Mitarbeiter ein belastender Faktor. Nun nahm man den Bau von Gruppenhäusern in Angriff. 1966 konnten zwei Einzel- und zwei Doppelhäuser für insgesamt sechs Gruppenwohnungen eingeweiht werden. Im Erdgeschoss gab es für jede Gruppe ein Wohn- und Esszimmer, im Obergeschoss lagen die Schlafzimmer mit Balkon, die jeweils für drei bis vier Kinder eingerichtet waren. Ein Ehemaliger, der 2015 anlässlich des 120-jährigen Jubiläumsfestes des Diasporahauses an einer öffentlichen Gesprächsrunde teilnahm, war just in diesen Jahren nach Bietenhausen gekommen: *Es sei die schönste Zeit seines Lebens gewesen*, sagte er.[41]

Nach der Fertigstellung der Neubauten nahm die Schülerzahl schlagartig zu. Sie wuchs innerhalb von drei Jahren auf insgesamt 81 an. Bereits 1967 war die Raumnot deutlich wahrzunehmen, und es führte kein Weg daran vorbei, die Schule zu erweitern. Man beschloss, das Landwirtschaftsgebäude abzureißen und an dieser Stelle eine neue Schule zu bauen. Dafür gab man allerdings nicht nur das ehemalige Landwirtschaftsgebäude auf, sondern auch die Landwirtschaft generell. Der erst wenige Jahre zuvor fertiggestellte

---

39 SPICKER-BECK, Diasporahaus (wie Anm. 1), Kapitel Nachkriegszeit, S. 54–67.
40 Ausführlich zur „Ära" Niethammer (1956–1988): SPICKER-BECK, Diasporahaus (wie Anm. 1), S. 68–87.
41 Zitiert nach: KLAUS STIFEL: Erinnerungen an „die schönste Zeit meines Lebens". In: Hohenzollerische Zeitung vom 7.7.2015.

Aussiedlerhof wurde verkauft und bildete so den Eigenkapitalanteil für die neue Schule. Schon 1970 konnte sie in Betrieb genommen werden. Sie besaß moderne Fachräume, eine Bücherei und eine Sporthalle, die auch als Theatersaal genutzt werden konnte. Nicht zuletzt gab es in der neuen Schule einen Andachtsraum mit einem Altar, der zur täglichen Hausandacht genutzt wurde. Nach wie vor stand man in der evangelischen Heimschule dazu, dass sich das Leben an der christlichen Ordnung orientieren sollte. Erich Niethammer schrieb in der Broschüre über die neue Schule: *Wir wollten deshalb auch der Wort-Verkündigung einen Raum schaffen und sie nicht schamhaft dem Zeitgeist opfern.*[42]

Dass das Diasporahaus flexibel war und neue Erkenntnisse der Sozialpädagogik umzusetzen verstand, zeigte sich, als man 1974 mit dem Ehepaar Grimm eine erste Außenwohngruppe gründete. Im darauffolgenden Jahr erwarb die Familie Bozler den Stauffenburger Hof und gründete die zweite Außenwohngruppe, schön gelegen am Waldrand und Bach, mit Pferden, Enten und Hühnern. Es folgte die Einrichtung weiterer solcher Außenwohngruppen in Ebingen, Hechingen, Bietenhausen und Rangendingen, um nur einige zu nennen. Das Diasporahaus gehörte damit zu den ersten Jugendhilfeeinrichtungen in Baden-Württemberg, die solche kleinen, familienähnlichen Betreuungseinheiten anbot. Dass dies eine weitblickende Entscheidung war, zeigt sich daran, dass sich diese Form der Betreuung bis heute erhalten hat.

Eine weitere, ebenso neuartige wie zukunftsweisende Betreuungsform waren die Tagesheimgruppen, die in den 1970er-Jahren eingerichtet wurden. Dies geschah aus der Einsicht heraus, *daß viele Kinder und Jugendliche gar nicht ins Heim müßten, sondern weiter in ihren Familien leben könnten, wenn die betreffenden jungen Menschen und ihre Familienangehörigen bei der Bewältigung einiger ihrer Probleme unterstützt werden würden.*[43] Die völlige Trennung der Kinder von ihren Familien sollte auf die unbedingt notwendigen Fälle beschränkt bleiben. Im Lauf der Jahre entstanden daraufhin Tagesheimgruppen in zahlreichen Gemeinden. Von der Erfahrung, die man in Bietenhausen machte, profitierten auch andere Jugendhilfeeinrichtungen. Auch hier leistete das Diasporahaus Pionierarbeit, die Auswirkungen über die Landesgrenzen hinaus hatte.

Der eingeschlagene Weg, den man mit den Schlagworten „Differenzierung" und „Regionalisierung" zusammenfassen könnte, wurde ab 1988 unter der neuen Leitung von Gerhard Jauß fortgesetzt.[44] Nun wurde das Diasporahaus Bietenhausen „in der Fläche" wahrnehmbar: Man war nicht nur am Stammsitz Bietenhausen existent, sondern mehr und mehr in der Region. Auch die Hilfeformen wurden zunehmend den Bedürfnissen der jeweiligen Familien und ihrer individuellen Problemstellungen angepasst. So führte man beispielsweise in vielen verschiedenen Wohnorten das *betreute Jugendwohnen* ein.

Auch in der Schule für Erziehungshilfe ging man den Weg der Dezentralisierung und bot immer individuellere Hilfeformen an. In den 1990er-Jahren erarbeitete man das Konzept der *Sonderpädagogischen Individualhilfe*. Durch diese rechtzeitige Einzelförderung konnten die betreffenden Schüler den Besuch der Schule für Erziehungshilfe vermeiden und weiterhin die Regelschule besuchen. Außerdem ging man mit dem Projekt *Schulsozial-*

---

42 Archiv DHB Nr. 623.

43 Archiv DHB Nr. 718, KARL SPÄTH: Entwicklung, Prinzipien und Perspektiven im Diasporahaus. In: Diasporahaus Bietenhausen. Entwicklung einer Jugendhilfe-Einrichtung. Vorträge und Berichte anläßlich des 25-jährigen Dienstjubiläums der Hauseltern Niethammer im Mai 1981, S. 10.

44 Ausführlich zur „Ära" Jauss (1988–2016): SPICKER-BECK, Diasporahaus (wie Anm. 1), S. 88–112.

Mit dem Bau der neuen Gruppenhäuser konnten neue pädagogische Konzepte umgesetzt werden (Vorlage: Diasporahaus Bietenhausen).

arbeit an den Start. Im Jahr 1993 begann das Diasporahaus zunächst in Balingen, dann in Rottenburg (Neckar) mit dieser Form der Beratung und Begleitung. Heute ist sie in vielen Schulen fest installiert.

Arbeit, Einzugsgebiet und Anzahl der Klienten des Diasporahauses wuchsen innerhalb von etwa 15 Jahren stark an. Waren es 1981 noch 112 Kinder und Jugendliche, die das Diasporahaus betreute, so stieg die Zahl bis 1995 auf mehr als das Doppelte an. Jetzt waren es 241 Kinder und Jugendliche, die eine der vielfältigen Hilfeformen in Anspruch nahmen. Auch die Zahl der Beschäftigten war stark angewachsen. Dem wurde durch mehrere Satzungsanpassungen Rechnung getragen. Die Mitarbeiterinnen und Mitarbeiter wurden in Leitungstätigkeiten einbezogen, und ab 1990 gab es einen hauptamtlichen Vorstand. 1995 entstanden die regionalen Jugendhilfeverbünde, so dass die Jugendhilfe des Diasporahauses nun nicht mehr nach Sparten der Hilfeformen, sondern nach regionalen Gesichtspunkten gegliedert war. Die religiösen Kriterien bezüglich der Aufnahmebedingungen wurden fallengelassen, nun sollten generell *Kinder, Jugendliche und ihre Familien, die in ihrer persönlichen schulischen und sozialen Entwicklung beeinträchtigt sind*, aufgenommen

Das christliche Fundament war ein wichtiger Aspekt der Erziehung im Diasporahaus. Die morgendlichen Andachten sind ebenso wie das weihnachtliche Krippenspiel trotz aller Neuerungen erhalten geblieben (Vorlage: Diasporahaus Bietenhausen).

werden. Das Diasporahaus verstand sich freilich dennoch weiterhin als eine evangelische Einrichtung, und auch die täglichen Andachten in der Schule für Erziehungshilfe blieben erhalten.

Zwischen 1993 und 2000 galt es, eine schwierige Zeit zu überstehen, standen diese Jahre doch im Zeichen einer finanziellen Krise. Der Grund dafür war in der gesamtgesellschaftlichen Entwicklung zu sehen. Politische Umwälzungen und die Wiederherstellung der Einheit Deutschlands führten zu einer Umverteilung von Steuermitteln. Dies hatte eine deutliche Verringerung von Mittelzuweisungen der öffentlichen Hand zur Folge, und eine drohende Wirtschaftskrise ließ zunächst auch keinen Ausgleich durch erhöhtes Steueraufkommen erwarten. Dadurch wurde der Handlungsspielraum der Jugendhilfeeinrichtungen erheblich eingeschränkt.

Die Verlagerung von Hilfeangeboten in die Städte und Gemeinden, die sogenannte *gemeinwesenorientierte Jugendhilfe*, war mit den Jahren immer stärker ausgeprägt.

Von Tübingen über Rottenburg, von Rangendingen über Hechingen, Albstadt-Ebingen bis Balingen und Haigerloch war das Diasporahaus aktiv. In dieser Situation war es naheliegend, für die Darstellung nach außen ein Erkennungszeichen, ein einheitliches Logo, zu schaffen. Es erleichterte die Öffentlichkeitsarbeit und ließ auf den ersten Blick erkennen, dass die vielen einzelnen Varianten des Leistungsangebots aus einem gemeinsamen Hause stammten oder – um im Bild zu bleiben – unter einem Dach vereinigt waren.

Der Balinger Grafik-Designer Ralph Musen gestaltete das Logo des Diasporahauses
(Vorlage: Ralph Musen).

Aus dem Namen der Einrichtung wurde das Symbol „Haus" entnommen. Inhaltlich weist das Logo auf das Ziel des Diasporahauses hin, *Kindern ein (buntes) Zuhause zu geben*: Es wurde von dem Balinger Designer Ralph Musen entworfen und war eines der Geburtstagsgeschenke, die sich das Diasporahaus zum 100-jährigen Jubiläum machte. Mittels des Logos wurde das Diasporahaus Bietenhausen nun auch nach außen hin als „Marke" wahrgenommen.[45]

Über viele Jahre hinweg arbeitete das Diasporahaus an einer Dezentralisierung. Jugendhilfepolitische Zielrichtung war es, dort präsent zu sein, wo es notwendig war, nämlich im Gemeinwesen und im Lebensumfeld der hilfebedürftigen Kinder, Jugendlichen und Familien. Schon 2001 schloss man die letzte Wohngruppe auf dem Heimgelände in Bietenhausen, ab 2002 gab es dort nur noch eine Tagesgruppe. So hatte die Gemeinwesenorientierung Konsequenzen für die Situation auf dem ehemaligen Heimgelände: Man schloss nun auch die bisher noch vorhandene Zentralküche und die Wäscherei. *Wir sind kein klassisches Heim mehr,* sagte Direktor Gerhard Jauß. *Andere Zeiten verlangen nach neuen Strukturen, nach wirtschaftlichem Denken.*[46] Die betroffenen Mitarbeiterinnen und Mitarbeiter erhielten andere Arbeitsplätze im Diasporahaus, sofern sie nicht ohnehin das Rentenalter erreicht hatten.

Auch bei der Schule für Erziehungshilfe unter der Leitung von Horst Rein wurde die regionale Ausrichtung immer wichtiger. „Die Schule kommt zum Kind", lautete die Devise. Die Kooperation mit den Hauptschulen, der sonderpädagogische Dienst, etablierte sich in immer mehr allgemeinbildenden Schulen. 2003 wurde die erste Außenstelle, die Ziegelhütte in Rottenburg gegründet. An der Stammschule in Bietenhausen, die heute den etwas sperrigen Namen *Sonderpädagogisches Bildungs- und Beratungszentrum mit Förderschwerpunkt emotionale und soziale Entwicklung* trägt, war die Schülerzahl dadurch leicht rückläufig.

Eine Besonderheit in der Stammschule war und ist nach wie vor das Schachspiel. Durch das Engagement des langjährigen Lehrers Karlheinz Harrer ist das Schachspiel seit den 1980er-Jahren ein fester Bestandteil des Freizeit- und Schulangebots im Rahmen des

---

45 Von Ralph Musen stammt ebenso das sogenannte „DHB-Tor", das seit 2015 an prominenter Stelle auf dem Karoline-Stiefel-Platz steht.
46 Archiv DHB Nr. 708, Hohenzollerische Zeitung vom 4.7.2002.

Erlebnispädagogik an der Donau (Vorlage: Diasporahaus Bietenhausen).

Projektunterrichts. Die Schachmannschaften des Diasporahauses sind in ganz Baden-Württemberg gefürchtet, sind sie doch bei den Wettkämpfen seit Jahren äußerst erfolgreich. Sie räumten zahlreiche Oberschulamtstitel ab und wurden 2017 sogar württembergischer Meister.

Ständige Weiterbildungen und Profilierungen sorgten und sorgen noch immer dafür, dass das Diasporahaus stets am Puls der Zeit bleibt. Schon im Jahr 2000 übernahm man mit der Medienoffensive eine Vorreiterrolle in der Jugendhilfe. Damals sorgte Direktor Gerhard Jauß dafür, dass alle Gruppen und Teams mit PC-Einheiten und Druckern ausgestattet wurden und alle Mitarbeiterinnen und Mitarbeiter entsprechende Fortbildungskurse erhielten. Fünf Jahre später führte man das Qualifizierungsprojekt „Erlebnispädagogik" durch, an dem während der Laufzeit rund 180 Personen teilnahmen. Es trug wesentlich dazu bei, das Profil der Einrichtung zu schärfen. 2010 wurde ein Qualifizierungsprogramm in Traumapädagogik gestartet, das zu einem pädagogisch-therapeutischen Schwerpunkt wurde. Bis heute wurden etwa 200 pädagogische Mitarbeiter qualifiziert, ein Teil von ihnen ließ sich auf der Basis des Grundkurses anschließend zum „Traumazentrierten Fachberater" weiterbilden.

Die Zeichen der Zeit zu erkennen und auf dem Stand der neuesten wissenschaftlichen Erkenntnisse zu arbeiten, war stets die Richtlinie des Diasporahauses unter der Leitung von Gerhard Jauß. Noch in den Wochen vor seiner Pensionierung im September 2016 reagierte er auf die anstehenden Erfordernisse. Angesichts der Flüchtlingswelle sorgte er für die Einrichtung einer Wohngruppe für unbegleitete minderjährige Flüchtlinge in der ehemaligen Gaststätte Waldhorn in Meßstetten.

Sein Nachfolger André Guzzardo führt nun seit 2016 die Arbeit weiter. Das Thema „Traumapädagogik" aufgreifend wurde im Februar 2017 beschlossen, sich als *Traumapädagogische Einrichtung der Kinder- und Jugendhilfe* zu positionieren.

In den mehr als 120 Jahren seines Bestehens hat sich das Diasporahaus sehr verändert. „An Stelle der konfessionellen Prägung der Arbeit ist – so das Leitbild – ein Handeln aus Wertvorstellungen getreten, *denen ein christliches, humanistisches Weltbild zugrunde liegt*, darunter *Toleranz in weltanschaulichen und religiösen Fragen*. Mittlerweile werden auch Jugendliche betreut, die keiner christlichen Konfession angehören", so hat *Andreas Zekorn* die Entwicklung zusammengefasst.[47] Auch wenn die Evangelischen im Gebiet der ehemaligen Hohenzollernschen Lande heute keinen Seltenheitswert mehr haben und man von einer evangelischen „Diaspora" nicht mehr sprechen kann: Der Name hält stets die Erinnerung an die Anfänge des Diasporahauses und an seine Geschichte wach, die in der kleinen evangelischen Keimzelle in Bietenhausen begann.

---

47 ANDREAS ZEKORN: Das Diasporahaus Bietenhausen. In: Evangelisch in Hohenzollern (wie Anm. 3), S. 62.

Wilhelm Hüffmeier

„Reformation und Union"

Theologische Anliegen und Wirkungsgeschichte der altpreußischen Union nach 1918[1]

Dieses Referat ist Teil einer Vortragsreihe anlässlich zweier Jubiläen und einer Ausstellung: des 500jährigen Reformationsjubiläums, des 200jährigen Geburtstags der preußischen Kirchenunion und der Wanderausstellung „Evangelisch in Hohenzollern". Verkürzt gesagt: Der Vortrag ist bezogen auf den Dual „Reformation und Union". An der evangelischen Reformation des 16. Jahrhunderts hatte ganz Württemberg teil, an der preußischen Union des 19. Jahrhunderts nur jener kleine Teil, der zwischen 1850 und 1946, also fast 100 Jahre lang zum Staat Preußen gehörte mit der Folge, dass die wenigen dort lebenden Evangelischen Mitglieder der preußischen evangelischen Kirche wurden. Auf beides nimmt die Ausstellung „Evangelisch in Hohenzollern" Bezug.[2]

Seit der Konversion des lutherischen Kurfürsten Johann Sigismund zum reformierten Bekenntnis zu Weihnachten 1613 hatten die Herrscher in Brandenburg-Preußen ein besonderes Interesse an einer Union der beiden Zweige der Reformation, des lutherischen Protestantismus Wittenberger und des reformierten Protestantismus Zürcher und Genfer Prägung. Aber lange mühten sich die Kurfürsten und später die Könige in Preußen vergeblich, beide Kirchen zu vereinigen. Erst König Friedrich Wilhelm III. (1770–1840) gelang es, diesen Prozess der Union in Gang zu setzen. Es hat dann allerdings ein halbes Jahrhundert gebraucht, bis sich die Union in Preußen durchgesetzt hatte. In just dieser Zeit kamen die evangelischen Diasporagemeinden im mehrheitlich katholischen Hohenzollern zur preußischen Landeskirche, denn 1850 wurde dieser Landstrich preußisch. Bis auf den heutigen Tag sind die evangelischen Gemeinden in Hohenzollern durch die altpreußische Gottesdienstliturgie mit der ehemals preußischen Landeskirche verbunden. Als die Kirchgemeinden Dettingen, Gammertingen, Haigerloch, Hechingen und Sigma-

---

1 Der Beitrag wurde im Rahmen der Vortragsreihe „Evangelisch in Hohenzollern" am 10. Oktober 2017 in Balingen und tags darauf in Sigmaringen mit jeweils kontextbezogenen Einleitungen und Zwischenbemerkungen vorgetragen. Der mündliche Stil des nachträglich überarbeiteten Textes ist beibehalten.
2 Siehe den Katalog zur Ausstellung des Evangelischen Dekanats Balingen und des Staatsarchivs Sigmaringen: Evangelisch in Hohenzollern. Hg. von Volker Trugenberger und Beatus Widmann. Stuttgart 2016.

ringen 1950 in die Württembergische Landeskirche eingegliedert wurden, hielt der *Vertrag zwischen der Evangelischen Landeskirche in Württemberg und der Evangelischen Kirche der altpreußischen Union über den Kirchenkreis der hohenzollernschen Lande* in Artikel 2 fest: *Die Besonderheiten der bestehenden Gottesdienstordnung und der Ordnung des kirchlichen Lebens bleiben den [...] genannten Kirchengemeinden erhalten, solange sie es wünschen.*[3] Der Wunsch besteht offenbar immer noch, jedenfalls wurde der Gottesdienst zur 150-Jahr-Feier der Sigmaringer evangelischen Kirche vor fünf Jahren nach dieser Ordnung gefeiert. Wie es mit der kirchlichen Lebensordnung aus dem Jahr 1930 steht, entzieht sich meiner Kenntnis. Gibt es dazu Beschlüsse? Oder ist diese Ordnung einfach vergessen?

Dieses besondere kirchliche Band zwischen Preußen und Württemberg galt nicht für das ganze heutige Dekanat Balingen. Es gibt jedoch ein älteres Band zwischen dem ganzen evangelischen Württemberg und Preußen, an das ich eingangs wenigstens erinnern möchte. Ich meine nicht die Klage eines württembergischen Bauern nach dem Tod des Alten Fritz: *Wer soll nun Deutschland regieren?* Nein, ich meine die Dienstkleidung der Pfarrer, den schwarzen Talar. Ähnlich wie der preußische König Friedrich Wilhelm III., der die Kirchenunion in seinen Landen in Gang brachte, empfand auch der württembergische König Friedrich die Unschicklichkeit der Kleidung der Pfarrer in seinem Land. Schon 1809 stellte er fest, der *Unfug* der Kleidung der Pfarrer gehe *so weit, daß selbst in der Nähe der Königl[ichen] Residenzen Pfarrer in einem Aufzuge erscheinen, der eher auf einen Mezger oder Pferdehändler als auf einen Geistlichen* schließen lasse.[4] Deshalb entschloss er sich 1811, *dem Beispiel der Königl[ich] Preussischen Staaten zu folgen* und *für sämtliche evangelisch protestantische Geistliche Unserer Staaten eine einförmige Kleidung* als Amtskleidung *zu bestimmen,* nämlich den schon weithin üblichen *Kirchen-Rock,* den bis heute getragenen schwarzen Talar, ein protestantisches Markenzeichen, das inzwischen leider häufig durch allerlei bunte Textilien aufgehübscht wird. *Das Beffchen,* heißt eine weitere Anweisung, *solle etwas länger getragen werden als bisher, in Haarschnitt und Kopfbedeckung orientierte man sich an der preußischen Regelung; das Barett war im Gegensatz zu Preußen allerdings* [statt aus Samt!] *nur aus Filz.*[5]

Voilà. Mehr Preußen, als vielleicht mancher im Dekanat Balingen gedacht hat. Ganz abgesehen davon, dass Evangelisch-Sein und die Frage „Wie wir evangelisch geworden sind" alle verbinden sollte, die evangelisch sind, im ehemaligen Preußen wie in Württemberg. Luther können beide nicht für sich reklamieren. Der war ja Sachse. Wie es nun allerdings mit den „Theologischen Anliegen und der Wirkungsgeschichte der preußischen Union nach 1918" und in den Hohenzollernschen Landen steht, da kann ich nur hoffen, dass die folgenden Überlegungen es schaffen, zu verdeutlichen, was und wie viel davon uns gemeinsam ist.

---

3 Die Korrespondenz zwischen dem Stuttgarter Evangelischen Oberkirchenrat, dem rheinischen Landeskirchenamt in Düsseldorf und dem Evangelischen Oberkirchenrat in Berlin zum Wortlaut des fünf Artikel umfassenden Vertrags findet sich in der Akte *Die evangelischen Verhältnisse und Schulangelegenheiten in Hohenzollern*; siehe EZA Berlin 7/8236. Der Text des Vertrags selbst ist der Akte EZA 7/8247 beigefügt.
4 Zitiert bei ANSELM SCHUBERT: Des Königs schwarzer Rock. In: Zeitschrift für Theologie und Kirche 112 (2015), S. 62–82, hier S. 76.
5 Ebd., S. 76 f.

Meine Ausführungen haben vier Teile:

1. „Die theologische und kirchliche Positionierung in der ungeliebten Weimarer Republik", also in der Zeit zwischen 1918 und 1933;
2. behandele ich unter dem Titel „Gespaltene Kirche in der nationalsozialistischen Diktatur" die Zeit zwischen 1933 und 1945;
3. stelle ich die preußische Unionskirche, die von 1953 bis zu ihrem Ende im Jahr 2003 *Evangelische Kirche der Union* hieß, als „Brücke im ungleich geteilten Deutschland" dar. Soweit irgend möglich versuche ich, auch auf die Evangelischen in den Hohenzollernschen Landen Bezug zu nehmen.
4. Zum Schluss formuliere ich einige Antworten auf die Frage „Was bleibt?" nach dem Ende der altpreußischen Union.

1. Die theologische und kirchliche Positionierung in der ungeliebten Weimarer Republik

Die Ausrufung der Republiken – in Württemberg sogar als Volksstaat, in Preußen als Freistaat – im Jahr 1918/1919 bedeutete für die evangelischen Kirchen in Deutschland das Ende des seit der Reformationszeit bestehenden sogenannten Landesherrlichen Kirchenregiments, demzufolge der weltliche Herrscher auch weltliches (nicht geistliches) Oberhaupt der Kirche war. Die enge Bindung an den Staat hatte für die Kirchen Schutz und Förderung zur Folge, zum Beispiel des Kirchen- und Schulbaus auch im evangelischen Hohenzollern: „Berliner Eleganz" etwa mit der Sigmaringer Stadtkirche des königlichen Architekten Friedrich August Stüler, die Christuskapelle auf der Burg Hohenzollern oder die Johanneskirche in Hechingen, aber auch die evangelische Schule in Sigmaringen. Andererseits bedeutete das Landesherrliche Kirchenregiment auch Einschränkung der kirchlichen Autonomie, der kirchlichen Selbstregierung. Die Könige hatten besonders in Fragen der kirchlichen Ordnungen das letzte Wort.

Etliche Christen und Theologen begrüßten deshalb den kirchlichen Neuanfang nach dem Zusammenbruch der Monarchien 1918 als Befreiung und Möglichkeit, endlich eine selbständige evangelische Kirche schaffen zu können. Mehrheitlich hing man jedoch, zumal in der Pfarrerschaft, an den gewohnten Verhältnissen. Das war in Württemberg nicht anders als in Preußen und preußisch Hohenzollern. Mit ihren acht Kirchenprovinzen Ostpreußen, Grenzmark Posen-Westpreußen, Pommern, Schlesien, Berlin-Brandenburg, preußisch Sachsen, Rheinland und Westfalen war die altpreußische Kirche die bei weitem größte deutsche Landeskirche, an der sich andere orientierten. 1925 gehörten zu ihr 18,7 Millionen Gemeindeglieder. Nur in Rheinland und Westfalen gab es wie in Hohenzollern eine katholische Bevölkerungsmehrheit.

Die staatskirchlichen Bestimmungen der Weimarer Reichsverfassung vom 11. August 1919 enthielten den markanten Satz *Es besteht keine Staatskirche*. Das bedauerten viele. Sie wurden allerdings dadurch etwas getröstet, dass der neue, nun säkulare Staat das kirchliche Selbstbestimmungsrecht, die Bewahrung der Stellung der großen Volkskirchen als Körperschaften öffentlichen Rechts, den Fortbestand der theologischen Fakultäten an den Universitäten und des Religionsunterrichts als ordentliches Lehrfach an den öffentlichen Schulen garantiert hatte. Für Letzteres hatte man gemeinsam mit den Katholiken erfolgreich gekämpft. Die Art. 136 bis 141 der Weimarer Reichsverfassung, im Kern vom Art. 140 im Grundgesetz der Bundesrepublik Deutschland übernommen, bildeten den äußeren Rahmen für die Revision der kirchlichen Verfassung. Nach innen wurde sie durch die 1922 synodal verabschiedete *Verfassungsurkunde*[6] mit dem Grundsatz *Die Kirche baut sich aus der Gemeinde auf* (Art. 4,1 Verfassungsurkunde) und den vier Ebenen Kirchengemeinde, -kreis, -provinz, [Landes-]Kirche vollzogen.

Der Artikel 164 der Verfassungsurkunde von 1922/1924 regelte, dass die *Hohenzollernschen Lande* als *selbständiger Kirchenkreis* der altpreußischen Kirche *eingegliedert* bleiben, geleitet und verwaltet vom Generalsuperintendenten, dem Konsistorium und dem Rechtsausschuss *der Rheinprovinz* mit Sitz in Koblenz sowie in letzter Instanz vom Evangelischen Oberkirchenrat (EOK) in Berlin, vor Ort indessen von einem Superintendenten.[7]

Als *unantastbare Grundlage für die Lehre, Arbeit und Gemeinschaft* der *Evangelischen Kirche der altpreußischen Union* (EKdapU) nennt die Verfassungsurkunde in der Präambel die in den lutherischen, reformierten und unierten Gemeinden geltenden, einzeln aufgezählten altkirchlichen und reformatorischen Bekenntnisse, vor allem Luthers Kleinen und den Heidelberger Katechismus.[8] Die Gemeinden von Hechingen bis Sigmaringen waren allerdings offenbar durchgängig lutherisch.

Als größte deutsche Landeskirche verstand sich die Evangelische Kirche der altpreußischen Union als Volkskirche und förderte zugleich den „Deutschen Evangelischen Kirchenbund", zu dem sich am 22. Mai 1922 alle evangelischen Landeskirchen, auch die Württembergs, in Wittenberg zusammenschlossen. Dieser Kirchenbund ist ein Vorläufer der Evangelischen Kirche in Deutschland (EKD). Prägend für das Selbstverständnis als Volkskirche waren Gedanken wie die der viel gelesenen, allerdings auch heftig umstrittenen Programmschrift *Das Jahrhundert der Kirche* von *Otto Dibelius*.[9] Er war damals Generalsuperintendent der Kurmark mit Potsdam als Zentrum, nach dem Zweiten Weltkrieg über zwei Jahrzehnte Berliner Bischof und über ein Jahrzehnt Ratsvorsitzender der Evangelischen Kirche in Deutschland. Dibelius hatte die evangelische Kirche als ein gegenüber dem Staat selbstständigen *Organismus* konzipiert, der sich nach innen *auf ein Bekenntnis und auf einen Kultus gründet, ein Organismus, dessen Einheit und Tradition sich zusammenfassen in einem bischöflichen Amt*.[10] Das klingt fast katholisch und scheint die Tatsache, dass doch in der altpreußischen Unionskirche lutherisches und reformiertes Bekenntnis zusammenwirken, zu desavouieren. Doch Dibelius schätzte die reformierte Betonung des Gemeindelebens als Basis einer lebendigen Kirche und betonte bei Bekenntnis und

---

6 Verfassungsurkunde für die Evangelische Kirche der altpreußischen Union nebst zugehörigen Gesetzen und ergänzenden Bestimmungen. Textausgabe mit Anmerkungen. Nebst Auszug aus der Kirchengemeinde- und Synodalordnung und Nachschlagregister zur Verfassungsurkunde. Berlin 1931.

7 Ebd., S. 99.

8 Ebd., S. 10.

9 Otto Dibelius: Das Jahrhundert der Kirche. Geschichte, Betrachtung, Umschau und Ziele. Berlin 1926. – Das Buch erschien bis 1928 in sechs Auflagen. Dem Echo auf sein Buch stellte er sich in einem schmalen Band, siehe Otto Dibelius: Nachspiel. Eine Aussprache mit den Freunden und Kritikern des „Jahrhunderts der Kirche". Berlin 1928.

10 Dibelius, Jahrhundert (wie Anm. 9), S. 97. Dort gesperrt gedruckt.

Tradition das Gemeinsame beider Bekenntnisse und der reformatorischen Tradition. Die Einführung des Bischofstitels für die Generalsuperintendenten Preußens scheiterte zwar in den 1920er-Jahren am Widerspruch der Reformierten. Erst nach dem Zweiten Weltkrieg setzte sich das Bischofsamt in den mehrheitlich lutherisch geprägten östlichen Teilen der altpreußischen Union durch, während die leitenden Geistlichen im Rheinland und in Westfalen den Titel *Präses* erhielten. Was den Kultus bzw. die Liturgie angeht, so blieb Dibelius sein Leben lang – wie die evangelischen Hohenzollern – ein Freund der altpreußischen Gottesdienstordnungen von 1895. Nach außen, das heißt in Hinsicht auf den Staat, verstand er die Kirche als „Macht sozialer und nationaler Versöhnung", ja als „Gewissen" der Nation[11] und betonte zugleich, dass die Kirche als unabhängiges Gegenüber, ja Partner des Staates „konkordatsfähig" sei.[12]

Die *Ordnung des kirchlichen Lebens* der Evangelischen Kirche der altpreußischen Union[13] von 1930 mit den Schwerpunkten der Weitergabe des evangelischen Glaubens und der christlichen Sitte durch das kirchliche Handeln von der Taufe bis zur Bestattung ist ebenso Ausdruck für das volkskirchliche Selbstverständnis der altpreußischen Kirche und ihre sozialen und diakonischen Dienste. Die konservativ gesonnene evangelische Pfarrerschaft und die altpreußische Generalsynode liebten die Weimarer Republik allerdings nicht, hatten zu großen Teilen Angst vor der Sozialdemokratie und natürlich vor den Kommunisten, deren Sieg in Russland dort zu massiver Kirchenverfolgung geführt hatte. Aber es gab auch in der Kirche „Vernunftrepublikaner", die aus Vernunftgründen, nicht vom Gefühl her die Republik bejahten. Mit dieser Haltung hat der Evangelische Oberkirchenrat in Berlin mit dem fast durchgängig von Parteien der sogenannten Weimarer Koalition – dem Zentrum, der SPD und den Liberalen – regierten Preußen im Jahr 1931 einen *Staatskirchenvertrag* mit der Evangelischen Kirche der altpreußischen Union und den sieben anderen evangelischen Landeskirchen in den 1866 annektierten Provinzen Preußens geschlossen. Die Vereinbarungen dieses Vertrages, zum Beispiel zu den (evangelisch-)theologischen Fakultäten, der Garantie des Eigentums der Kirchen und der staatlichen Dotationen für sie, sind nach dem Ende Preußens (1947) auf die westdeutschen Bundesländer des preußischen Gebiets nach 1866 übergegangen. Auch hier war Preußen vorbildlich.

Zwei Faktoren wurden jedoch zu einer Beunruhigung bzw. Infragestellung des Konzepts von Volkskirche: Zum einen die Tatsache, dass die Kirchen den Kontakt zu weiten Kreisen der Arbeiterschaft verloren hatten. Zum andern der intensive theologische Aufbruch der sogenannten Dialektischen Theologie um *Karl Barth*, *Friedrich Gogarten*, *Eduard Thurneysen*, *Emil Brunner* und anderen.[14] Diese Theologie stand den Symbiosen von Kirche und Volk, Kirche und Kultur, Kirche und Nation kritisch gegenüber, erreichte und prägte jedoch nur Teile der Pfarrerschaft und der Gemeinden. Erst der Kirchenkampf sollte zeigen, wie nahe die Kirchenkonzepte von Otto Dibelius und etwa Karl Barths letzten

---

11   So HARTMUT FRITZ: Otto Dibelius. Ein Kirchenmann in der Zeit zwischen Monarchie und Diktatur. Göttingen 1998 (Arbeiten zur kirchlichen Zeitgeschichte B 27), S. 207.
12   Ebd., S. 208.
13   Siehe: Die Ordnung des kirchlichen Lebens (beschlossen von der Generalsynode der Evangelischen Kirche der altpreußischen Union 1930). Hg. von R. JUNGKLAUS, Berlin o. J.
14   Über „Dibelius und die dialektische Theologie" vgl. die gründlichen Ausführungen von FRITZ, Dibelius (wie Anm. 11), S. 355–459.

Endes doch waren, vor allem, als die Abwehr fremden, unevangelischen, ideologischen Geistes in der Kirche und deren Selbstbehauptung als Kirche des Evangeliums überlebensnotwendig wurden.

2. Die gespaltene evangelische Kirche in der nationalsozialistischen Diktatur

In der nationalen Aufbruchsstimmung nach der Regierungsübernahme Adolf Hitlers Ende Januar 1933 gaben sich die evangelischen Kirchen mit der Verfassung der Deutschen Evangelischen Kirche (DEK) vom 11. Juli 1933 eine föderalistische, aber zugleich vom Führergedanken geprägte neue Ordnung. Die von Adolf Hitler massiv beeinflussten Kirchenwahlen vom 23. Juli 1933 führten (anders als in Württemberg, Bayern und Hannover) zur Besetzung der Leitungsämter und Konsistorien in der Evangelischen Kirche der altpreußischen Union und fast allen ihren Provinzen – mit Ausnahme Westfalens – durch die siegreichen Deutschen Christen (DC), also jener Gruppierung, die die Kirche mit dem Staat Hitlers und seiner Helfershelfer gleichschalten wollte. Die Deutschen Christen stellten nach dem Führerprinzip einen Landesbischof und Provinzialbischöfe an die Spitze der altpreußischen Kirche. Widerstand dagegen begann mit der Gründung des *Pfarrernotbunds* um Martin Niemöller, Gerhard Jacobi, Dietrich Bonhoeffer und anderen in Berlin Ende September 1933 aus Protest gegen die Einführung des sogenannten „Arierparagraphen" in der Kirche, das heißt des Paragraphen, durch den vor allem Juden aus staatlichen und kirchlichen Ämtern entfernt werden sollten. Zum Pfarrernotbund gehörten im Januar 1934 immerhin (oder auch: leider nur) ca. 7000 der ca. 18000 evangelischen Pfarrer im Deutschen Reich. Die finanziellen Beiträge der Notbundpfarrer in Preußen blieben bis tief in die Zeit des Zweiten Weltkriegs hinein eine wesentliche Quelle der Aufrechterhaltung der Arbeit der Bekennenden Kirche.

Die Bekennende Kirche formierte sich angesichts vielfacher Rechtsbrüche der Deutschen Christen im Frühjahr 1934 durch verschiedene Provinzialsynoden und schließlich der berühmten reichsweiten Bekenntnis-Synode in (Wuppertal-)Barmen Ende Mai 1934, bei und mit der auch die Bekenntnis-Synode der Evangelischen Kirche der altpreußischen Union tagte. Auf der Basis der Barmer Theologischen Erklärung (BTE) und der Erklärung kirchlichen *Notrechts* durch weitere Synoden verstand sich die Bekennende Kirche der Evangelischen Kirche der altpreußischen Union als einzig legitime Kirche im Gegensatz zur weltanschaulich instrumentalisierten offiziellen altpreußischen Kirche. Die altpreußische Bekenntniskirche schuf sich eigene Strukturen zur Leitung (Synoden, Bruderräte), zur Finanzierung, Ausbildung des theologischen Nachwuchses und Visitation mit einem winzigen Büro in Berlin-Zehlendorf. Durch die sogenannte *Rote Karte* (teils auch grün) erklärten Christen ihre Zugehörigkeit zur Bekennenden Kirche. In den Provinzen der Evangelischen Kirche der altpreußischen Union war die Stellung der Bekennenden Kirche allerdings unterschiedlich stark ausgeprägt. Insgesamt hielten sich zirka ein Drittel der Pfarrer und der Gemeinden in Altpreußen zu ihr. Nur in Westfalen waren es wegen des allerdings umstrittenen Kurses des der Bekennenden Kirche angehörenden Präses Karl Koch mehr. Die Hoffnung, die sogenannten Neutralen, also die Gruppe zwischen Deutschen Christen und Bekennender Kirche, zu gewinnen, erfüllte sich nur in seltenen Fällen.

Theologisch ging es der Bekennenden Kirche um ein Dreifaches:

1. Widerstand gegen den völkischen und rassistischen Ungeist der Deutschen Christen und anderer völkischer Religionskonzepte (Alfred Rosenberg, Jakob Wilhelm Hauer, Artur Dinter u. a.),[15]

2. Widerspruch gegen staatliche Eingriffe in die Leitung und das Leben der Kirche sowie gegen die Verdrängung der Kirche aus der Schule und der Öffentlichkeit,[16]

3. Festigung des inneren Zusammenhalts durch theologische Durchdringung aller praktischen kirchlichen Fragen von der Kollekte über die Bekenntnis- und Abendmahlsgemeinschaft und die Frage des Eids auf den Führer bis hin zum Dienst der Frau in der Kirche und die geistliche Versorgung der Gemeinden im Krieg. Dabei entstanden wegweisende Texte zum Abendmahlsverständnis, aber auch problematische Beschlüsse zur Eidesfrage und zum Dienst der Frau in der Kirche.[17]

Ab 1935 versuchte das vom NS-Staat neu eingerichtete Reichskirchenministerium, den *Kirchenstreit*, wie es hieß, durch aus gemäßigten Vertretern der Gruppen zusammengesetzte sogenannte Kirchenausschüsse zu befrieden. Doch dieser Versuch scheiterte am Widerstand sowohl der Bekennenden Kirche als auch der Deutschen Christen. Im Frühjahr 1937 griff der NS-Staat dann direkt in die Hoheit der Kirchen ein. Der Reichskirchenminister übertrug die kirchenleitenden Befugnisse in der Evangelischen Kirche der altpreußischen Union und der Deutschen Evangelischen Kirche dem nationalsozialistischen Präsidenten des Evangelischen Oberkirchenrats in Berlin, Dr. Friedrich Werner. Man sprach damals von der *Ein-Mann-Kirche*. Auch die Kontrolle der kirchlichen Finanzen übernahm der Staat, verbot die Ausbildungsstätten der Bekennenden Kirche für den theologischen Nachwuchs, die Hochschulen in Berlin und Wuppertal oder das Predigerseminar im pommerschen Finkenwalde, das Dietrich Bonhoeffer leitete, verhängte Rede-, Publikations- und Aufenthaltsverbote sowie Gehaltssperrungen und Ausweisungen für leitende Personen der Bekennenden Kirche, nahm sie in Schutzhaft oder inhaftierte sie wie Martin Niemöller, Paul Schneider, Ernst Wilm und Dietrich Bonhoeffer in Konzentrationslagern, um so die Bekennende Kirche auszuschalten. Niemöller und Wilm haben überlebt, andere nicht. Der erste Märtyrer der Bekennenden Kirche der Deutschen Evangelischen Kirche war der Leiter ihres Büros Friedrich Weißler, ein Christ jüdischer Herkunft, der im Februar 1937 im Konzentrationslager Sachsenhausen von ei-

15 Vgl. dazu OTTO DIBELIUS: Die große Wendung im Kirchenkampf. Berlin 1935 (Christus und die Deutschen 4), S. 10–24, 28–46.

16 Vgl. MARTIN GRESCHAT (Hg.): Zwischen Widerspruch und Widerstand. Texte zur Denkschrift der Bekennenden Kirche an Hitler (1936). München 1986 (Studienbücher zur kirchlichen Zeitgeschichte 6).

17 Siehe WILHELM NIESEL (Hg.): Um Verkündigung und Ordnung der Kirche. Die Bekenntnissynoden der Evangelischen Kirche der altpreußischen Union 1934–1943. Bielefeld 1949. Allein der Beschluss über *Wesen und Eigenart der Kirchenkollekten* (ebd., S. 52–54) mit Bezügen zur Heiligen Schrift und den Bekenntnissen der Kirche ist nach wie vor für jeden, der Kollekten anzukündigen hat, lesenswert. Das Gleiche gilt für die Erkenntnisse zur Bekenntnis- und Abendmahlsgemeinschaft in der Evangelischen Kirche der altpreußischen Union im Beschluss der Synode 1937 in Halle (ebd., S. 33–37). Aus der Sicht eines unmittelbar Beteiligten hat WILHELM NIESEL diese Zeit in seinem Buch dargestellt; s. DERS.: Kirche unter dem Wort. Der Kampf der Bekennenden Kirche der altpreußischen Union 1933–1945. Göttingen 1978 (Arbeiten zur Geschichte des Kirchenkampfs. Ergänzungsreihe: Darstellungen 11).

nem SS-Mann zu Tode gequält wurde.[18] Der schon genannte Otto Dibelius, seit 1934 aktiv in der Bekennenden Kirche in Berlin-Brandenburg, ab 1937 dann auch im altpreußischen Bruderrat, wurde zwar vor Gericht gestellt, erhielt Redeverbote, blieb jedoch wohl wegen seiner internationalen Bekanntheit vor Schlimmerem bewahrt. Auf den Fürbittlisten der Bekennenden Kirchen standen von 1935 bis 1944 insgesamt 1497 Namen von Pfarrern, Pfarrfrauen und Gemeindegliedern der unterschiedlichsten Berufe, davon allein 1027 aus der altpreußischen Union. Aus der Württembergischen Landeskirche waren es übrigens nur zehn.[19] Wer auf der Fürbittliste stand, war zwar nicht im Widerstand gegen das Hitlerregime, aber er wurde von ihm als „Störfaktor", als illoyal und als Quelle von Opposition eingestuft und deshalb gemaßregelt. 1939 hielt sich trotz der staatlichen Zwangsmaßnahmen ein Drittel der rund 7600 Pfarrer und Vikare in der Evangelischen Kirche der altpreußischen Union zu der Bekennenden Kirche.

An dieser Stelle kann und muss der Blick auch auf die Verhältnisse der evangelischen Diaspora in Hohenzollern gerichtet werden. Sie sind durch tiefe Widersprüche gekennzeichnet. Typisch dafür ist die Haltung des Sigmaringer Superintendenten Hans Seeliger, Jahrgang 1887, seit März 1926 im Amt, seit 1. Mai 1933 Mitglied der NSDAP. Seine Gestalt stellt sich mir aufgrund der Akten des damaligen Evangelischen Oberkirchenrats in Berlin als die eines Opportunisten und Intriganten dar. Ich konnte allerdings nicht alle Quellen zu Rate ziehen. Vorläufig ergibt sich mir das folgende Bild.

Schon zu Beginn des Kirchenkampfes zeigt sich der Opportunismus Seeligers. Einerseits bezeichnet er 1933 den sogenannten Arierparagraphen in der Kirche, die gesetzliche Grundlage für den Ausschluss sogenannter nichtarischer Geistlicher und Juristen aus dem kirchlichen Dienst, als unchristlich; andererseits stimmt er auf der Preußischen Generalsynode, der sogenannten Braunen Synode, am 5. September 1933 in Berlin, wo er das evangelische Hohenzollern vertrat, eben diesem Arierparagraphen als Kirchengesetz zu. Einerseits verwehrt er den Deutschen Christen grundsätzlich die Nutzung kirchlicher Räume für ihre Veranstaltungen.[20] Andererseits teilt er noch Ende November 1933 dem Berliner Deutsche Christen-Bischof Hossenfelder[21] mit, die Synode der evangelischen Hohenzollern habe *im August den Beschluss gefasst, allen Evangelischen den Anschluss*

---

18 Vgl. dazu das Porträt von ALBRECHT GECK: Friedrich Weißler. Bekenntnis und Recht. In: Protestantismus in Preußen. Lebensbilder aus seiner Geschichte. Bd. 4. Hg. von JÜRGEN KAMPMANN. Frankfurt (Main) 2011, S. 263–290, sowie MANFRED GAILUS: Friedrich Weißler. Ein Jurist und bekennender Christ im Widerstand gegen Hitler. Göttingen 2017.

19 Siehe Fürbitte. Die Listen der Bekennenden Kirche 1935–1944. Im Auftrag der Evangelischen Arbeitsgemeinschaft für Kirchliche Zeitgeschichte bearbeitet von GERTRAUD GÜNZINGER und FELIX WALTER. Göttingen 1996.

20 Siehe dazu HERMANN RUFF: Die Evangelische Kirchengemeinde in Hohenzollern. Ihren Freunden und Liebhabern zugedacht. Maschinenschriftliche Vervielfältigung. 3. Aufl. 1994, zitiert in: Evangelisch in Hohenzollern (wie Anm. 2), S. 66.

21 Der erste Leiter der Glaubensbewegung Deutsche Christen Joachim Hossenfelder war seit dem 6. September 1933 geistlicher Vizepräsident des Evangelischen Oberkirchenrats der Evangelischen Kirche der altpreußischen Union und Bischof von Brandenburg sowie Mitglied der Reichskirchenregierung. Nach der berüchtigten Sportpalastkundgebung in Berlin am 13. November 1933 wurde er im Dezember 1933 von Reichsbischof Ludwig Müller von seinen Ämtern beurlaubt und erklärte am 21. Dezember 1933 seinen Rücktritt von allen Ämtern.

an die deutschen Christen zu empfehlen.[22] Im selben Brief betreibt er die *Versetzung bez*[iehungs]*w*[eise] *Pensionierung* des Hechinger Stadtpfarrers Peter Katz, Jahrgang 1886: *Vater und Mutter von Pfarrer Katz sind Juden,* fügt er wörtlich hinzu.

Es scheint nicht ganz sicher, ob Katz, weil er *Vollblutjude* (so der Denunziantenbrief aus Hechingen an den Evangelischen Oberkirchenrat in Berlin)[23] war, aus dem Amt gedrängt wurde, oder weil er sich aus anderen Gründen im Gemeindekirchenrat unliebsam gemacht hatte. Es wurde ihm Unpünktlichkeit vorgeworfen, und seine Predigten seien unverständlich. Seeliger spricht in jenem Brief an Hossenfelder, Katz habe *durch vielfaches Versagen das Vertrauen der ganzen Gemeinde verloren,* was auch schon in früheren Amtsjahren der Fall gewesen sei. Jedoch scheinen die Gründe vorgeschoben. Hauptgrund war offenbar die Meinung einiger Gemeindeglieder: Ein Jude soll uns nicht das Evangelium verkünden. Superintendent Seeliger stellte sich nicht vor seinen Amtsbruder Katz, verhinderte auch dessen Unterstützung durch Fürsprache zweier Amtskollegen hinsichtlich der Vorwürfe gegen Katz bei einer Visitation in Hechingen am 17. August 1933. Stattdessen machte er „die Visitation zum Tribunal".[24] Infolgedessen musste Katz sich im Herbst 1933 beurlauben lassen. Im Februar 1934 wurde er wegen nichtarischer Abstammung von Reichsbischof Ludwig Müller zwangsweise in den Ruhestand versetzt und musste die Pfarrwohnung in Hechingen räumen. Im Juli 1935 ist er nach Koblenz übergesiedelt, wo – so wiederum Seeliger – *die Schwiegermutter von Pfarrer Katz ein Haus […] hat.*[25] Jener Akt der Zurruhesetzung war jedoch rechtswidrig, weil der Vollzug des Arierparagraphen inzwischen ausgesetzt worden war. Deshalb stritt Katz von Koblenz aus um seine Rehabilitierung und bekam auch in allen Instanzen Recht, nur nach Hechingen durfte er nicht zurückkehren. Bei seinem Kampf wurde Katz finanziell von der rheinischen Bekennenden Kirche unterstützt.

Endgültig wurde Katz erst am 3. April 1939 in den Ruhestand versetzt mit Ansprüchen auf eine allerdings nur geringfügige Versorgung.[26] Dank der Hilfe des *Büros Pfarrer Grüber,*[27] das Judenchristen bei der Ausreise aus Nazideutschland half, konnte Katz mit

---

22 Brief Seeligers an Bischof Hossenfelder, eingegangen im Evangelischen Oberkirchenrat in Berlin am 29. November 1933 (EZA 7/8247).
23 Brief von Dr. Kurt Zeller an den Evangelischen Oberkirchenrat in Berlin vom 19. September 1933 (EZA 7/8247). Zeller schreibt als bislang *einziges Mitglied der GBDC* (= Glaubensbewegung Deutsche Christen). Das entspricht der Äußerung Seeligers in seinem Brief an Hossenfelder (s. Anm. 22), *wir, das heißt die* DC-Gesinnten in Hohenzollern, *sind […] noch nicht organisiert.* Doch er habe am 1. November in der Sache *an die Reichsgeschäftsstelle der* DC *in Berlin* geschrieben, *aber leider noch keine Antwort* erhalten. Der Brief schließt nur mit *Heil Hitler.*
24 So ADOLF VEES: Das Heichinger Heimweh. Begegnungen mit Juden. Hechingen ⁴2011, S. 84.
25 Brief vom 5. Dezember 1933 an den Evangelischen Oberkirchenrat in Berlin (EZA 7/8247 [S. 4 des handschriftlichen Briefs]).
26 Siehe dazu die Verfügung der Finanzabteilung bei dem Evangelischen Oberkirchenrat in Berlin vom 21. April 1939 (EZA 7/8247). Dort auch der Erlass des Präsidenten des Evangelischen Oberkirchenrats zur Versetzung von Pfarrer Katz in den Ruhestand und die *Genehmigung zur Verlegung* seines Wohnsitzes *in das Ausland.*
27 Siehe dazu HARTMUT LUDWIG: An der Seite der Entrechteten und Schwachen. Zur Geschichte des „Büro Pfarrer Grüber" (1938–1940) und der Ev. Hilfsstelle für ehemals Rasseverfolgte nach 1945. Hg. von der Ev. Hilfsstelle für ehemals Rasseverfolgte. Berlin 2009.

seiner Familie nach England emigrieren. Dabei war eine Einladung des anglikanischen Bischofs George Bell entscheidend.[28]

Superintendent Seeliger nannte im Jahr 1940, wohl in Anspielung auf seinen eigenen Namen, *Hohenzollern eine „Insel der Seligen"*, weil man sich nach der *Losung* verhalte: *Treu zu Führer und Volk und treu zum Evangelium*.[29] Man beachte die Reihenfolge! Im selben Jahr beklagt er die steigende Zahl der Kirchenaustritte als Folge des Zeitgeistes und der antichristlichen Propaganda, als käme die nicht aus den Reihen der Gefolgschaft Hitlers und mit dessen Billigung. Nach dem Krieg wurde Superintendent Seeliger 1947 von den Franzosen aus Sigmaringen verwiesen und fand in Haigerloch Unterschlupf. Im Entnazifizierungsverfahren wurde er als *Mitläufer ohne Maßnahmen*[30] eingestuft. Dort gelang es ihm, sich unter Verweis auf eine Predigt sogar als Kritiker des Regimes darzustellen, *so dass er von der Gestapo überwacht wurde*.[31] Brieflich versuchte er in der gleichen Zeit, gegen seinen Nachfolger in Sigmaringen, Pfarrer Lagrange, zu intrigieren und sich als Opfer der Besatzungsmacht darzustellen – doch ohne Erfolg. Seinen Versuchen, nach Sigmaringen zurückzukehren, wurde sowohl im Berliner wie im Stuttgarter Evangelischen Oberkirchenrat eine Absage erteilt.[32] Doch ich eile voraus.

Zum Krieg gegen und in Polen (1939) sowie gegen Frankreich (1940) und dann Russland (1941) hat es anders als noch zur Tschechenkrise 1938 kein kritisches oder zum Frieden mahnendes Wort der Bekennenden Kirche gegeben – nur Gebete. Aber die Anfangserfolge der Wehrmacht begeisterten selbst Mitglieder der Bekennenden Kirche. Sie stärkten die Position Hitlers. Kriegsdienstverweigerer aus Gewissensgründen gab es nur vereinzelt. Sie wurden hingerichtet. Auch Bewusstsein für und Entschlossenheit zu aktivem politischem Widerstand reiften erst langsam und waren schließlich die Sache Weniger wie Dietrich Bonhoeffers oder des Juristen Hans von Dohnanyi. Der Protest der letzten altpreußischen Bekenntnissynode im Oktober 1943 in Breslau gegen die Euthanasie-, Juden- und Kriegsgefangenenmorde des NS-Staats mit einer Auslegung des Gebotes „Du sollst nicht töten!"[33] kam zu spät und blieb trotz einer in die Gemeinden verschickten und teilweise auch verlesenen Kanzelabkündigung so gut wie ungehört.

Die beschriebene Haltung auch in der Bekennenden Kirche war Folge der Einschüchterung des NS-Staates, aber vor allem Auswirkung des traditionellen protestantischen Obrigkeitsverständnisses. Ihm lag der Gedanke, dass die Obrigkeit ein Verbrechersyndikat sein könne, absolut fern. Bei vielen Kirchenführern dämmerte erst spät die Einsicht in diese teuflische Wahrheit. Opfer des Zweiten Weltkriegs waren am Ende in besonderer Weise die Gemeinden und Gemeindeglieder in den preußischen Ostprovinzen jenseits der Oder. Als Folge von Flucht und Vertreibung und der Übernahme Ostpreußens, der

---

28 Näheres zu Pfarrer Katz und seinem Schicksal ist dem Buch von VEES, Hechinger Heimweh (wie Anm. 24) sowie in diesem Band dem Beitrag von HARTMUT LUDWIG: Die Vertreibung von Pfarrer Peter Katz aus Hechingen 1934, zu entnehmen.
29 Zitat in: Evangelisch in Hohenzollern (wie Anm. 2), S. 66.
30 Siehe die Entscheidung der Spruchkammer V *In der Säuberungssache* Hans Seeliger, Superintendent, mit dem Protokoll der Sitzung vom 27. Januar 1949 (EZA 7/8236).
31 So laut Protokoll der Sitzung der Spruchkammer (siehe Anm. 30), S. 2.
32 Zur Korrespondenz siehe EZA 7/8236.
33 Siehe dazu WILHELM HÜFFMEIER/JÜRGEN KAMPMANN (Hg.): „Du sollst nicht töten". Gottes Gebot im Totalen Krieg. Bielefeld 2006 (Unio und Confessio 24).

größeren Teile Pommerns und Schlesiens durch die Sowjetunion bzw. die Volksrepublik Polen erlosch das kirchliche Leben evangelischer Deutscher bis auf winzige Reste dort überall.

3. Die Evangelische Kirche der Union als Brücke im ungleich geteilten Deutschland

Schon während des Zweiten Weltkrieges war die Einheit der Evangelischen Kirche der altpreußischen Union, die sich auf einem Territorium von Trier bis Tilsit erstreckte, zerbrochen. Mit dem Kriegsende gingen die östlichen Kirchenprovinzen entweder verloren oder waren auf Reste westlich von Oder und Neiße reduziert: Vorpommern mit Greifswald und Restschlesien mit Görlitz als Zentren. Diese Reste und die anderen verbliebenen Kirchenprovinzen Berlin-Brandenburg, preußisch Sachsen, Rheinland und Westfalen wurden nun Kirchen im geteilten Deutschland. Ungleich, das heißt ungerecht geteilt, weil die einen in der sich langsam ausbildenden SED-Diktatur leben mussten, während die anderen wie Rheinland und Westfalen mit dem Sonderfall Westberlin ihren Lebensraum in der alsbald wirtschaftlich erstarkenden westdeutschen Wohlstands-Demokratie fanden.

Zwar konstituierten sich alle ehemaligen Kirchenprovinzen in einer Los-von-Berlin-Bewegung als selbständige Landeskirchen, sie fanden jedoch neu zusammen unter dem Dach der seit 1953 als Evangelische Kirche der Union (EKU) firmierenden altpreußischen Kirche. Die war aber nur noch ein Kirchenbund, allerdings mit einer starken und insofern verbindenden theologischen, liturgischen und kirchenrechtlichen Tradition. Der Zusatz *altpreußisch* musste auf Druck der DDR-Regierung aus dem Kirchennamen getilgt werden. Das war eine Folge davon, dass Preußen im Februar 1947 vom Alliierten Kontrollrat als *Träger des Militarismus und der Reaktion in Deutschland* im Interesse des Friedens aufgelöst worden war.

In diesen Zusammenhang gehört auch das vertraglich geregelte Ausscheiden der evangelischen Gemeinden in Hohenzollern aus der ehemals preußischen und ihre Eingliederung in die Württembergische Landeskirche im Jahr 1950. Den Vertrag darüber unterzeichneten Landesbischof Martin Haug und Bischof Otto Dibelius als Vorsitzender der Kirchenleitung der altpreußischen Kirche am 24. Februar 1950. Der Evangelischen Oberkirchenrat in Stuttgart hatte auf Bitten des Konsistoriums in Koblenz schon 1945 die Rechtsaufsicht über die Hohenzollernschen Gemeinden übernommen. In einem Abschiedsbrief dankte Dibelius, der bis 1952 die Geschicke des Ostbereichs der altpreußischen Union in Berlin leitete, den Gemeinden in Hohenzollern, dass sie *tapfer und treu in der Diaspora* ihren *evangelischen Glauben bekannt und zur evangelischen Kirche gestanden* haben.[34] Den traurigen Zwiespalt in der Zeit des Kirchenkampfs erwähnte er allerdings mit keinem Wort.

Angesichts solcher Ab- und Auflösungserscheinungen ist es umso erstaunlicher, dass die preußische Unionskirche damals noch kein Ende fand. Sie hat Preußen sozusagen

---

34 Siehe das Zitat aus dem Brief von Dibelius vom 4. Mai 1950 in: Evangelisch in Hohenzollern (wie Anm. 2), S. 70.

überlebt. Dabei erwies sich gerade die Teilung Deutschlands als Stärkung des Zusammenhalts in der Evangelischen Kirche der Union. Es galt, sie als Brücke zwischen Ost und West zu erhalten und zu stärken, nicht zuletzt durch finanzielle Hilfen für die Gemeinden in der DDR. An vier Sonntagen im Jahr wurden in allen Gemeinden der Evangelischen Kirche der Union Kollekten für die Arbeit im Ostbereich gesammelt. 1960 trat ihr die Evangelische Landeskirche Anhalts bei. Belehrt durch die erzwungene politische Zurückhaltung während der NS-Zeit entwickelte die Evangelische Kirche der Union sehr früh ihr politisches Zeugnis gegenüber Entwicklungen in den beiden deutschen Staaten, forderte bald nach dem Krieg gerade die vertriebenen Gemeindeglieder zu einer versöhnlichen Haltung gegenüber den Polen auf, plädierte für die deutsche Einheit, aber auch, wenngleich vergeblich, für das Bleiben der Menschen in der DDR, als die Ausreisewelle dort Ende der 1950er-Jahre wegen der Kollektivierung der Landwirtschaft in die Höhe schnellte. Aus aktuellem Anlass – der Verleihung des Friedensnobelpreises an die internationale Kampagne zur atomaren Abrüstung (ICAN) im Jahr 2017 – sei an das 60 Jahre alte Votum der Synode der Evangelischen Kirche der Union aus dem Jahr 1957 *Warnung vor dem Mißbrauch der Macht des Menschen im technischen Zeitalter* unter anderem gegen Entwicklung und Rechtfertigung von Massenvernichtungswaffen erinnert.[35]

Durch die 1953 gegründeten sogenannten Berliner Bibelwochen bot die Evangelische Kirche der Union eine von dem Gründer der Bibelwochen, dem westfälischen Präses und einstigen Häftling im KZ Dachau Ernst Wilm, als *stille Wiedervereinigung* bezeichnete Weise der Begegnung von Gemeindegliedern aus beiden Teilen Deutschlands.[36] Im Jahr 2000 wurde die eintausendste Berliner Bibelwoche in Berlin gefeiert. An diesen Begegnungen hatten auch Politiker wie Otto Graf Lambsdorff oder die spätere brandenburgische Ministerin Regine Hildebrandt teilgenommen. Graf Lambsdorff notierte in einem Bericht über eine Bibelwoche Mitte der 1950er-Jahre fast prophetisch, dass, wenn es einst zur Wiedervereinigung Deutschlands komme, diese ein sehr langsamer und sehr schwieriger Prozess sein werde. Die Mentalitäten in Ost und West hätten sich schon jetzt auseinanderentwickelt.

Auch die theologische, kirchenrechtliche, liturgische und ökumenische Arbeit der Evangelischen Kirche der Union förderte den Zusammenhalt von Ost und West. In den Jahren 1959 und 1964 wurden neue Gottesdienst- und Amtshandlungsordnungen eingeführt. Sie betrafen die Gemeinden in Hohenzollern nicht mehr. Die hielten fest an der altpreußischen Agende von 1895. Wenn es nach dem Berliner Bischof und Ratsvorsitzenden der Evangelischen Kirche in Deutschland Dibelius gegangen wäre, hätte die ganze Evangelische Kirche der Union jene Agende beibehalten. Aber seine in der Schrift *Die Liturgie der mündigen Gemeinde* formulierte heftige Kritik an der Gottesdienstreform

---

35 Zu den geschilderten Vorgängen vgl. FRIEDRICH WINTER: Die Evangelische Kirche der Union und die Deutsche Demokratische Republik. Beziehungen und Wirkungen, Bielefeld 2001 (Unio und Confessio 22), besonders S. 80–118. – Zum oben genannten Votum siehe S. 90.

36 Näheres über Wilm und die Bibelwochen der Evangelischen Kirche der Union bei MARTIN GRESCHAT: Der westfälische Präses Ernst Wilm und die Anfänge der Berliner Bibelwochen. In: DERS./WILHELM HÜFFMEIER (Hg.): Evangelische Christen im geteilten Deutschland. Die 50er Jahre. Festschrift für Christa Stache. Leipzig 2013, S. 118–141. – Zu Ernst Wilm selber vgl. das Porträt von BERND HEY: Ernst Wilm (1901–1989). Ein politischer Präses. In: Protestantismus in Preußen. Lebensbilder aus seiner Geschichte. Bd. 5. Hg. von WILHELM HÜFFMEIER. Frankfurt (Main) 2009, S. 189–209.

konnte sich ebenso wenig durchsetzen wie seine in der berühmten Schrift *Obrigkeit?*[37] geäußerte harte Kritik am DDR-Regime. Ein guter Freund aus der ehemaligen DDR, der Berliner Theologieprofessor Wolf Krötke, urteilte, dass diese Schrift einem christlichen DDR-Bürger nicht half, dort zu leben, sondern ihn vor die Alternative Verstummen (innere Emigration) oder Flucht stellte. Als Student wurde Wolf Krötke wegen eines kritischen Gedichts gegenüber der DDR zur Gefangenschaft in Bautzen verurteilt. Sein Name stand mit etlichen anderen wieder auf einer Fürbittliste der Evangelischen Kirche der Union.

Auf den Bau der Mauer und die Abriegelung der DDR durch den SED-Staat ab August 1961 reagierte die Evangelische Kirche der Union mit der Fortführung der Aktivitäten, die ihre Gemeindeglieder aus Ost und West zusammenführten. *Gehorsame Grenzüberschreitung* hieß nun die Parole von Ernst Wilm. Die Grenzüberschreitung funktionierte freilich nur vom Westen in den Osten. Ostberlin war der Begegnungsort, vor allem die Stephanus-Stiftung in Berlin-Weißensee und seit 1986 das Dietrich-Bonhoeffer-Haus in Berlin-Mitte, von der DDR-Regierung als Bau für die Kirche unmittelbar hinter dem renommierten Friedrichstadtpalast genehmigt. Das war übrigens eine Folge des von der Evangelischen Kirche der Union mit der Hilfe der Evangelischen Kirche in Deutschland gegen manchen Widerstand vorangetriebenen Wiederaufbaus des Berliner Doms. Auch er brachte der DDR die ersehnten Devisen. Am 28. Juli 1977 wurde Richtfest gefeiert, der ganze Dom aber erst nach der Wende am 6. Juni 1993 eingeweiht.

Ihre Einheit als eine Kirche in den beiden deutschen Staaten versuchte die Evangelische Kirche der Union nach dem Mauerbau auf der Grundlage einer Gliederung in zwei Bereiche (1972) mit der Verpflichtung zu intensiver gegenseitiger Konsultation ihrer Organe aufrechtzuerhalten. Grundgedanke war einerseits, den Bereichen in Ost und West selbständige Entscheidungen in dem je eigenen politischen und gesellschaftlichen Kontext freizugeben. Zum andern sollten aber grenzübergreifende Beratungen der Bereichsräte, der Kirchenkanzleien und verschiedener Ausschüsse in Ostberlin dafür sorgen, dass kein Bereich sich an seinen Kontext verliert, vielmehr jeder dem andern hilft, die Wahrheit des Evangeliums von Jesus Christus im jeweiligen Kontext und über den Eisernen Vorhang hinweg zu bezeugen. Lange Zeit war die Kommunikation nur durch Kuriere möglich, die einen westdeutschen Pass hatten. Vor allem der *Grundlagenvertrag* zwischen der BRD und der DDR von 1972/73 erleichterte den Übergang über die innerdeutsche Grenze von der westlichen Seite her. Richard von Weizsäcker hat 1992 festgestellt: *Es gibt keine einzige Einrichtung in ganz Deutschland, die den Zusammenhalt der Deutschen zwischen Ost und West während der ganzen Zeit der Teilung so intensiv praktiziert und repräsentiert hat wie die Evangelische Kirche.* Und er betonte dabei: *Eine Kirchenleitung, nämlich die der sogenannten Evangelischen Kirche der Union, der EKU, hat bis zur Wende die Einheitlichkeit seines obersten Leitungsorgans, des Rates, nie preisgegeben.*[38] Er ergänzte dieses

---

37 Otto Dibelius: Die Liturgie der mündigen Gemeinde. Eine Rede. Berlin 1950, und Otto Dibelius: Obrigkeit? Eine Frage an den 60jährigen Landesbischof [gemeint ist Hanns Lilje]. Berlin 1959. – Zur Liturgie der preußischen Agende seit 1822 und der liturgischen Entwicklung bis in die Gegenwart vgl. Michael Meyer-Blanck: Agenda. Tübingen 2013 (Praktische Theologie in Geschichte und Gegenwart 13).
38 Richard von Weizsäcker im Gespräch mit Gunter Hofmann und Werner A. Perger. Frankfurt (Main) 1962, S. 62.

Urteil durch den Hinweis, dass *es überall engen Kontakt zwischen Partnergemeinden aus Ost und West* gab, also diese Einheitlichkeit auf allen Ebenen der Kirche praktiziert wurde.

Die friedliche Revolution von 1989 und die Wiedervereinigung Deutschlands brachten für die Evangelische Kirche der Union 1992 die Beendigung ihrer Bereichsgliederung und die Wiederherstellung ihrer äußeren Einheit. Doch mit dem Ende der deutschen Teilung war eine wichtige äußere Klammerfunktion der Evangelischen Kirche der Union weggefallen und somit auch das Ende der einst altpreußischen Unionskirche eingeläutet. Es mehrten sich alsbald Stimmen, die ein Nebeneinander von Evangelischer Kirche der Union, der Vereinigten Evangelisch-Lutherischen Kirche Deutschlands (VELKD) und Arnoldshainer Konferenz innerhalb der Evangelischen Kirche in Deutschland beenden wollten, um die Evangelische Kirche in Deutschland als künftig einzige Instanz oberhalb der Ebene der Landeskirchen zu stärken. Ein Desiderat, das Theophil Wurm schon unmittelbar nach dem Krieg vertreten hatte, weshalb Württemberg nicht Mitglied der Vereinigten Evangelisch-Lutherischen Kirche Deutschlands wurde.

Ein erster Schritt zu der Ende der 1990er-Jahre in Gang gesetzten Vereinheitlichung der kirchlichen Gremien- und Leitungsstrukturen war die Bildung der *Union Evangelischer Kirchen in der EKD* (UEK) als Gemeinschaft aller unierten und reformierten Kirchen in Deutschland. Im April 2003 stimmte die Synode der EKU der *Grundordnung* der UEK zu. Sie sah darin einen *notwendigen Zwischenschritt* zur *Stärkung der Gemeinschaft in der EKD* in der Überzeugung, *dass die Geschichte der EKU in einer gestärkten Evangelischen Kirche in Deutschland (EKD) ihre Fortsetzung finden wird.*[39] Das war das Ende der altpreußischen Union als Kirche. Der letzte Schritt im Prozess dieser Stärkung, die Auflösung der Union Evangelischer Kirchen und der Vereinigten Evangelisch-Lutherischen Kirche Deutschlands ist freilich noch nicht getan. Doch das Erbe der preußischen Union liegt in Zukunft bei der Evangelischen Kirche in Deutschland.

4. Was bleibt?

Die Evangelische Kirche der ehemals altpreußischen Union ist seit 14 Jahren Geschichte. Und doch wurde und wird ihres Beginns am Reformationsfest 1817 an einigen Orten auf ehemals preußischem Gebiet, im westfälischen Hagen und in Villigst, in Potsdam, in Berlin – auch im dortigen Dom –, sogar in Breslau, dem heutigen Wrocław, demnächst auch in Halle mehr oder weniger festlich, mehr oder weniger intensiv gedacht. Warum? Dazu vier Antworten:

1. Die auf den preußischen König Friedrich Wilhelm III. zurückgehenden Gottesdienstordnungen für Sonn- und Feiertage, aber auch für Taufen, Konfirmation, Trauung, Bestattung und Ordination prägen über Revisionen von 1829, 1895, 1959/1964 und 1999 bis heute das gottesdienstliche Leben in den ehemals preußischen Landeskirchen: in der Evangelischen Kirche Berlin-Brandenburg-schlesische Oberlausitz, in der rheini-

---

39 So im *Beschluss zum Wort des Ratsvorsitzenden und zum Bericht des Leiters der Kirchenkanzlei* am 12. April 2003. In: Verhandlungen der 3. Tagung der 9. Synode der Evangelischen Kirche der Union vom 11. bis 12. April. Hg. im Auftrag des Rates von der Kirchenkanzlei der Evangelischen Kirche der Union. Berlin 2003, S. 78.

schen und der westfälischen Landeskirche, aber auch in der Evangelischen Kirche in Mitteldeutschland, die 2009 aus den beiden mehrheitlich lutherischen Kirchen in der Kirchenprovinz Sachsen und in Thüringen mit einer reformierten Minderheit gebildet wurde. Das ist auch ein Band zwischen den evangelischen Gemeinden in Hohenzollern, wenngleich hier an der Agende von 1895 festgehalten wird und durch das *Evangelische Gottesdienstbuch* von 1999 darüber hinaus ein Band mit der Vereinigten Evangelisch-Lutherischen Kirche Deutschlands besteht.

2. Der Geist der preußischen Union bedeutet wechselseitige Abendmahlsgemeinschaft von lutherischen, reformierten und unierten Gemeinden und wechselseitige Anerkennung von Ordinationen auf unterschiedliche Bekenntnisschriften. Dieser Geist der Einheit in Unterschiedenheit hat sich nach dem Zweiten Weltkrieg langsam, aber stetig in allen deutschen Landeskirchen durchgesetzt. Durch die Aufnahme der sogenannten Leuenberger Konkordie in die Grundordnungen der Landeskirchen ist die volle gegenseitige Abendmahlsgemeinschaft und die gegenseitige Anerkennung der Ämter mitsamt dem wechselseitigen Austausch von Pfarrern und Pfarrerinnen vollendet und unwiderruflich gemacht worden. Damit ist wieder geeinigt, was sich im Zuge der Reformation getrennt hatte: lutherisches und reformiertes Kirchenwesen. Insofern sind Geist und Buchstabe der Union mit Recht als Vollendung der Reformation zu sehen.

3. Der Geist der Union reformierter und lutherischer Kirchen prägt auch die Evangelische Kirche in Deutschland. De facto, wenn auch nicht de iure ist die Evangelische Kirche in Deutschland eine Unionskirche und als solche die von der altpreußischen Union seit dem 19. Jahrhundert angestrebte Vollendung der kirchlichen Einheit aller deutschen Landeskirchen. Hier ist auch eines Württembergers dankbar zu gedenken. Theophil Wurm hat mit seinem schon im Zweiten Weltkrieg anhebenden kirchlichen *Einigungswerk* die Neukonstituierung der Evangelischen Kirche in Deutschland nach dem Ende des Zweiten Weltkriegs vorbereitet.[40] Wurm hat kränkend Abwertendes über die altpreußische Bekennende Kirche gesagt,[41] aber zugleich Großartiges für die Einheit der evangelischen Kirchen in Deutschland geleistet.

4. Auf europäischer Ebene findet der Geist der preußischen Union reformierter und lutherischer Kirchen seine Bestätigung und Fortsetzung durch die *Konkordie reformatorischer Kirchen in Europa* von 1973, der sogenannten Leuenberger Konkordie. Sie begründet jene Gemeinschaft konfessionell verschiedener evangelischer Kirchen in Europa, die einst der preußische König Friedrich Wilhelm III. in Preußen in Gang gebracht hat. Die Konkordie versteht sich nicht als Unionsbekenntnis. Dennoch haben

---

40 Vgl. dazu JÖRG THIERFELDER: Das Kirchliche Einigungswerk des württembergischen Landesbischofs Theophil Wurm. Göttingen 1975 (Arbeiten zur Kirchlichen Zeitgeschichte B 1).

41 Jeden, der dankbar auf den Mut und die Entschiedenheit der Bekennenden Kirche der Evangelischen Kirche der altpreußischen Union zurückblickt, den schmerzt es, in Wurms Lebenserinnerungen zu lesen, dass *die allzugroße Verwandtschaft der „jungen Kirche" mit dem totalitären Staat die tiefste Ursache dafür* gewesen sei, dass *Zwiespalt zwischen den beiden Teilen der Bekennenden Kirche nicht zu beseitigen war. Gerade weil sie* [die BK der Evangelischen Kirche der altpreußischen Union] *auch totalitär dachte, konnte sie auf irgendeine mittlere Linie sich nicht einlassen*; siehe THEOPHIL WURM: Erinnerungen aus meinem Leben. Stuttgart 1953, S. 133. Wäre es nicht angemessener gewesen, sich zumindest auch zu fragen, ob nicht jene von ihm und anderen verfolgte sogenannte *mittlere Linie* die Schwächung der Bekennenden Kirche insgesamt verursacht hat, was dann am Ende zu der Selbstanklage im Stuttgarter Schuldbekenntnis 1945 führen musste, *daß wir nicht mutiger bekannt, nicht treuer gebetet, nicht fröhlicher geglaubt und nicht brennender geliebt haben*?

sich in Frankreich und in den Niederlanden inzwischen formell Unionen der dortigen lutherischen und reformierten Kirchen gebildet, die – ohne es zu wissen – dem Modell der preußischen Union folgen. Das ist doch was. Der Kirchengeschichtler *Wilhelm Maurer* hat zum 150. Geburtstag der preußischen Union diese einen „Wurf in die Zukunft" genannt.[42] Mit Recht. Ich bin der Überzeugung, dass sie sogar ein Modell für das Miteinander von römisch-katholischer und evangelischen Kirchen sein kann. Jedenfalls aus evangelischer Sicht, der römisch-katholische Unionsbegriff ist anders geartet. Aber das ist heute Abend nicht mein Thema. Die größere ökumenische Zukunft wird zeigen, ob nicht die preußische Union auch für sie Vorbild sein könnte.

---

42 WILHELM MAURER: Kritische Fragen an die Unionen. In: Union und Ökumene. 150 Jahre Evangelische Kirche der Union. Hg. von FERDINAND SCHLINGENSIEPEN. Berlin 1968, S. 81–114, hier S. 111.

Hartmut Ludwig

Die Vertreibung von Pfarrer Peter Katz aus Hechingen 1934

Zwei kleine Szenen beleuchten die Situation in der Evangelischen Kirchengemeinde in Hechingen 1933/1934:

Erstens: Im Zuge der Formierung der „Deutschen Evangelischen Kirche" unter Druck von Reichskanzler Adolf Hitler wurden für den 23. Juli 1933 Kirchenwahlen in allen evangelischen Kirchengemeinden Deutschlands durchgeführt. Bei diesen erzielte die Kirchenpartei der nationalsozialistisch orientierten „Deutschen Christen" einen außerordentlich hohen Wahlsieg. Auf diese Weise kamen vielerorts zahlreiche Nazis in die Gemeindeleitungen. In Hechingen war das zum Beispiel der Arzt und Kreisleiter der NSDAP Dr. med. Theodor Johannsen. Er soll damals gesagt haben: „Von einem Juden lassen wir uns nicht das Evangelium predigen!" Gemeint war der Hechinger Pfarrer Peter Katz, der aufgrund seiner Vorfahren nach der NS-Ideologie als „Jude" galt. Wir sagen heute genauer: Er war ein Christ jüdischer Herkunft und passte damit nicht in das Weltbild der Antisemiten und Nazis. Dr. Johannsen, Zahnarzt Dr. Kurt Zeller und Superintendent Hans Seeliger (Sigmaringen) waren die Aktivisten bei der Vertreibung von Peter Katz aus Pfarramt und Pfarrhaus in Hechingen. Als Katz in den vorläufigen Ruhestand versetzt worden war, aber das Pfarrhaus nicht schnell genug räumte, drohten sie mit einer Räumungsklage.

Die zweite Szene fand an einem heißen Junitag 1934 statt. Peter Katz hatte Hechingen bereits verlassen. Frau Katz erzählte später: „Mit den Kindern schleppte ich die Koffer zum Bahnhof. Verschwitzt und durstig saßen wir im Abteil. Jeden Augenblick sollte der Zug abfahren. Schon ruckte der Waggon. Eine Frau lief den Bahnsteig entlang und rief laut: ‚Frau Pfarrer Katz, Frau Pfarrer Katz!' Durchs offene Abteilfenster reichte sie uns eine Tüte wundervoller, saftiger Kirschen."[1]

Das sind zwei Episoden aus einer Kirchengemeinde 1933/1934. Die unbekannte Frau mit der Tüte Kirschen rettete, so wird man wohl sagen dürfen, die gute Erinnerung der Familie Katz an Hechingen. – Wer war Pfarrer Peter Katz?[2]

---

1 Zitiert nach Adolf Vees: Das Hechinger Heimweh. Tübingen 1997, S. 88 f.
2 Bisherige Veröffentlichungen zu Peter Katz: Sigrid Lekebusch: Pfarrer Peter Katz – eine besondere Form der Vertreibun. In: Dies.: Not und Verfolgung der Christen jüdischer Herkunft im Rheinland. Köln 1995

1. Lebensweg 1886 bis 1931

Peter Katz wurde am 1. Juli 1886 in Mannheim geboren. Seine Eltern waren der praktische Arzt Dr. Oscar Katz (1858–1941) und dessen Ehefrau Elisabeth Sophie Katz, geborene Fürst (1863–1953). Am 21. September 1887 wurde ihre Tochter Marie Luise in Mannheim geboren.[3] Die Eltern waren Juden, konvertierten aber 1888 zum evangelischen Glauben[4] und ließen ihren Sohn Peter am 25. Mai 1888 evangelisch taufen.[5] Das war keine Ausnahme. Zur Zeit von Emanzipation und Assimilation im 19. Jahrhundert näherten sich viele Juden der christlichen Mehrheitsgesellschaft an. Am 17. März 1901 wurde Peter Katz konfirmiert. Er besuchte das Gymnasium in Mannheim, bestand 1904 das Abitur und studierte von 1904 bis 1911 Klassische Philologie und Theologie in Zürich, Berlin und Göttingen. Die Prüfung für das Lehramt an höheren Schulen bestand er 1913 mit Auszeichnung.[6] Nach dem Referendariat war er 1914/15 Lehrer in Mannheim. Wegen einer Verletzung am Ohr musste er den Musikunterricht abbrechen. Im August 1914 gehörte er deshalb auch nur 14 Tage lang dem Heer an. Dann wurde er als dauerhaft untauglich eingestuft und entlassen. 1914/15 war er zugleich Gasthörer an der Theologischen Fakultät in Heidelberg. Im Oktober 1914 und im April 1915 legte er das Erste und Zweite Theologische Examen in Karlsruhe ab. Am 2. Mai 1915 wurde er in Ziegelhausen ordiniert. Während der praktischen Ausbildung hatte er – wie damals üblich – oft die Stelle zu wechseln: 1915 war er exponierter Pfarrvikar in Durlach-Aue, 1916 bis 1919 Diasporapfarrer in Riegel, 1919 bis 1921 Pfarrverwalter in Säckingen und Neckarmühlbach und 1921 bis 1922 Pfarrverwalter in Fahrenbach. Am 1. November 1919 heiratete Peter Katz in Koblenz Gertrud Walther (geb. 1889), Fürsorgerin und Hilfsschwester während des Ersten Weltkriegs. Sie war die Tochter des Militär-Oberpfarrers zu Straßburg und Geheimen Konsistorialrats Paul Walther

(Schriftenreihe des Vereins für Rheinische Kirchengeschichte 117), S. 165–179, 407–418; VEES, Hechinger Heimweh (wie Anm. 1), S. 79–95, 158–180; SIMONE RAUTHE: Peter Katz. In: DIES.: „Scharfe Gegner". Die Disziplinierung kirchlicher Mitarbeitender durch das Evangelische Konsistorium der Rheinprovinz und seine Finanzabteilung von 1933 bis 1945. Bonn 2003 (Schriftenreihe des Vereins für Rheinische Kirchengeschichte 162), S. 239–241; SIGRID LEKEBUSCH: „Von einem Juden lassen wir uns nicht das Evangelium predigen". Verfolgung und Exil der Familie des Pfarrers Peter Katz. In: Sie schwammen gegen den Strom. Widersetzlichkeit und Verfolgung rheinischer Protestanten im „Dritten Reich". Hg. von GÜNTHER VAN NORDEN und KLAUS SCHMIDT. Köln ²2007, S. 38–41; SIGRID LEKEBUSCH/HARTMUT LUDWIG: Peter Katz (seit 1954 Peter Walters). In: Evangelisch getauft – als „Juden" verfolgt. Theologen jüdischer Herkunft in der Zeit des Nationalsozialismus. Ein Gedenkbuch. Hg. von HARTMUT LUDWIG und EBERHARD RÖHM in Verbindung mit JÖRG THIERFELDER. Stuttgart 2014, S. 176–177.

3 Auskunft von Marco Brenneisen, Institut für Stadtgeschichte Mannheim, vom 13. April und 9. Mai 2017. – Auf der Geburtsurkunde von Marie Luise wurde die Religion der Eltern 1887 noch mit *israelitisch* vermerkt. Marie Luise heiratete in Berlin Fritz Goesch (geb. 2. August 1884), der 1939 Obermagistratsrat in Berlin-Zehlendorf war. Sie hatten zwei Kinder und wohnten dort seit 1915. Leider ist über Marie Luise Goesch bisher nicht mehr bekannt. Peter Katz erwähnte seine Schwester, soweit bekannt ist, niemals.

4 VEES, Hechinger Heimweh (wie Anm. 1), S. 165.

5 Das Datum findet sich in einem Schreiben des Evangelischen Konsistoriums der Rheinprovinz an den Evangelischen Oberkirchenrat in Berlin (EOK) vom 15. November 1933 (EZA 7/8247 [Akte ist nicht paginiert]). – Peter Katz erwähnt, dass sein Vater bereits als Kind evangelischen Religionsunterricht erhalten habe (Brief vom 20. Dezember 1935 [EZA 7/8247]).

6 Für die folgenden Daten vgl. die Zusammenstellung in JOCHEN GRUCH: Die evangelischen Pfarrerinnen und Pfarrer im Rheinland von der Reformation bis zur Gegenwart. Bd. 3: K–R. Bonn 2018, S. 62. – Vgl. auch RAUTHE, Peter Katz (wie Anm. 2). Einige Angaben aus den amtlichen Akten sind zeitgebundene Vorurteile und sind zu korrigieren.

und seiner Ehefrau Käthe, geborene Bußler. Peter und Gertrud Katz bekamen drei Kinder: Meinhard (geb. 1920), Ewald (geb. 1922) und Birgit (geb. 1925).

Von 1922 bis 1929 war Peter Katz Pfarrer in Fahrenbach (Baden). *Elfriede Hahn* hat in einem Zeitungsbeitrag zum 100. Geburtstag von Peter Katz berichtet: „Nach dem Ersten Weltkrieg und in den notvollen [19]20er Jahren sammelte das Pfarrersehepaar Nahrungsmittel und Kleidung für Arbeitslose und Arme, um zu helfen, soweit dies möglich war." „Ehemalige Konfirmanden erzählen vom Katechismus-Unterricht und von Festen im Pfarrhaus, bei denen es Kakao und Kuchen gab. Sehr positiv wird auch die kirchenmusikalische Arbeit des Pfarrers hervorgehoben: Konzerte, an denen auch die Konfirmanden beteiligt waren. Die Texte der Lieder musste der Chor dabei auswendig lernen."[7] Im November 1925 bestätigten Älteste bei einer Visitation, dass Katz *sich eifrig Mühe gebe, der Gemeinde kirchlich und seelsorgerlich zu dienen und in Dienstführung und Wandel die volle Achtung der Gemeinde genieße.*[8]

Neben der Gemeindearbeit war Peter Katz publizistisch tätig. Als Pfarrer in Fahrenbach rezensierte er 30 Publikationen, vornehmlich für die „Theologische Literaturzeitung" und die „Theologischen Blätter". Er verfasste eine Biographie über den schwedischen Erzbischof Nathan Söderblom,[9] übersetzte von ihm Vorträge[10] und eine Biographie über Søren Kierkegaard[11] ins Deutsche und schrieb dazu Einleitungen. Mit Erzbischof Nathan Söderblom war Katz eng verbunden.[12] Als deutscher Delegierter nahm er an den ökumenischen Weltkonferenzen für „Praktisches Christentum" vom 19. bis 30. August 1925 in Stockholm und für „Glauben und Kirchenverfassung" vom 3. bis 21. August 1927 in Lausanne teil. Auch im deutschen Lausanne-Ausschuss arbeitete Katz aktiv mit.[13] Der nassauische Landesbischof August Kortheuer lernte Katz in Stockholm und Lausanne kennen und schrieb über ihn: *Er ist zweifellos ein weit über den Durchschnitt begabter Pfarrer. Er ist beschlagen in der wissenschaftlichen Theologie, ein begabter Redner und ein guter Organisator. Bekannt geworden ist er in weiteren Kreisen durch sein Buch über Söderblom und durch seine hymnologischen Arbeiten. Als Mensch ist er bescheiden und liebenswürdig. In seiner Gemeinde hat er mit vorbildlicher Treue gearbeitet.*[14]

---

7 ELFRIEDE HAHN: Halbjüdischer Pfarrer musste gehen. In: Hohenzollerische Zeitung vom 12. Juli 1986. – Die Eltern von Peter Katz waren nach ihrer Herkunft beide Juden. Korrekt müsste der Titel des Zeitungsartikels also „Jüdischer Pfarrer musste gehen" lauten. – Elfriede Hahn († 2019) und ihr Ehemann waren von 1973 bis 1988 in der Kirchengemeinde Hechingen aktiv und interessierten sich intensiv für die jüdische Vergangenheit des Ortes sowie für das Schicksal von Familie Katz.

8 Schreiben des Evangelischen Konsistoriums der Rheinprovinz an EOK vom 15. November 1933 (EZA 7/8247). – Vgl. LEKEBUSCH, Katz (wie Anm. 2). Die Verfasserin übernimmt einige Behauptungen aus den amtlichen Akten, die zeitgebundene Vorurteile widerspiegeln und zu korrigieren sind.

9 PETER KATZ: Nathan Söderblom. Ein Führer zu kirchlicher Einheit. Halle 1925.

10 NATHAN SÖDERBLOM: Zur religiösen Frage der Gegenwart. Leipzig ⁵1925.

11 TORSTEN BOHLIN: Sören Kierkegaards Leben und Werden. Kurze Darstellung auf Grund der ersten Quellen. Gütersloh 1925.

12 Im Nachlass von Erzbischof Nathan Söderblom in der Handschriftenabteilung der Universitätsbibliothek in Uppsala gibt es 28 Briefe von Peter Katz aus den Jahren 1914 und 1920–1929.

13 Brief von Katz an Adolf Deißmann vom 17. September 1935 (Zentral- und Landesbibliothek Berlin, Nachlass Deißmann Nr. 327).

14 Empfehlungsschreiben des Landesbischofs Kortheuer (Wiesbaden) für Katz an den Bürgermeister in Wetzlar vom 15. Oktober 1928 (EZA 7/8247). – Ähnlich urteilte der badische Kirchenpräsident Klaus Wurth am 1. Oktober 1928 (ebd.).

1928 suchte Katz einen neuen Wirkungskreis, wollte aber möglichst in Baden bleiben. Vergeblich bewarb er sich als staatlicher Religionslehrer am Realgymnasium in Freiburg. Auch andere Bewerbungen zerschlugen sich. Er führte das darauf zurück, dass er keiner der – kirchenpolitischen – Parteien angehörte. Im Herbst 1928 bewarb er sich in Wetzlar in Hessen. Zu seinen ausgezeichneten Referenzen gehörte eine Beurteilung von Prälat a. D. Ludwig Schmitthenner in Karlsruhe: Er halte Katz *für einen wissenschaftlich tüchtigen Theologen, einen fesselnden Prediger und einen treuen Seelsorger* [...]. *Er ist ein Mann von weitreichender Allgemeinbildung, seine Lebensführung ist ohne Tadel*[,] *und wo er war, genoß er einen guten Ruf. Seine persönliche und wissenschaftliche Verbundenheit mit dem höchsten Geistlichen der schwedischen evangelischen Kirche, Herrn Erzbischof D. Söderblom, dürfte auch als eine Empfehlung für ihn angesehen werden.*[15] Trotz solcher Zeugnisse wurde Katz aber nicht gewählt.

Am 21. November 1928 fragte Pfarrer Philipp Bleek, Assessor der Synode Saarbrücken, ob Katz sich auf die Pfarrstellen in Neudorf und Ludweiler bewerben wolle.[16] Katz fand die neue Aufgabe verlockend. Bevor er zusagte, fragte er aber in Karlsruhe an, ob er nur beurlaubt werden und jederzeit in die Landeskirche Badens zurückkehren könne. Das lehnte der Oberkirchenrat ab und entließ ihn am 22. Februar 1929 aus dem Dienst der Landeskirche.[17] Am 17. März 1929 wurde Peter Katz als Pfarrer in Neudorf (Saar)[18] eingeführt. In einem Beitrag über ihn schrieb *Karl-Günter Dilk*: „Ältere Gemeindeglieder erinnern sich heute noch an ihn. Betont wird sein diakonisches Engagement, das, wie die Gemeindeakten ausweisen, auch zu Konflikten mit den Stellen der Kommunalverwaltung führte, wenn Katz Unterstützungen für ärmere Gemeindeglieder hartnäckig anforderte. In Erinnerung ist auch seine seelsorgerliche Zuwendung an Kranke."[19] Wir wissen nur wenig über die Zeit in Neudorf. War sie von Anfang an nur als eine kurze Übergangszeit gedacht? Bereits nach zwei Jahren ernannte das rheinische Konsistorium in Koblenz Katz zum Pfarrer in Hechingen. Am 6. April 1931, dem zweiten Osterfeiertag, hielt er in Neudorf seine Abschiedspredigt.[20]

2. Hechingen (Hohenzollern) 1931 bis 1934

Am 10. Januar 1931 hielt Pfarrer Peter Katz in Hechingen die Probepredigt und traf Superintendent Hans Seeliger (Sigmaringen) zum Antrittsbesuch. Beide kannten sich bisher nicht. Katz war überrascht, dass Seeliger ihn gleich auf den jüdisch klingenden Namen „Katz" ansprach. Das war ihm bisher im Raum der Kirche noch nicht begegnet.[21] Am

---

15 Empfehlungsschreiben des Prälaten a. D. Ludwig Schmitthenner (Karlsruhe) an den Bürgermeister in Wetzlar vom 24. September 1928 (EZA 7/8247).
16 Mitteilung von Ulrich Dühr, Düsseldorf, aus der Personalakte AEKiR 1 OB 009, K 174.
17 Auskunft von Heinrich Löber, LKA Karlsruhe, vom 3. April 2017.
18 Die Evangelische Kirchengemeinde Neudorf wurde 1956 in Evangelische Kirchengemeinde Altenkessel umbenannt.
19 100 Jahre Lutherkirche Altenkessel 1887–1987. Hg. von der Evangelischen Kirchengemeinde Altenkessel. Saarbrücken 1987, S. 45 f. – Der Beitrag von Pfarrer KARL-GÜNTER DILK-SIMON über Peter Katz erschien als Vorabdruck in: Sonntagsgruß. Evangelisches Kirchenblatt an der Saar, 8. März 1987.
20 Mitteilung von Ulrich Dühr, Düsseldorf, am 20. April 2017.
21 Katz, Rechtfertigungsschrift (AEKiR 1 OB 009, K 174, Bd. 8, S. 1).

19. April 1931 wurde Katz als Pfarrer in Hechingen eingeführt. Am 26. April 1931 fand aus diesem Anlass ein Gemeindefest mit den Honoratioren des Ortes statt.[22] Am 1. Adventssonntag 1932 feierte die Kirchengemeinde den 75. Jahrestag der Einweihung ihrer Kirche St. Johannes (1857). Aus diesem Anlass stiftete Pfarrer Katz eine neue Lutherbibel für den Altar.[23] *Elfriede Hahn* begegnete noch fünfzig Jahre später Chormitgliedern, die von der damaligen Blüte der Kirchenmusik in der Gemeinde schwärmten. Sie erinnerten sich an Pfarrer Katz als eine aristokratische Erscheinung, einen guten Prediger, der in Gesprächen zurückhaltend, allerdings auch zunehmend verschlossen gewesen sei.[24] Er war ein beliebter und geschätzter Pfarrer.

Bis zum Januar 1933 tat ich meinen Dienst in der Kirche mit Freudigkeit und ohne Anfeindungen, schrieb Katz später.[25] Danach begann eine Leidenszeit. Weil bekannt war, dass seine Eltern 1888 aus dem Judentum zur evangelischen Kirche konvertiert waren, wollte sich niemand öffentlich zu ihm bekennen. Die Menschen hatten Angst vor Repressalien der Nazis. Als die Hakenkreuzfahne an Kirche und Pfarrhaus aufgezogen werden musste, hängte (laut *Elfriede Hahn*) der Ehemann der Mesnerin die Fahne auf, um Pfarrer Katz Schwierigkeiten zu ersparen.[26]

Eine der ersten offiziellen Maßnahmen der Nazis gegen die Juden war auch in Hechingen der Boykott jüdischer Geschäfte am 1. April 1933.[27] Den Kampf gegen Pfarrer Katz in Hechingen eröffnete Zahnarzt Dr. Kurt Zeller am 26. Juli 1933. Er berief sich auf einen Auftrag der evangelischen Mitglieder der NSDAP, dass der Jude Katz von der Kanzel herabsteigen müsse. Im Dritten Reich könnten Deutsche nur von Deutschen, nicht aber von Juden geistlich betreut werden. Für diese Forderung übernehme er vor Gott und der Gemeinde die Alleinverantwortung.[28] Wen die Antisemiten als „Juden" ausgemacht hatten, war für sie auch kein Deutscher mehr. Die NSDAP schrieb diese Ansicht im September 1935 mit den Nürnberger Rassengesetzen fest. Die kirchlichen Antisemiten waren – wie die Forderungen des Zahnarztes 1933 und die nachfolgenden Darstellungen belegen – hier Vorreiter.

Im Sommer 1933 gab es noch keinen kirchlichen „Arierparagraphen", der die Beseitigung von Pastoren jüdischer Herkunft aus dem Amt ermöglichte. Also mussten sich die Gegner von Pfarrer Katz im Gemeindekirchenrat etwas ausdenken, wie sie ihn loswerden könnten. Sechs Älteste, die im Juli 1933 zwar gewählt, aber noch nicht in ihr Amt eingeführt worden waren, schrieben am 3. August 1933 einen Brief an Superintendent Seeliger und forderten die Versetzung des Pfarrers.[29] Da die Kirchengemeinde, wie sie behaupteten,

22 Auszüge aus Protokollen des Gemeindekirchenrats vom 11. Januar 1931 bis 26. Oktober 1933 in Vees, Hechinger Heimweh (wie Anm. 1), S. 158–164.
23 Vees, Hechinger Heimweh (wie Anm. 1), S. 95.
24 Hahn, Pfarrer (wie Anm. 7).
25 Zitiert nach Vees, Hechinger Heimweh (wie Anm. 1), S. 82.
26 Hahn, Pfarrer (wie Anm. 7).
27 Vgl. Joachim Hahn: Juden in Hohenzollern. In: Hohenzollern. Hg. von Fritz Kallenberg. Stuttgart 1996 (Schriftenreihe zur politischen Landeskunde Baden-Württembergs 23), S. 410–427, hier S. 422.
28 Vees, Hechinger Heimweh (wie Anm. 1), S. 80. – Zeller wiederholte seine Forderung am 19. September 1933 in einem Brief an den EOK: *Ich erlaube mir, Euer Hochwürden die Bitte vorzutragen, hier das Schlusswort zu sprechen* (EZA 7/8247).
29 Der Brief ist unterzeichnet von Dr. med. Theodor Johannsen (NSDAP-Kreisleiter), Apotheker Hermann Raithelhuber, Karl Löble, Weber Jakob Rath, Justizinspektor August Bitter und Schuhfabrikant Wilhelm Müller (AEKiR 1 OB 009, K 174).

unter Katz' *Leitung immer mehr zurückgeworfen werde und zuletzt ganz dem Verfall entgegengehen würde*, kritisierten sie,

1. die Predigten würden *so langweilig und zusammenhanglos dargeboten*, dass manche der wenigen Teilnehmer der Gottesdienste *der Gefahr des Einschlafens erliegen*;
2. die Vereine lägen *ganz darnieder*, die Mitgliederzahl nehme erschreckend ab. Daran trage einen Teil der Schuld *das unsoziale Verhalten der Pfarrfrau*; *Redereien in der Stadt* setzten *die Würde des Pfarrhauses* herab;
3. Gottesdienste in der Filiale Bisingen fänden nicht regelmäßig statt, die dortige Gemeinde warte oft vergeblich auf den Pfarrer;
4. der Religionsunterricht in Bisingen finde *seit zwei Jahren sehr unregelmäßig* statt, Kinder und Eltern wären hierüber sehr aufgebracht.
5. Den Anlass ihres Schreibens erwähnten sie – nur *der Ordnung halber* (!) – erst am Schluss des Briefes: Pfarrer Katz sei *väterlicher- und mütterlicherseits Vollblutjude* und könne *schon aus diesem Grunde die Verbindung zu einem deutschen Volke nie finden.* […] *Die Meinung in der Gemeinde geht nun dahin, dass Pfarrer Katz für die evangelische Gemeinde in Hechingen für die Dauer untragbar ist, weil er sich zum Pfarramt* […] *aus den angegebenen Gründen absolut nicht eignet* […].

Diese ungeheuerlichen Vorwürfe der Nazis im Kirchengemeinderat in Hechingen 1933 unterschieden sich wie Tag und Nacht von der Beurteilung von Peter Katz durch Persönlichkeiten vor 1933. Obwohl die Nazis ihre Urteile als objektive Aussagen tarnten, haben sie sich selbst als Ideologen gerichtet. Sie behaupteten, für „die Gemeinde" zu sprechen, die sie aber nicht konsultiert hatten.

Die sechs Ältesten baten den Superintendenten, ihre Beschwerde bald zu prüfen und an die höhere Instanz weiterzuleiten. Superintendent Seeliger setzte für den 17. August 1933 eine Visitation an, um über den Brief der sechs Ältesten und Peter Katz' Stellungnahme zu sprechen. Seeliger hätte beide Seiten anhören und zu vermitteln versuchen müssen. Doch er stellte sich parteiisch auf die Seite der Ankläger, machte aus der Anhörung ein Tribunal gegen Peter Katz. Zur Klärung und Wahrheitsfindung trug das nicht bei. Katz musste sich verpflichten, keine Gegendarstellungen zu den Vorwürfen einzuholen.[30] Das Protokoll vermerkt: *Nach ausführlicher Aussprache hält der Kirchgemeinderat den Antrag auf Versetzung* [von Peter Katz in den Ruhestand] *einstimmig aufrecht, da eine gedeihliche Zusammenarbeit nicht erwartet werden kann.*[31] Am folgenden Tag (18. August 1933) äußerte sich Katz in der Größeren Gemeindevertretung: *Ich erkläre mich bereit, auf die Pfarrei Hechingen zu verzichten, sobald mir die kirchliche Behörde einen Weg weist, auf dem ich, unter Berücksichtigung meiner Lage als nichtarischer Pfarrer, meiner Begabung entsprechend eine andere Arbeit zugewiesen erhalte.*[32]

Die Beschwerdeführer glaubten sich am Ziel, Pfarrer Katz Berufsverbot erteilen zu können. Das juristische Instrument der Deutschen Christen zur Befreiung von „jüdischem Einfluss", der kirchliche „Arierparagraph", wurde erst am 6. September 1933 von der altpreußischen Generalsynode beschlossen und dann mehrfach außer Kraft und wieder in

---

30 Katz, Rechtfertigungsschrift (AEKiR 1 OB 009, K 174, Bd. 8, S. 5).
31 Zitiert nach Vees, Hechinger Heimweh (wie Anm. 1), S. 162.
32 Ebd., S. 163.

Kraft gesetzt.[33] Die Ältesten erweiterten die Behauptungen ihres Briefes vom 3. August 1933 durch ungeprüfte, unbewiesene, ehrenrührige Vorwürfe. Kleinigkeiten wurden aufgebauscht und als Charaktereigenschaften dargestellt. Die positiven Zeugnisse für Peter Katz aus dessen Zeit in Baden ignorierten sie, weil Baden damals ein demokratisch-liberales Land gewesen sei.[34]

Die leitenden Persönlichkeiten der evangelischen Kirche in Hohenzollern hatten ein fast schizophrenes Verhältnis zur deutschen Kirche: Sie standen loyal zur deutsch-christlichen Kirchenleitung in Berlin und Koblenz, verweigerten aber den „Deutschen Christen" die Nutzung von Kirchen und Gemeinderäumen vor Ort.[35] Noch Ende 1933 empfahlen sie allen Evangelischen den Anschluss an die DC-Bewegung, lehnten aber den kirchlichen „Arierparagraphen" in ihrem Gebiet ab.[36] Eine innerkirchliche Opposition wie der Pfarrernotbund oder (ab Frühjahr 1934) die Bekennende Kirche hatten aus ihrer Sicht keine Existenzberechtigung.

Pfarrer Peter Katz war ein Kämpfer. Er weigerte sich, selbst um seine Beurlaubung zu bitten, und hielt den Rechtsanspruch auf seine Pfarrstelle aufrecht. Als er erkannte, dass seine Gegner keine neue Aufgabe für ihn suchten, zog er die Bereitschaft, Hechingen zu verlassen, zurück. Er war nicht gewillt, die massiven Beschuldigungen auf sich beruhen zu lassen. Deshalb verfasste er in den folgenden Wochen eine „Rechtfertigungsschrift" von 113 Seiten, in der er die Vorwürfe widerlegte. Auf dem Dienstweg reichte er die Schrift am 23. Februar 1934 über den Superintendenten an das Konsistorium in Koblenz ein.[37] Er suchte sogar Fürsprecher im Lager der „Deutschen Christen" zu finden. Um das zu verhindern, schrieb Superintendent Seeliger an den Reichsleiter der „Glaubensbewegung Deutsche Christen", Bischof Joachim Hossenfelder: Katz habe *durch vielfaches Versagen das Vertrauen der ganzen Gemeinde verloren […]. Pfarrer Katz ist vor 4 Jahren von der badischen Landeskirche in die Preussische Kirche gegangen und hat in den beiden Amtsjahren in Neudorf (Saar) ebenso versagt, wie in Hechingen. Wenn er nun absolut im Amt bleiben soll, so könnte doch die Landeskirche Baden ihn wieder einstellen […].*[38] Dieses Verhalten Seeligers ist auch nach Jahrzehnten kaum zu ertragen.

Die Rechtfertigungsschrift von Peter Katz hatte auf den weiteren Verlauf keinen Einfluss. Bereits am 26. Februar 1934 erging der Erlass des altpreußischen deutsch-christlichen Landesbischofs Ludwig Müller, mit dem Peter Katz zum 1. März 1934 in den Einst-

---

33 Vgl. WOLFGANG GERLACH: Als die Zeugen schwiegen. Bekennende Kirche und die Juden. Berlin 1987, S. 115, 134. – Das Gesetz vom 6. September 1933 wurde am 16. November 1933 außer Kraft gesetzt, am 4. Januar 1934 wieder in Kraft gesetzt, am 13. April 1934 wieder außer Kraft gesetzt und am 21. August 1934 durch einige Landeskirchen wieder in Kraft gesetzt.

34 Vgl. den Brief von Walter Koch an Oberkonsistorialrat Freitag vom 5. Dezember 1933 (EZA 7/8247).

35 Vgl. Evangelisch in Hohenzollern. Katalog zur Ausstellung des Evangelischen Dekanats Balingen und des Staatsarchivs Sigmaringen. Hg. v. VOLKER TRUGENBERGER und BEATUS WIDMANN. Stuttgart 2016, S. 66 (VOLKER TRUGENBERGER).

36 Vgl. VEES, Hechinger Heimweh (wie Anm. 1), S. 86 f.

37 Bericht des Pfarrers Peter Katz in Hechingen, maschinenschriftliches Manuskript (AEKiR 1 OB 009, K 174, Bd. 8). – Druck (gekürzt) unter dem Titel „Die Rechtfertigung" in: VEES, Hechinger Heimweh (wie Anm. 1), S. 165–178. – Das Manuskript wurde erst 1995 im Archiv der Evangelischen Kirchengemeinde Sigmaringen gefunden.

38 Schreiben Seeligers vom 22. November 1933, zitiert nach LEKEBUSCH, Katz (wie Anm. 2), S. 407 f.

weiligen Ruhestand versetzt wurde.[39] Katz erklärte diese zwangsweise Versetzung in den Ruhestand als *rechtsunwirksam* und forderte ein ordentliches, klärendes Verfahren. Die gegen ihn erhobenen Vorwürfe gäben nur die Auffassung des Superintendenten Seeliger und des Konsistoriums in Koblenz wieder. Die Gemeinde sei überzeugt, dass er wegen seiner jüdischen Herkunft beurlaubt worden sei.[40] An Landesbischof Ludwig Müller schrieb er am 20. April 1934: *Die eigentlichen Motive meiner wenigen, aber ausschlaggebenden Hechinger Gegner sind gewollt getarnt.* Seine Verteidigungsbemühungen und die Nachprüfung an Ort und Stelle hätten *mit Sicherheit die Entlarvung meiner Gegner und den Nachweis der Haltlosigkeit ihrer Anschuldigungen gegen mich zum Ergebnis gehabt.*[41]

Doch NSDAP-Kreisleiter Theodor Johannsen hatte bereits am 13. März 1934 an das Konsistorium geschrieben: *Ich lehne Stadtpfarrer Katz für Hechingen in alle Zukunft ein für alle Male ab, und werde es unter gar keinen Umständen dulden, dass er je wieder hier als Prediger auftritt. Je schneller er aus Hechingen verschwindet, desto besser für die evangelische Gemeinde. Im dritten Reich können deutsche Menschen nur von Deutschen, aber nicht von Juden geistlich betreut werden.*[42] Die Gefolgsleute von Johannsen im Gemeindekirchenrat hatten zuvor am 7. März 1934 erklärt, *dass Pfarrer Katz nach seinem ganzen Verhalten in der Gemeinde Hechingen niemals die Gewähr dafür bietet, dass er jederzeit rückhaltlos für den nationalen Staat des 3. Reiches eintritt.*[43]

3. Koblenz 1934 bis 1939

Peter Katz' Position in Hechingen war unhaltbar geworden. Familie Katz musste das Pfarrhaus räumen, weil der Nachfolger, Pfarrer Wilhelm Müller aus Duisburg, die Wohnung beanspruchte. Die Eltern von Frau Katz hatten in Koblenz ein Haus. Dorthin übersiedelte die Familie Katz im Laufe des Sommers 1934. Peter Katz kämpfte aber darum, dass ihm die Rechte eines aktiven Pfarrers erhalten blieben.

Reichsbischof Ludwig Müller und sein „Rechtswalter" August Jäger hatten mit der gewaltsamen Eingliederung der Landeskirchen in die Deutsche Evangelische Kirche und der versuchten ideologischen Gleichschaltung den Bogen überspannt. Sie wurden im November 1934 entmachtet, ihren Maßnahmen fehlte die Rechtsgrundlage. Dazu gehörte auch die Zwangspensionierung von Pfarrer Peter Katz.

Diejenigen im rheinischen Konsistorium, die Peter Katz 1934 nicht schnell genug aus Amt und Gemeinde hatten vertreiben können, ließen sich nun über ein halbes Jahr Zeit, um zu überlegen, ob und wie sie ihm mitteilen sollten, dass seine Versetzung in den Einstweiligen Ruhestand nicht mehr rechtskräftig sei. Sie standen vor zwei Problemen:

---

39 Vgl. Schreiben von Peter Katz an den Landesbischof der Evangelischen Kirche der altpreußischen Union vom 20. April 1934 (EZA 7/8247).
40 Brief an den EOK-Präsidenten Werner vom 19. April 1934 (EZA 7/8247).
41 Schreiben vom 20. April 1934 (EZA 7/8247).
42 Zitiert nach LEKEBUSCH, Katz (wie Anm. 2), S. 410 f.
43 Beide Schreiben EZA 7/8247. – Das Schreiben des Gemeindekirchenrats unterzeichneten Dr. Theodor Johannsen, Wilhelm Müller, Hermann Raithelhuber, August Bitter, Jakob Rath und Karl Löble.

Erstens war die Pfarrstelle in Hechingen bereits wieder besetzt, und zweitens würde Peter Katz trotz der Nachzahlung von erfolgten Gehaltsabzügen keine rheinische Pfarrstelle mehr erhalten, da er jüdischer Herkunft war.[44]

Während Oberkonsistorialrat Walter Siebert dreimal den Evangelischen Oberkirchenrat in Berlin um Weisung bat, aber keine Antwort erhielt,[45] handelte der stellvertretende Leiter der rheinischen Finanzabteilung, Konsistorialrat Otto Franke, von sich aus. Er hielt es schon länger für bedenklich, dass Katz die vollen Gehaltsbezüge noch immer vorenthalten wurden. Am 16. Juli 1935 schrieb Franke an Katz: *Wir sind der Ansicht, dass Ihre Versetzung in den einstweiligen Ruhestand nicht rechtsgültig erfolgt ist, und haben uns dahin entschieden, dass Sie hinsichtlich Ihrer Bezüge so gestellt werden sollen, als ob Sie noch als aktiver Geistlicher im Dienste einer Kirchengemeinde ständen. Demgemäß haben wir das Erforderliche veranlasst.*[46] Peter Katz war erfreut, dass nun auch das Konsistorium seine Entfernung aus dem Amt als rechtswidrig bezeichnete. Am 21. Juli 1935 schrieb er: *Da die Tatsache, dass ich rechtmäßiger Pfarrer von Hechingen bin, jetzt von keiner Seite mehr bestritten wird, bitte ich um Weisung zwecks Wiederaufnahme meines Pfarrdienstes in Hechingen.*[47] Katz informierte auch Freunde in Hechingen, dass die Finanzabteilung ihn am 16. Juli 1935 wieder in seine Rechte eingesetzt habe.[48] Katz hat das Schreiben von Franke allerdings offenbar überinterpretiert, da in diesem nichts über eine Wiedereinsetzung in sein Amt in Hechingen stand.

Oberkonsistorialrat Walter Siebert war über den Alleingang von Kirchenrat Franke erzürnt; er schrieb am 6. August 1935 an den Evangelischen Oberkirchenrat: *Wir müssen darüber Beschwerde führen, dass die Finanzabteilung eine derartige Benachrichtigung, ohne die erbetenen Weisungen des Evangelischen Oberkirchenrates abzuwarten, hat ergehen lassen. Eine Notwendigkeit dazu bestand nicht, […]. Wir ersuchen, […] die Finanzabteilung […] in Düsseldorf anzuweisen, derartige Beschlüsse des Konsistoriums auch für sich als bindend anzusehen […].*[49]

Peter Katz' Schreiben an Freunde in Hechingen, dass er wieder in sein Amt eingesetzt worden sei, rief nun Superintendent Hans Seeliger auf den Plan. Dem rheinischen Konsistorialpräsidenten Koch teilte er mit, *dass über Pfarrer Katz schon seit dem Beginn seiner Tätigkeit in Hechingen dauernd Beschwerden aus den Kreisen der Gemeinde bei ihm vorgebracht worden seien. Ihm wurde Nachlässigkeit und Faulheit sowie Unpünktlichkeit in seiner Amtsführung vorgeworfen, sehr schlechte Predigten, Klagen darüber, dass er Amtshandlungen vergessen habe und dergleichen mehr. Auf der anderen Seite habe Pfarrer*

---

44 Schreiben des Evangelischen Konsistoriums der Rheinprovinz an den EOK vom 17. Juli 1935 (EZA 7/ 8247).

45 Vgl. die Schreiben vom 17. Juli, 6. August und 3. September 1935 (EZA 7/8247).

46 Der Text wird in einem Schreiben von Oberkonsistorialrat Walter Siebert an den EOK vom 6. August 1935 mitgeteilt (EZA 7/8247). – Siehe auch das Schreiben Frankes an Oberkonsistorialrat Ernst Engelmann, Berlin, vom 24. Juli 1935 (ebd.).

47 Der Text wird in dem Schreiben von Oberkonsistorialrat Walter Siebert an den EOK vom 6. August 1935 mitgeteilt (EZA 7/8247).

48 Abschrift des Rundschreibens von Peter Katz im Schreiben von OKR Walter Siebert an den EOK vom 3. September 1935 (EZA 7/8247).

49 Schreiben von OKR Walter Siebert an den EOK vom 6. August 1935 (EZA 7/8247). – Der Text ist gedruckt bei LEKEBUSCH, Katz (wie Anm. 2), S. 408–410.

Katz immer wieder sich um geldliche Vorteile bemüht in einer Weise, die eines Pfarrers nicht würdig sei.[50]

Andere Zeugnisse über Pfarrer Peter Katz belegen, dass Seeliger und wenige Hechinger mit ihren antisemitischen Vorurteilen allein standen. Dafür zwei Beispiele:

(1.) Konsistorialrat i. R. Heinrich Schrader (Wiesbaden) schrieb: *Es war Pfarrer Katz ein Herzensanliegen, in der Zeit, da er seiner eigenen Gemeinde nicht mehr dienen konnte, nicht brach zu liegen, sondern seine Kräfte in den Dienst anderer Gemeinden zu stellen. So suchte er immer wieder Gelegenheit, in den Koblenz nahe gelegenen Gemeinden zu predigen. Die in meiner Gemeinde Vallendar von ihm gehaltene Predigt war nach Form und Inhalt vorzüglich, fest im Evangelium gegründet und gewiss nicht ohne Wirkung auf die Gemeinde.* […] *Dass Katz durchaus vaterlandstreu und national gesinnt ist, unterliegt m[eines] E[rachtens] keinem Zweifel. Vorbildlich ist das Familienleben.* […] *Der Familie wäre dringend zu wünschen, dass im Interesse der Kirche, wie in ihrem eigenen Interesse der Weg bald zu neuer segensreicher Tätigkeit gebahnt würde* […].[51]

(2.) Superintendent i. R. Otto Keller (Koblenz) schrieb am 25. September 1935: Peter Katz ist es *ein innerstes Bedürfnis, das Evangelium von Jesus Christus zu verkündigen und in seiner Kirche mitzuarbeiten. Er ergreift daher jede ihm dazu unter den jetzigen kirchenpolitischen Verhältnissen sich noch bietende Gelegenheit mit Freuden. So hat er schon in vielen Gemeinden unseres Kirchenkreises als Vertreter ausgeholfen und m[eines] W[issens] überall durch seine durch und durch biblische und dabei herzenswarme Predigt dankbare Aufnahme gefunden. Mich selbst hat er mehrere Wochen in der Seelsorge an einem grossen Krankenhaus vertreten und diesen Dienst sehr eifrig und gewissenhaft versehen. Sein theologisches Wissen steht hoch über dem Durchschnitt.* […] *Er ist ein schneller und fleißiger Arbeiter, der seine Tage ausnutzt und alle ihm zu Gebote stehende Zeit zu ernsten theologisch-wissenschaftlichen Studien verwendet. Aber sein Ziel bleibt doch immer, einer Gemeinde zu dienen.*[52]

Am 4. September 1935 hob die Finanzabteilung des Evangelischen Oberkirchenrats in Berlin die Mitteilung von Konsistorialrat Franke (Finanzabteilung Düsseldorf) vom 16. Juli 1935 auf. An Katz schrieb man: *Wir untersagen Ihnen hiermit ausdrücklich,* […] *derartige Behauptungen zu verbreiten, machen Sie vielmehr im Einvernehmen mit dem EOK darauf aufmerksam, dass Sie mit einer Wiederbeschäftigung in einem Pfarramt unserer Landeskirche nicht zu rechnen haben.*[53] Am 11. September 1935 verhandelte Oberkonsistorialrat Ernst Engelmann vom Evangelischen Oberkirchenrat mit Peter Katz in Düsseldorf über dessen Versetzung in den endgültigen Ruhestand zum 1. Oktober 1935. Die

---

50 Vermerk über ein Gespräch von Konsistorialpräsident Walter Koch mit Superintendent Hans Seeliger vom 4. September 1935 (EZA 7/8247). – Oberkonsistorialrat Ernst Engelmann, Berlin, notierte über seine Verhandlungen mit Pfarrer Peter Katz am 11. September 1935: *Die Berichte des Sup*[erintendenten] *Seeliger seien mit gewisser Vorsicht aufzunehmen, da der Genannte sehr subjektiv sei* (ebd.). – Am 17. November 1936 unternahm Konsistorialrat Dr. Otto Jung als Leiter der Finanzabteilung des Konsistoriums in Düsseldorf einen neuen Versuch, das Verhältnis zwischen Pfarrer Peter Katz und dem Gemeindekirchenrat in Hechingen zu klären. Alle Vorurteile und Unterstellungen Superintendent Seeligers werden hier nochmals wiederholt, ohne zu einem Ergebnis zu kommen (ebd.).

51 Abschrift des Briefes vom 23. September 1935 (EZA 7/8247).

52 EZA 7/8247.

53 Konzept eines Schreibens an Pfarrer Peter Katz vom 4. September 1935 (EZA 7/8247).

Nachzahlung einbehaltener Gehaltsabzüge wurde an die Bereitschaft gebunden, dass Peter Katz freiwillig um seine Pensionierung bitte. Peter Katz bat um Bedenkzeit bis zum 20. September 1935.[54]

Der 7. Reichsparteitag der NSDAP beschloss am 15. September 1935 das *Reichsbürgergesetz* und das *Gesetz zum Schutz des deutschen Blutes und der deutschen Ehre*.[55] Mit den Nürnberger Rassengesetzen begann eine neue Phase der Verfolgung und Entrechtung jüdischer Bürger im Deutschen Reich. Zwei Tage später, am 17. September 1935, schrieb Peter Katz an Professor Adolf Deißmann (Berlin): *Nachdem alles Kämpfen und Hoffen durch die neueste Entwicklung erledigt und sinnlos geworden scheint*, suche er nun für seine Familie eine neue Heimat.[56] Bereits am 5. September 1935 hatte er Friedrich von Bodelschwingh gefragt, ob er in Bethel an Sprachkursen oder der Theologischen Schule mitarbeiten und die Familie ein neues Zuhause finden könne: *Vor allem sind wir nach all dem Bitteren, das wir durchmachen mussten, schwer wund und sehnen uns nach einer Gemeinschaft gleich Gesonnener, in der wir Arbeit fänden und dadurch auflebten […].*[57] Er erhielt eine Absage. Für den erkrankten Bodelschwingh antwortete Generalsuperintendent a. D. Walter Kähler, eine Verwendung in Bethel werde *außerordentlichen Schwierigkeiten begegnen*, denn man könne *nicht mutwillig die Gegnerschaft des Unverstandes herausfordern*, das heißt der Nazis.[58] Er empfahl Katz, sich nach Schweden zu wenden. Katz antwortete am 15. September 1935, dass er *bisher Auslandsschritte im Ernst nicht unternommen* [habe], *da ich stets hoffte, dass es meiner Frau glücken würde, die Anerkennung der Kinder durchzusetzen. Die neueste Entwicklung lässt solche Hoffnungen auf lange* [Zeit] *hinaus gegenstandslos erscheinen.*[59]

Zwischen den kirchlichen Dienststellen in Berlin, Düsseldorf und Koblenz war die Frage der Zwangspensionierung von Peter Katz weiter offen. Katz wandte sich an Superintendent Dr. Wilhelm Schmidt (Oberhausen), rheinisches Mitglied des altpreußischen Landeskirchenausschusses, und an den rheinischen Landeskirchenausschuss und schilderte seine Lage.[60] Der Evangelische Oberkirchenrat und das Konsistorium hielten an ihrer Forderung fest, dass Katz freiwillig seine Pensionierung beantragen müsse.[61] Auf er-

---

54 Reisebericht von OKR Engelmann vom 17. September 1935 und Protokoll vom 11. September 1935 (EZA 7/8247). – An der Verhandlung nahmen außerdem teil: KR Johannes Hasenkamp und KR Dr. Otto Jung, Leiter der Finanzabteilung in Düsseldorf. – Druck des Protokolls bei LEKEBUSCH, Katz (wie Anm. 2), S. 412. – Am 19. September 1935 erbat Katz weiteren Aufschub der Entscheidung, bis die Frage der Alters-, Witwen- und Waisenversorgung geklärt sei (Abschrift des Briefes EZA 7/8247).
55 Reichsgesetzblatt 1935, Teil I, Nr. 100, Sp. 1146.
56 Zentral- und Landesbibliothek Berlin, Nachlass Deißmann Nr. 327. – Peter Katz bewarb sich beim Berner Kirchenrat und bat Deißmann um ein Empfehlungsschreiben.
57 Brief an D. Fritz von Bodelschwingh vom 5. September 1935, Hauptarchiv der v. Bodelschwinghschen Stiftungen Bethel 2/38–149; Druck bei LEKEBUSCH, Katz [wie Anm. 2], S. 413–415. – Bisher habe ihn der Pfarrernotbund finanziell unterstützt. Er möchte sich jedoch gern mit seinen Gaben selbst erhalten.
58 Brief vom 13. September 1935 (Hauptarchiv der v. Bodelschwinghschen Stiftungen Bethel 2/38–149).
59 Brief vom 15. September 1935 an Generalsuperintendent a. D. Walter Kähler (Hauptarchiv der v. Bodelschwinghschen Stiftungen Bethel 2/38–149). – Katz meinte die Anerkennung seiner drei Kinder als gleichberechtigte Reichsbürger.
60 Briefe vom 18. November 1935 und 20. Dezember 1935 (EZA 7/8247). – Am 18. November 1935 erwähnte Katz einen Brief vom 17. Oktober 1935 an Generalsuperintendent i. R. Wilhelm Zoellner, den Vorsitzenden des Reichskirchenausschusses, in Berlin. Der Brief ist bisher nicht gefunden. Katz berief sich später auf einen Auftrag Zoellners, sich an der Septuaginta-Forschung zu beteiligen.
61 Konzept des EOK (Bender) vom 30. Juni 1936 (EZA 7/8247).

neute Aufforderung teilte Katz am 27. Juli 1936 mit: *Ich sehe keinen Anlass, meinen Rechtsanspruch aufzugeben.*[62] In einem erneuten Schreiben des rheinischen Konsistoriums vom 17. November 1936 wurden die bekannten Vorwürfe und Unterstellungen gegen Katz wiederholt.[63] Am 23. Juli 1937 versuchte der Evangelische Oberkirchenrat, Pfarrer Peter Katz auf Grund des Kirchengesetzes über die Versetzung von Geistlichen vom 6. März 1930 zu pensionieren. Der Antrag wurde jedoch zurückgewiesen, da das Kirchengesetz auf den vorliegenden Fall nicht anwendbar war.[64]

Am 1. Juni 1938 fragte die Lehrerin von Birgit Katz diese, ob sie „arischer" oder „nichtarischer" Herkunft sei. Frau Katz bestätigte, dass ihre Tochter „Halbarierin" sei, und Birgit wurde im November 1938 mit sofortiger Wirkung vom weiteren Schulbesuch ausgeschlossen.[65] Dies war eine der Folgen des Pogroms am 9./10. November 1938, dass Kinder, deren Eltern jüdischer Herkunft waren, keine öffentlichen Schulen mehr besuchen durften. Für die Eltern Katz war das und die mutwillige völlige Zerstörung jüdischer Einrichtungen der letzte Anstoß, mit der Familie Deutschland zu verlassen.

Nach dem Novemberpogrom 1938 lud der anglikanische Bischof von Chichester, George Bell, alle deutschen Pfarrer, wenn sie von der NS-Rassenverfolgung betroffen waren, ein, mit ihren Familien nach England zu kommen.[66] Gegenüber den britischen Behörden bürgte Bischof Bell für sie[67] und bemühte sich noch vor ihrem Kommen um ihre künftige finanzielle Absicherung.[68]

Am 28. Dezember 1938 beantragte Peter Katz, seinen Wohnsitz ins Ausland – das heißt nach England – verlegen zu dürfen. Am 6. Januar 1939 zog er den Antrag aber nochmals zurück, weil die Fragen des künftigen Aufenthaltes noch nicht geklärt waren.[69] In den kommenden Monaten verhandelte Katz über die Modalitäten der Emigration.[70] Am 21. April wurde die Ausreise genehmigt. Am 27. April 1939 schrieb Superintendent Martin Albertz im Namen der Bekennenden Kirche einen Abschiedsbrief.[71] Peter Katz emigrierte

---

62 Schreiben vom 27. Juli 1936 (EZA 7/8247).

63 Schreiben von Konsistorialrat Dr. Jung (EZA 7/8247). – Katz bat am 24. Februar 1937 Superintendent W. Schmidt um Vermittlung (ebd.).

64 Text des Beschlusses bei LEKEBUSCH, Katz (wie Anm. 2), S. 415–417.

65 Texte zum Schulverweis von Birgit Katz bei LEKEBUSCH, Katz (wie Anm. 2), S. 418.

66 Schreiben von Katz an den EOK vom 28. Dezember 1938: Das Büro Grüber habe am 15. Dezember 1938 die Einladung Bischof Bells mitgeteilt (EZA 7/1952).

67 Vgl. LUDWIG/RÖHM/THIERFELDER, Evangelisch getauft (wie Anm. 2), S. 21, 388–393.

68 Vgl. EBERHARD RÖHM/JÖRG THIERFELDER: Juden, Christen, Deutsche 1933–1945. Bd. 3/1. Stuttgart 1995, S. 293.

69 Telegramm und Brief von Katz an den EOK vom 6. Januar 1939 (EZA 7/1952). – In der Abschrift der Zurückziehung wird der Antrag auf den 5. Januar 1939 datiert (EZA 7/8247).

70 Mit Erlass vom 3. April 1939 versetzte EOK-Präsident Friedrich Werner Pfarrer Katz in den Ruhestand, weil dieser wegen seiner jüdischen Herkunft nicht länger aktiver Pfarrer in der DEK sein könne (EZA 7/1952). Am 2. Juni 1939 genehmigte die Finanzabteilung beim EOK die Verlegung des Wohnsitzes von Katz ins Ausland (RÖHM/THIERFELDER, Juden, Christen, Deutsche 3/1 [wie Anm. 68], S. 406 Anm. 461).

71 Für die Vorläufige Kirchenleitung der Bekennenden Kirche formulierte Martin Albertz an die Pfarrer, die der Einladung von Bischof Bell folgten, Abschiedsbriefe. An Peter Katz schrieb er: *Wie uns bekannt geworden ist, werden Sie in Kürze unser deutsches Reich verlassen.* [...] *Sie sind und bleiben unser Bruder.* [...] *Es ist uns ein tiefer Schmerz, dass Sie unter diesen Umständen von uns gehen. Wir bitten Sie, dass Sie alle Bitterkeit über die Vorgänge der letzten Jahre dahinten lassen.* [...] *Sagen Sie auch bitte den christlichen Brüdern und Schwestern, die Sie irgendwo in der weiten Welt aufnehmen, unseren herzlichen Dank. Die Brüder tun, was wir leider nicht mehr tun können* [...] (EZA 50/124, Bl. 22).

mit seiner Familie und der für seine wissenschaftliche Arbeit unentbehrlichen großen Bibliothek Ende April oder im Mai 1939[72] nach Cambridge.

Seine Eltern, Dr. Oscar und Elisabeth Katz, musste Peter Katz in Deutschland zurücklassen. Beide wurden am 22. Oktober 1940 von Mannheim aus in ein Lager nach Gurs (Südfrankreich) deportiert. Oscar Katz starb dort am 18. Januar 1941. Elisabeth Katz wurde im Mai 1942 halb verhungert aus dem Lager entlassen und in die Schweiz gebracht. Sie kehrte 1953 nach Deutschland zurück und starb am 12. Juni 1953 in Scherfede.[73]

4. Exkurs: Septuaginta-Forschung

Als „Septuaginta" wird die griechische Übersetzung der hebräischen Bibel (des sogenannten Alten Testaments) bezeichnet – „Septuaginta", weil nach der Legende siebzig Personen an dieser Übersetzung beteiligt waren.

Peter Katz hatte Klassische Philologie und Theologie in Göttingen vom Wintersemester 1906/1907 bis zum Herbst 1911 studiert. Hier war sein Lehrer Jacob Wackernagel gewesen. Katz nannte später die Beschäftigung mit der Septuaginta die *Liebe meiner Jugend*.[74] Die Wurzeln für die Beschäftigung mit der Septuaginta lagen also wohl in Göttingen. Als er *nach langen Umwegen* sich auf Rat von Gerhard Kittel 1935 wieder der Septuaginta-Forschung zuwandte, sah er darin eine *gnädige Führung*. 1935 erschien die zweibändige kritische Edition der Septuaginta von Alfred Rahlfs.[75] Sie war für den Philologen Peter Katz Anlass, sich mit dieser Edition auseinanderzusetzen; am 17. September 1935 schrieb er an Professor Adolf Deißmann in Berlin:[76] *Ich habe die alten Septuaginta-Studien wieder aufgenommen. Zurzeit rezensiere ich unter Mithilfe meines alten Göttinger Lehrers, Prof*[essor] [Jacob] *Wackernagel in Basel, die neue Ausgabe von Rahlfs.*[77] *Sie bietet zwar die Handschriften mustergültig geordnet und bedeutet dadurch einen grossen Fortschritt, ist aber linguistisch unberaten gewesen und zeigt sich zudem sehr sparsam in der Heilung korrupter Stellen, auch wo längst evidente Vorschläge vorliegen. Das habe ich nun nachgearbeitet in diesen Monaten […]*. Peter Katz war mit Alfred Rahlfs eng befreundet. Er hoffte, vom Septuaginta-Studienzentrum der Universität Göttingen aufgenommen zu werden. Doch die Tür zum akademischen Betrieb blieb für Christen jüdischer Herkunft verschlossen.[78] Der Landeskirchenausschuss der Evangelischen Kirche der altpreußischen Union beauftragte den anerkannten Gräzisten Katz mit der weiteren Erforschung der

---

72 Peter Katz nannte am 14. November 1951 den Monat April 1939 als Monat der Emigration. LEKEBUSCH, Katz (wie Anm. 2), S. 178, gibt als Datum den 25. Mai 1939 an, VEES, Hechinger Heimweh (wie Anm. 1), S. 91, ebenfalls Mai 1939. Das genaue Datum muss noch recherchiert werden.

73 Auskunft von Marco Brenneisen, Institut für Stadtgeschichte Mannheim, vom 13. April 2017. – Scherfede ist heute ein Stadtteil von Warburg (Kreis Höxter, Nordrhein-Westfalen).

74 Schreiben von Reverend Peter Walters (Katz) an den Dekan der Theologischen Fakultät in Heidelberg vom 4. Juli 1961 (Archiv der Theologischen Fakultät Heidelberg, Akte der Ehrenpromotion).

75 Vgl. CHRISTIAN SCHÄFER: Alfred Rahlfs (1865–1935) und die kritische Edition der Septuaginta. Berlin 2016.

76 Brief vom 17. September 1935 (Zentrale und Landesbibliothek Berlin, Nachlass Deißmann Nr. 327).

77 Die Rezension erschien in: Theologische Literaturzeitung 61, Nr. 15/16 (25. Juli 1936), Sp. 265–287.

78 In einem Brief von Peter Katz an Superintendent Dr. Schmidt (Oberhausen) vom 24. Februar 1937 wird der Umzug von Koblenz nach Göttingen erwähnt, falls es zu einer Vereinbarung mit dem Göttinger Studienzentrum kommen sollte.

Septuaginta. Dafür erhielt er seit 1. März 1936 bis zur Emigration nach England 1939 volle Gehaltsbezüge.[79]

Aus der Fülle der Einzelstudien, die Peter Katz vorgelegt hat, verweise ich auf den Vortrag „Das Problem des Urtextes der Septuaginta", den er 1948 in einigen Städten hielt und der 1949 in der „Theologischen Zeitschrift" der Universität Basel erschien.[80] Nach Professor *Robert Hanhart* (Göttingen) war Peter Katz ein „strenger Verfechter der Prinzipien der Göttinger Septuaginta". Beide Editionsunternehmen – Göttingen und Cambridge – beruhten nach *Hanhart* „auf zwei verschiedenen Prinzipien: Cambridge mit der diplomatischen Ausgabe des Vaticanums, Göttingen mit der kritischen Edition des ältesten erreichbaren Textes." Beide Unternehmen bestanden nebeneinander und waren freundschaftlich verbunden, und beiden lag die „Einheits-Hypothese" zugrunde: „Jedes Buch der Septuaginta besitzt eine ursprüngliche Form, die wie ein klassischer antiker Text mit den Methoden der Philologie rekonstruiert werden muss."[81]

Peter Katz verfasste auch einen sehr instruktiven Überblick über die Geschichte der Septuaginta-Forschung, ihre Probleme und Ergebnisse.[82] Sein letztes Werk war die stark überarbeitete Fassung seiner Dissertation, die nach seinem Tod sein Schüler David W. Gooding 1973 herausgab.[83]

5. Cambridge 1939 bis 1962

Vor Beginn des Zweiten Weltkrieges 1939 waren mehr als eintausend Menschen aus rassischen oder politischen Gründen aus Deutschland geflohen und nach Cambridge gekommen. Hier waren sie in Sicherheit, standen aber vor dem Nichts. Auf Vorschlag Dietrich Bonhoeffers wurde dessen Freund Franz Hildebrandt mit dem Aufbau der Deutschen Lutherischen Gemeinde beauftragt. Am 3. September 1939 fand der erste deutsche Gottesdienst statt. Hildebrandt predigte über das Gleichnis vom Barmherzigen Samariter. Unter dem Dach dieser Gemeinde bildeten sich in der Umgebung noch mehrere Gruppen, die zu deutschsprachigen Gottesdiensten zusammenkamen.[84]

Über die Anfänge in Cambridge berichtet Peter Katz: *Der Weg ging ins Ungewisse, aber er brachte Befreiung, wie Sie Alle vorausgesehen haben. Ich erhielt hier völlige Freiheit, auch Sorgenfreiheit in bescheidenem Rahmen. Wohl war ich von Juli 1940 bis Februar 1941*

---

79 Schreiben von Katz an den EOK vom 28. Dezember 1938: Seit 1. März 1936 habe er einen hauptamtlichen Auftrag des (Reichs-)Kirchenausschusses zur Septuagintaforschung (EZA 7/1952). – Vgl. Röhm/Thierfelder, Juden, Christen, Deutsche 3/1 (wie Anm. 68), S. 347.
80 Peter Katz: Das Problem des Urtextes der Septuaginta. In: Theologische Zeitschrift 5 (1949), S. 1–24. – Peter Katz hielt den Vortrag in Basel, Freiburg (Breisgau), Mainz, Bonn sowie in Cambridge.
81 Briefliche Mitteilung von Prof. Dr. Dr. h.c. mult. Robert Hanhart, Göttingen, vom 21. Mai 2017. Hanhart war seit 1961 Arbeitsstellenleiter des Göttinger Septuaginta-Unternehmens und betreute zahlreiche Bände des Unternehmens. Er kannte Peter Katz noch persönlich.
82 Peter Katz: Septuaginta-Forschung. In: Die Religion in Geschichte und Gegenwart. 3. Aufl. hg. von Kurt Galling. Bd. 5. Tübingen 1961, Sp. 1704–1707.
83 Peter Walters (formerly Katz): The text of the Septuagint; its corruptions and their emendation. Edited by D. W. Gooding. Cambridge 1973.
84 Vgl. Holger Roggelin: Franz Hildebrandt. Ein lutherischer Dissenter im Kirchenkampf und Exil. Göttingen 1999, S. 173–218; Evangelisch-Lutherische Kirche deutscher Sprache in Ostengland (http://www.german-church.org/cambridge/; zuletzt eingesehen am 24. Januar 2018).

auf der Isle of Man interniert, da ich aber viel predigte und auf meiner 2. Station Camp Pastor war, auch reichlich Bücher mithatte, war die Zeit nicht verloren, menschlich gewiss nicht.[85]

Am 6. Juni 1941 immatrikulierte sich Peter Katz als Forschungsstudent am Fitzwilliam House, das zur Universität Cambridge gehörte.[86] Er setzte die Septuaginta-Studien fort und erwarb am 17. März 1945 den PhD mit einem ersten Band über „The text of the Septuagint. Its corruptions and their emendation",[87] der 1947 bei der Cambridge University Press erschien. Im November 1946 vollendete er den zweiten Band und hoffte, im folgenden Jahr den dritten und letzten Band abzuschließen: *Mein Ziel ist eine neue Ausgabe der Septuaginta anstelle der Rahlfsschen.*[88]

Seit Juni 1947 war er Dozent für Septuagintastudien an der Theologischen Fakultät der Universität in Cambridge. Seine Vorlesungen und Übungen waren anerkannte Veranstaltungen. Er gehörte zum Lehrkörper und war Mitglied der Theologischen Fakultät, war aber kein Beamter und erhielt deshalb auch kein Gehalt. *Dass die Kinder hier ihren Weg machen, darum ist uns nicht bange*, schrieb er an Pfarrer Karl Ernst Sachsse (Oberwinter):[89] Der älteste Sohn Meinhard (1920–1978) heiratete eine Engländerin, war Offizier in Soest und studierte Deutsch und Französisch, der zweite Sohn Ewald (1922–2009) studierte Naturwissenschaft, und die Tochter Birgit (1925–1987) wurde Krankenpflegerin und zog nach ihrer Heirat nach London. Finanziell war Peter Katz noch mehrere Jahre auf die Zuwendungen des „Church of Englands Committee for non-Aryan Christians" angewiesen. Seit Oktober 1951 erhielt er ein Ruhegehalt der Evangelischen Kirche im Rheinland.[90]

Nachdem in das Leben der Familie Katz in Cambridge wieder Frieden und Stetigkeit eingekehrt waren, konnte Peter Katz sehr produktiv wissenschaftlich arbeiten. Ob er die Vorgänge in Deutschland nach 1945 beobachtete, ist nicht bekannt. Noch siebzig Jahre später verschlägt es einem die Sprache, dass Superintendent Hans Seeliger, nachdem er doch nach 1933 die berufliche Existenz und das damit verbundene Leben von Pfarrer Peter Katz und seiner Familie mit ungeheuerlichen Behauptungen und Lügen zerstört hatte, sich aus Anlass seiner Entnazifizierung an nichts erinnerte, nichts bereute und nichts zur Rehabilitierung von Peter Katz beitrug, sondern sich selbst als Opfer darstellte.[91] In der

---

85 Brief an Pfarrer Karl Ernst Sachsse, Oberwinter, vom 10. Dezember 1946 (AEKiR 1 OB 009, K 174 [Durchschrift]).

86 Auskunft von Jacqueline Cox, Archiv der Universität Cambridge, vom 17. Oktober 2013. – Die Immatrikulation an der Universität erfolgte am 6. Juni 1941.

87 Archiv der Universität Cambridge, UA Graduati 12/244, Univ Lib PhD index (Auskunft von Jacqueline Cox, Archiv der Universität Cambridge).

88 Brief an Pfarrer Karl Ernst Sachsse, Oberwinter, vom 10. Dezember 1946 (AEKiR 1 OB 009, K 174 [Durchschrift]).

89 Ebd.

90 Bedürftigkeitsnachweis von Peter Katz für die Evangelische Kirche im Rheinland vom 14. November 1951 (AEKiR 1 OB 009, K 174). – Vgl. RAUTHE, Peter Katz (wie Anm. 2), S. 241 Anm. 17, über Pensionsleistungen der rheinischen Kirche.

91 *Die Welt hat ihm manchen Stein in den Weg gelegt. Manches Unrecht gab es für ihn, der ein rechter Streiter Gottes war, zu bekämpfen.* Nachruf in der Schwäbischen Zeitung Sigmaringen vom 21. Oktober 1952. – Vgl. JÖRG THIERFELDER: Die Kirchenpolitik der Besatzungsmacht Frankreich und die Situation der evangelischen Kirche in der französischen Zone. In: Kirchliche Zeitgeschichte 2 (1989), S. 221–238; EDGAR WOLFRUM: Die Besatzungsherrschaft der Franzosen 1945 bis 1949 in der Erinnerung der Deutschen. In: Geschichte in Wissenschaft und Unterricht 46 (1995), S. 567–582.

Entnazifizierungsakte Seeligers kommt der „Fall Peter Katz" nicht vor.[92] Obwohl Seeliger am 1. Mai 1933 Mitglied der NSDAP geworden und propagandistisch für die NSDAP eingetreten war, wollte sich keiner der Befragten mehr genauer an Einzelnes erinnern. Wie allgemein üblich sammelten auch Seeliger und seine Tochter im Mai 1948 für alle Fälle sogenannte „Persilscheine".[93] In der Revision gegen die im Regierungsblatt am 25. Juni 1947 veröffentlichte Entscheidung des in Reutlingen angesiedelten Staatskommissars für die politische Säuberung in Württemberg-Hohenzollern, Seeliger auf drei Jahre die Erteilung von Religionsunterricht zu untersagen, stuften ihn Spruchkammern im März 1948 und Januar 1949 als *Mitläufer* ein, ohne Sühnemaßnahmen anzuordnen.[94]

Um die Besetzung der Pfarrstelle in Hechingen gab es nach 1945 erneut heftige Auseinandersetzungen, in die Superintendent Seeliger intensiv eingriff. Bei den Verhandlungen zwischen der neuen rheinischen Kirchenleitung und der württembergischen Landeskirche über die Eingliederung der evangelischen Kirchengemeinden Hohenzollerns in die württembergische Landeskirche wurde Seeliger aber zunehmend als Belastung angesehen. In dem auf Forderung der Französischen Militärregierung durchgeführten kirchlichen Entnazifizierungsverfahren wurde er 1947 von seinen Aufgaben als Superintendent entbunden und kommissarisch nach Haigerloch versetzt. Gemeinden und Pfarrer von Hohenzollern wurden 1950 in die württembergische Landeskirche eingegliedert.[95]

1954 nahm die Familie Katz den Namen „Walters" an – in Anlehnung an den Geburtsnamen von Gertrud Katz: Peter Katz nannte sich nun Peter Walters, der älteste Sohn Meinhard nannte sich Michael Paul Heathcote, der zweite Sohn Ewald nannte sich Thomas Charles Walters,[96] und Birgit hieß nach ihrer Heirat Saunders.

Zum einhundertjährigen Jubiläum der Hechinger Johanneskirche 1957 lud der damalige Gemeindepfarrer Dr. Burkert Peter Walters und seine Frau ein, nach Hechingen zu kommen und an den Feierlichkeiten teilzunehmen. Peter Walters dankte am 18. Juni 1957 für die Einladung so: *Wir vergessen nicht, dass wir in Hechingen in schwerer Zeit viel gute und nicht leicht gemachte aufopfernde Treue erfahren haben. Nachdem die Stürme, die so Vieles*

---

92 StAS Wü 13 T 2 Nr. 1938/014 (für die Einsichtnahme danke ich Dr. Volker Trugenberger, Staatsarchiv Sigmaringen). – Der Arzt und NS-Kreisleiter (1933–1936) Dr. Theodor Johannsen versteckte sich beim Einmarsch französischer Truppen, wurde entdeckt und starb auf dem Weg zum französischen Militärbefehlshaber am 24. April 1945; er wurde postum bei der Entnazifizierung als Belasteter eingestuft (OTTO WERNER: Biographische Notizen über bekannte und weniger bekannte, berühmte und berüchtigte „Hechinger" Personen, Männer und Frauen. Maschinenschriftlich. Hechingen 2004, S. 1022; StAS Wü 13 T 2 Nr. 2652/177). Zahnarzt Dr. Kurt Zeller wurde letztlich nur als Mitläufer eingestuft (StAS Wü 13 T 2 Nr. 2624/300).

93 Vgl. CLEMENS VOLLNHALS: Persilscheine für Nazis. Protestanten aller Richtungen bekämpften die Entnazifizierung und diffamierten ihre Befürworter. In: zeitzeichen 2005, Heft 8, S. 17–20.

94 Regierungsblatt für das Land Württemberg-Hohenzollern 1947. Beilage 4 vom 25. Juni 1947, S. 82. – StAS Wü 13 T 2 Nr. 1938/014. – Der Sigmaringer Kaufmann und frühere Vorsitzende des Kreisuntersuchungsausschusses für die politische Säuberung Eugen Müller schrieb am 10. April 1948 an Staatskommissar Traber: Nachdem Seeligers Revision Erfolg gehabt habe, *tut mir jeder leid, der gesühnt wurde. Seeliger war einer der ersten PG [Parteigenossen] in Sigmaringen, hat nachweislich sowohl in der SA als auch in der Frauenschaft Reden gehalten, hat durch sein Eintreten für die Partei als Pfarrer manchen veranlasst, der Sache näher zu treten, diese Leute mussten zum Teil schwer büssen, und der eigentlich Schuldige ist ohne Massnahmen […], das erschüttert jeden Glauben an Gerechtigkeit* (StAS Wü 13 T 2 Nr. 1938/014).

95 Siehe im vorliegenden Band den Beitrag von VOLKER TRUGENBERGER: „… ohne Schwierigkeiten möglich". Die Eingliederung des Kirchenkreises der Hohenzollernschen Lande in die Evangelische Landeskirche in Württemberg.

96 Auskunft von Carol Lamb, Fitzwilliam College, Cambridge University, vom 22. Oktober 2013.

Das Ehepaar Katz in England
(Privatbesitz Elfriede Hahn †, Hechingen).

zum Einsturz gebracht haben, ausge-
rast haben, ist so manches freundli-
che Wort des Gedenkens und der Ge-
meinschaft an uns gelangt, dass es uns
verlangt, in die ausgestreckte Bruder-
hand einzuschlagen und die Brücke
über den Abgrund, zwischen Einst
und Jetzt festzumachen. [...].[97]

Aus Anlass des 75. Geburtstages
von Peter Walters [Katz] am 1. Juli
1961 verlieh ihm die Theologische
Fakultät der Universität Heidelberg
die Würde eines Ehrendoktors der
Theologie. Die Laudatio der Ehren-
urkunde hat folgenden Text:

[...] *der in früheren Zeiten sich als*
treuer Diener des göttlichen Wortes
in seiner Heimat bewiesen hat und
später aus seinem Vaterlande vertrie-
ben die Wissenschaft durch seine
gründliche, sachkundige und unermüdliche Erforschung der Septuaginta genannten
Übersetzung des Alten Testaments und deren Verhältnis zum hebräischen Urtext sowie
durch seine Studien über die alexandrinisch-jüdische Literatur und die Probleme der bibli-
schen Lexikographie erfolgreich gefördert hat. [...][98]

Am 4. Juli 1961 dankte Reverend Dr. Dr. h.c. Peter Walters dem Dekan der Theologischen Fakultät Heidelberg, Professor Hans von Campenhausen: *Für die Verleihung der*
Würde eines Ehrendoktors der theologischen Fakultät der Universität Heidelberg spreche
ich meinen tief gefühlten Dank aus. Wie Sie so schön ausführen, knüpft sie das Band mit
meiner Heimatfakultät noch enger[,] *als es schon war. Sie haben meinen fünfundsiebzigs-*
ten Geburtstag für mich und die Meinen denkwürdig gemacht. Das Bild, das Sie von mei-
ner Tätigkeit entwerfen, entspricht ganz dem, was ich gerne wäre. Es ist ein willkommener
Ansporn, all das fertig zu machen, was, wie ich hoffe, noch vor mir liegt. Deutlicher als
zuvor sehe ich eine gnädige Führung darin, dass ich als nahezu Fünfzigjähriger auf Ger-
hard Kittels Rat nach langen Umwegen zur Septuaginta, der Liebe meiner Jugend, zurück-
gekehrt bin. Es lag ein Segen darauf, der mich und die Meinen durch schwere Jahre liebevoll
geleitete.[99]

---

97 Zitiert nach VEES, Hechinger Heimweh (wie Anm. 1), S. 92 f.
98 Akte zur Ehrenpromotion Walters=Katz in der Theologischen Fakultät Heidelberg und Beiakte zur Ehrenpromotion im Universitätsarchiv Heidelberg (UAH B 1523 a-c/9).
99 Ebd.

Am 25. März 1962 starb Peter Walters an Leukämie in Cambridge. Gertrud Walters dankte dem Bürgermeister von Hechingen, Paul Bindereif, für sein Schreiben zum Tode ihres Mannes: *Bitte, grüßen Sie alle lieben Gemeindeglieder, die sich unser erinnern. Teilen Sie allen mit, dass wir stets gerne an sie dachten.*[100]

Krankheit und Tod von Peter Walters verhinderten, dass er die Neubearbeitung seiner Dissertation noch selbst herausgeben konnte. Unter dem Titel „The text of the Septuagint – its corruptions and their emendation" gab – wie bereits erwähnt – David W. Gooding 1973 dieses Buch heraus.

Das Jahr 1986 bot in mehrfacher Hinsicht Gelegenheit, sich mit der Vergangenheit Hechingens zu befassen. Aus Anlass der 1200-Jahr-Feier der Stadt lud sie ihre noch lebenden früheren jüdischen Einwohner, die nun zum großen Teil in den USA und in Israel wohnten, ein, die Stadt zu besuchen. Sie kamen im September und im November in zwei Gruppen. Im November 1986 wurde die restaurierte „Alte Synagoge" wiedereröffnet, die seitdem für kulturelle Veranstaltungen, für Konzerte, Vorträge und Lesungen genutzt wird.[101]

Die Evangelische Kirchengemeinde Hechingen nahm den 100. Geburtstag von Pfarrer Peter Katz (1886–1962) zum Anlass, an ihn zu erinnern. Elfriede Hahn, Ehefrau von Pfarrer Joachim Hahn, verfasste für die „Hohenzollerische Zeitung" einen Gedenkartikel, der am 12. Juli 1986 erschien.[102] Elfriede Hahn war wohl die erste, die die Erinnerung an Peter Katz in Hechingen wieder öffentlich machte. Am 4. September 1986 befasste sich der Hechinger Kirchengemeinderat mit dem Entwurf einer Ehrenerklärung, die Pfarrer Ulrich Maas vorbereitet hatte. Zu diesem Zeitpunkt waren in der Gemeinde weder der Brief der sechs Ältesten vom 3. August 1933 noch die Rechtfertigungsschrift von Peter Katz von 1934 bekannt. Bei einer Enthaltung wurde die Erklärung durch den Kirchengemeinderat verabschiedet und im Gottesdienst verlesen, an dem auch Birgit Saunders (geborene Katz) teilnahm, die mit ihrem Mann auf Einladung der Stadt Hechingen aus London gekommen war. Der Wortlaut dieser Erklärung soll hier nicht fehlen:[103]

Der Kirchengemeinderat Hechingen spricht sein tiefes Bedauern aus über die Beschwerde des früheren Gemeindekirchenrates Hechingen im Sommer 1933 gegen Pfarrer Katz und über die nachfolgenden Beschlüsse des Gemeindekirchenrates, die zur Vertreibung von Herrn Pfarrer Katz und seiner Familie aus Hechingen führten. Diese Beschwerden und Beschlüsse sind offensichtlich aus rassistischen Beweggründen wegen der jüdischen Abstammung von Pfarrer Katz erfolgt, möglicherweise auch unter Druck der Nationalsozialistischen Partei. (Siehe Protokolle ab 17. August 1933, die den Grund der Beschwerde nicht nennen.)
Diese Beschlüsse widersprechen der Wahrheit des Evangeliums, das die Gemeinschaft der Christen aus Juden und Heiden, aus vielen Völkern über Grenzen hinweg beschreibt

---

100 Zitiert nach VEES, Hechinger Heimweh (wie Anm. 1), S. 180.
101 Vgl. HAHN, Juden (wie Anm. 27), S. 425 f. – Über die erste Besuchergruppe vom 16.–23. September 1986 legte die Stadt eine 75 Seiten umfassende Dokumentation vor, die mir Lothar Vees, Hechingen, dankenswerterweise zugänglich machte.
102 HAHN, Pfarrer (wie Anm. 7).
103 Den Text fanden Pfarrer Ulrich Maas und Pfarrer Herbert Würth in den Akten des Kirchengemeinderates im Archiv der Evangelischen Kirchengemeinde Hechingen. Auf die Existenz der Erklärung hatte bereits Adolf Vees den Verfasser hingewiesen.

Gedenktafel für Peter Katz an der Hechinger Johanneskirche (Aufnahme: Lara A. Sauer, Staatsarchiv Sigmaringen).

(Matthäus 28,18–20; Markus 7,24–30; 15,29; Römer 9–11; Galater 3,26–29; Epheser 2,11– 22; Apostelgeschichte 2,11; 13; 15; u.a.). Der Kirchengemeinderat Hechingen stellt fest, daß die Vertreibung von Pfarrer Katz und seiner Familie Unrecht war.

Der Kirchengemeinderat spricht die Verbundenheit der Hechinger Evangelischen Gemeinde mit Pfarrer Katz und seiner Familie aus und Dank für die Verkündigung des Evangeliums durch Pfarrer Katz in einer schweren Zeit und für seine gesamte Tätigkeit als Seelsorger in unserer Gemeinde. Gerade mit ihm als Pfarrer jüdischer Abstammung wissen wir uns im Glauben und im Hören auf das Evangelium in besonderer Weise verbunden im Sinne des Wortes Jesu Johannes 4,22b: „DAS HEIL KOMMT VON DEN JUDEN."

Die Erklärung wurde der Tochter Birgit Saunders, geborene Katz, übergeben.

Für die Geschichte von Pfarrer Peter Katz und seiner Familie, für die Lebenswege ehemaliger jüdischer Bürger Hechingens und die Restauration der „Alten Synagoge" hat sich seit vielen Jahren Zahnarzt Dr. Adolf Vees interessiert. Er hat ihnen 1997 in seinem Buch „Das Hechinger Heimweh. Begegnungen mit Juden" ein Denkmal gesetzt. Der Initiative von Adolf Vees und Ulrich Maas verdankt die Evangelische Kirchengemeinde Hechingen die kleine Gedenktafel für Peter Katz, die 1995 an der südlichen Außenwand der Kirche angebracht wurde.

Volker Trugenberger

… ohne Schwierigkeiten möglich

Die Eingliederung des Kirchenkreises der Hohenzollernschen Lande in die Evangelische Landeskirche in Württemberg

Rahmenbedingungen

Am 4. Mai 1950 richtete die Kirchenleitung der Evangelischen Kirche der altpreußischen Union, unterzeichnet D. Dr. Dibelius, ein *Abschiedswort [...] an die 5 evangelischen Gemeinden der Hohenzollernschen Lande*:

> *Mit dem 1. April d[iese]s J[ahre]s seid Ihr aus dem Verband unserer Landeskirche ausgeschieden, mit dem Ihr durch viele Jahrzehnte verbunden wart. Diese Neuordnung wurde nach der politischen Umgestaltung in Deutschland notwendig. Wir bezeugen Euch zum Abschied, dass Ihr tapfer und treu in der Diaspora Euren evangelischen Glauben bekannt und zur evangelischen Kirche gestanden habt. Die Evangelische Landeskirche in Württemberg, von deren Gemeinden Ihr schon immer umgeben wart, steht mit uns auf dem gleichen Glaubensgrunde und wird Euch besser, als es jetzt aus der Ferne geschehen konnte, mit Rat und Hilfe Beistand leisten. Wir grüssen Euch zum Abschied mit dem Wort des Apostels: „Der Gott aber aller Gnade, der uns berufen hat zu seiner ewigen Herrlichkeit in Christo Jesu, der wird Euch, die Ihr eine kleine Zeit leidet, vollbereiten, stärken, kräftigen, gründen. Ihm sei Ehre und Macht von Ewigkeit zu Ewigkeit[.] Amen."*[1]

Dibelius nennt die entscheidenden Rahmenbedingungen für die Eingliederung der evangelischen Kirchengemeinden Hohenzollerns in die württembergische Landeskirche: Diaspora, Zugehörigkeit zur Kirche der altpreußischen Union, Nachkriegssituation.

In der Diaspora Hohenzollern waren nur etwa fünf Prozent der Bevölkerung evangelisch, 1925 3592 Einwohner von 71840, 1939 4139 von 73169. Evakuierte und Flüchtlinge

---

1 LKAS, Altregistratur des OKR, Gen. 528 III Qu. 38/1.

ließen die Zahl der Evangelischen bis 1946 auf 7539 zunehmen. Damit machten die Evangelischen knapp zehn Prozent der auf 77 827 angestiegenen Gesamtbevölkerung aus.[2]

Alle fünf Kirchengemeinden – in der Reihenfolge des Entstehens Sigmaringen, Hechingen, Haigerloch, Dettingen und Gammertingen – waren typische Diasporagemeinden. Ihre Grenzen deckten sich nicht mit den Grenzen der politischen Gemeinden, sondern die Kirchengemeinden umfassten mehrere politische Gemeinden. Zur Kirchengemeinde Sigmaringen gehörten einschließlich der Stadt Sigmaringen 63 Orte. Von den über 1300 Gemeindegliedern im Jahr 1925 lebten weit über die Hälfte in der Stadt Sigmaringen, wo die knapp 800 Evangelischen 14 Prozent der Einwohner stellten. Was die Anzahl der Gemeindeglieder anbelangt, war die Kirchengemeinde Hechingen mit über 1400 Gemeindegliedern die größte Kirchengemeinde in Hohenzollern. Die meisten, nämlich knapp 1100, wohnten in der Stadt Hechingen, wo sogar über 20 Prozent der Wohnbevölkerung evangelisch waren. Dettingen war die kleinste Kirchengemeinde. Ihr gehörten etwas über 200 Menschen evangelischer Konfession an. Aufgrund des Übertritts katholischer Einwohner zum evangelischen Glauben im 19. Jahrhundert und des Zuzugs von Bahnbeschäftigten[3] betrug der Anteil der Evangelischen im Dorf Dettingen mit seinen 900 Einwohnern 12 Prozent der Bevölkerung. Betrachtet man alle acht Orte, die zur Kirchengemeinde Dettingen gehörten, waren es nicht einmal fünf Prozent. Nicht viel größer waren die Kirchengemeinden Haigerloch und Gammertingen mit knapp 300 bzw. 350 Gemeindegliedern, verteilt auf zwölf bzw. 23 politische Gemeinden.[4]

---

2 Gemeindelexikon für den Freistaat Preußen. Bd. 14: Hohenzollerische Lande. Bearb. nach dem endgültigen Ergebnis der Volkszählung vom 16. Juni 1925 und anderen amtlichen Quellen unter Zugrundelegung des Gebietsstandes vom 1. Dezember 1930 vom Preußischen Statistischen Landesamt. Berlin 1930, S. 4. – Statistisches Handbuch von Deutschland 1928–1944. Hg. vom Länderrat des Amerikanischen Besatzungsgebiets. München 1949, S. 29. – StAS Wü 2 T 1 Nr. 856.

3 JULIUS THEOBALD (Hg.): Geschichte der evangelischen Gemeinden in den Hohenzollernschen Landen. Festschrift zur Feier des fünfzigjährigen Bestehens evangelischer Kirchengemeinden in Hohenzollern (1861–1911). Sigmaringen 1911, S. 19–21, 60.

4 FRIEDRICH SCHWANDT: Entstehung und Entwicklung der evangelischen Gemeinden in Hohenzollern. Häusliche Prüfungsarbeit zur Zweiten Theologischen Dienstprüfung 1960, S. 12, 17, 19, 28 f., 33 (bei der Kirchengemeinde Gammertingen fehlt das Dorf Benzingen). – Die Seelenzahlen sind gerundet nach der Volkszählung von 1925 (Gemeindelexikon [wie Anm. 2], S. 5–9). Die exakten Zahlen lauten: Kirchengemeinde Dettingen 212, Kirchengemeinde Gammertingen 350, Kirchengemeinde Haigerloch 256, Kirchengemeinde Hechingen 1432, Kirchengemeinde Sigmaringen 1342; Dorf Dettingen 906 Einwohner (davon 107 evangelisch), Stadt Gammertingen 1206 Einwohner (davon 88 evangelisch), Stadt Haigerloch 1280 Einwohner (davon 144 evangelisch), Stadt Hechingen 5123 Einwohner (davon 1084 evangelisch), Stadt Sigmaringen 5299 Einwohner (davon 759 evangelisch). – Jahresberichte für die evangelischen Gemeinden in den hohenzollernschen Landen 1925 und 1926. Stuttgart [1927] (LKAS, Altregistratur des OKR, Gen. 528 I Qu. 150/13) haben in einer *Übersicht über Gottesdienste, Schulen und Unterrichtsstationen* (danach auch SCHWANDT, S. 22) zum Teil deutlich abweichende Zahlen, die zudem bei Haigerloch, Hechingen und Sigmaringen offensichtlich gerundet oder sogar geschätzt sind: Kirchengemeinde Dettingen 223 (davon 125 im Dorf Dettingen), Kirchengemeinde Gammertingen 335 (davon 110 in der Stadt Gammertingen), Kirchengemeinde Haigerloch 280 (davon 120 in der Stadt Haigerloch), Kirchengemeinde Hechingen 1400 (davon 1060 in der Stadt Hechingen), Kirchengemeinde Sigmaringen 1100 (davon 735 in der Stadt Sigmaringen). – Der Dekan von Reutlingen spricht in einem Bericht an den Oberkirchenrat in Stuttgart vom 15. 6. 1948 von der *ungeheure*[n] *Diaspora der Gemeinde Gammertingen* (LKAS, Altregistratur des OKR, Gen. 528 II Qu. 240).

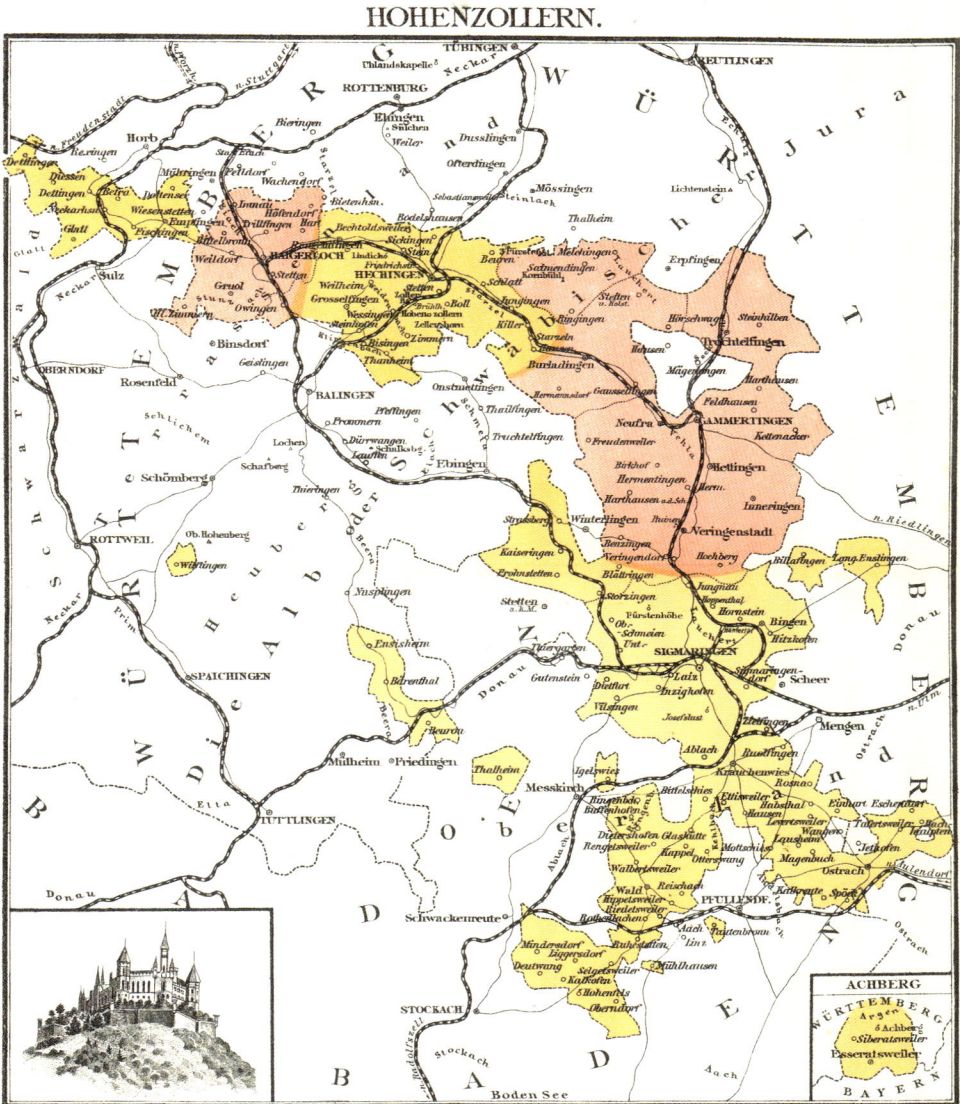

HOHENZOLLERN.

Die fünf evangelischen Kirchengemeinden Hohenzollerns, von Nordwesten (links oben) nach Südosten (rechts unten): Dettingen (Kirchengemeindegebiet auf der Karte gelb dargestellt), Haigerloch (rot), Hechingen (gelb), Gammertingen (rot) und Sigmaringen (gelb) (aus: Julius Theobald [Hg.]: Geschichte der evangelischen Gemeinden in den Hohenzollernschen Landen. Festschrift zur Feier des fünfzigjährigen Bestehens evangelischer Kirchengemeinden in Hohenzollern [1861–1911]. Sigmaringen 1911; abgedruckt auch in: Die evangelischen Gemeinden Hohenzollerns und die in ihnen geltenden kirchlichen Gesetze, Ordnungen und Grundsätze. Hg. von den Gemeindekirchenräthen. Hechingen 1900 [EZA 7/340]).

Verfassung der Kirche der Altpreußischen Union 1922

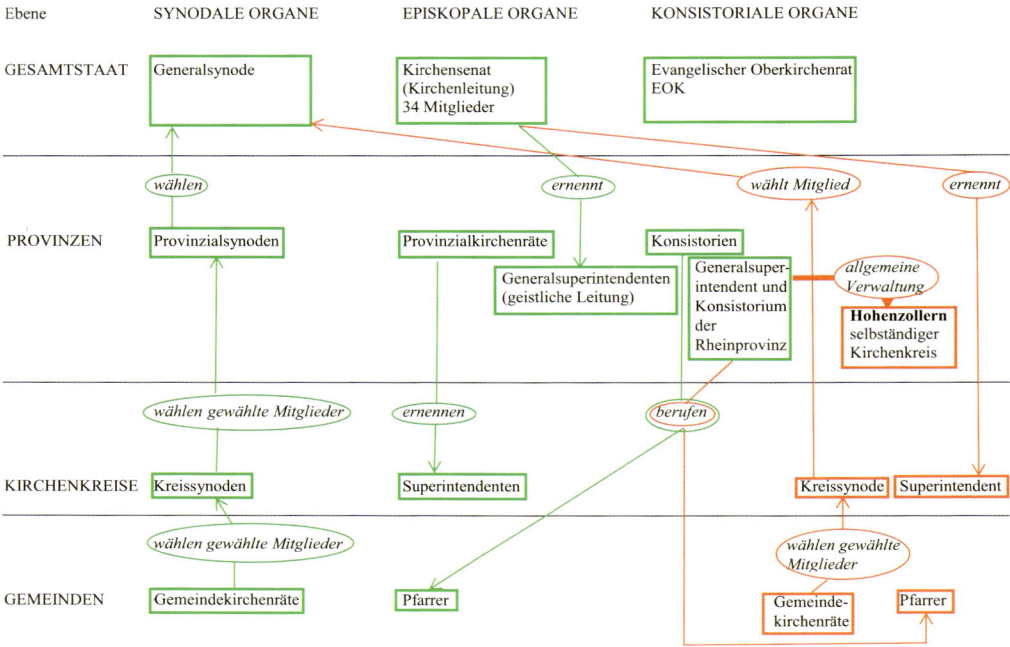

© Volker Trugenberger

In jeder hohenzollerischen Kirchengemeinde gab es einen Pfarrer. Der Sigmaringer Stadtpfarrer, seit 1926 Hans Seeliger,[5] war zugleich Superintendent (Dekan). Pfarrer anderer Landeskirchen versahen die *kirchliche Bedienung der Grenzbezirke*.[6]

Die hohenzollerischen Kirchengemeinden waren bis 1950 Teil der Evangelischen Kirche der altpreußischen Union (EKdapU; APU). In dem vierstufigen Aufbau dieser Kirche

---

5 Hans Seeliger, geb. 25.9.1887 in Deutsch Sagar (Neumark), 1907 Besuch der Theologischen Schule in Bethel, Studium in Bethel, Halle, Berlin und Bonn, 1912–1913 Hauslehrer bei dem Grafen von Arnim-Boitzenburg in Boitzenburg (Uckermarck), 1913–1914 Lehrvikariat in Köln, 1914 Zweite theologische Dienstprüfung, 1914–1915 Hilfsprediger in Köln-Lindenthal, 1915–1926 Pfarrer in Schleiden (Eifel), 1926–1947 Superintendent und Pfarrer in Sigmaringen (rechtlicher Inhaber der Pfarrstelle bis 1951), 1947–1951 Versehung der Pfarrstelle in Haigerloch, gest. 19.10.1952 (LKAS A 227 – Seeliger).

6 1938 waren dies der badische Pfarrer von Pfullendorf, die württembergischen Pfarrer von Winterlingen und Horb sowie der bayerische Pfarrer von Lindau-Aeschach. Letzterer war insgesamt dreimal in der Exklave Achberg bei Lindau, wo er eine Taufe vornahm und an eine Person das Abendmahl austeilte. Der Pfarrer von Winterlingen war zu zwei Besuchen in Straßberg, gab vier Kindern aus Benzingen und Straßberg Unterricht und konfirmierte ein Kind aus Straßberg. Der Pfarrer von Horb verzeichnete sieben Besuche in Dettensee, wo er auch eine Beerdigung vornahm und zweimal Privatkommunion erteilte. Sehr rührig war der Pfarrer von Pfullendorf in dem Gebiet von Ostrach, Wald und Hohenfels: Zu zwei Taufen, zwei Beerdigungen und zweimaligem Austeilen des Abendmahls, wöchentlichem Unterreicht in Hohenfels und Ostrach sowie der Konfirmation von zwei Kindern kamen 18 Gottesdienste in Ostrach und fünf in Wald, außerdem Vorträge in der Schlossschule Hohenfels; zwei- bis dreimal im Jahr besuchte er 43 evangelische Familien in 17 hohenzollerischen Orten (EZA 7/8236).

(Gemeinden mit Pfarrern und Gemeindekirchenräten – Kirchenkreise mit Superintendenten und Kreissynoden – Kirchenprovinzen mit Generalsuperintendenten, Konsistorien, Provinzialsynoden und -kirchenräten – Gesamtkirche mit Kirchensenat als Leitungsorgan, Oberkirchenrat und Generalsynode) nahm Hohenzollern eine Sonderstellung ein. Nach Artikel 164 der Verfassungsurkunde der EKdapU vom 29. September 1922 bildeten die Gemeinden (wie auch schon im Kaiserreich) einen selbständigen Kirchenkreis. Das bedeutete, dass dieser Kirchenkreis den Provinzialkirchen gleichgestellt war, wenn etwa die Kreissynode im Unterschied zu den anderen Kirchenkreisen unmittelbar einen Vertreter auf die Generalsynode nach Berlin entsenden durfte oder der Superintendent nicht wie seine Kollegen in den Provinzialkirchen vom Provinzialkirchenrat, sondern vom Kirchensenat der Gesamtkirche ernannt wurde. Allerdings wurden *die Obliegenheiten des Generalsuperintendenten, des Konsistoriums und des Rechtsausschusses der Kirchenprovinz von dem Generalsuperintendenten, dem Konsistorium und dem Rechtsausschuß der Rheinprovinz wahrgenommen.*[7]

Mit der *politischen Umgestaltung Deutschlands* umschreibt Dibelius die dramatische Nachkriegsentwicklung. Mit der Kapitulation vom 8. Mai 1945 hatte das Deutsche Reich als selbständiger Staat aufgehört zu bestehen. Die Gebiete jenseits von Oder und Neiße waren unter sowjetische und polnische Verwaltung gekommen. Das restliche Deutschland war in vier Besatzungszonen aufgeteilt worden, die ohne viel Rücksicht auf alte Verwaltungsgrenzen gebildet worden waren. Der südliche Teil Württembergs und ganz Hohenzollern waren zusammen mit dem südlichen Teil Badens, dem südlichen Teil der ehemals preußischen Rheinprovinz sowie mit Rheinhessen und der ehemals bayerischen Pfalz Teil der Französischen Besatzungszone. Der nördliche Teil Württembergs und Badens gehörte zur Amerikanischen Besatzungszone, der nördliche Teil der Rheinprovinz zur Britischen. Berlin wurde Viersektorenstadt.

Eine deutsche Zentralverwaltung gab es nicht mehr, die Alliierten bauten eine neue deutsche Verwaltung von unten beginnend auf. Zunächst wurden unbelastete Bürgermeister und Landräte eingesetzt, dann wurden Länder gebildet. Die Franzosen machten aus ihrer Besatzungszone die Länder Rheinland-Pfalz, Baden und Württemberg-Hohenzollern, die Amerikaner aus dem nördlichen Teil Württembergs und Badens das Land Württemberg-Baden und die Briten aus ihrem Teil des Rheinlands, der ehemaligen preußischen Provinz Westfalen und dem alten selbständigen Land Lippe das Land Nordrhein-Westfalen. Das bisher größte deutsche Land, Preußen, hatte de facto 1945 aufgehört zu bestehen – und mit dem Alliierten Kontrollratsbeschluss vom 25. Februar 1947 auch de iure. Dieser Beschluss war die letzte politisch wichtige Entscheidung des Alliierten Kontrollrats, dessen Arbeit zunehmend vom Ost-West-Gegensatz bestimmt wurde. 1948 kam es in den Westzonen zu einer Währungsreform, im folgenden Jahr wurden die Bundesrepublik und die DDR gegründet.

Von der territorialen Neugliederung Deutschlands durch die Besatzungsmächte war das Kirchengebiet der altpreußischen Landeskirche massiv betroffen. Ostpreußen und die größten Teile von Schlesien und Pommern sowie ein kleiner Teil von Brandenburg standen unter polnischer und sowjetischer Verwaltung, die dort lebende deutsche Bevöl-

---

7 Verfassungsurkunde für die Evangelische Kirche der altpreußischen Union [...]. Amtlicher Text. Berlin-Steglitz 1924, S. 60 (Art. 117), 83 (Art. 164).

kerung wurde vertrieben. Das noch verbliebene Kirchengebiet lag in allen vier Besatzungszonen.

Besonders die Provinzialkirchen Westfalens und des Rheinlands strebten nach Selbständigkeit von der Berliner Zentrale. Als vom 27. bis 31. August 1945 im nordhessischen
Treysa 120 führende Männer des deutschen Protestantismus zu einer gesamtdeutschen
Kirchenkonferenz zusammenkamen, um nach dem Ende des Nationalsozialismus über
die Zukunft zu beraten,[8] vereinbarten am Rande der Konferenz die anwesenden Vertreter
der bisherigen Provinzialkirchen der EKdapU, dass von nun an die Kirchenleitungen der
Provinzen *das Kirchenregiment für ihren Bereich selbständig* ausüben sollten. Zwar hielt
man noch an einer gemeinsamen *Leitung der Evangelischen Kirche der APU* fest, der der
Evangelische Oberkirchenrat in Berlin als Verwaltungsstelle (allerdings nur im Range einer Kirchenkanzlei) zugeordnet blieb, doch *solange die Schwierigkeiten des Verkehrs zwischen den westlichen und östlichen Provinzen bestehen,* sollte auch diese Leitung nach
West- und Ostprovinzen aufgespalten werden: *In den westlichen Provinzen geschieht
dies gemeinsam durch die Kirchenleitungen von Westfalen und der Rheinprovinz.*[9]

Von Berlin, dem Sitz der Leitung der altpreußischen Kirche, und Düsseldorf, dem Sitz
der rheinischen Kirchenleitung, war Hohenzollern nun ganz weit weg. Der Berliner
Oberkirchenrat gestand 1948 ein, man habe *seit Beendigung des Krieges keine Verbindung
mit den Hohenzollernschen Landen mehr gehabt.*[10] Und noch 1949 war in Düsseldorf die
Zugehörigkeit Hohenzollerns zum Land Württemberg-Hohenzollern bei der Kirchenleitung nicht präsent, wenn man meinte, dass die für den Kirchenkreis Hohenzollern gezahlten Staatszuschüsse vom *Lande Baden-Württemberg* (das es damals noch gar nicht
gab!) oder vom Land *Württemberg-Baden (?)* gezahlt würden – und in einem Schreiben
wurde aus hohenzollerisch sogar *holländisch.*[11]

Auch die württembergische Landeskirche hatte ein gewisses Problem, verteilte sich
doch ihr Bereich nunmehr auf das amerikanisch besetzte Württemberg-Baden und das
französisch besetzte Württemberg-Hohenzollern. Der Oberkirchenrat richtete deshalb
in Tübingen 1946 eine Außenstelle für Württemberg-Hohenzollern unter Leitung von
Oberkirchenrat Herbert Keller ein.

---

8 ANNEMARIE SMITH-VON OSTEN: Von Treysa 1945 bis Eisenach 1948. Zur Geschichte der Grundordnung
der Evangelischen Kirche in Deutschland. Göttingen 1980 (Arbeiten zur kirchlichen Zeitgeschichte B 9),
S. 103–140.
9 JÜRGEN KAMPMANN: Neuorientierung nach dem Ende des Zweiten Weltkrieges. In: Die Geschichte der
Evangelischen Kirche der Union. Bd. 3: Trennung von Staat und Kirche, kirchlich politische Krisen, Erneuerung kirchlicher Gemeinschaft (1918–1992). Hg. von GERHARD BESIER und ECKHARD LESSING. Leipzig 1999,
S. 561–603 (die Zitate aus der Vereinbarung von Treysa S. 599 f.).
10 EZA 7/8236.
11 Schreiben des Landeskirchenamts der Evangelischen Kirche im Rheinland an den Evangelischen Oberkirchenrat Stuttgart vom 21.9.1949: [...] *die bisher vom Lande Baden-Württemberg gezahlten Staatszuschüsse*
[...]. [...] *Dem Land Württemberg-Baden (?) ist anzuzeigen, dass die bisher für den Kirchenkreis Hohenzollern
gezahlten Staatszuschüsse nunmehr an die Evangelische Kirche in Württemberg zu zahlen sind* (LKAS, Altregistratur des OKR, Gen. 528 II Qu. 341). – Schreiben des Landeskirchenamts der Evangelischen Kirche im
Rheinland an den Evangelischen Oberkirchenrat Stuttgart vom 19.11.1949: *Aufwendungen der Württ*[em-
bergischen] *Kirche zur Pastoration der holländischen Gemeinden* (ebd. Qu. 357).

Treuhänderische Verwaltung

Angesichts der konkreten Schwierigkeiten der unmittelbaren Nachkriegszeit – Reisen über die Zonengrenzen waren nur mit Passierschein möglich, der Briefverkehr funktionierte nicht richtig –, aber auch angesichts der verwaltungsmäßigen Neuordnung mit der Zerschlagung Preußens wollte die rheinische Kirchenleitung Hohenzollern aus ihrer Verantwortung loswerden. Am 20. Juli 1945 schrieb die nach Kriegsende neu gebildete Leitung der Evangelischen Kirche der Rheinprovinz in Düsseldorf, also aus der Britischen Zone, an den württembergischen Evangelischen Oberkirchenrat (der wegen der Kriegszerstörungen in Stuttgart bis April 1946 nach Großheppach ausgewichen war[12]):

Da wir uns unter den derzeitigen Verhältnissen ausserstande sehen, die Synode [hier synonym verwendet für Kirchenkreis] *Hohenzollern-Sigmaringen kirchlich zu betreuen und zu beaufsichtigen, bitten wir den Evangelischen Oberkirchenrat, sich dieser kirchlichen Enklave der rheinischen Kirche b[is] a[uf] W[eiteres] nach Kräften anzunehmen und einstweilen treuhänderisch in seine Verwaltung zu übernehmen vorbehaltlich einer späteren Klärung und Regelung der rechtlichen und finanziellen Fragen, die durch diese treuhänderische Verwaltung entstehen, mit dem Evangelischen Oberkirchenrat in Berlin bez[iehungs]w[eise] mit der rheinischen Kirche als dessen Beauftragten. Wir erachten durch die inzwischen eingetretenen Ereignisse den Zeitpunkt für gegeben, eine Vereinigung der Synode Sigmaringen mit der Württembergischen Landeskirche ins Auge zu fassen[,] und bitten, mit Superintendent Seeliger als unseren[!] Beauftragten zunächst einmal in die grundsätzliche Vorerörterung dieser Frage eintreten zu wollen.*[13]

Das Schreiben wurde nicht per Post zugestellt, sondern von Pfarrer Julius Rößle[14] aus dem Rheinland auf einer Reise in den deutschen Südwesten vorbeigebracht. Die Kirchenleitung der Rheinprovinz hatte vor, Rößle, *der nach Württemberg zurückstrebt,* auf dessen Wunsch hin mit einer vakanten Pfarrstelle in Hohenzollern zu betrauen.

Obwohl man sich beim württembergischen Oberkirchenrat darüber im Klaren war, dass alle hohenzollerischen Kirchengemeinden außer Hechingen Zuschussgemeinden waren,[15] erklärte sich Landesbischof Theophil Wurm am 10. August 1945 gegenüber der Leitung der Evangelischen Kirche der Rheinprovinz bereit, *die Synode treuhänderisch in unsere Verwaltung zu übernehmen, vorbehaltlich späterer Klärung und Regelung der rechtlichen und finanziellen Fragen,* […] und *mit Ihrem Beauftragten Superintendent See-*

---

12 EZA 2/151 (Rundschreiben des württembergischen Oberkirchenrats vom 11. 4. 1946).

13 LKAS, Altregistratur des OKR, Gen. 528 I Qu. 72/13.

14 Julius Rößle, geb. 1. 3. 1901 in Wiesbaden, Studium in Tübingen, 1927–1928 Lehrvikariat in Barmen, 1929 Licentiat der Theologie an der Universität Bonn, 1929–1933 Pfarrer in Niederscheid (Nassau), 1933–1943 Pfarrer in Gräfrath (Rheinland), 1943–1945 Wehrdienst und Gefangenschaft, 1945 kommissarische Versehung der Pfarrei Eitorf (Berufung auf diese Pfarrstelle 1944), bereits 1944 Interesse für die Pfarrstellen Hechingen und Dettingen, 1945–1946 kommissarische Vertretung der Pfarrstelle Hechingen, 1946–1955 Zweiter Stadtpfarrer Tuttlingen, 1955–1965 Pfarrer in Wuppertal-Cronenberg, gest. 1. 9. 1975 (AEKiR, 1 OB 009, R 198 [Personalakte Roessle, Julius Lic.]; vgl. JOCHEN GRUCH: Die evangelischen Pfarrerinnen und Pfarrer im Rheinland von der Reformation bis zur Gegenwart. Bd. 3. Bonn 2018 [Schriftenreihe des Vereins für Rheinische Kirchengeschichte], S. 620 f.).

15 LKAS, Altregistratur des OKR, Gen. 528 I Qu. 72/13.

liger in eine grundsätzliche Vorerörterung über eine Vereinigung der Synode Sigmaringen mit unserer Landeskirche einzutreten.[16]

Im August 1945 wandte sich auch der Sigmaringer Superintendent Hans Seeliger, der aus Düsseldorf eine Mehrfertigung des Schreibens vom 20. Juli erhalten hatte,[17] in gleicher Angelegenheit an den württembergischen Landesbischof Wurm. Sein Brief, datiert vom 9. August, kam erst am 20. August 1945 an, da es für Seeliger schwierig war, in Sigmaringen *gerade Reisende nach Stuttgart zu finden,* die einen Brief überbringen konnten.[18] Seeliger schrieb:

> *Wir sind ja in Hohenzollern seit Jahren an ein Abgeschnittensein gewöhnt, aber solche Isoliertheit wie in den letzten Monaten war ganz besonders schwer. […] Weil ich nun befürchte, dass Hohenzollern wie ein abgeschleuderter Stern noch länger in dieser bösen Welt allein bleiben wird ohne Verbindung mit der Mutterkirche, ohne Kirchenbehörde, ohne Vertretung gegenüber den Besatzungsbehörden, möchte ich Sie fragen, ob Sie nicht bis auf Weiteres die Schirmherrschaft für Hohenzollern übernehmen können und übernehmen wollen. […] Das ist auch konfessionell von Bedeutung. Hohenzollern hatte immer nur 5 % evangelische Bevölkerung, aber das grosse Preussen stand hinter ihm[,] und seitdem nun Hohenzollern in der Luft schwebt, macht sich eine starke Rekatholisierung bemerkbar[,] und es hat den Anschein, als sollten alle evangelischen Beamten verschwinden.*[19]

Man hat den Eindruck, als ob Seeliger mit seinem Vorstoß sich vor allem der in der Verfassung der altpreußischen Kirche von 1922 festgelegten Aufsichtsfunktionen der rheinischen Kirche entledigen wollte, wenn er in einem zweiten Schreiben an Wurm vom 13. August 1945 betont, Hohenzollern sei ja *selbständiger Kirchenbezirk* gewesen und *war nur dem Rheinland in Verwaltungsdingen unterstellt.* Er sei *nicht organisches Glied der Rheinprovinz […], sondern mehr ein Anhängsel.*[20]

Doch vor allem hatte Seeliger große Personalsorgen: Am 4. August 1945 war Pfarrer Martin Schüz in Haigerloch gestorben. Die Beerdigung sollte Pfarrer Wilhelm Müller aus Hechingen vornehmen, der deshalb am 8. August nach Haigerloch kam. Auf dem Weg vom Bahnhof hoch in die Haigerlocher Oberstadt erlitt er wenige Schritte vor dem Pfarrhaus einen Herzschlag und war sofort tot.[21] Der Superintendent bat deshalb, einen Pfarramtsvertreter wenigstens nach Hechingen zu entsenden.

---

16 LKAS, Altregistratur des OKR, Gen. 528 I Qu. 73 (Konzept). – AEKiR, 1 OB 010 (Landeskirchenamt, Bestand 31 – Kirchenkreise), Kirchenkreisakten Hohenzollern Nr. 1, Bd. 3 Bl. 8 (Ausfertigung).

17 AEKiR, 1 OB 010 (Landeskirchenamt, Bestand 31 – Kirchenkreise), Kirchenkreisakten Hohenzollern Nr. 1, Bd. 3 Bl. 5v.

18 LKAS, Altregistratur des OKR, Gen. 528 I Qu. 75.

19 LKAS, Altregistratur des OKR, Gen. 528 I Qu. 74.

20 LKAS, Altregistratur des OKR, Gen. 528 I Qu. 75.

21 HANS SEELIGER: 100 Jahre Evangelische Kirche in Hohenzollern. Denkschrift. Haigerloch [1950], S. 13. – OTTO WERNER: Biographische Notizen über bekannte und weniger bekannte, berühmte und berüchtigte „Hechinger" Personen, Männer und Frauen. Von der Neuzeit bis zur Gegenwart. Mschr. Hechingen 2004, Bd. 2, S. 1174, nennt unter Berufung auf das Nachrichtenblatt für den Kreis Hechingen Nr. 3 vom 10. August 1945 als Todesdatum den 9. August. Dies ist jedoch ein Irrtum, da in den Haigerlocher Kirchenbüchern der 8. August als Beisetzungstag von Schüz festgehalten ist (freundliche Auskunft von Pfarrerin Dr. Dorothee Kommer, Haigerloch, vom 11. 7. 2017).

Gegenüber der Leitung der Evangelischen Kirche der Rheinprovinz meinte Seeliger in einem Bericht vom 21. September 1945, der von einer Lehrerin, die von Sigmaringen nach Duisburg fuhr, mitgenommen wurde: *Eine treuhänderische Uebernahme Hohenzollerns durch die Württembergische Landeskirche wäre sehr zu begrüssen.* Verhandlungen mit dem württembergischen Oberkirchenrat hätten bisher allerdings noch nicht stattgefunden. *Meine Briefe sind bisher noch nicht beantwortet worden. Da ich keinen Passierschein nach Stuttgart erhalte, kann ich selbst dort nicht hinfahren.* Er verwies darauf, dass sich *die Verhältnisse in Hohenzollern immer schwieriger* gestalteten. *Die Rekatholisierung in Hohenzollern macht täglich Fortschritte. Viele Beamte waren ja von Preussen hierher versetzt worden und waren evangelisch;* […]. Die Personalprobleme waren nach wie vor ungelöst, und es war abzusehen, dass sie sich verschärfen würden. Seeliger beklagte in seinem Bericht, *eine Vertretung für* [die vakanten Pfarrstellen] *Haigerloch und Hechingen lässt sich nur unter den allergrössten Schwierigkeiten in sehr beschränktem Umfange ermöglichen, während auf katholischer Seite die Arbeitskräfte wie Pilze aus dem Boden schiessen. Der Pfarrer Herzog in Dettingen wird im September* [19]45 *70 Jahre alt und ist von mir aufgefordert worden, sich pensionieren zu lassen.*[22] Unklar war für Seeliger in diesem Zusammenhang allerdings, ob die Witwenpensionen der Pfarrwitwen in Hechingen und Haigerloch und das Ruhegehalt für den Dettinger Pfarrer *von seiten der rheinischen Kirche übernommen werden wird.* Zurzeit erhielten die beiden Pfarrwitwen jedenfalls keine Pension, *da Berlin kein Geld schickt.*[23]

Zwischenzeitlich hatten die rheinische Landeskirche und die württembergische Landeskirche bereits Nägel mit Köpfen gemacht. Denn am 31. August waren Theodor Schlatter, Prälat von Ludwigsburg und Mitglied des württembergischen Oberkirchenrats, und Dr. Karl Mensing, Mitglied der rheinischen Kirchenleitung, in Treysa am Rande der dortigen Kirchenkonferenz übereingekommen, dass

1. die württembergische Landeskirche die Dienstaufsicht über Gemeinden und Pfarrer in Hohenzollern übernimmt;
2. Pfarrbesoldungszuschüsse an die Gemeinden bis zur endgültigen Regelung von der württembergischen Landeskirche vorschussweise bezahlt werden;
3. die Kirche der Rheinprovinz eine der beiden vakanten Pfarrstellen Haigerloch oder Hechingen mit Pfarrer Rößle besetzen werde, während die württembergische Kirche für die vertretungsweise Verwaltung beider Pfarrstellen sorgen solle.[24]

Die interessierte Öffentlichkeit wurde erst im Januar 1946 mit einer knappen Notiz im Verordnungs- und Nachrichtenblatt der Evangelischen Kirche in Deutschland informiert: *Am 31. August wurde in Treysa eine Vereinbarung zwischen der württembergischen Landeskirche und der rheinischen Kirche getroffen, gemäß der die württembergische Landes-*

---

22 AEKiR, 1 OB 010 (Landeskirchenamt, Bestand 31 – Kirchenkreise), Kirchenkreisakten Hohenzollern Nr. 1, Bd. 3 Bl. 10 (Bericht Seeligers vom 21. 9. 1945). – Der Dettinger Pfarrer Herzog ging am 1. 10. 1945 in den Ruhestand, verwaltete aber die Pfarrstelle weiter (LKAS, Altregistratur des OKR, Gen. 528 I Qu. 120/2 und 123).
23 AEKiR, 1 OB 010 (Landeskirchenamt, Bestand 31 – Kirchenkreise), Kirchenkreisakten Hohenzollern Nr. 1, Bd. 3 Bl. 10 (Bericht Seeligers vom 21. 9. 1945).
24 LKAS, Altregistratur des OKR, Gen. 528 I Qu. 76/1.

kirche vorläufig mit der Betreuung der Synode Hohenzollern beauftragt wurde. Die recht-
liche und finanzielle Klärung steht noch bevor.[25]

Beim württembergischen Oberkirchenrat dachte man auch bereits über eine Eingliederung der hohenzollerischen Kirchengemeinden in die württembergische Landeskirche
nach. Am 7. September notierte Oberkirchenrat Pressel als Diskussionsgrundlage für eine
Sitzung des Oberkirchenrats:

> M[eines] E[rachtens] *wäre der Augenblick eines organisatorischen Anschlusses der*
> *preußischen Superintendentur Hohenzollern an die* w[ür]tt[em]b[er]g[ische] *Landes-*
> *kirche jetzt gegeben u*[nd] *sowohl im Blick auf die* <u>Lage der Altpreußischen Union</u> *(deren*
> *Prov*[inzial-]*Kirchen im Begriff sind, sich zu verselbständigen) wie im Blick auf die* <u>Ein-</u>
> <u>teilung der Besatzungszonen</u> *wie im Blick* <u>auf die sich, auch</u> *in Hohenzollern* <u>verschär-</u>
> <u>fende konfessionelle Lage</u> *eine* <u>baldige</u> *Entscheidung herbeizuführen.*[26]

Es war eine politische Entscheidung, wie ein Aktenvermerk vom 7. Oktober 1945 deutlich
macht: *Vom rein finanziellen Standpunkt aus wäre natürlich eine Angliederung der*
hohenzollern'schen Gemeinden an die württ[embergische] *Landeskirche weniger er-*
wünscht, […]. *Die Entscheidung wird nicht nach finanziellen Erwägungen zu treffen sein.*[27]

Fürs Erste beschloss der Oberkirchenrat am 10. Oktober 1945 formell, die Betreuung der
hohenzollerischen Pfarrer und Gemeinden – zunächst treuhänderisch – zu übernehmen.
In der Gottesdienstordnung, in den Rechtsordnungen für die Pfarrer und Gemeinden, in
der kirchlichen Organisation der Synode trete während der treuhänderischen Betreuung
eine Änderung nicht ein. Einen Monat später, am 9. November 1945, erklärte der ständige
Ausschuss des Oberkirchenrats sein Einverständnis damit, *daß die Württ*[embergische]
Landeskirche die Gemeinden und Pfarrer der Synode Hohenzollern – vorbehaltlich späte-
rer Klärung und Regelung der finanziellen rechtlichen Fragen – einstweilen betreut und in
eine Vorerörterung über eine Vereinigung der Synode mit der württ[embergischen] *Lan-*
deskirche eintritt.[28]

Letztlich sahen alle Beteiligten, die Evangelische Landeskirche in Württemberg, die
Kirche der Rheinprovinz und der Sigmaringer Superintendent Seeliger, keine Alternative
zu einer Anbindung oder Eingliederung des hohenzollernschen Kirchenkreises bzw. der
fünf evangelischen Gemeinden in die württembergische Landeskirche. Doch sehr schnell
stellten sich – abgesehen von Fragen der Finanzen (Pfarrgehälter, Versorgungszahlungen) –
folgende Problemkreise heraus, die einer raschen Vereinigung im Wege standen:

- Soll der Kirchenkreis bzw. sollen die einzelnen Gemeinden bei den Verhandlungen
  bzw. bei der Entscheidung beteiligt werden und, wenn ja, wie?
- Inwieweit soll, kann und wird man den hohenzollerischen Gemeinden eine Sonderrolle innerhalb der württembergischen Landeskirche zugestehen? Diese Frage betraf
  zwei Bereiche:

---

25 Verordnungs- und Nachrichtenblatt. Amtliches Organ der Evangelischen Kirche in Deutschland Nr. 4
vom Januar 1946 (unter der Rubrik *EKD*).
26 LKAS, Altregistratur des OKR, Gen. 528 I Qu. 74.
27 LKAS, Altregistratur des OKR, Gen. 528 I Qu. 76/3.
28 LKAS, Altregistratur des OKR, Gen. 528 I Qu. 87a (Aktenvermerk des Prälaten Schlatter vom 19.11.1945).

1) organisatorisch: Sollte man den Kirchenkreis übernehmen, wie er war? Sollte man die fünf Gemeinden als eigenes Dekanat übernehmen, gegebenenfalls angereichert durch württembergische Gemeinden? Beides wurde vom württembergischen Oberkirchenrat von vornehrein abgelehnt, zum einen aus geographischen Gesichtspunkten, namentlich wegen der Pastoration der Exklaven, zum anderen, weil man dadurch organisatorisch den Gemeinden eine Sonderrolle innerhalb der Landeskirche zubilligen würde. Deshalb überlegte man noch 1945 eine *Aufteilung der Synode Hohenzollern auf benachbarte Dekanate.* Hechingen und Haigerloch sollten an das Dekanat Balingen fallen, Dettingen an Sulz und Sigmaringen an Tuttlingen.[29] Als Variante wurde die *Bildung eines Dekanats Hechingen mit Zuteilung benachbarter württembergischer Gemeinden* in Erwägung gezogen.[30]

2) Sollten die Gemeinden ihre bisherige Gottesdienstordnung (Liturgie) und Ordnung des kirchlichen Lebens beibehalten dürfen? Gegenüber Pfarrer Rößle hatte Prälat Schlatter, der ihn im Oberkirchenrat empfangen hatte, bereits geäußert, *daß der Württ*[embergische] *Oberkirchenrat bei einer Eingliederung der hohenz*[ollerischen] *Synode in den Verband der württ*[embergischen] *Kirche es gerne sehen würde, wenn die Württ*[embergische] *Kirchenordnung in Hohenzollern eingeführt wird.*[31]

Doch zunächst klappte es nicht einmal mit der treuhänderischen Verwaltung richtig, weil es einen gewissen Kompetenzwirrwarr gab. Dies zeigte sich sehr deutlich an der Stellenbesetzungsfrage für die zu diesem Zeitpunkt zu besetzenden drei hohenzollerischen Pfarreien Hechingen, Haigerloch und Dettingen. In einem Schreiben des württembergischen Oberkirchenrats nach Düsseldorf vom Dezember 1945 heißt es unter anderem:

So wurden wir am 13. August 1945 von Herrn Superintendent Seeliger in Sigmaringen gebeten, einen Vertreter für den verstorbenen Herrn Pfarrer Müller in Hechingen zu bestellen. Ehe dies geschehen war, teilte er uns jedoch am 31. August 1945 mit, er habe einen rheinischen Pfarrer Wilhelmy mit dem Antrag nach Düsseldorf geschickt, ihn für Hechingen zu bestimmen. Am 1. Oktober 1945 wiederholte er sodann seine Bitte um Bestellung eines württ[embergischen] *Pfarrers für Hechingen und fügte die Bitte bei, für Herrn Pfarrer Herzog, der über ihn beim Ev*[angelischen] *Konsistorium des Rheinlands seine Pensionierung beantragt habe, einen württ*[embergischen] *Pfarrer nach Dettingen/Haigerloch zu bestellen. Am 26. Oktober 1945 schrieb er, das Ev*[angelische] *Konsistorium der Rheinprovinz habe Herrn Pfarrer Lic. Rössle zum kommissarischen Vertreter der Pfarrstelle in Hechingen ernannt, gegen den aber er und der Gemeindekirchenrat von Hechingen Einspruch erhoben […] hätten. Am 23. November 1945 erfuhren wir von Herrn Superintendent Seeliger, dass der von ihm für Hechingen vorgeschlagene Hilfsprediger [!] Wilhelmy durch Verfügung des Konsistoriums der Rheinprovinz vom 3. September 1945 Nr. 3040 in die Synode Wesel kommen solle, und am gleichen Tag erreichte uns Ihr Schreiben vom 13. November 1945, wonach für Dettingen oder Haiger-*

---

29 LKAS, Altregistratur des OKR, Gen. 528 I Qu. 76/3.
30 LKAS, Altregistratur des OKR, Gen. 528 I Qu. 76/1.
31 AEKiR, 1 OB 010 (Landeskirchenamt, Bestand 31 – Kirchenkreise), Kirchenkreisakten Hohenzollern Nr. 1, Bd. 3 Bl. 7 (Bericht Rößles an den Präses der rheinischen Kirche über seine Reise nach Stuttgart und Tübingen vom 20. 8. 1945).

loch, für das Herr Superintendent Seeliger uns um Bestellung eines württ[embergischen] *Vertreters gebeten hatte, von Ihnen Herr Pfarrer Arnold aus Emmerich vorgesehen sei. Sie werden verstehen, dass wir unter diesen Umständen auf die Klärung der Frage dringen müssen, ob das Ev*[angelische] *Konsistorium der Rheinprovinz oder der Herr Superintendent von Sigmaringen oder der Ev*[angelische] *Oberkirchenrat in Stuttgart-Grossheppach für die Einweisung der Geistlichen in die Gemeinden der Synode Hohenzollern zuständig sind, und wiederholen unsere Auffassung, dass wir es nach der Übernahme der einstweiligen treuhänderischen Verwaltung der Synode Hohenzollern für zweckmäßig halten würden, wenn wir die erforderlichen Bestellungen vorzunehmen hätten und wenn sowohl Herr Superintendent Seeliger, als auch etwaige Bewerber vom Ev*[angelischen] *Konsistorium der Rheinprovinz angewiesen würden, sich bis auf weiteres in der Frage der Besetzung der Pfarrstellen in der Synode Hohenzollern an den Ev*[angelischen] *Oberkirchenrat in Stuttgart-Grossheppach zu wenden.*[32]

Verhandlungen über die endgültige Eingliederung

Am 9. März 1946 regte die rheinische Kirchenleitung in Düsseldorf eine Besprechung *über die Frage der endgültigen Eingliederung der Hohenzollerischen Lande in die Württembergische Landeskirche* an, nachdem *nunmehr der Post- wie auch der Reiseverkehr nicht mehr den Schwierigkeiten wie noch vor einigen Monaten unterliegt.* Man halte *eine Regelung im Laufe der nächsten Zeit für erwünscht.*[33]

Im Mai 1946 reisten drei Vertreter der rheinischen Kirche (Superintendent Held und Konsistorialrat Rößler als Vertreter der Kirchenleitung sowie Konsistorialrat Quenstedt als Justitiar) zu Besprechungen nach Stuttgart, Hechingen, Sigmaringen und Ludwigsburg, dem Dienstsitz des Prälaten Schlatter, ihres Hauptverhandlungspartners von Seiten der württembergischen Landeskirche.[34] Die vier Herren stellten Einvernehmen unter anderem in folgenden Punkten her:

Die beiden Kirchenleitungen wünschen, daß aus der am 31. 8. [19]45 vereinbarten treuhänderischen Verwaltung der Synode Hohenzollern durch die württembergische Landeskirche eine endgültige Eingliederung werde.

---

32 LKAS, Altregistratur des OKR, Gen. 528 I Qu. 87. – Zur Besetzung der Hechinger Pfarrstelle mit Wilhelmy vgl. den Bericht Seeligers an die Leitung der Evangelischen Kirche der Rheinprovinz vom 21. 9. 1945: *Ich habe wiederholt den Oberkirchenrat in Stuttgart gebeten, in die vakanten Gemeinden* [Hechingen und Haigerloch] *Pfarrverweser zu schicken. Eine Vertretung vom Rheinland aus empfiehlt sich nicht, da die Einreise in das besetzte französische Gebiet zu schwierig ist. Im August 45 war der Hilfsprediger Wilhelmy aus Tübingen hier. Er wollte nach Düsseldorf reisen und nahm meinen Brief mit, in dem ich darum bat, ihn sofort für Hechingen zu ernennen. Ich habe bis heute keine Antwort erhalten, obwohl er mir Mitte September 45 Bericht erstatten wollte* (AEKiR, 1 OB 010 [Landeskirchenamt, Bestand 31 – Kirchenkreise], Kirchenkreisakten Hohenzollern Nr. 1, Bd. 3 Bl. 10 [Bericht Seeligers vom 21. 9. 1945]).

33 LKAS, Altregistratur des OKR, Gen. 528 I Qu. 123.

34 LKAS, Altregistratur des OKR, Gen. 528 I Qu. 137. – LKAS, Altregistratur des OKR, Gen. 528 Handakten Prälat Schlatter (Brief Rößlers an Schlatter vom 15. 5. 1946).

*Es wird festgestellt, daß die Hohenzollernschen Gemeinden unierte Gemeinden lutheri-
scher Prägung*[35] *sind, so daß ihre Eingliederung in die lutherische Kirche Württembergs
ohne Schwierigkeiten möglich erscheint. […] Im übrigen soll das kirchliche Herkommen
der Gemeinden (einschl*[ießlich] *der sog*[enannten] *Kirchlichen Lebensordnung) tun-
lichst gewahrt bleiben.*
*Es erscheint ratsam, die Eingliederung zunächst unter Wahrung des synodalen Verban-
des zu vollziehen, unbeschadet einer späteren zweckdienlichen Zuweisung der Gemeinden zu benachbarten württembergischen Dekanaten. Demgemäß wird der Superintendent von Sigmaringen zunächst den württembergischen Dekanen gleichstehen.*[36]

Die Kirchenleitung in Düsseldorf genehmigte die Besprechungsergebnisse, allerdings mit
einer wesentlichen Änderung: War man im Protokollentwurf noch davon ausgegangen,
dass über die endgültige Eingliederung *nach Anhörung der Kreissynode Hohenzollern und
in Fühlungnahme mit den zuständigen staatlichen Stellen* neben dem Landeskirchentag
der württembergischen Kirche die *Leitung der Evangelischen Kirche der altpreußischen
Union* zu entscheiden habe, so wurde diese Rolle jetzt der *Leitung der Evangelischen Kirche der altpreußischen Union für die Westprovinzen* zugewiesen.[37] Denn die rheinische
Kirchenleitung war – wie Rößler an Prälat Schlatter schrieb – der Meinung, *daß die Kirchenleitung der APU West über die Eingliederung von Hohenzollern befinden kann und den
E*[vangelischen] *O*[berkirchenrat] *in Berlin nur nachrichtlich einzuschalten braucht.*[38]

Rößler nahm sein Schreiben an Schlatter zum Anlass, nochmals diesem und der *verehrten lieben Frau Gemahlin* seinen *herzlichen Dank für die schönen Tage zu sagen, die
uns Ihre Gastlichkeit in Württemberg bereitet hat.* Schlatter hatte ihm sogar Kartoffeln
mitgegeben. Allerdings hatte der Konsistorialrat den Fehler gemacht, den Koffer mit den
Kartoffeln in Frankfurt *als Passagiergut* aufzugeben. *Der Reisekoffer mit dem kostbaren
und so freundlichst zugedachten Inhalt* kam nie in Düsseldorf an.[39]

Noch im Mai 1946 wurde die Kirchenleitung der altpreußischen Union für die Westprovinzen informiert, die auf ihrer Sitzung vom 23. Mai *nach Vortrag des Sachverhalts*
beschloss, die Kirche der Rheinprovinz zu bevollmächtigen, *die Verhandlungen über die
Eingliederung des Kirchenkreises Hohenzollern in die Württembergische Landeskirche zum
Abschluß zu bringen*, wobei die Unterschrift unter den Vertrag *der Leitung der Evangelischen Kirche der altpreussischen Union für die Westprovinzen vorbehalten bleiben* sollte.[40]

---

35 Vor dem Hintergrund dieser Feststellung erscheint es seltsam, dass der württembergische Oberkirchenrat
am 12. 12. 1947 bei Seeliger unter anderem anfragte, ob die fünf Kirchengemeinden des Kirchenkreises Hohenzollern dem *lutherischen Bekenntnis* angehörten – *oder sind sie consensus- oder verwaltungsuniert?*
(EZA 7/8236 [Abschrift des Antwortschreibens der von Seeliger eingeschalteten rheinischen Kirchenleitung
an den württembergischen Oberkirchenrat vom 13. 1. 1948]).
36 LKAS, Altregistratur des OKR, Gen. 528 I Qu. 151/1.
37 AEKiR, 1 OB 010 (Landeskirchenamt, Bestand 31 – Kirchenkreise), Kirchenkreisakten Hohenzollern Nr. 1,
Bd. 3 Bl. 29 (Entwurf des Protokolls) und Bl. 27 (von Rößler und Quenstedt unterzeichnete Ausfertigung).
38 AEKiR, 1 OB 010 (Landeskirchenamt, Bestand 31 – Kirchenkreise), Kirchenkreisakten Hohenzollern Nr. 1,
Bd. 3 Bl. 35–37. – LKAS, Altregistratur des OKR, Gen. 528 Handakten Prälat Schlatter (Brief Rößlers an Schlatter vom 9. 6. 1946 [Ausfertigung]).
39 Ebd.
40 AEKiR, 1 OB 010 (Landeskirchenamt, Bestand 31 – Kirchenkreise), Kirchenkreisakten Hohenzollern Nr. 1,
Bd. 3 Bl. 23.

Es war festgelegt worden, dass bei der Eingliederung die hohenzollerische Kreissynode angehört werden sollte. Der Kreissynode gehörten die Pfarrer, gewählte Vertreter aus dem Kreis der Gemeindekirchenräte sowie berufene Vertreter aus dem Kreis der Religionslehrer, Organisten und Diakoniemitarbeiter an.

Um zu einem möglichst einhelligen Votum der Kreissynode zu kommen, hielt man es für wichtig, die seit 1945 bestehenden Querelen in Hechingen zwischen Superintendent, Pfarrer Rößle als dem kommissarischen Verwalter des dortigen Pfarramts und dem Gemeindekirchenrat zu lösen. Die Kreissynode sollte erst nach einer Neubildung des Gemeindekirchenrates Hechingen anberaumt werden.[41]

Personalquerelen

Im Oktober 1945 war – wie in Treysa vereinbart – Julius Rößle *durch Entscheidung der rheinischen Kirchenbehörde und mit [...] Zustimmung* des württembergischen Oberkirchenrats [...] *mit der kommissarischen Verwaltung des Pfarramts Hechingen beauftragt* worden.[42]

Rößle scheint ein schwieriger Charakter gewesen zu sein. Er wird verschiedentlich sehr negativ beurteilt. 1926 sprach der Haigerlocher Pfarrer Schüz, bei dem Rößle ein Lehrvikariat machen sollte, von einem *Wagnis, einen Unruhestifter als Lehrvikar in mein Haus zu nehmen. [...] Nach den Angaben scheint H[er]r Roessle ein etwas unruhiger, sehr anmaßlicher, vielleicht etwas kommunistisch angehauchter Geist zu sein.* Ein Schreiben des Landeskirchenamts Darmstadt an das Landeskirchenamt Wiesbaden vom 29. September 1931, mit dem mitgeteilt wurde, dass man Rößle nicht in den hessischen Kirchendienst übernehme, versah man in Wiesbaden mit der handschriftlichen Randbemerkung: *schade!* Auch eine Bemerkung in Rößles Personalakte aus dem Jahr 1951 über dessen Tätigkeit als Zweiter Stadtpfarrer in Tuttlingen ist aufschlussreich. Danach urteilte der Dekan, *in der Gemeinde wirke Rössle als Spaltpilz. Er sei dem Dekan und manchen verantwortungsbewussten Gemeindegliedern nicht länger erträglich, weil die Gemeinde zerrissen und das Gemeindeleben gelähmt werde und zerfalle.*[43]

Rößles Haltung zum Nationalsozialismus war ambivalent gewesen, wie aus einer Äußerung des württembergischen Oberkirchenrats *zu seiner politischen Überprüfung* hervorgeht: *Er gehörte der NSDAP von 1932–1945, der NSV von 1933–1945 und dem Reichskolonialbund von etwa 1934–1945 je als einfaches Mitglied an. Von 1943–1945 war er im Kriegsdienst und in Kriegsgefangenschaft. Den Parteibeitritt erklärte er 1932 im Vertrauen auf die christentums- und kirchenfreundliche Propaganda der NSDAP, ohne sich in der Folge aktiv im Sinne des Nat[ional-]Soz[ialismus] zu betätigen. Er erkannte früh den weltanschaulichen Herrschaftsanspruch der Partei, den er ablehnte, schloss sich 1934 der (bekenntnistreuen) Solinger Pfarrbruderschaft an und hielt sich während des Kirchenkampfes zur Bekennenden Kirche, für deren Grundsätze er sich in Predigt, Seelsorge und in*

---

41 AEKiR, 1 OB 010 (Landeskirchenamt, Bestand 31 – Kirchenkreise), Kirchenkreisakten Hohenzollern Nr. 1, Bd. 3 Bl. 37.

42 Schreiben des Prälaten Schlatter an Pfarrer Rößle vom 20.12.1945 (LKAS, Altregistratur des OKR, Gen. 528 I zu Qu. 96/2).

43 AEKiR, 1 OB 009, R 198 (Personalakte Roessle, Julius Lic.).

theol[ogischen] *Veröffentlichungen einsetzte. Er wurde deshalb von der Partei, bei der er wegen „staatsfeindlicher" Äusserungen angezeigt wurde, scharf überwacht. Von der Gestapo wurde er wiederholt vernommen und wegen Verteilung illegaler Flugblätter der B*[ekennenden] *K*[irche] *verwarnt. Im „Stürmer" wurde er 1935 wegen seiner Stellungnahme in der Judenfrage gebrandmarkt. Er verweigerte aus Bekenntnisgründen die Unterschrift für die vom NS-Regime eingeführte Gemeinschaftsschule; dies wurde ihm von Parteikreisen besonders verübelt.*[44]

Einflussreiche Gemeindekreise und der Gemeindekirchenrat in Hechingen wollten Rößle nicht als Pfarrer. Sie favorisierten vielmehr Franz Roth,[45] der von 1922 bis 1930 in Hechingen Pfarrer gewesen war und nun, in Berlin ausgebombt, in Hechingen bei seinem Schwager Raithelhuber, dem Inhaber der (so der Volksmund) *Evang*[elischen] *Apotheke* oder *Naziapotheke,*[46] wohnte.

Am 25. Oktober 1945 fasste der Hechinger Gemeindekirchenrat – anwesend waren der Sigmaringer Superintendent als Vorsitzender, der Kirchenrechner Karl Löble und der Apotheker Raithelhuber, während Wilhelm Müller (Bisingen) *wegen Verkehrsschwierigkeiten* fehlte – den einstimmigen Beschluss, das Konsistorium der Rheinprovinz zu bitten, die Ernennung Rößles zum kommissarischen Verwalter der Pfarrstelle Hechingen zurückzuziehen, *da Pfarrer Rössle nach dem Eindruck, den er in Hechingen und Sigmaringen hinterlassen hat, für die Gemeinde ganz ungeeignet ist,* und Pfarrer Roth zu bitten, *Pfarrverweser zu sein, mit dem Ziele einer späteren Uebernahme der Pfarrstelle.*[47]

Roth hatte allerdings das Pech, dass er 1933 den Deutschen Christen beigetreten war *in der Erwartung,* wie er selbst am 16. November 1945 schrieb, *dass sie als Gegengewicht zu der machtvollen Katholischen Kirche eine starke, einige evangel*[ische] *Kirche in Deutschland schaffen würden. [...] In den folgenden Jahren habe ich mich, insbesondere nach meiner Berufung nach Berlin von den unevangel*[ischen] *Machenschaften der D*[eutschen] *C*[hristen] *immer mehr distanziert u*[nd] *diese mit aller Entschiedenheit bekämpft. Wenn ich dennoch nicht offiziell ausgetreten bin, dann vor allem deshalb, weil ich in meiner Gemeinde eine recht grosse Anzahl treuer, durchaus evangel*[isch] *gesinnter Gemeindeglieder*

---

44 AEKiR, 1 OB 009, R 198 (Personalakte Roessle, Julius Lic.). – Vgl. Rößles Fragebogen zur Entnazifizierung mit handschriftlicher Erläuterung zu seinem Verhalten während des Dritten Reiches StAS Wü 13 T 2 Nr. 2511/039 (online: http://www.landesarchiv-bw.de/plink/?f=6-599189-1; zuletzt aufgerufen am 6.2.2018). Die Kommission für die politische Überprüfung der Pfarrer der Württembergischen Evangelischen Landeskirche in der französisch besetzten Zone Württembergs machte auf ihrer Sitzung am 29.5.1947 der Militärregierung den Vorschlag, Rößle um vier Dienstaltersstufen zurückzusetzen (LKAS D 1 [Nachlass Wurm] Nr. 271,2).
45 Franz Roth, geb. 28.4.1892 Köln-Lindenthal, Studium in Bonn, ein Semester Studium der Philologie in Freiburg (1913), Kriegsfreiwilliger 1914–1918 (letzter Dienstgrad: Leutnant), 1920–1921 Lehrvikariat in Sobernheim, 1921–1922 Synodalvikar bei der Kreissynode Hohenzollern, 1922–1930 Pfarrer in Hechingen, 1923 Heirat mit Julie Weiler, geb. 1888 in Straßburg, Tochter des Hofjuweliers Conrad Weiler und der Marie Blankenhorn, 1930–1934 Pfarrer in Leverkusen-Wiesdorf, 1934–1941 Pfarrer an der Passions-Kirchengemeinde Berlin (Kirchenkreis Kölln Stadt), 1941–1945 Wehrdienst und Kriegsgefangenschaft, 1949 Bewährungsdienst in der Christusgemeinde in Düsseldorf, 1949–1950 kommissarische Verwaltung der Pfarrstelle Krofdorf-Gleiberg, 1950–1959 Pfarrer in Krofdorf-Gleiberg, gest. 11.2.1980 (AEKiR, 1 OB 009, R 126 [Personalakte Franz Ludwig Roth]; vgl. GRUCH, Die evangelischen Pfarrerinnen und Pfarrer Bd. 3 [wie Anm. 14], S. 640).
46 LKAS, Altregistratur des OKR, Gen. 528 Handakten Prälat Schlatter (Bericht vom 31.12.1945).
47 AEKiR, 1 OB 010 (Landeskirchenamt, Bestand 31 – Kirchenkreise), Kirchenkreisakten Hohenzollern, Nr. 1 Bd. 3 Bl. 11 (Beglaubigter Auszug aus dem Protokollbuch der evangelischen Gemeinde Hechingen vom 25.10.1945).

hatte, die wegen ihrer Parteigebundenheit, b[e]z[iehungs]w[eise] dienstlicher Stellung (Auswärtiges Amt, Gestapo, Schule, Post, Eisenbahn, Stadtverwaltung, Polizei u. a.) den größten Wert darauf legten, dass ich – wenn auch nur rein äusserlich – zu den D[eutschen] C[hristen] gehörte, da sie nur so meine Gottesdienste besuchen u[nd] ihre Kinder in meinen Konfirmanden-Unterricht schicken konnten.[48]

Rößle, der die Hechinger Stelle nicht aufgeben wollte, hatte keinen einfachen Stand, da auch das Verhältnis zwischen ihm und dem Superintendenten Seeliger total zerrüttet war.[49] Der Superintendent griff nun intensiv in die Auseinandersetzungen in der Hechinger Gemeinde ein, zumal der Gemeindekirchenrat ihn gebeten hatte, bis zur endgültigen Besetzung der Hechinger Pfarrstelle den Vorsitz im Gemeindekirchenrat zu übernehmen.

Im Frühjahr 1946 bestellte der württembergische Oberkirchenrat nach Rücksprache mit Düsseldorf Rößle *zum Vorsitzenden des Gemeindekirchenrats*.[50] Daraufhin gaben die drei Gemeindekirchenratsmitglieder am 24. Mai eine schriftliche Erklärung ab, es sei ihnen nicht mehr möglich, an einer weiteren Sitzung teilzunehmen.[51] Rößle berief deshalb im Frühsommer 1946 sechs neue Mitglieder,[52] was aber den Einspruch Seeligers provozierte. So bat die rheinische Kirchenleitung, *um zu verhindern, daß die Synode Hohenzollern etwa ohne Beteiligung Hechingens bis zum 15. 7. einberufen wird*,[53] Landesbischof Wurm, Superintendent Seeliger anzuweisen, die *Kreissynode Hohenzollern erst nach Abschluss der Neubildung des Kirchenrates Hechingen anzuberaumen*.[54]

Am 22. Juli vollzogen die drei bisherigen Hechinger Gemeindekirchenräte eine Kehrtwendung und gaben eine gemeinsame Erklärung ab, *dass wir in unserer schriftlichen Erklärung vom 24. 5. [19]46 keineswegs daran gedacht haben, unser Amt als Kirchengemeinderäte niederzulegen, sondern, dass es uns nach den langen Verhandlungen am Vortage, wo unsere Anliegen zwar besprochen, aber nicht im geringsten bereinigt worden sind, physisch und psychisch nicht mehr möglich war, an einer weiteren Sitzung teilzunehmen, von der wir uns keinen Fortgang versprechen konnten. Wir wollten lediglich zum Ausdruck bringen, dass es uns eine innere Unmöglichkeit war, mit einem Vorsitzenden zusammenzuarbeiten, zu dem wir aus den wiederholt dargelegten Gründen kein Vertrauen aufzubringen vermochten. Trotz dieser so schweren Gewissensbelastung haben wir uns, auf Veranlassung des Herrn Superintendent Seeliger in Sigmaringen[,] am 4. Juni um der Ordnung in der Gemeinde willen bereitfinden lassen, unter dem Vorsitz des Herrn Pfarrer Rössle weiterzuarbeiten. Wir erachten uns deshalb nach wie vor als die allein rechtmässig eingesetzten Kirchengemeinderäte, zumal wir ja auch von keiner Stelle abgesetzt worden sind.*[55]

---

48 LKAS, Altregistratur des OKR, Gen. 528 I Qu. 96/1.

49 Vgl. AEKiR, 1 OB 010 (Landeskirchenamt, Bestand 31 – Kirchenkreise), Kirchenkreisakten Hohenzollern Nr. 1, Bd. 3 Bl. 12–13, 15.

50 LKAS, Altregistratur des OKR, Gen. 528 Handakten Prälat Schlatter (Erlass an den Gemeindekirchenrat Hechingen vom 25. 3. 1946).

51 LKAS, Altregistratur des OKR, Gen. 528 Handakten Prälat Schlatter (Erklärung der drei bisherigen Gemeindekirchenratsmitglieder vom 22. 7. 1946).

52 LKAS, Altregistratur des OKR, Gen. 528 Handakten Prälat Schlatter (Schreiben Schlatters an Konsistorialrat Rößler, Düsseldorf, vom 4. 6. 1946).

53 LKAS, Altregistratur des OKR, Gen. 528 Handakten Prälat Schlatter (Schreiben des Konsistorialrats Rößler, Düsseldorf, an Schlatter vom 8. 7. 1946).

54 LKAS, Altregistratur des OKR, Gen. 528 I Qu. 151/2.

55 LKAS, Altregistratur des OKR, Gen. 528 Handakten Prälat Schlatter.

Am 22. August entschied die Leitung der Evangelischen Kirche der Rheinprovinz über die Neubesetzung des Gemeindekirchenrats in Hechingen. Dem Einspruch gegen einen Kandidaten wurde stattgegeben, die übrigen von Rößle 5 *neubestellten Herren* wurden *in ihrem Amt als Mitglieder des Gemeindekirchenrats bestätigt.* Seeliger wurde vom württembergischen Oberkirchenrat angewiesen, die 5 *Mitglieder in einem Sonntagsgottesdienst feierlich vor der Gemeinde in ihr Amt einzuführen.* [...] *Nach der Einführung der 5 Herren in ihr Amt hat der Gemeindekirchenrat über die Zuwahl eines 6. Mitglieds zu beschließen. Dafür wird in erster Linie Herr K[arl] Löble, der schon dem bisherigen Gemeindekirchenrat angehörte, in Frage kommen.*[56]

Zwar hatte der württembergische Oberkirchenrat bereits im März 1946 den Sigmaringer Superintendenten veranlasst, Roth mitzuteilen, dass die rheinische Kirche ihn nicht in Hechingen verwenden könne,[57] doch um die Situation in Hechingen zu beruhigen, hatte der Oberkirchenrat letztlich keinen anderen Ausweg gesehen, als im Sommer 1946 Rößle in den württembergischen Pfarrdienst zu übernehmen und an dessen Stelle einen Pfarrer der württembergischen Landeskirche nach Hechingen zu entsenden.[58] Zunächst zog jedoch für Rößle mit dem rheinischen Pfarrer Jungblut am 30. August eine vierwöchige Urlaubsvertretung in Hechingen auf. Um den Riss in der Gemeinde zu schließen, billigte der württembergische Oberkirchenrat seinen Vorschlag, den Kirchengemeinderat um die drei bisherigen Mitglieder zu erweitern.[59] Jungblut konnte sich nicht entscheiden, in Hechingen zu bleiben, so dass der württembergische Oberkirchenrat auf den 23. Oktober 1946 den aus dem Osten stammenden Pfarrer Reinhard Macholz als Amtsverweser entsandte, nachdem Superintendent Seeliger ihn in Vorschlag gebracht hatte.[60] Dieser kam in Hechingen so gut an, dass der Gemeindekirchenrat eine Eingabe nach Düsseldorf machte, ihn zum Pfarrer zu ernennen. Deshalb favorisierte man spätestens seit März 1947 in Stuttgart die Ernennung von Macholz zum Pfarrer in Hechingen. Man würde *darin*

---

56 LKAS, Altregistratur des OKR, Gen. 528 Handakten Prälat Schlatter (Erlass des württembergischen Oberkirchenrats an Seeliger vom 2. 9. 1946). – Karl Löble starb wenige Wochen später (LKAS A 327 Nr. 2075 [Personalakte Macholz] B Qu. 8).

57 AEKiR, 1 OB 009, R 126 (Personalakte Franz Ludwig Roth) (Schreiben des Sigmaringer Superintendenten an die Leitung der Kirche im Rheinland vom 1. 5. 1946).

58 LKAS, Altregistratur des OKR, Gen. 528 I Qu. 159.

59 LKAS, Altregistratur des OKR, Gen. 528 Handakten Prälat Schlatter (Schreiben Schlatters an das Konsistorium der Rheinprovinz vom 18. 9. 1946 und Brief Jungbluts an Schlatter vom 24. 9. 1946). – LKAS A 126 Nr. 2106 Qu. 23.

60 Reinhard Macholz, geb. 4. 1. 1909 in Görlitz, Studium in Jena, Tübingen, Marburg und Breslau, 1933–1936 Lehr- und Hilfsvikar in Mallmitz, Falkenberg (Oberschlesien), auf der Jugendarbeiterschule der DEK in Eisenach, in Breslau, Tiefhartmannsdorf und Hohenfriedeberg, 1936 Zweite theologische Dienstprüfung vor dem Prüfungsamt des Bruderrats der Schlesischen Bekenntnissynode, 1937 Pfarrverweser in Hohenfriedeberg (Schlesien), 1937–1945 Pfarrer in Hohenfriedeberg, 1939–1946 Wehrdienst und Gefangenschaft (letzter Dienstgrad: Oberleutnant), 1946 kommissarischer Pfarrer in Blankenhain (Thüringen), 1946–1949 Pfarrverweser in Hechingen, 1949–1954 Pfarrer in Hechingen, 1954–1968 Dekan in Reutlingen, gest. 3. 11. 1973; Verhalten im Dritten Reich laut eigenhändig ausgefülltem Fragebogen vom 31. 3. 1947: 1937–1945 Mitgliedschaft in der NSV, *Schutzhaft wegen Kanzelabkündigung im März 1935 in Breslau, Beschränkung der Berufsarbeit durch Redeverbot außerhalb der Kirche von 1938 an* (LKAS A 327 Nr. 2075 [Personalakte Macholz]; vgl. GRUCH, Die evangelischen Pfarrerinnen und Pfarrer Bd. 3 [wie Anm. 14], S. 291 f.). – Privatdienstschreiben Seeligers vom 6. 10. 1946 an Oberkirchenrat Dr. Eichele: [...] *Da nun Pfarrer Macholz sofort abkömmlich ist (etwa mit Hin- und Rückreise in 14 Tagen), würde es wohl eine gute Lösung sein, wenn Pfarrer Macholz sofort zum Pfarrverweser ernannt würde, damit Hechingen versorgt ist* (ebd. B Qu. 8).

einen wertvollen Beitrag zur Befriedung der Gemeinde Hechingen sehen, wenn Pfarrer Macholz zum Pfarrer von Hechingen ernannt werden kann.[61] Dem vom rheinischen Konsistorium vorgesehenen Pfarrer Jungblut, der aus privaten Gründen nun doch nach Hechingen wollte und von Düsseldorf bereits eine Zusage für Hechingen erhalten hatte, bot man eine andere Stelle im württembergischen Kirchendienst an.[62]

Doch es gab nicht nur in Hechingen Personalprobleme, sondern auch in Haigerloch und Dettingen.

In Haigerloch hatte Roth seit Dezember 1945 Vertretungsdienst übernommen, im Sommer 1946 hatten eine Unterschriftenaktion und der Gemeindekirchenrat sich für sein Verbleiben stark gemacht. Doch Roth kam wegen seiner politischen Vergangenheit nicht in Frage.[63] In einem Schreiben vom 9. Juni 1946 machte der rheinische Konsistorialrat Rößler dem württembergischen Prälaten Schlatter Hoffnung: *Wegen der Versorgung von Haigerloch haben wir an den Pfarrer Höver in Pfeffelbach geschrieben und ihm nahegelegt, sich so bald wie möglich zunächst für 4 Wochen komm[issarisch] nach H[aigerloch] entsenden zu lassen, damit das Presbyterium ihn kennen lernen kann. [...] Für Dettingen haben wir gerne vorgemerkt, daß dort ein schwerkriegsbeschädigter oder sonst in der Arbeitsfähigkeit geminderter Pfarrer hinkommen soll.*[64]

Höver kam nicht nach Haigerloch. Statt seiner schickte der Stuttgarter Oberkirchenrat mit dem schwerkriegsbeschädigten württembergischen Vikar Bernhard Huppenbauer am 21. August 1946 einen Pfarrverweser, obwohl Düsseldorf dem Sigmaringer Superintendenten einen anderen rheinischen Pfarrer als Pfarrverweser avisiert hatte.[65] Doch Hö-

---

61 LKAS, Altregistratur des OKR, Gen. 528 I Qu. 190/3.

62 LKAS, Altregistratur des OKR, Gen. 528 I Qu. 191.

63 LKAS, Altregistratur des OKR, Gen. 528 I Qu. 162 und 186. – Roth hatte *als ehemaliger D. C.-Pfarrer und Anhänger der schärfsten kirchenzerstörerischen Richtung der Thüringer National-Kirchler* (AEKiR, 1 OB 009, R 126 [Personalakte Franz Ludwig Roth] [Schreiben des Konsistoriums der Rheinprovinz an den Gemeindekirchenrat Haigerloch vom 12.8.1946]) ein kirchliches Spruchkammerverfahren zu durchlaufen, doch selbst nachdem im August 1948 eine Spruchkammer der rheinischen Kirche Roth wieder den Zugang zum Pfarrdienst ermöglicht hatte, indem sie nur auf Versetzung in ein anderes Amt erkannt hatte, wollten weder die rheinische noch die württembergische Kirche Roth übernehmen. Prälat Schlatter brachte als zusätzliches Argument gegen Roth vor, *daß die persönliche Art von Pfarrer Roth nach unserem Eindruck sehr viel besser in seine Rheinische Heimat paßt als in eine Württ*[embergische] *Gemeinde* (AEKiR, 1 OB 009, R 126 [Personalakte Franz Ludwig Roth] [Schreiben Schlatters an Oberkirchenrat Rößler, Düsseldorf, vom 4.3.1949]). In Düsseldorf hatte man schon 1946 die Ansicht vertreten, *daß er in erster Linie wenn überhaupt noch einmal für den Kirchendienst im Osten in Frage kommt* (AEKiR, 1 OB 010 [Landeskirchenamt, Bestand 31 – Kirchenkreise], Kirchenkreisakten Hohenzollern Nr. 1, Bd. 3 Bl. 35). Doch als das Konsistorium Berlin-Brandenburg im Februar 1949 erklärte, *die Situation hier* habe *sich derart entwickelt, daß ein Pfarrer mit einer solchen kirchenpolitischen wie politischen Vergangenheit wie der des Pfarrer Roth weder in Berlin selbst noch im Lande Brandenburg angesetzt werden kann. Eine Entnazifizierung würde unter den hiesigen Bedingungen nicht erfolgen können,* wurde er schließlich 1949 wieder in den rheinischen Kirchendienst übernommen (AEKiR, 1 OB 009, R 126 [Personalakte Franz Ludwig Roth]).

64 LKAS, Altregistratur des OKR, Gen. 528 Handakten Prälat Schlatter (Brief Rößlers an Schlatter vom 9.6.1946).

65 LKAS, Altregistratur des OKR, Gen. 528 I Qu. 162. – LKAS A 126 Nr. 2106 Qu. 18. – ELLEN HERL: Diaspora. Geschichte der Evangelischen Kirchengemeinde Haigerloch. Haigerloch 2003, S. 83. – Bernhard Huppenbauer, geb. 2.4.1920 in Haiterbach, 1938 als Freiwilliger zum Heeresdienst einberufen (letzter Dienstgrad: Oberleutnant), 1941 durch Kopfschuss schwer verwundet, 1941–1945 Studium in Tübingen und Erlangen, 1945–1946 Vikar in Schömberg (Lkr. Calw), 1946 Zweite theologische Dienstprüfung, 1946–1947 Pfarrverweser in Haigerloch, 1947–1950 Pfarrverweser in Effringen, 1950–1956 Pfarrer in Effringen, 1956–1966 Pfarrer an der Diakonissenanstalt Schwäbisch Hall, 1966–1980 Pfarrer in Westheim, gest. 8.7.1990; Treueverpflichtung *als*

ver blieb der Wunschkandidat der rheinischen Kirchenleitung für die Pfarrstelle, über den sich allerdings – wie Konsistorialrat Rößler am 30. August 1947 an Schlatter schrieb – *der Gemeindekirchenrat in Haigerloch recht unfreundlich* [...] *geäußert* hatte.[66]

Nach Dettingen, wo Altpfarrer Paul Herzog im Januar 1947 gestorben war, entsandte die rheinische Kirchenleitung mit Karlheinz Ziegler einen Pfarrverweser, den sie später auch mit der Pfarrstelle betraute.[67] Der Rheinländer Ziegler hatte der Bekennenden Kirche angehört, was daraus hervorgeht, dass er 1940 seine Zweite theologische Dienstprüfung vor dem Bruderrat der Bekennenden Kirche Berlin-Brandenburg abgelegt hatte. Die Dettinger Gemeinde war mit ihm überhaupt nicht zufrieden. Um ihn loszuwerden, wurde sogar ein Untersuchungsverfahren wegen Unterschlagung gegen ihn angestrengt. Die rheinische Kirchenleitung hielt ein Verfahren indes nicht für erforderlich, *da keine Kassenunstimmigkeiten vorhanden sind*.[68] So wurde der Gemeinde *seitens Stuttgart empfohlen* [...], *die Sache als erledigt anzusehen, falls Ziegler die Gemeinde verläßt.*[69] Dies tat der Pfarrer; er fand 1949 in Velbert eine neue Wirkungsstätte. Bereits im Dezember 1948 war ein Pfarrverweser nach Dettingen gekommen.[70]

Personelle Veränderungen ergaben sich 1947 auch in Sigmaringen.

Superintendent Seeliger wurde seit Längerem sowohl in Stuttgart als auch in Düsseldorf als Belastung für die Verhandlungen angesehen. Hauptursache war wohl sein Verhalten im Hechinger Pfarrerstreit.[71] Hinzu kam, dass er keine Gelegenheit ausließ, die

---

Diener der Ev[angelischen] *Landeskirche* auf Hitler vom 17.3.1945 (!); Verhalten im Dritten Reich: 1934–1937 HJ (seit 1936 als Führer einer Jungenschaft des Jungvolks), 1938 Reichsarbeitsdienst (LKAS A 327 Nr. 58 [Personalakte Huppenbauer]). Die Kommission für die politische Überprüfung der Pfarrer der Württembergischen Evangelischen Landeskirche in der französisch besetzten Zone Württembergs machte auf ihrer Sitzung am 29.5.1947 der Französischen Militärregierung den Vorschlag, Huppenbauer unter die Jugendamnestie fallen zu lassen (LKAS D 1 [Nachlass Wurm] Nr. 271,2).

66 LKAS, Altregistratur des OKR, Gen. 528 Handakten Prälat Schlatter (Schreiben des Konsistoriums der Rheinprovinz, gez. Rößler, an Schlatter vom 30.8.1947). – Rößler brachte in diesem mit dem Briefkopf des rheinischen Konsistoriums versandten persönlichen Schreiben an Schlatter deutlich zum Ausdruck, dass man in Düsseldorf über die zupackende Art, mit der der württembergische Oberkirchenrat die Vakatur in Haigerloch anging, nicht begeistert war: *Mit der Inanspruchnahme der Pfarrstellenbesetzung durch uns verhielt es sich so, daß nach den zwei mißglückten Versuchen in Hechingen diese Besetzung für uns keine anziehende Aufgabe mehr bedeutet. Dafür hatte ich, allerdings stillschweigend, angenommen, würde Haigerloch noch durch uns im Ausgleich für Hechingen zu regeln sein.*

67 Karlheinz Ziegler, geb. 1.8.1913 in Godesberg, Studium in Bethel, Zürich, Bonn, Tübingen und Wuppertal, 1938–1939 Vikar in Barmen-Gemarke und Dülken, 1940 Zweite theologische Dienstprüfung vor dem Bruderrat der Bekennenden Kirche Berlin-Brandenburg, 1940–1941 Prädikant in Sachsenhausen, 1941–1942 Hilfsprediger in Berlin-Hermsdorf, 1942–1945 Pfarrverweser in Cappel (Lippe) und Cochem, 1945 Hilfsprediger in Koblenz, 1945–1947 Studienassessor in Godesberg, 1947–1949 Pfarrverweser und Pfarrer in Dettingen, 1949–1954 Pfarrer in Velbert, 1954–1962 Pfarrer in Nauborn, 1962–1967 Pfarrer in Broich, 1967–1972 Pfarrer in Hottenbach, 1972–1977 Pfarrer in Dümpten, gest. 6.7.2004 (AEKiR, 1 OB 009, Z 51 Bd. 1 und 2 [Personalakte Karlheinz Ziegler]).

68 Vermerk in der Personalakte (AEKiR, 1 OB 009, Z 51 Bd. 1 [Personalakte Karlheinz Ziegler]).

69 LKAS, Altregistratur des OKR, Gen. 528 II Qu. 283/2.

70 Auch Zieglers Nachfolger Dreher hatte Probleme mit der Gemeinde (SCHWANDT, Entstehung und Entwicklung [wie Anm. 4], S. 17: „Allerdings ergänzten die Gemeindekern, dargestellt in zwei Familien aus der Gründungszeit, und Pfarramt sich hier nicht, sodaß die Nachfolger Herzogs die leitende und bestimmende Stellung des Pfarrers in der Gemeinde unter Schwierigkeiten zurückgewinnen mußten, wobei die erwähnten Familien zum Teil die evangelische Kirche verließen oder völlig passiv wurden.").

71 Vgl. etwa das Schreiben des württembergischen Oberkirchenrats (Entwurf Schlatter) an die rheinische Kirchenleitung vom Frühjahr 1946: *Wir möchten nicht verhehlen, daß uns auf Grund der Erfahrungen der*

Sonderstellung und Rechte seines Kirchenkreises zu betonen, so etwa in seinem Neu-jahrsrundschreiben 1947, das über den Haigerlocher Pfarrverweser und den Dekan in Sulz an den württembergischen Oberkirchenrat gelangte: *Schon jetzt mache ich darauf auf-merksam, dass ich die synodalen Rechte, die Hohenzollern hat, niemals aufgeben werde. Eine Gemeinde hat ein Recht, in allen Fragen, die sie berühren, gehört zu werden. Die Me-thoden Hitlers dürfen nicht auf die Kirche übertragen werden.*[72]

Ein mehrwöchiger Krankenhausaufenthalt Seeligers nach Ostern 1947 bot der würt-tembergischen Landeskirche Gelegenheit, mit einer Krankheitsvertretung einen weite-ren Pfarrverweser aus der eigenen Kirche nach Hohenzollern zu schicken.[73] Doch erst Seeligers Entnazifizierung eröffnete die Chance, ihn aus Sigmaringen zu entfernen.

Seeliger hatte zunächst die Machtübertragung an Hitler euphorisch begrüßt und war am 1. Mai 1933 in die NSDAP eingetreten, außerdem war er Mitglied bei der NSV und im Reichsluftschutzbund gewesen.[74] Als der Dettinger Pfarrer Herzog ihn im September 1933 davon abhalten wollte, eine Stelle in Stettin anzunehmen, hob Herzog hervor: *Sie haben endlich von Anfang an in der nationalsozialistischen Bewegung mitten drin gestan-den, die Bewegung der Deutschen Christen, die für unser evangelisches Leben in der Dia-spora einen starken Aufschwung bedeutet, kräftig gefördert.*[75] Im Erntedankfestgottes-dienst 1933 hatte er laut Lokalpresse gepredigt: *wir müssen danken dafür, daß Gott uns unseren Adolf Hitler und unseren greisen Reichspräsidenten gab.*[76] Gegenüber dem Mitbe-gründer der Deutschen Christen Joachim Hossenfelder, seit September 1933 Bischof von Brandenburg und Vizepräsident des Berliner Oberkirchenrats, hatte er sich im November 1933 gerühmt, auf der Generalsynode vom September *bei den Deutschen Christen vertre-*

---

letzten Monate eine Übernahme von Superintendent Seeliger in Sigmaringen in den württ[embergischen] Kirchendienst nicht möglich scheint und darum, wenn es zum Anschluß der Synode Hohenzollern an die würt[t]embergische Kirche kommen soll, seine Rückkehr in die norddeutsche Heimat geboten scheint (LKAS, Altregistratur des OKR, Gen. 528 I Qu. 127). In einem Privatschreiben Schlatters an den rheinischen Konsisto-rialrat Rößler vom 26.5.1946 relativierte Schlatter dieses harsche Urteil: Im Rückblick auf unsere gemeinsame Reise buche ich es als einen Gewinn, daß ich eine Möglichkeit sehe, mit Sup[erintendent] Seeliger in ein ordent-liches Arbeitsverhältnis zu kommen, so daß mein Ja zu seinem Verbleiben nicht nur durch die Unmöglichkeit[,] ihn zu beseitigen, abgenötigt ist. Rößler berichtete am 8.7.1946 seiner Kirchenleitung im Zusammenhang mit dem Hechinger Pfarrerstreit: Ich bitte die Kirchenleitung[,] dem Superintendenten sehr ernstlich zu bedeuten, daß wir bei Fortführung seines Widerstandes gegen die pfarramtliche Versorgung Hechingens durch Rößle die Frage seines Verbleibens in der Superintendentur ernsthaft überprüfen müßten. Auch Prälat Schlatter schrieb mir, daß der Oberkirchenrat in Stuttgart nunmehr sein Nachgeben in der Frage des Verbleibens Seeligers an der Spitze zu bedauern beginne (AEKiR, 1 OB 010 [Landeskirchenamt, Bestand 31 – Kirchenkreise], Kirchenkreis-akten Hohenzollern Nr. 1, Bd. 3 Bl. 34 und 40). – Als Seeliger im Juni 1946 Franz Roth in Sigmaringen predigen ließ, beschwerte sich der Hechinger Fabrikant Reinhold Maute bei der Leitung der Kirche der Rheinprovinz und erinnerte dabei auch *an die bei mir stattgefundene Unterredung und auf verschiedene von hier aus an Sie gerichtete Briefe* [...], *wonach zum Ausdruck kam: 1) in Hohenzollern werde erst Ruhe einkehren, wenn Pfarrer Roth jede Amtstätigkeit untersagt werde 2) und der Superintendent Seeliger in Sigmaringen seines Amtes ent-hoben wird* (AEKiR, 1 OB 009, R 126 [Personalakte Franz Ludwig Roth]: Schreiben Mautes vom 23.6.1946).

72 LKAS, Altregistratur des OKR, Gen. 528 I Qu. 186. – Bezeichnend die handschriftliche Randbemerkung des Prälaten Schlatter zum letzten Satz: *Supt. Seeliger soll früher einen anderen Standpunkt vertreten haben.*

73 LKAS, Altregistratur des OKR, Gen. 528 I Qu. 192 und 193.

74 StAS Wü 13 T 2 Nr. 1938/014 (Entnazifizierungsakte Seeligers) (Fragebogen vom 29.1.1946).

75 LKAS A 227 – Seeliger A Qu. 61 (Brief Herzogs an Seeliger vom 20.9.1933). – Vgl. auch das Schreiben Seeli-gers an Oberkonsistorialrat Dick vom 29.11.1933: *Vor 14 Tagen war ich noch bei Professor Fezer in Tübingen[,] und wir stellten fest, wie wichtig unsere Mitarbeit bei den deutschen Christen sei* (ebd. A Qu. 64).

76 Hohenzollerische Volkszeitung Nr. 235 vom 2.10.1933.

ten gewesen zu sein, und im März 1934 gegenüber dem deutschchristlichen Reichs- und Landesbischof Ludwig Müller betont, die Kreissynode Hohenzollern, die *einmütig* hinter ihrem Superintendenten stehe, habe *bis heute unverändert die Linie des Herrn Reichsbischofs inne gehalten.*[77] Bei den Machenschaften in Hechingen 1933, den einer jüdischen Familie entstammenden Pfarrer Peter Katz aus dem Hechinger Pfarramt zu entfernen, hatte er sich auf die Seite der nationalsozialistischen Katz-Gegner um den NSDAP-Kreisleiter gestellt.[78] Der Sigmaringer Gemeindekirchenrat lobte den Superintendenten in einem Brief an die Lokalzeitung anlässlich des zehnjährigen Dienstjubiläums in Sigmaringen: *Wie oft hat er sich, schon längst vor der Machtergreifung, für unseren Führer und Reichskanzler eingesetzt und auch danach immer wieder zu unverbrüchlicher Treue ihm gegenüber aufgerufen!*[79] Vikare, die sich der Bekennenden Kirche anschlossen, waren unverzüglich nach Hause geschickt worden. Andererseits hatte er den Deutschen Christen grundsätzlich Kirche und Gemeinderäume für deren Veranstaltungen verweigert.[80] Im März 1940 hatte er in einem Verwaltungsbericht an das rheinische Konsistorium diese ambivalente Haltung damit begründet, *vom Beginn der Auseinandersetzung* an habe er *die Losung ausgegeben: „Treu zu Führer und Volk und treu zum Evangelium!"* Deshalb habe man *im Kirchenkampf [...] Hohenzollern eine „Insel der Seligen" genannt.* Deutlich hatte er indes nunmehr den *Zeitgeist* mit der *anti-christlichen Propaganda beklagt.*[81] Ein Zeuge in Seeligers Entnazifizierungsverfahren, der die Rolle des Superintendenten im Dritten Reich sehr kritisch sah, räumte ein, es sei ihm bekannt, *dass S. später nicht mehr mit allem einverstanden war, was in der Partei geschah[,] und ich hörte auch, dass er sich in diesem Sinne auch von der Kanzel geäussert haben soll. Ebenso hörte ich, dass er aus diesem Grunde auch mit der Gestapo zu tun bekam.*[82]

---

77 EZA 7/8247 (Schreiben Seeligers an Hossenfelder vom 22.11.1933) – EZA 7/8236 (Schreiben Seeligers an Müller vom 6.3.1934).

78 Siehe in dem vorliegenden Band den Beitrag von HARTMUT LUDWIG: Die Vertreibung von Pfarrer Peter Katz aus Hechingen 1934, und die dort Anm. 2 genannte Literatur. – Vgl. auch das Schreiben Seeligers an Oberkonsistorialrat Dick vom 29.11.1933: *Zur Zeit habe ich noch viel Arbeit in der Gemeinde Hechingen, wo ein Vollblutjude, der vom Konsistorium als Pfarrer dort hingesetzt wurde, in 2 Jahren die Gemeinde ruiniert hat* (LKAS A 227 – Seeliger A Qu. 64).

79 Hohenzollerische Volkszeitung Nr. 45 vom 21.2.1936 (LKAS A 227 – Seeliger A Qu. 68).

80 HERMANN RUFF: Die Evangelische Kirchengemeinde Sigmaringen in Hohenzollern. Ihren Freunden und Liebhabern zugedacht. Mschr. vervielfältigt ³1994, S. 30.

81 AEKiR, 1 OB 002 (Konsistorium der Rheinprovinz), 1758.

82 StAS Wü 13 T 2 Nr. 1938/014 Qu. 26 (Aussage des Kaufmanns Eugen Müller aus Sigmaringen vom 26.5.1948). – In einer im Zusammenhang mit seinem Entnazifizierungsverfahren verfassten Erklärung über *mein Verhältnis zum Nationalsozialismus* vom 25.3.1947 führte Seeliger unter anderem aus: *Am 1.2.1933 sagte Hitler: „Das Christentum ist die Basis der gesamten Moral. Darum werde ich es in festen staatlichen Schutz nehmen." Auf Grund dieser Worte glaubte ich damals, wie auch der Herr Erzbischof Gröber in Freiburg i. Br., an das Werden eines christlichen Staates. Als ich schon 1934 den Eindruck gewann, dass die Zusagen betr. Kirche und Christentum nicht gehalten wurden, brachte ich meine Bedenken in der Sitzung des Gemeindekirchenrats zum Ausdruck.* Dieser habe ihn davon abgehalten, aus der NSDAP auszutreten, und gebeten, *innerhalb der Partei für die Sache des Christentums und der Kirche zu wirken, damit ich nicht durch einen D.C.-Pfarrer ersetzt würde. Jedoch war die Gestapo stets misstrauisch und gab mir Redeverbot ausserhalb der Kirche, sodass ich keine Diasporatage mehr abhalten durfte. Auch drohte sie mir mit Verhaftung. [...] Das politische Christentum in Form der DC habe ich mit der grossen Mehrheit meiner Gemeinde bekämpft. Vorträge über Rosenbergs Mythus wurden mir durch die Gestapo verboten. In der Predigt wurde ich ständig überwacht, desgleichen bei meinen Beerdigungen als Lazarettpfarrer. Der Beitritt zur NSV wurde von mir als Beweis meiner karitativen christlichen Gesinnung gefordert* (LKAS A 227 – Seeliger G Qu. 81/2). – Der Polizeimeister Johannes Ruprecht

Da Seeliger am Sigmaringer Marienlyzeum, einer katholischen Privatschule für Mädchen, den evangelischen Schülerinnen Religionsunterricht erteilte, wurde er 1947 vom Staatskommissar für die politische Säuberung in Württemberg-Hohenzollern in die Entnazifizierung der Lehrerschaft miteinbezogen. Am 25. Juni wurde im Regierungsblatt die Entscheidung des Staatskommissars veröffentlicht, Seeliger auf drei Jahre die Erteilung von Religionsunterricht zu untersagen.[83]

Diese staatliche Entscheidung betraf nicht das kirchliche Amt des Superintendenten. Denn dafür war nicht der Staatskommissar zuständig, sondern eine Kommission der Landeskirche, die bis August 1947 aufgrund von Fragebögen und Stellungnahmen der Betroffenen ihre Vorschläge der Militärregierung machte. Vorsitzender dieser landeskirchlichen Kommission war Herbert Keller, der Leiter der Außenstelle des Oberkirchenrats in Tübingen. Weitere Mitglieder waren ein Oberregierungsrat bei der Landesdirektion für Kultus, Erziehung und Kunst als Vertreter des Landes Württemberg-Hohenzollern, der Tübinger Dekan und der Entnazifizierungsreferent der Kirchenleitung.[84] Dieser, Oberkirchenrat Dr. Rudolf Weeber, fasste in einem Schreiben vom 9. Juli 1949 an Bischof Dibelius, den Vorsitzenden des Rates der Evangelischen Kirche in Deutschland, das Verfahren gegen Seeliger zusammen: *Der für das kirchliche Amt zuständige Ausschuss votierte völlig unabhängig von dem leeres Stroh dreschenden staatlichen Vorgang im Blick auf die frühere Parteimitgliedschaft des Herrn Seeliger, dass er aus dem Aufsichtsamt ausscheiden, aber Pfarrer bleiben solle. Die französische Militärregierung nahm dieses Votum nicht an, sondern verlangte, dass Herr Seeliger von Sigmaringen weggehe.*[85]

machte in Seeligers Spruchkammerverfahren am 20. 6. 1948 folgende Angabe: *In diesem „Retter" meinte Seeliger damals* [als Diskussionsredner auf einer NSDAP-Versammlung 1931 oder 1932 in Sigmaringen] *Hitler. Ich bin davon überzeugt, dass er weniger ein Interesse an der Regierung Hitler hatte, als an der Beseitigung der Vormachtstellung der damaligen Zentrumspartei[,] dem sogenannten politischen Katholizismus, der hier vorherrschend war und den er gehasst hat. [...] Heute wird er auch anders eingestellt sein. Über seine spätere politische Einstellung kann ich weiter keine Angaben mehr machen, nach der Machtübernahme Hitlers ist er nicht mehr hervorgetreten. Ich glaube auch nicht, dass er in der Folgezeit von der Gestapo behelligt worden ist, ich habe wenigstens nie etwas davon gehört. Wenn dies der Fall gewesen wäre, hätte ich bestimmt davon erfahren. Eigentümlich war, dass die evangelische Gemeinde in Sigmaringen Hauptträgerin des Nationalsozialismus vor 1933 gewesen ist. Es mag sein, dass er von seinen Kirchenräten Ilg und Hiller beeinflusst worden ist, die schon lange vor 1933 überzeugte Nationalsozialisten waren* (ebd. G Qu. 195/2).

83 Regierungsblatt für das Land Württemberg-Hohenzollern 1947. Beilage 4 vom 25. 6. 1947, S. 82. – In der Revision stuften ihn Spruchkammern im März 1948 und Januar 1949 als *Mitläufer* ein, ohne Sühnemaßnahmen anzuordnen (StAS Wü 13 T 2 Nr. 1938/014).

84 Zum Entnazifizierungsverfahren der evangelischen Pfarrerschaft in Württemberg-Hohenzollern vgl. JÖRG THIERFELDER: Die Kirchenpolitik der Besatzungsmacht Frankreich und die Situation der evangelischen Kirche in der französischen Zone. In: Kirchliche Zeitgeschichte 2 (1989), S. 221–238, hier S. 230–232, und CLEMENS VOLLNHALS: Evangelische Kirche und Entnazifizierung 1945–1949. Die Last der nationalsozialistischen Vergangenheit. München 1989 (Studien zur Zeitgeschichte 26), S. 193–199.

85 EZA 7/8236. – Die Kommission für die politische Überprüfung der Pfarrer der Württembergischen Evangelischen Landeskirche in der französisch besetzten Zone Württembergs behandelte Seeliger auf ihrer Sitzung am 29. 5. 1947 und kam zu dem Ergebnis: *Die Kommission hat gegen die Fortführung des Pfarramts durch Superintendent Seeliger keinerlei Bedenken. Dagegen dürfte die Weiterführung der Superintendentur im Blick auf die langjährige Parteimitgliedschaft und im Blick auf die Behandlung ähnlicher Fälle in anderen Berufen nicht möglich sein. Die Kommission schlägt deshalb Pensionierung des Herrn Superintendent Seeliger vor mit der Möglichkeit seiner Weiterverwendung im Pfarrdienst* (LKAS D 1 [Nachlass Wurm] Nr. 271,2). Am 25. 8. 1947 billigte der Service de l'Intérieur et des Cultes bei der Délégation Supérieure pour le Gouvernement Militaire du Wurtemberg (unterzeichnet Wigourout) *les propositions que vous m'avez faites, relativement aux sanctions qui frappent les pasteurs soumis à l'épuration* (ebd.). Davon abweichend wurde am 13. 9. 1947 in

Seeliger legte am 3. Oktober 1947 in einer Sitzung des Gemeindekirchenrats Sigmaringen, zu der eigens Prälat Schlatter gekommen war, um den Vorsitz zu führen, in Anwesenheit des Oberkirchenrats Keller sein Amt als Superintendent nieder.[86] Er wurde Ende des Jahres kommissarisch mit der Versehung der Haigerlocher Pfarrstelle betraut, blieb aber rechtlich Inhaber der Sigmaringer Pfarrstelle, so dass seine Familie weiterhin im dortigen Pfarrhaus wohnen konnte.[87] Noch kurz vor seinem Weggang brachte er am 23. Dezember eine einstimmig beschlossene Erklärung des Sigmaringer Gemeindekirchenrats zustande, dieser sei *der Auffassung, dass die besonderen Belange der Evangelischen Kirche in Hohenzollern, die Aufgaben der Gemeinden als Diasporagemeinden, die in Art. 164 der Verfassungsurkunde bereits einen verbrieften Rechtsanspruch erfahren haben, auch künftighin Berücksichtigung finden müssen. Das erscheint auch im Hinblick auf die der geschichtlichen Entwicklung Hohenzollerns* [Rechnung] *tragende Sonderregelung in Art. 2 Ziffer 2 der Verfassungsurkunde von Württemberg-Hohenzollern vom 20.5.1947 geboten. Diese Sonderstellung wird in der in Aussicht genommenen Grundordnung der Gliedkirche (Amtsblatt der Evangelischen Kirche in Deutschland vom 15.11.1947 Nr. 23) ihren Niederschlag finden müssen.* In seinem Beschluss unterstützte der Gemeindekirchenrat auch Seeligers Rechtsposition, dass eine *Enthebung* von seinem *Amt als Superintendent nur durch die Rheinische Kirchenbehörde* hätte erfolgen können.[88]

Für Seeliger kam im Januar 1948 als Pfarrverweser Richard Lagrange[89] nach Sigmaringen, der im Juli 1948 mit Manfred Stohrer einen Stadtvikar zur Seite gestellt er-

einem Schreiben der Section de l'Intérieur et des Cultes im Service des Affaires administratives bei der Délégation Supérieure pour le Gouvernement Militaire du Wurtemberg an Oberkirchenrat Keller ergänzend zum Vorschlag der Kommission gefordert: *En conséquence, je vous prie de vouloir bien procéder à la mutation de cet ecclésiastique dans les délais les plus brefs.* Vorangegangen war eine Unterredung Kellers mit einem Vertreter der Militärregierung am 10.9.1947 über den Fall Seeliger (LKAS A 227 – Seeliger G Qu. 87).

86 LKAS, Altregistratur des OKR, Gen. 528 I Qu. 213 und Qu. 214.

87 LKAS, Altregistratur des OKR, Gen. 528 I Qu. 221; LKAS, Altregistratur des OKR, Gen. 528 II Qu. 254 und Qu. 289/1. – Im Zusammenhang mit der Versetzung Seeligers nach Haigerloch kam es zu Misshelligkeiten zwischen Düsseldorf und Stuttgart. Die Leitung der rheinischen Kirche teilte am 22.11.1947 der Außenstelle des württembergischen Oberkirchenrats in Tübingen mit, sie habe Seeliger mit Wirkung vom 1. Januar 1948 die Verwaltung des Pfarramts in Haigerloch kommissarisch übertragen. Parallel verfügte der württembergische Oberkirchenrat am 11.12., dass Seeliger am 29.12. kommissarisch die Verwaltung der Pfarrei Haigerloch übernehmen solle und der bisherige Pfarrverweser auf diesen Termin von Haigerloch abberufen werde. Stuttgart richtete deshalb am 19.12. ein harsches Schreiben nach Düsseldorf: *Es wird kaum möglich sein, eine ordnungsgemäße treuhänderische Verwaltung der Synode Hohenzollern von hier aus durchzuführen, wenn Überschneidungen, wie sie hier sichtbar geworden sind, nicht in beiderseitigem Einvernehmen verhindert werden. Aus der Herrn Superintendent a.D Seeliger von dort übermittelten Versetzungsverfügung hat er sofort die Schlußfolgerung gezogen, daß er mit dem Oberkirchenrat in Stuttgart nur noch „nachrichtlich" zu verkehren habe,* […] (LKAS, Altregistratur des OKR, Gen. 528 I Qu. 221).

88 LKAS, Altregistratur des OKR, Gen. 528 I Qu. 222/1.

89 Richard Lagrange, geb. 2.4.1899 in Berlin, 1917–1919 Militärdienst und Kriegsgefangenschaft, Studium in Berlin und Jena, 1926–1934 Pfarrverweser und Pfarrer in Fahlenwerder (Neumark), 1934–1935 Pfarrer der Lazarus-Kirchengemeinde in Berlin-Friedrichshain, 1935 Wahl zum Ersten Geistlichen an der französisch-reformierten Louisenstadtkirche Berlin, 1939 Einberufung zum Militär, 1945–1947 Kriegsgefangenschaft, 1947 Pfarrverweser in Walddorf (Württemberg), 1948–1951 Pfarrverweser in Sigmaringen, 1951–1965 Pfarrer an der Stadtkirchengemeinde in Ludwigsburg, gest. 23.6.1999. Lagrange schloss sich um 1933 den Deutschen Christen an, trat aber nach seiner Wahl zum Ersten Geistlichen an der Louisenstadtkirche im Herbst 1935 wieder aus, um einem Consistoriumsbeschluss der Französisch-reformierten Gemeinde von 1934 nachzukommen, demzufolge kein Pfarrer dieser Gemeinde Mitglied in einer der Kirchenkampfparteien sein durfte (URSULA FUHRICH-GRUBERT: Hugenotten unterm Hakenkreuz. Studien zu Geschichte der Französischen

hielt.⁹⁰ Lagrange war nach Entlassung aus französischer Kriegsgefangenschaft 1947 nach Württemberg gekommen, nachdem sich die Französisch-reformierte Gemeinde zu Berlin, in der er seit 1935 als Pfarrer gewirkt hatte, im Mai 1946 geweigert hatte, ihn wieder als Pfarrer anzunehmen, weil er *sich als P*[artei]*g*[enosse] *in jeder Beziehung, besonders aber auch auf kirchlichem Gebiet innerhalb unserer Französischen Kirche für die Durchsetzung der Ziele der NSDAP und der Deutschen Christen zu jeder Zeit mit größtem Nachdruck eingesetzt* […] *hat.*⁹¹ Die erste Begegnung zwischen Lagrange und Seeliger sei *durch Superintendent Seeliger ohne Vorstellung damit eingeleitet worden, dass er Pfarrer Lagrange angeschrien habe: wir verbitten es uns, dass Sie hier die württ*[embergische] *Liturgie einführen!*⁹²

Kirche zu Berlin 1933–1945. Berlin/New York 1994 [Veröffentlichungen der Historischen Kommission zu Berlin 85], S. 561–565). Lagrange wird von Ursula Fuhrich-Grubert als „der ,NS-Theologe' unter den Geistlichen der Berliner Französischen Kirche" bezeichnet (ebd. S. 561). 1954 erklärte er (unter anderem zusammen mit dem damaligen Sigmaringer Stadtpfarrer Manfred Stohrer) mit seiner Unterschrift seine Zustimmung zu dem gegen die westdeutsche Wiederaufrüstung Stellung nehmenden Artikel der drei württembergischen Pfarrer RUDOLF DAUR, HELMUT GOES und EBERHARD LEMPP: Was nun? Ein Wort zur Wiederaufrüstung. In: Neue Wege 48 (1954) H. 5, S. 199 f. (online: http://doi.org/10.5169/seals-139899; zuletzt aufgerufen am 16.2.2018); 1966 gehörte er zu den 600 Pfarrern, die sich öffentlich gegen die Notstandsgesetzgebung aussprachen (Blätter für deutsche und internationale Politik 6/1966, S. 549–560; online: http://www.dearchiv.de/php/dok.php?archiv=bla&brett=B66_06&fn=600PFARR.666&menu=b1966; zuletzt aufgerufen am 16.2.2018).

90 LKAS, Altregistratur des OKR, Gen. 528 I Qu. 250.

91 Zitat nach FUHRICH-GRUBERT, Hugenotten unterm Hakenkreuz (wie Anm. 89), S. 565.

92 LKAS, Altregistratur des OKR, Gen. 528 Handakten Prälat Schlatter (Schreiben des württembergischen Evangelischen Oberkirchenrats an die Dekanatämter Sulz und Tuttlingen vom 19.6.1950). – In einem Brief vom 15.6.1949 bat Seeliger Professor D. Martin Albertz, den Vorsitzenden des Französisch-reformierten Kreissynodalvorstandes und geistlichen Inspektor der Französisch-reformierten Gemeinden von Berlin-Brandenburg, der der Bekennenden Kirche angehört hatte, um Auskunft über Lagranges Verhalten in der Französisch-reformierten Gemeinde in Berlin während des Dritten Reiches. Darin äußerte er sich sehr negativ über Lagrange: Seit Lagrange in Sigmaringen sei (ab Januar 1948), habe dieser *eine intensive Hetz- und Diffamierungsarbeit* gegen ihn betrieben. *Auch setzte er eine Neuwahl des Presbyteriums im kleinsten Sinne durch. Die Kerngemeinde hielt an mir fest, geht jetzt nicht mehr in die Kirche; viele wollen aus der Kirche austreten. In der Gemeinde hat er eine „national-sozialistische" kirchl*[iche] *Betriebsamkeit begonnen. Alle Leute sagen: „das ist ja alles wie im 3. Reich". Er dagegen verbreitet überall*[,] *das ist „geistliches Leben". Ich bin der Meinung, dass er in Berlin Nazi war, kann es nur nicht beweisen.* Albertz antwortete ihm am 21.6.1949: *Ich habe keine Absicht, Ihnen „eine erschöpfende Auskunft" über Bruder Lagrange zu geben, damit Sie diese dann nachher gegen ihn verwenden können.* Am gleichen Tag schrieb Albertz an den württembergischen Oberkirchenrat in Stuttgart: *Zur Sache selbst bemerke ich noch, dass mein jetziger Hilfsprediger Grün, der freundlicherweise eine Weile von dem Superintendenten Seeliger als Vikar angenommen worden ist,* […], *durch Briefe aus Sigmaringen und durch einen persönlichen längeren Erholungsaufenthalt festgestellt hat, wie sehr sich das Leben der Kirchengemeinde unter Lagrange gehoben und wie schmerzlich von vielen Gemeindegliedern die Feindschaft des Superintendenten Seeliger gegen den Pfarrer Lagrange empfunden wird. Ich kann daher von der Entfernung aus nur meine persönliche Meinung wiederholen, dass ich Bruder Lagrange zur festen Anstellung im württ*[embergischen] *Kirchendienst empfehle* (EZA 7/8236). – Die NS-Vergangenheit Lagranges war dem Oberkirchenrat in Stuttgart durchaus bekannt, seit Lagrange im Oktober 1947 in den Vertretungsdienst der württembergischen Landeskirche aufgenommen worden war. Im Vorfeld hatte er einen Lebenslauf, datiert 11.10.1947, vorgelegt, in dem er seine Mitgliedschaft bei der NSDAP, HJ und den Deutschen Christen wahrheitsgemäß angegeben hatte. Daraufhin hatte man unter anderem mit Albertz Kontakt aufgenommen, um *ein deutliches Bild über die Pfarrer Lagrange belastenden Berliner Vorgänge, insbesondere über die Zeit seiner Zugehörigkeit zum Konsistorium der franz*[ösischen] *Ref*[ormierten] *Kirche in Berlin (1935–1939) zu gewinnen. Da der Oberkirchenrat auf eine kirchliche Bereinigung der Berliner Vorgänge entscheidenden Wert legte, begab sich Lagrange Ende Oktober 1949 nach Berlin. Die ins einzelne gehenden Verhandlungen vor den*

Diese Auseinandersetzung zeigt ebenso wie die Erklärung des Sigmaringer Gemeinde-kirchenrats sehr deutlich, dass Seeliger – unabhängig von persönlichen Animositäten – auch die Hohenzollernfrage stellte, wie sie auch bei der Diskussion der Verfassung des Landes Württemberg-Hohenzollern eine Rolle gespielt hatte: Inwieweit wird der eigen-ständigen preußischen Geschichte Hohenzollerns in dem größeren Rahmen Württem-berg-Hohenzollerns bzw. der württembergischen Landeskirche Rechnung getragen?[93] Eine Gesprächsnotiz des rheinischen Oberkirchenrats Hans Ulrich vom 30. September 1947 brachte dies deutlich zum Ausdruck: *In Berlin sprach mich am 23.9. [19]47 vom E[vangelischen] O[ber-]K[irchenrat] Stuttgart Herr Oberkirchenrat Dr. Weeber wegen der Verhältnisse in Hohenzollern an. Superint[endent] Seeliger habe entsprechend einer sehr nachdrückl[ichen] Forderung der französ[ischen] Mil[itär-]Regierung wegen politischer Belastung nicht nur als Superint[endent], sondern sogar als Pfarrer in den Ruhestand ver-setzt werden müssen. Einen neuen Superint[endenten] oder einen besonderen Dekan für die wenigen K[irchen-]G[emein]den in Hohenzollern gedenke der Oberkirchenrat Stutt-gart nicht zu bestellen. Da Hohenzollern polit[isch] stark auf Autonomie hinstrebe und gleiches auf kirchl[ichem] Gebiet zu befürchten sei, neigt Dr. Weeber dazu, die Tagung der Kreissynode, die sich zur Übernahme der hohenzol[lerischen] K[irchen-]G[emeind]en durch die Württemb[er]g[ische] Kirche zu äußern hat, hinauszuschieben.*[94]

Mit dem Rücktritt Seeligers vom Amt des Superintendenten gab es seit Oktober 1947 keinen Superintendenten in Hohenzollern mehr; die Aufsicht über die fünf hohenzolle-rischen Kirchengemeinden wurde noch im Oktober benachbarten württembergischen Dekanaten *zu vorläufiger Betreuung zugewiesen,* nämlich Sigmaringen dem Dekanat Tuttlingen, Hechingen dem Dekanat Balingen, Gammertingen dem Dekanat Reutlingen, Haigerloch und Dettingen dem Dekanat Sulz.[95]

Vertretern der Berliner franz[ösisch]-ref[ormierten] Kirche Anfang November 1949 in Berlin führten zu dem Ergebnis, dass Pfarrer Lagrange seine Beteiligung an diesem Unrecht bekannte; er suchte die Zusammenhänge, soweit sie seine Person betrafen, zu erklären und bat die Beteiligten um Verzeihung, die ihm persönlich gewährt worden ist. [...] Da Pfarrer Lagrange – im Gegensatz zu vielen früheren Nationalsozialisten – seinen Irrtum und die gemachten Fehler eingesehen, frei bekannt und sich dieserhalb nicht rechthaberisch zu verteidigen be-müht hat, hielt die Entnazifizierungskommission der württembergischen Landeskirche *weitere Massnahmen gegenüber Pfarrer Lagrange nicht für geboten, zumal das persönliche Ergehen von Pfarrer Lagrange und seiner Familie seit dem Kriege soviel an bitteren Erfahrungen und harten Entbehrungen enthält, dass die Kommission in dem Verlust der Heimat, der gesamten Habe und nicht zuletzt des ständigen Pfarramts und der damit ver-bundenen Einkünfte eine voll ausreichende Sühne für die begangenen Fehler erkennt* (Schreiben des württem-bergischen Evangelischen Oberkirchenrats an die Dekanatämter Sulz und Tuttlingen vom 19.6.1950 mit der Bitte, es Seeliger und Lagrange und durch diesen dem Gemeindekirchenrat Sigmaringen mitzuteilen [LKAS, Altregistratur des OKR, Gen. 528 Handakten Prälat Schlatter]).
93 Otto H. Becker: Zwischen Württemberg und Baden: Hohenzollern 1945–1952. In: Zeitschrift für Ho-henzollerische Geschichte 34 (1998), S. 7–21. – Fritz Kallenberg: Die Sonderentwicklung Hohenzollerns. In: Hohenzollern. Hg. von Fritz Kallenberg. Stuttgart 1996 (Schriften zur politischen Landeskunde Ba-den-Württembergs 23), S. 129–282, hier S. 234–245. – Heinz Pfefferle: Politische Identitätsbildung in Württemberg-Hohenzollern (1945–1952). Die Renaissance oberschwäbischen Regionalbewußtseins. Wein-heim 1997 (Schriften zur Geschichtsdidaktik 5), S. 188–198.
94 AEKiR, 1 OB 010 (Landeskirchenamt, Bestand 31 – Kirchenkreise), Kirchenkreisakten Hohenzollern Nr. 1, Bd. 3 Bl. 42.
95 LKAS, Altregistratur des OKR, Gen. 528 I Qu. 214. – Seeliger widerrief am 9.12.1947 seinen Verzicht, er-klärte aber am 14.4.1948 bei einer Besprechung mit Prälat Schlatter und Oberkirchenrat Keller in der Außen-stelle des Oberkirchenrats in Tübingen, *sein Widerruf des Verzichts auf dieses Amt möge als nicht geschrieben angesehen werden, nicht weil er davon überzeugt wäre, daß dieser Widerruf nicht richtig sei, er möchte aber*

Doch Seeliger nahm nach wie vor Superintendenturgeschäfte wahr: Am 30. Oktober 1948 verschickte er ein Rundschreiben an die evangelischen Pfarrämter Hohenzollerns in Sachen Kirchensteuer und Statistik.[96] Die rheinische Kirchenleitung sah sich deshalb auf Grund des Protestes des Oberkirchenrats in Stuttgart veranlasst, die hohenzollerischen Kirchengemeinden anzuweisen, *fortan den dienstlichen Schriftverkehr mit uns nicht mehr über Herrn Superintendenten Seeliger, sondern ausschließlich über den Evangelischen Oberkirchenrat in Stuttgart unter Zuleitung an das entsprechende Dekanat zu führen.*[97]

Neue Probleme und Zuständigkeitsfragen

Im Oktober 1947 wurde der Entwurf einer *Vereinbarung zwischen der Leitung der Ev*[angelischen] *Kirche der Altpreussischen Union für die Westprovinzen und der Ev*[angelischen] *Landeskirche in Württemberg* [...] *über den Anschluß der hohenzollernschen Kirchengemeinden an die württ*[embergische] *Landeskirche* ausgearbeitet.[98] Wie im Anschluss an die Besprechung vom Mai 1946 in der rheinischen Kirchenleitung festgelegt, wollte man die altpreußische Kirchenleitung in Berlin bei dem Vertrag außen vor lassen. Doch man hatte die Rechnung ohne Seeliger gemacht. Dieser wandte sich an seinen Vorgänger im Amt des Sigmaringer Superintendenten Max Diestel, der zwischenzeitlich Generalsuperintendent in Berlin geworden war, dieser wiederum informierte den altpreußischen Evangelischen Oberkirchenrat. Dort wusste man von nichts. Immerhin fand man die kurze Mitteilung über die Vereinbarung von Treysa im Verordnungs- und Nachrichtenblatt der EKD vom Januar 1946. Der Oberkirchenrat reagierte auf Diestels Vorstoß und bat in einem Schreiben nach Düsseldorf vom 19. Februar 1948 nachdrücklich, *über die weitere Entwicklung unterrichtet* zu werden. Es wurde dabei nicht vergessen, auf Art. 164 der Verfassungsurkunde der EKdapU hinzuweisen, demzufolge die Hohenzollernschen Lande einen selbständigen Kirchenkreis der altpreußischen Kirche bildeten und auch nicht der rheinischen Kirchenprovinz angehörten, sondern lediglich dem Generalsuperintendenten, dem Konsistorium und dem Rechtsausschuss der rheinischen Kirchenprovinz zur Betreuung zugewiesen seien.[99]

Dr. Karl Mensing von der rheinischen Kirchenleitung antwortete daraufhin am 15. März 1948. Man war jetzt in Düsseldorf zu der Rechtsauffassung gelangt, dass für die Abtretung des hohenzollerischen Kirchenkreises letztlich Berlin zuständig sei: *Wir sind uns über die Rechtslage im Klaren. Das Abkommen in Treysa vom 31. 8.* [19]*45 mußten wir treffen, weil es damals unmöglich war, die Synode Hohenzollern von hier aus zu leiten. Es ist ja auch jetzt noch sehr schwierig. Es ist ja wohl klar, daß die Synode Hohenzollern mit*

Herrn Oberkirchenrat Keller für die Verhandlungen mit der französischen Militärregierung, die der Rehabilitierung des Superintendenten dienen sollte, keine Schwierigkeiten bereiten. Außerdem erklärte er, der Religionsunterricht [um den es im staatlichen Entnazifizierungsverfahren ging] *sei ihm wichtiger als das Superintendentamt* (LKAS, Altregistratur des OKR, Gen. 528 II Qu. 231/1).

96 LKAS, Altregistratur des OKR, Gen. 528 II Qu. 263/1.

97 LKAS, Altregistratur des OKR, Gen. 528 II Qu. 263/2 (9. 11. 1948) und 283/1 (18. 1. 1949).

98 LKAS, Altregistratur des OKR, Gen. 528 I Qu. 212/5.

99 AEKiR, 1 OB 010 (Landeskirchenamt, Bestand 31 – Kirchenkreise), Kirchenkreisakten Hohenzollern Nr. 1, Bd. 3 Bl. 53. – EZA 7/8236.

ihren fünf Gemeinden unbedingt an die Würt[t]embergische Kirche angeschlossen werden muß. Wir führen die Verhandlungen wegen des Anschlusses weiter. […] Das Endergebnis werden wir dem Evang[elischen] Oberkirchenrat in Berlin vorlegen, da es erforderlich sein dürfte, daß der Übergabevertrag von der Gesamtleitung der APU genehmigt wird.[100]

In Stuttgart wurde weiterhin am Vertrag mit der altpreußischen Kirche gefeilt. Wichtig ist ein Aktenvermerk des Oberkirchenrats Dr. Weeber vom 1. April 1948:

Die besonderen Verhältnisse in Sigmaringen, die durch eine voraussichtlich sehr selbstbewußte Haltung des Sup[er-]Int[endenten] a. D Seeliger und seines Gemeindekirchenrats gekennzeichnet sein dürften, lassen es mir fraglich erscheinen, ob man die Übernahme der Synode Hohenzollern mit ihrer Auflösung verbinden und durch die große Zahl der beteiligten Verhandlungspartner und durch die Vielfalt der einzelnen dabei zu berücksichtigenden Umstände recht schwierige Verhandlungen beginnen soll.
Ich stelle zu erwägen, ob es z. B. nicht einfacher wäre, die Synode Hohenzollern en bloc zu übernehmen u[nd] in diesem Zusammenhang in der Vereinbarung mit der APU und der Rheinischen Kirchenprovinz lediglich auszumachen, daß wir in deren Rechte und Pflichten eintreten. Dieser Vereinbarung müßte zwar die Synode Hohenzollern auch zustimmen, aber die Selbständigkeitswünsche, deren Anreger u[nd] Vertreter Sup[er-]Int[endent] a. D Seeliger immer bleiben wird, könnten nicht erschwerend und störend in den Vordergrund geschoben werden. Die Ordnung unseres Verhältnisses zur Synode wäre dann eine Sache, die intern mit der Synode u[nd] dem Staat und in aller Geduld schrittweise im Sinne einer Auflösung der Synode gefördert werden könnte.[101]

Die Hohenzollernfrage war am 14. April 1948 auch Gegenstand einer Unterredung von Vertretern des württembergischen Oberkirchenrats mit Seeliger und dem Sigmaringer Gemeindekirchenrat Dr. Karl Brauns in der Außenstelle des Oberkirchenrats in Tübingen. *Dr. Brauns machte* – so ein Aktenvermerk über die Besprechung – *auf die politischen Autonomiebestrebungen in Hohenzollern aufmerksam. Demgegenüber wurde unter Hinweis auf die Lage der katholischen Gemeinden in Hohenzollern, die dem Erzbistum Freiburg zugehören, der Standpunkt vertreten, daß die Frage der kirchlichen Zugehörigkeit der wenigen ev[angelischen] Gemeinden diese politische Organisationsfrage nicht berühren sollte. Superintendent a. D Seeliger vertrat die Auffassung, daß man die kirchliche Situation, welche durch die Selbständigkeit des Kirchenkreises Hohenzollern gekennzeichnet sei, sich organisch weiter entwickeln lassen und dabei die liturgischen Besonderheiten der hohenzollernschen Gemeinden sorgsam respektieren möge. Wir vertraten die Auffassung, daß auch unsererseits nichts anderes in Aussicht genommen sei.*[102]

Bereits im Februar 1948 hatte der Stuttgarter Oberkirchenrat gegenüber der Kanzlei der EKD, die eine entsprechende Anfrage gestellt hatte, den Sachstand über den Anschluss Hohenzollerns an die württembergische Landeskirche zusammengefasst:

Auf Ihre Anfrage erwidern wir, daß auch die Württ[embergische] Landeskirche den Wunsch hat, so bald als möglich den seit 1945 bestehenden Zwischenzustand, daß die

---

100 AEKiR, 1 OB 010 (Landeskirchenamt, Bestand 31 – Kirchenkreise), Kirchenkreisakten Hohenzollern Nr. 1, Bd. 3 Bl. 54 (Entwurf). – EZA 7/8236 (Ausfertigung).
101 LKAS, Altregistratur des OKR, Gen. 528 II Qu. 228/2.
102 LKAS, Altregistratur des OKR, Gen. 528 II Qu. 231/1.

Württ[embergische] *Landeskirche treuhänderisch mit der Verwaltung der Synode Hohenzollern beauftragt ist, in eine endgültige Ordnung zu überführen. Bisher hemmten einerseits die Schwierigkeiten in der Besetzung der Gemeinde Hechingen, andererseits die Frage der Entnazifizierung des Superintendenten Seeliger in Sigmaringen. Sobald die Einberufung der Synode Hohenzollern möglich erscheint, soll die Aufnahme der 5 hohenzollerischen Gemeinden in die württ*[embergische] *Landeskirche eingeleitet werden.*[103]

Indes, die Einberufung der Synode verzögerte sich, weil zunächst Neuwahlen zu den Gemeindekirchenräten, den sogenannten Presbyterien, durchzuführen waren, die die gewählten Synodalvertreter entsandten. Denn die letzte Wahl zu den Gemeindekirchenräten hatte 1933 stattgefunden, bereits unter nationalsozialistischen Vorzeichen, und die Gemeindekirchenräte hatten sich in der Zwischenzeit höchstens durch Kooptation ergänzt.

Im Gegensatz zu den anderen Kirchengemeinden (in Dettingen, Gammertingen und Haigerloch wurden *die bisherigen Gemeindekirchenräte, weil kein Wahlvorschlag eingereicht wurde, als Presbyterien bestellt,* in Hechingen galten, da letztlich nur acht Personen für das achtköpfige Gremium zur Wahl standen, die Vorgeschlagenen ohne Wahlhandlung nach zweimaliger Abkündigung am 4. und 11. April 1948 als Älteste[104]) hatte es in Sigmaringen im Herbst 1947, also noch in der Amtszeit Seeligers, mehrere Formfehler[105] gegeben, wohl von Seeliger in seinem Bestreben begangen, dass sich die Zusammensetzung des Gemeindekirchenrats nicht ändern sollte.[106] Die Wahl in Sigmaringen musste

---

103 LKAS, Altregistratur des OKR, Gen. 528 I Qu. 220 (Entwurf). – EZA 2/151 (Ausfertigung). – Bereits am 30. 9. 1947 hatte der württembergische Oberkirchenrat (gez. Lempp) der Kanzlei der EKD mitgeteilt: *Die kirchenrechtlichen Verhältnisse der Synode Hohenzollern sind noch durch die in Treysa August 1945 zwischen der Evang*[elischen] *Kirche des Rheinlands und der Württ*[embergischen] *Landeskirche getroffene Vereinbarung bestimmt: Die Synode steht unter der treuhänderischen Verwaltung der württembergischen Landeskirche. Die Schaffung einer endgültigen Regelung wurde bisher durch die personellen Schwierigkeiten verzögert, die in Hechingen und Sigmaringen bestanden, kann aber wohl noch in diesem Jahr in Angriff genommen werden* (EZA 2/151).

104 LKAS A 227 – Seeliger B Qu. 163 und 167.

105 LKAS, Altregistratur des OKR, Gen. 528 II Qu. 255/2. – Seeliger hatte sich zunächst nur selbst in die Wählerliste eingetragen und, nachdem ihm aufgefallen war, dass nur Personen auf der Wählerliste in den Gemeindekirchenrat kommen konnten, erst nach der am 2. 11. 1947 erfolgten letzten öffentlichen Auslegung weitere zehn Personen (die bisherigen Mitglieder des Gemeindekirchenrats, zwei Ersatzmitglieder sowie ein Ehepaar) nachträglich aufgenommen, ohne die Wählerliste jedoch erneut öffentlich auszulegen und durch den Gemeindekirchenrat unterzeichnen zu lassen. Außerdem hatte er es unterlassen, in einer Kanzelabkündigung auf die Einspruchsfrist hinzuweisen, sondern hatte am 30. 11. und 21. 12. 1948 im Hauptgottesdienst verkündet, dass die ausscheidenden Presbyter als neu bestellt gelten würden, da für die Neuwahl des Gemeindekirchenrats kein Wahlvorschlag eingegangen sei.

106 Dies zeigt sich auch in einer Äußerung Seeligers, von der ein weibliches Gemeindemitglied auf einer Gemeindeversammlung am 3. 11. 1948 berichtete. Die Frau sagte, dass von Seeliger seinerzeit zur Eintragung in die Wahlliste mit folgenden Worten aufgefordert worden sei: *„Wer gegen den bisherigen Gemeindekirchenrat ist, lasse sich in die Wahlliste eintragen"* (LKAS, Altregistratur des OKR, Gen. 528 II Qu. 262/4). – Vgl. das Schreiben des württembergischen Oberkirchenrats an das Konsistorium in Düsseldorf vom 8. 11. 1947: *Superintendent a. D Seeliger in Sigmaringen schreibt uns, „dass trotz dreimaliger Abkündigung (nach der Rheinischen Wahlordnung) sich niemand in die Wählerliste zur Neubildung des Gemeindekirchenrats eingetragen hat, dass somit der bisherige Gemeindekirchenrat das Vertrauen der ganzen Gemeinde hat und bestehen bleibt"* (LKAS, Altregistratur des OKR, Gen. 528 I Qu. 217).

deshalb wiederholt werden, *um damit der Neubildung des Presbyteriums eine klare Rechts-grundlage zu geben.*[107]

Der Stuttgarter Oberkirchenrat kam im Sommer 1948 bei eingehender Prüfung der Fra-ge, *ob die Synode mit dem bisherigen Gemeindekirchenrat Sigmaringen zusammentreten soll, im Blick auf die bestehenden Spannungen in Sigmaringen […] zu dem Ergebnis, daß es auf längere Sicht zweckmäßig sein dürfte, zunächst im Gemeindekirchenrat klare Verhält-nisse zu schaffen.*[108] Prälat Schlatter notierte am 21. September 1948: *Daß die Eingliede-rung der Synode Hohenzollern sich noch einmal um einige Monate verschiebt, kann m*[eines] *E*[rachtens] *in Kauf genommen werden.*[109]

Auch beim neuen Wahlverfahren des Gemeindekirchenrats in Sigmaringen gab es Schwierigkeiten. Lagrange berichtete nach Stuttgart, dass sich der Gemeindekirchenrat auf seiner Sitzung am 18. Oktober 1948 geweigert habe, die notwendigen Wahlbeschlüsse zu fassen, da *der G*[emeinde-]*K*[irchen-]*R*[at] *sich von der angeordneten Wiederholung des Wahlverfahrens weitgehend distanzieren müsse. Es sei nach der in der Sitzung herr-schenden Stimmung damit zu rechnen, dass das gegenwärtige Presbyterium bei der Durchführung des Wahlverfahrens seine Mitarbeit verweigern wird.*[110] Nachdem dieses Problem vom Tisch war, wurde gegen die Aufnahme eines Gemeindeglieds in die Wäh-lerliste Einspruch erhoben. Es handelte sich um den angehenden Katecheten und frühe-ren Archivinspektor am Staatsarchiv Sigmaringen Hans Schaffner. Der bestehende Ge-meindekirchenrat verweigerte aufgrund des Einspruchs die Aufnahme in die Liste. Zuständig für die zu erwartende Beschwerde Schaffners war der Kreissynodalvorstand, der nur noch aus zwei Mitgliedern (darunter Seeliger) bestand und somit nicht beschluss-fähig war. Die rheinische Kirchenleitung verwies zur Lösung dieses Problems auf die Ausführungsbestimmungen zur Wahlordnung und hielt es für *sachgemäß* […], *wenn die nächst übergeordnete Stelle, nämlich die Kirchenleitung, als Beschwerdeinstanz eingeschal-tet wird und daß zu diesem Zweck die Kirchenleitung des Rheinlands den Ev*[angelischen] *Oberkirchenrat in Stuttgart ermächtigt, als Beschwerdeinstanz tätig zu werden.* Dement-sprechend wurde der Einspruch gegen Schaffner am 2. März 1949 vom württembergischen Oberkirchenrat *als Beschwerdeinstanz* abgelehnt.[111]

Auf Grund der Fristvorgaben des Wahlverfahrens[112] stand fest, *daß ein ordnungsgemäß gewählter Gemeindekirchenrat erst im Sommer 1949 bestehen wird und die Synode Hohen-zollern nicht vorher einberufen werden kann.*[113]

Doch auch aus einem anderen Grund hielt man es im Oberkirchenrat in Stuttgart für empfehlenswert, *die Durchführung der endgültigen Angliederung des Kirchenkreises Hoh*[en]*z*[ollern] *an die Württ*[embergische] *Landeskirche noch etwas hinauszuschieben,*

---

107 LKAS, Altregistratur des OKR, Gen. 528 II Qu. 242 (Schreiben des OKR Stuttgart an die Leitung der Evan-gelischen Kirche der Rheinprovinz vom 3.7.1948).

108 LKAS, Altregistratur des OKR, Gen. 528 II Qu. 255/1.

109 LKAS, Altregistratur des OKR, Gen. 528 II Qu. 254.

110 LKAS, Altregistratur des OKR, Gen. 528 II Qu. 259/3.

111 LKAS, Altregistratur des OKR, Gen. 528 II Qu. 283/2 (Aktenvermerk über eine Besprechung von Vertre-tern des württembergischen Oberkirchenrats mit Oberkirchenrat D. Dr. Mensing, Düsseldorf). – LKAS A 227 – Seeliger B Qu. 87. – Hintergrund für den Einspruch war, dass Schaffner im April 1948 eine Unterschriftenak-tion gegen eine Rückkehr Seeligers nach Sigmaringen und für ein Verbleiben Lagranges gestartet hatte.

112 LKAS, Altregistratur des OKR, Gen. 528 II Qu. 256.

113 LKAS, Altregistratur des OKR, Gen. 528 II Qu. 258 (Aktenvermerk Schlatters vom Dezember 1948).

da einerseits wohl zweckmässigerweise die Wiedervereinigung Nordwürttembergs und Südwürttembergs in einem zu bildenden Südweststaat abgewartet wird und da vor allem die schwierige Lage der Landeskirche augenblicklich der Übernahme neuer finanzieller Lasten entgegensteht, wie sie sich durch die notwendigen Zuschüsse zu den Pfarrgehältern usw. aus einer Angliederung des hohenzollerischen Kirchenkreises ergeben werden.[114] Hinzu kam, dass – so ein Aktenvermerk – *die Angelegenheit mit Rücksicht auf die eingetretene Währungsreform zunächst noch zurückgestellt werden muß.*[115]

Am 21. Januar 1949 kam der rheinische Oberkirchenrat D. Dr. Karl Mensing nach Stuttgart, um die *Hohenzollern'sche Frage* zu besprechen.

Man hielt fest, dass *die Synode des Kirchenkreises Hohenzollern noch nicht zusammentreten* könne, *weil in der Gemeinde Sigmaringen das Presbyterium noch nicht auf Grund der rheinisch-westfälischen Wahlordnung gewählt ist.* Wenn die Synode dann zusammentrete, solle die Leitung der Synode, *da es einen Superintendenten von Hohenzollern nicht mehr gibt, durch einen Vertreter des Landeskirchenamts der Kirche im Rheinland oder in deren Auftrag durch einen Vertreter des Oberkirchenrats der württembergischen Kirche ausgeübt werden.*[116]

Ausführlich wurden Personalangelegenheiten besprochen. Der württembergische Oberkirchenrat legte Wert darauf, dass der Pfarrverweser Lagrange die Sigmaringer Pfarrstelle bekomme, *weil er eine viel aktivere Gemeindearbeit leistet als Seeliger es je getan hat.* [...] *Seeliger könnte von Stuttgart aus Pfarrverweser in Haigerloch bleiben.* In Hechingen sollte *der Pfarrverweser Macholz möglichst bald Inhaber der Pfarrstelle* werden, *damit auf der kommenden Synode des Kirchenkreises Hohenzollern er als Inhaber der Pfarrstelle mitwirkt. Er würde unzweifelhaft für einen Anschluss der Synode an die Württ*[ember*gische] Kirche stimmen. Ein weiterer Grund ist der, dass hierdurch die dauernde Unruhe der Gemeinde gestillt wird und zugleich geklärt wird, daß der in Hechingen wohnende Pfarrer Roth in keinem Falle für diese Pfarrstelle in Frage kommt.*[117] Eigentlich wollte das rheinische Konsistorium *die Einsetzung von Pfarrer Lic. Macholz der Württ*[embergischen] *Kirchenleitung für die Zeit überlassen, in der die Synode Hohenzollern der Württ*[embergischen] *Landeskirche eingegliedert sei. Da sich der Zeitpunkt dieser Eingliederung leider hinausgeschoben hat,* hatte der württembergische Oberkirchenrat bereits mit Schreiben vom 1. November 1948 Düsseldorf gebeten, Macholz die Pfarrstelle zu übertragen. Dieser wurde schließlich im Frühsommer 1949 von der rheinischen Kirche zum Pfarrer in Hechingen ernannt, nachdem bereits am 13. Februar seine Einführung erfolgt war.[118]

Einbeziehung der Gemeinden, der Kreissynode und der Leitung der Evangelischen Kirche der altpreußischen Union

Die hohenzollerischen Gemeinden drängten auf einen Anschluss an die württembergische Landeskirche. Bereits im November 1948 hatte der Gemeindekirchenrat in Hechingen *mit großem Bedauern zu Kenntnis genommen, daß die sehnlichst erwartete endgül-*

114 Ebd.
115 LKAS, Altregistratur des OKR, Gen. 528 II Qu. 229.
116 LKAS, Altregistratur des OKR, Gen. 528 II Qu. 283/2.
117 Ebd,
118 LKAS A 327 Nr. 2075 (Personalakte Macholz) B Qu. 12. – LKAS, Altregistratur des OKR, Gen. 528 II Qu. 313.

tige Eingliederung der Kirchengemeinde in die Württemberger Landeskirche [...] erneut verzögert wird,[119] und am 26. Juli 1949 ging beim Oberkirchenrat in Stuttgart ein Beschluss des Gemeindekirchenrats Gammertingen vom 14. Juli 1949 ein:

> Die Vertretung der Kirchengemeinde Gammertingen/Hohenzollern bittet den Ev[ange-lischen] Oberkirchenrat in Stuttgart um Eingliederung in das Dekanat Reutlingen b[e]z[iehungs]w[eise] in die württembergische Landeskirche, da ein längerer Schwebe-zustand bei der starken Distanzierung des Ev[angelischen] Landeskirchenamts der Rheinprovinz von den Lebensnotwendigkeiten unserer Diasporagemeinden als nicht tragbar erscheint. Unsere Gemeinde kann nur bei wirksamer Unterstützung seitens der Gesamtkirche sich gegen das erdrückende Übergewicht der katholischen Kirche (18 kathol[ische] Pfarreien!) in ihrer Existenz behaupten, zumal sie zu zwei Dritteln aus Flüchtlingen u[nd] d[er]gl[eichen] besteht.[120]

In der Tat war die Kirchengemeinde Gammertingen in den fünf Jahren zwischen 1945 und 1950 von 350 Mitgliedern im Jahr 1945 auf 1400 angewachsen, die Zahl der Gemeindeglie-der hatte sich also vervierfacht.[121]

Im Laufe des Sommers 1949 wurde in Stuttgart ein neuer Entwurf eines Vertrags *über die Eingliederung der evangelischen Kirchengemeinden des selbständigen Kirchenkreises Hohenzollern in die Ev[angelische] Landeskirche in Württemberg* erarbeitet und nach Düsseldorf geschickt.[122] Nun drängte Stuttgart auf Eile: *Unter staatskirchenrechtlichen Gesichtspunkten wäre es erwünscht, wenn die abschliessende Regelung noch im Laufe die-ses Jahres getroffen werden könnte, da wir annehmen, dass die staatskirchenrechtlichen Fragen, die mit der geplanten Änderung im Zusammenhang stehen, ohne Schwierigkeiten und rasch geklärt werden können, solange noch das Land Württemberg-Hohenzollern und nicht das zu erwartende grössere südwestdeutsche Land über diese Fragen zu entschei-den hat.* Als Vertragspartner der württembergischen Landeskirche hatte man in Stuttgart die Kirche der altpreußischen Union und die Kirche im Rheinland vorgesehen, da man davon ausging, *dass auch die Ev[angelische] Kirche der Altpreussischen Union, um deren selbständigen Kirchenkreis es sich handelt, einbezogen werden sollte, um künftig alle Ein-wendungen auszuschliessen, die darauf gestützt werden könnten, dass die Ev[angelische] Kirche der altpreußischen Union nicht beteiligt gewesen sei.*

Den Entwurf erhielten ferner die fünf Kirchengemeinden in Hohenzollern *mit der Bit-te, dass die Gemeindekirchenräte dazu Stellung nehmen.* Die Gemeindekirchenräte wur-den aufgefordert, *die weltlichen Mitglieder der Synode des Kirchenkreises Hohenzollern alsbald zu wählen, damit die Synode jederzeit einberufen werden kann.*[123] Im August be-fassten sich die Gemeindekirchenräte der fünf hohenzollerischen Gemeinden damit. In der Diskussion spielten vor allem zwei Artikel eine Rolle, nämlich der Artikel 2 und der Artikel 4:

---

119 LKAS, Altregistratur des OKR, Gen. 528 II Qu. 266.
120 LKAS, Altregistratur des OKR, Gen. 528 II Qu. 320.
121 SCHWANDT, Entstehung und Entwicklung (wie Anm. 4), S. 19.
122 LKAS, Altregistratur des OKR, Gen. 528 II Qu. 318/4.
123 LKAS, Altregistratur des OKR, Gen. 528 II Qu. 318/5.

Art. 2
Die Besonderheiten der bestehenden Gottesdienstordnung und kirchlichen Lebensord-
nung bleiben den in Art. 1 genannten Kirchengemeinden erhalten, solange sie selbst daran
festzuhalten wünschen.

Art. 4
(1) Der selbständige Kirchenkreis Hohenzollern wird mit Wirkung vom Tag des Inkraft-
tretens dieses Vertrags aufgelöst.
(2) [...]
(3) Die Ev[angelische] Landeskirche in Württemberg ordnet die künftigen rechtlichen
Verhältnisse der bisher zum selbständigen Kirchenkreis Hohenzollern gehörenden
evang[elischen] Kirchengemeinden nach deren Anhörung. [...][124]

Die Gemeindekirchenräte fassten folgende Beschlüsse:

– Sigmaringen 4. August 1949: *Bis auf Artikel 4 stimmt der G[emeinde-]K[irchen-]R[at]*
  einstimmig dem Vertragsentwurf zu. Zu Artikel 4, Abs. (1): Der Antrag des Kirchenäl-
  testen Herrn Studienrat Wagner, der Kirchenkreis Hohenzollern möge als selbständiger
  Dekantsbezirk [!] von der Württembergischen Landeskirche übernommen werden, wird
  mit 6 gegen 1 Stimme abgelehnt. Zu Artikel 4, Absatz (3): Der G[emeinde-]K[irchen-]
  R[at] beschließt: Der O[ber-]K[irchen-]R[at] wird gebeten, die Frage, ob die Kirchenge-
  meinde Sigmaringen zum Dekanat Tuttlingen oder Balingen zugewiesen wird, in einer
  gemeinsamen Aussprache mit dem G[emeinde-]K[irchen-]R[at] Sigmaringen zu klären.
  Für den Fall, daß im Verlauf der politischen Entwicklung Sigmaringen Regierungssitz
  werden sollte, wird der O[ber-]K[irchen-]R[at] gebeten, Sigmaringen als Sitz eines De-
  kanatamtes in Aussicht zu nehmen.[125]
– Dettingen 14. August 1949: *Der Gemeindekirchenrat stimmt in allen Punkten zu. Der*
  Gemeindekirchenrat setzt dabei voraus, daß die Pfarrei Dettingen/H[ohen]z[ollern]
  auch nach erfolgter Eingliederung in die Ev[angelische] Landeskirche in Württemberg
  bestehen bleibt. Für die vorgesehene letzte Kreissynode wird als Tagungsort Hechingen
  bez[iehungs]w[eise] die Burg Hohenzollern vorgeschlagen.[126]
– Gammertingen 15. August 1949: *Der Gemeindekirchenrat billigt den Vertragsentwurf.*
  Er legt Wert darauf, daß – wie Artikel 2 besagt – die Besonderheiten der bestehenden Got-
  tesdienstordnung und der „Ordnung des kirchlichen Lebens" vorläufig bestehen bleiben.[127]
– Hechingen 16. August 1949: *Der Gemeindekirchenrat stimmt diesem Vertrage zu; er*
  hält sich aber für verpflichtet[,] der Kirchenleitung vorzutragen, daß von politischer
  Seite her gegen Art. 4 Abs. 1 Bedenkenen [!] im Interesse der Selbständigkeit Hohenzol-
  lerns erhoben werden könnten. Kirchliche Einwände gegen diesen Artikel meint der Ge-
  meindekirchenrat nicht feststellen zu können.[128]
– Haigerloch: 19. August 1949: *Der Gemeindekirchenrat beschließt einstimmig, dass er*
  mit dem vorgelegten Vertragsentwurf einverstanden ist, insbesondere mit Art. 2.[129]

124 LKAS, Altregistratur des OKR, Gen. 528 II Qu. 318/4.
125 LKAS, Altregistratur des OKR, Gen. 528 II Qu. 330/2.
126 LKAS, Altregistratur des OKR, Gen. 528 II Qu. 331/1.
127 LKAS, Altregistratur des OKR, Gen. 528 II Qu. 333/1.
128 LKAS, Altregistratur des OKR, Gen. 528 II Qu. 329.
129 LKAS, Altregistratur des OKR, Gen. 528 II Qu. 331/2.

Das Landeskirchenamt der Evangelischen Kirche im Rheinland übersandte den Vertragsentwurf am 21. September 1949 dem Oberkirchenrat der altpreußischen Union, der sein Interesse an der Beteiligung am 10. Januar 1949 noch einmal dadurch deutlich zum Ausdruck gebracht hatte, dass er *um eine gefällige Mitteilung* gebeten hatte, *ob die Frage des Anschlusses des Kirchenkreises an die Württembergische Landeskirche weiter hat geklärt werden können.*[130] Man war in Düsseldorf nunmehr definitiv zur Auffassung gelangt, *der Vertrag müsste […] auf unserer Seite von der Kirchenleitung der APU geschlossen werden, da wir bei dem in Treysa geschlossenen Abkommen vom 31. August 1945 den Kirchenkreis Hohenzollern leider nicht in die sogenannte „APU-West" einbezogen haben, so dass die APU-West nicht legitimiert wäre, den Vertrag abzuschließen. Dass wir von der Rheinischen Kirchenleitung aus die Württembergische Landeskirche beauftragt haben, die laufende Verwaltung des Kirchenkreises Hohenzollern zu führen, mag ja angehen, aber eine Verfügung über seine „Substanz" kann sicherlich nur das zurzeit leitende Organ der APU, also deren Kirchenleitung treffen, […].* Der Verfasser des Schreibens, D. Dr. Mensing, wies ergänzend darauf hin, dass er persönlich zwar der Ansicht sei, *dass auf unserer Seite der Abschluss des Vertrages genügen würde, um die Vereinigung des hohenzollernschen Gebietes mit der Württembergischen Landeskirche herbeizuführen,* dass aber eine andere Rechtsauffassung *ein Gesetz oder wenigstens eine Notverordnung für nötig* halte.[131]

Allerdings war man sich in Düsseldorf nicht sicher, ob *die Leitung der Evangelischen Kirche der APU* den Vertrag auch abschließen wollte. *Für den Fall, dass die Leitung der Evangelischen Kirche der APU […] die Evangelische Kirche im Rheinland oder die APU-West für zuständig halten oder die Evangelische Kirche im Rheinland bitten sollte, den Vertrag namens der APU abzuschliessen,* ermächtigte die rheinische Kirchenleitung am 7. Oktober 1949 ihr Landeskirchenamt, *den Vertrag in seinen Einzelheiten festzulegen und abzuschliessen, nötigenfalls nach Einholung des Einverständnisses der APU-West.*[132]

Der Oberkirchenrat in Berlin teilte in einem Schreiben nach Düsseldorf vom 10. Oktober 1949 die dortige Auffassung, dass der Vertrag mit der württembergischen Landeskirche *durch die Evangelische Kirche der altpreußischen Union, vertreten durch ihre Kirchenleitung, abzuschliessen sein wird.* Ferner vertrat man *die Meinung, dass der Vertrag, da er eine Änderung des Art. 164 der Verfassungsurkunde enthält, durch eine verfassungändernde Notverordnung der Kirchenleitung bestätigt werden müßte.* Schließlich erscheine es, *nicht zuletzt im Hinblick auf den Fall des Superintendenten Seeliger, zweckmässig, daß die Maßnahmen, die der Evangelische Oberkirchenrat in Stuttgart seit dem Jahre 1945 getroffen hat, nachträglich* im Vertrag *legalisiert werden,* […].[133]

Am gleichen Tag, an dem man den Stuttgarter Vertragsentwurf nach Berlin gesandt hatte, also am 21. September, nahm das rheinische Landeskirchenamt gegenüber dem Oberkirchenrat Stuttgart Stellung zum Vertragsentwurf[134] und teilte mit, dass der Vertrag

---

130 AEKiR, 1 OB 010 (Landeskirchenamt, Bestand 31 – Kirchenkreise), Kirchenkreisakten Hohenzollern Nr. 1, Bd. 3 Bl. 64.

131 AEKiR, 1 OB 010 (Landeskirchenamt, Bestand 31 – Kirchenkreise), Kirchenkreisakten Hohenzollern Nr. 1, Bd. 3 Bl. 84 (Entwurf). – EZA 7/8236 (Ausfertigung).

132 EZA 7/8236 (Schreiben der Kirchenleitung an den Oberkirchenrat in Berlin vom 18.10.1949).

133 EZA 7/8236 (Schreiben des Oberkirchenrats in Berlin an das Landeskirchenamt der Evangelischen Kirche im Rheinland vom 10.10.1949).

134 LKAS, Altregistratur des OKR, Gen. 528 II Qu. 341.

ausschließlich zwischen der Evangelischen Kirche der altpreußischen Union und der Evangelischen Landeskirche in Württemberg geschlossen werden solle. Auch die Beteiligung der hohenzollerischen Kirchensynode oder gar der betroffenen Kirchengemeinden sei nicht unbedingt erforderlich. Schließlich wies man darauf hin, dass nicht – wie die Überschrift und der Artikel 1 des Entwurfs[135] nahelegten – die einzelnen Gemeinden eingegliedert würden, sondern der Kirchenkreis.

In seinem Antwortschreiben vom 12. Oktober 1949 ging der Stuttgarter Oberkirchenrat auf die Beweggründe ein, sowohl Synode als auch Gemeinden des hohenzollerischen Kirchenkreises einzubinden: *Für die hohenzollerischen Lande ist kennzeichnend, dass dort ein starkes Selbständigkeitsbewusstsein lebendig ist, das sich empfindlich erweist gegen alle tatsächlichen oder vermeintlichen Versuche einer nicht genügenden Beachtung. Wir sind überzeugt, dass es zweckmässig ist, die Gemeinden über den Fortgang unserer Verhandlungen von Zeit zu Zeit in geeigneter Weise zu unterrichten und sich dabei zu vergewissern, dass sich keine Widerstände geltend machen.* Dass die rheinische Kirche im Vertrag nicht mehr genannt sein sollte, nahm man mit Verwunderung zur Kenntnis: *Ob es in Ordnung ist, die Ev[angelische] Kirche im Rheinland im Eingang des Vertrags nicht zu erwähnen, ist uns zweifelhaft angesichts der Änderung, die im Gefüge der Altpreussischen Union nach dem Kriegsende eingetreten ist und angesichts der Tatsache, dass die Übertragung der treuhänderischen Verwaltung des hohenzollerischen Kirchenkreises auf die Württ[embergische] Ev[angelische] Landeskirche durch die Rheinische Ev[angelische] Kirche allein geschehen ist.*[136]

Nachdem das Landeskirchenamt der rheinischen Kirche *wegen Überlastung* zunächst nicht auf das Schreiben des Berliner Oberkirchenrats vom 10. Oktober reagiert hatte, stimmte sie mit einem von D. Dr. Mensing verfassten und unterzeichneten Schreiben vom 19. November 1949 zu, *dass der Vertrag auf unserer Seite durch die Evangelische Kirche der altpreussischen Union, vertreten durch ihre Kirchenleitung, abzuschließen sein wird,* lehnte aber ein eigenes Kirchengesetz oder eine Notverordnung ab: *An sich ist es richtig, dass unter normalen Umständen es eines verfassungsändernden Kirchengesetzes oder einer Notverordnung bedürfen würde. Es kommt natürlich nur das letztere in Frage, da eine Generalsynode nicht mehr vorhanden ist. Weil aber keine Generalsynode mehr vorhanden ist, entsteht die Frage, ob es sinnvoll ist, eine Notverordnung zu erlassen, denn eine solche setzt doch voraus, dass eine Synode vorhanden ist, der die Notverordnung zwecks Genehmigung vorzulegen wäre. Ich persönlich möchte nach wie vor annehmen, dass bei der durch Treysa gekennzeichneten und auch tatsächlich eingetretenen Veränderung der verfassungsrechtlichen Lage es genügen würde, wenn lediglich der Vertrag von den beiderseits zuständigen Stellen geschlossen wird, zumal es ja völlig zweifelhaft ist, ob bei der Neuregelung der APU. die letztere eine Generalsynode mit Gesetzgebungsrecht und*

---

135 Überschrift: *Vertrag über die Eingliederung der evangelischen Kirchengemeinden des selbständigen Kirchenkreises Hohenzollern in die Ev[angelische] Landeskirche in Württemberg. – Art. 1: Mit Wirkung vom Tag des Inkrafttretens dieses Vertrags gehören die evangelischen Kirchengemeinden des selbständigen Kirchenkreises Hohenzollern, nämlich Sigmaringen, Hechingen, Gammertingen, Haigerloch und Dettingen zur Ev[angelischen] Landeskirche in Württemberg.*
136 LKAS, Altregistratur des OKR, Gen. 528 II Qu. 342.

demgemäss dem Recht zur Bestätigung von Notverordnungen erhalten wird.[137] In seiner Antwort vom 21. November betonte der Evangelische Oberkirchenrat in Berlin gegenüber der rheinischen Kirchenleitung, dass *nach unserer Auffassung in jedem Falle die Bestätigung des Vertrages durch eine Notverordnung der altpreußischen Kirchenleitung erfolgen muß.* Mit Unverständnis reagierte man auf den Beschluss der rheinischen Kirchenleitung vom 7. Oktober und erklärte *es für nicht notwendig* [es folgt im Entwurf gestrichen: *und überflüssig*]*, das dortige Landeskirchenamt oder die Kirchenleitung der Evangelischen Kirche der altpreußischen Union für die Westprovinzen zum Abschluß des Vertrages zu bevollmächtigen.*[138]

Ebenfalls am 19. November 1949 teilte man aus Düsseldorf nach Stuttgart mit, man *habe sich inzwischen mit dem O*[ber-]*K*[irchen-]*R*[at] *in Berlin-Charlottenburg dahin verständigt, dass auf unserer Seite der Vertrag durch die evangelische Kirche der altpreussischen Union, vertreten durch ihre Kirchenleitung, abzuschliessen ist. Voraussichtlich wird der E*[vangelische] *O*[berkirchenrat] *in Berlin sich nun unmittelbar einschalten und dann auch zu der Frage Stellung nehmen, ob die Zustimmung der Kreissynode Hohenzollern eingeholt wird.* Der Evangelische Oberkirchenrat in Berlin halte es für zweckmäßig, *wenn die ganzen Verhandlungen einmal in einer kommissarischen Verhandlung, unter Teilnahme des rheinischen Landeskirchenamts neben dem E*[vangelischen] *O*[berkirchenrat] *in Berlin, zum Abschluss gebracht würden.*[139]

Diese entscheidende Besprechung fand am 7. Januar 1950, einem Samstag, in Frankfurt statt. Es nahmen teil:

– Oberkirchenrat D. Dr. Mensing für die Kirchenleitung der Evangelischen Kirche im Rheinland
– Vizepräsident Dr. Benn für den Evangelischen Oberkirchenrat in Berlin
– Direktor Dr. Weeber für den Evangelischen Oberkirchenrat in Stuttgart.

Die drei Herren einigten sich auf den endgültigen Vertragstext.[140] Gegenüber den ursprünglichen Überlegungen wurde nunmehr – so ein Aktenvermerk Weebers – festgelegt:

a) *Nur die APU und die Württ*[embergische] *Ev*[angelische] *Landeskirche sind Vertragspartner. Die Rheinische Kirche hat nur Verwaltung*[s]*aufgaben. Berechtigt und verpflichtet gegenüber dem hohenz*[ollerischen] *Kirchenkreis ist auch nach den seit 1945 eingetretenen Veränderungen innerhalb der APU nur diese.*

b) *Die Zustimmung der Synode Hohenzollern soll zwar möglichst eingeholt werden, sie soll aber, da sie streng rechtlich nicht nötig ist, im Vertrag nicht erwähnt werden. Die APU hält überdies eine Anhörung der Synode für ausreichend.*

c) *Durch Art. 2 Abs. 3 des beiliegenden in Frankfurt vereinbarten Entwurfs werden unsere bisherigen Maßnahmen durch die APU als rechtswirksam anerkannt.*

d) *Weggefallen ist unser Anerbieten, Änderungen der Zuteilung der hohenz*[ollerischen] *Gemeinden nur nach Anhörung der Beteiligten zu treffen. Dies kann als interne Ange-*

---

137 AEKiR, 1 OB 010 (Landeskirchenamt, Bestand 31 – Kirchenkreise), Kirchenkreisakten Hohenzollern Nr. 1, Bd. 3 Bl. 107 (Entwurf). – EZA 7/8236 (Ausfertigung).
138 AEKiR, 1 OB 010 (Landeskirchenamt, Bestand 31 – Kirchenkreise), Kirchenkreisakten Hohenzollern Nr. 1, Bd. 3 Bl. 107, 109. – EZA 7/8236.
139 LKAS, Altregistratur des OKR, Gen. 528 II Qu. 357.
140 LKAS, Altregistratur des OKR, Gen. 528 III Qu. ½.

legenheit der württ[embergischen] *Kirchenleitung wegbleiben, nachdem wir es angebo-*
ten hatten und einhalten werden.

e) [...]

f) *Ratenzahlung für den Ersatzbetrag. Die APU hat im Westen kein Geld. Der Ersatz wird*
wahrscheinlich von der Rheinischen Kirche aufzubringen sein, weshalb von dort zu-
nächst vergleichsweise eine Halbierung der Summe vorgeschlagen wurde, was ich als
nicht möglich bezeichnete. Dafür unsererseits Entgegenkommen bei der Versorgungslast
für Seeliger und [den Gammertinger Pfarrer] *Seeger und Gewährung von Ratenzahlung.*

Am 13. Januar 1950 stimmte die Kirchenleitung der Evangelischen Kirche im Rheinland
dem in Frankfurt vereinbarten Vertragsentwurf zu.[141]

Eingliederung

Unmittelbar nach seiner Rückkehr aus Frankfurt berief mit Schreiben vom 10. Januar 1950
Weeber die Synode des Kirchenkreises der Hohenzollernschen Lande auf den 27. Januar
nachmittags 14 Uhr in den Gemeindesaal nach Hechingen. Zusätzlich zu den gewählten
Vertretern (Dettingen und Gammertingen je 1, Haigerloch 2, Hechingen und Sigmaringen je 3) und den Geistlichen wurden in die Synode berufen: ein Vertreter der Religionslehrer, ein Vertreter der Organisten, ein Vertreter der kirchlichen Liebeswerke. Den Vorsitz sollte der geistliche Stellvertreter des württembergischen Landesbischofs, Prälat
Schlatter, führen.[142]

Die Synode wurde um 14.10 Uhr von Schlatter mit Lied, Schriftlesung und Gebet eröffnet.
Schlatter sprach – so das Protokoll – *dem letzten Superintendenten des Kirchenkreises der Ho-*
henzollerischen Lande, Herrn Superintendent Seeliger[,] *für seine treue und aufopfernde Ar-*
beit in diesem Kirchenkreis den Dank der Synode aus. Herr Pfarrer Seeger, Gammertingen,[143]

141 LKAS, Altregistratur des OKR, Gen. 528 III Qu. 12.

142 Schreiben des Evangelischen Oberkirchenrats Stuttgart an die Pfarrämter Dettingen, Haigerloch, Hechin-
gen, Gammertingen und Sigmaringen vom 10.1.1950 (LKAS, Altregistratur des OKR, Gen. 528 III Qu. ½). –
EZA 7/8237. – Von den Kirchengemeinden wurden als gewählte Synodale eingeladen: Dettingen: Johannes Si-
ckeler, Schneidermeister; Gammertingen: Christian Oettle, Gärtner; Haigerloch: Karl Edelmann, Fabrikant,
Ernst Steininger, Katastertechniker; Hechingen: Wilhelm Müller, Fabrikant, Hermann Raitelhuber, Apotheker,
Hermann Reinhardt, Reichsbahnbeamter a. D.; Sigmaringen: Robert Kober, Schrankenwärter, Dr. Ferdinand
Schröppel, Apotheker, Paul Kreis, Fürstlicher Leibjäger (jeweils *oder Stellvertreter*); berufen wurden als Vertreter der Religionslehrer Herr Korthmann, als Vertreter der Organisten Herr Ruppel und als Vertreter der kirchli-
chen Liebeswerke Frau Wörner (die Namensschreibweise nach dem Einladungsschreiben vom 10.1.1950).

143 Rudolf Seeger, geb. 4.8.1890 in Wuppertal-Elberfeld, 1909–1910 Militärdienst als Einjährig-Freiwilliger,
Studium in Tübingen, Bonn und Berlin, 1914–1916 Kriegsdienst (letzter Dienstgrad: Unteroffizier), 1916–1918
Hilfsgeistlicher und Lehrvikar in Ronsdorf, 1918 Zweite theologische Dienstprüfung, 1918–1919 Hilfsgeistli-
cher in Düren, 1919 Hilfsgeistlicher in Nippes, 1919–1920 Inspektor am evangelischen Predigerseminar in
Soest, 1920–1922 Beurlaubung zur Wiederherstellung der Gesundheit (Kriegsleiden), 1922 Synodalvikar in der
Kreissynode Niederberg, 1922–1923 Synodalvikar in der Kreissynode Lennep, 1923–1930 Pfarrer in Dabring-
hausen (Kr. Lennep), 1930–1957 Pfarrer in Gammertingen, gest. 2.8.1976 in Albstadt-Ebingen; Verhalten im
Dritten Reich: Treueid auf Hitler *gemäß der Verordnung betr. den Treueid der Geistlichen und Kirchenbeamten*
der Evangelischen Kirche der altpreußischen Union vom 20. April 1938 am 18.7.1938, laut eigenhändig unter-
schriebenem Fragebogen vom 29.3.1947: *kein Mitglied der NSDAP*; Beiträge für NS-Organisationen: *für NSV*
(Volkswohlfahrt) soziale Beiträge monatl. 1 M, für WHW (in den Wintermonaten mon[a]*tl. 5–10 M,* politisches

betont noch einmal die Einmütigkeit und Sachlichkeit des Zusammenarbeitens im Kirchenkreis unter der Leitung des Herrn Superintendent Seeliger.[144]

Dann beschloss die Synode einstimmig:

1) *Die Synode begrüsst den Vertrag zur Eingliederung der hohenzollernschen Gemeinden in die Evang*[elische] *Landeskirche in Württemberg und bittet, dass diese Eingliederung bald geschehen möge.*
2) *Die Synode der Hohenzollernschen Lande hat am heutigen Tag einstimmig die Eingliederung in die Evang*[elische] *Kirche Württembergs beschlossen. Sie fühlt sich aus diesem Anlass verpflichtet, den Kirchen der Altpreussischen Union und des Rheinlandes ihren Dank für die brüderliche Fürsorge auszusprechen, die die Hohenzollernschen Gemeinden fast 100 Jahre lang erfahren haben. Die Kirchenleitung der Württembergischen Kirche wird gebeten, den Dank der Synode den genannten Kirchen zu übermitteln.*[145]

Am 1. Februar 1950 verabschiedete sodann der Landeskirchentag der Evangelischen Landeskirche in Württemberg ein Gesetz, mit dem der Vertrag zwischen der Landeskirche und der Evangelischen Kirche der altpreußischen Union über den Kirchenkreis der Hohenzollernschen Lande gebilligt wurde.[146]

Am 24. Februar 1950 beschloss die Kirchenleitung der Evangelischen Kirche der altpreußischen Union eine *Notverordnung über die Vereinigung der hohenzollernschen Lande mit der Evangelischen Landeskirche in Württemberg,* mit der der *Vertrag mit der Evangelischen Landeskirche in Württemberg über die hohenzollernschen Lande* [...] *kirchengesetzlich bestätigt wurde.*[147]

Am gleichen Tag unterzeichnete Bischof Otto Dibelius als Vorsitzender der altpreußischen Kirchenleitung den Vertrag, am 1. März 1950 wurde Kirchenratsdirektor Dr. Weeber vorab durch Vizepräsident Dr. Benn davon informiert (in Stuttgart eingegangen am 6. März). Mit einem auf den 2. März 1950 datierten Schreiben wurden zwei von Dibelius unterschriebene Ausfertigungen nach Stuttgart geschickt, die am 22. März dort eingingen. Beide wurden mit Rückdatierung auf den 24. Februar von Landesbischof Martin Haug (der im Dezember 1948 Nachfolger Theophil Wurms geworden war) unterzeichnet. Ein Exemplar wurde am 27. März nach Berlin zurückgeschickt.[148] Bereits am 21. März 1950 hatte

---

Verhalten nach dem 5. März 1933: Unterstützung der sozialen Fürsorge, nam[en]*tl*[ich] *für „Mutter und Kind", für Winterhilfswerk monatlich 5–10 Mark in den Wintermonaten. Der Reutlinger Dekan Keppler beurteilte 1952 Seeger wie folgt: Pfarrer Rudolf Seeger ist ein lauterer, frommer Mensch, auch theologisch nicht schlecht gebildet. Man spürt ihm die Wuppertaler Luft an, in der er aufgewachsen, allerdings auch die königlich preussische Schule, durch die er gegangen ist. Nach der grossen Einsamkeit in der hohenzollerischen Diaspora hat er den Anschluss an den grossen lebendigen Kreis der Pfarrerschaft in Reutlingen begrüsst.* [...] (LKAS A 227 – Seeger).

144 LKAS, Altregistratur des OKR, Gen. 528 III Qu. 18.
145 LKAS, Altregistratur des OKR, Gen. 528 III Qu. 11.
146 LKAS, Altregistratur des OKR, Gen. 528 III Qu. 16. – Der Entwurf des Gesetzes war zusammen mit zwei anderen Gesetzentwürfen am 16.1.1950 an den Rat der Evangelischen Kirche in Deutschland (EKD) im Rahmen der Überprüfung landeskirchlicher Rechtssatzungen gemäß Art. 12 der Grundordnung der EKD übersandt und von dort dem Göttinger Professor Rudolf Smend, dem Leiter des Kirchenrechtlichen Instituts der EKD, zur Stellungnahme weitergeleitet worden. Smend sah *keinen Widerspruch zum gesamtkirchlichen Recht.* Damit sei – wie die Kanzlei der EKD am 8.2.1950 dem Oberkirchenrat in Stuttgart mitteilte – die Vorlage beim Rat der EKD *erledigt* (EZA 2/5121).
147 LKAS, Altregistratur des OKR, Gen. 528 III Qu. 31/1.
148 LKAS, Altregistratur des OKR, Gen. 528 III Qu. 26 und 27/2.

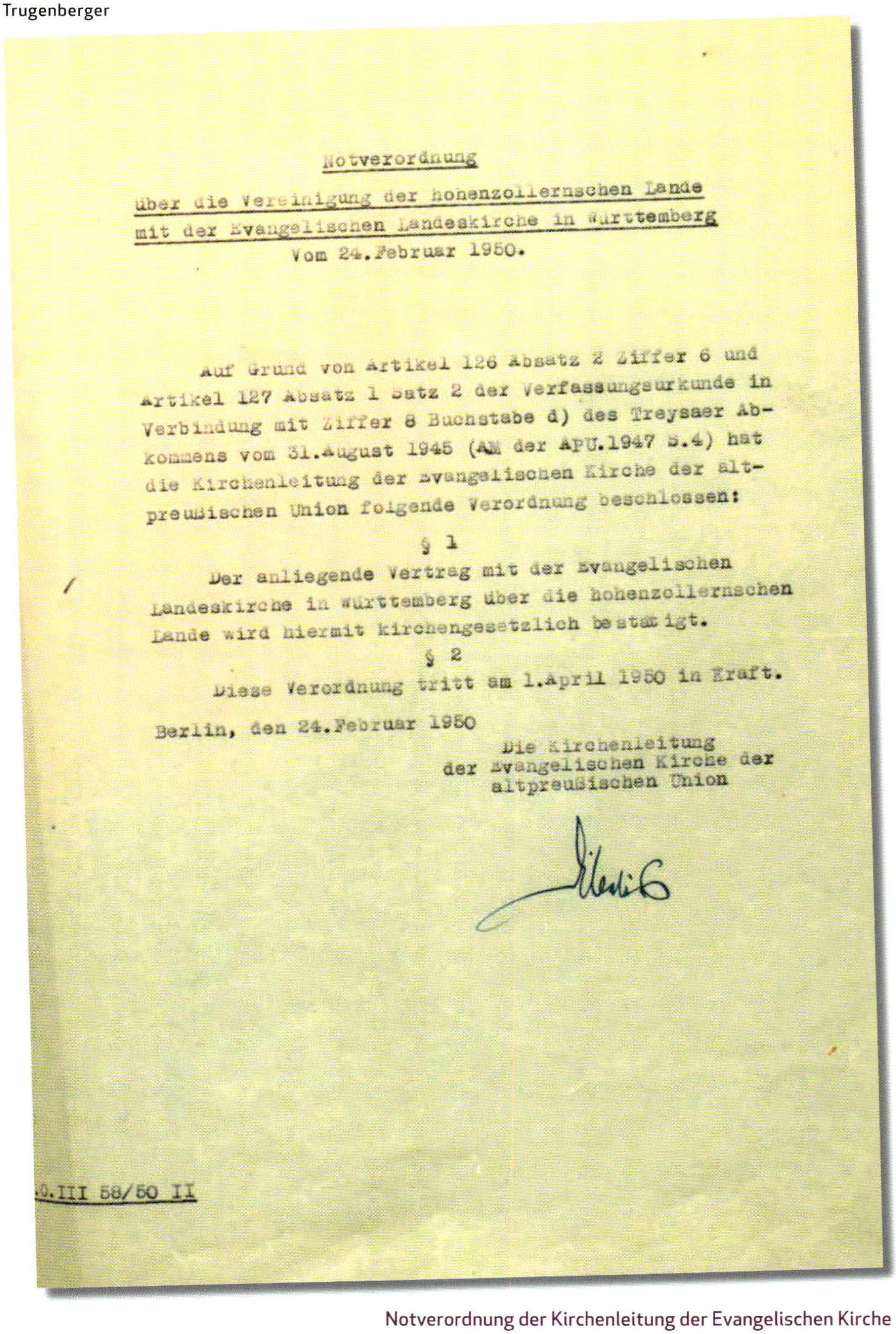

Notverordnung

über die Vereinigung der hohenzollernschen Lande
mit der Evangelischen Landeskirche in Württemberg
Vom 24. Februar 1950.

Auf Grund von Artikel 126 Absatz 2 Ziffer 6 und
Artikel 127 Absatz 1 Satz 2 der Verfassungsurkunde in
Verbindung mit Ziffer 8 Buchstabe d) des Treysaer Abkommens vom 31. August 1945 (AM der APU. 1947 S.4) hat
die Kirchenleitung der Evangelischen Kirche der altpreußischen Union folgende Verordnung beschlossen:

§ 1

Der anliegende Vertrag mit der Evangelischen
Landeskirche in Württemberg über die hohenzollernschen
Lande wird hiermit kirchengesetzlich bestätigt.

§ 2

Diese Verordnung tritt am 1. April 1950 in Kraft.

Berlin, den 24. Februar 1950

Die Kirchenleitung
der Evangelischen Kirche der
altpreußischen Union

O.III 58/50 II

Notverordnung der Kirchenleitung der Evangelischen Kirche
der altpreußischen Union über die Vereinigung der Hohenzollernschen Lande
mit der Evangelischen Landeskirche in Württemberg (Evangelisches Zentralarchiv 7/8237).

das *Amtsblatt der evangelischen Landeskirche in Württemberg* den Vertrag zusammen mit dem vom Landeskirchentag darüber beschlossenen Gesetz veröffentlicht:[149]

Vertrag zwischen der Evangelischen Kirche der altpreußischen Union und der Evangelischen Landeskirche in Württemberg über den Kirchenkreis der hohenzollernschen Lande.

Die Evangelische Kirche der altpreußischen Union, vertreten durch die Kirchenleitung in Berlin-Charlottenburg, Jebensstr. 3, und die Evangelische Landeskirche in Württemberg, vertreten durch den Landesbischof in Stuttgart, Gerokstraße 29, schließen folgenden Vertrag:

Artikel 1.
Der Kirchenkreis der hohenzollernschen Lande, der mit den Kirchengemeinden Sigmaringen, Hechingen, Gammertingen, Haigerloch und Dettingen gemäß Artikel 164 der altpreußischen Verfassungsurkunde einen selbständigen Kirchenkreis der Evangelischen Kirche der altpreußischen Union bildet, scheidet aus dieser Kirche aus und wird mit der Evangelischen Landeskirche in Württemberg vereinigt. Die Glieder der genannten Gemeinden werden damit Glieder der württembergischen Landeskirche.

Artikel 2.
(1) Die Besonderheiten der bestehenden Gottesdienstordnung und der Ordnung des kirchlichen Lebens bleiben den in Artikel 1 genannten Kirchengemeinden erhalten, solange sie es wünschen.
(2) Im übrigen bestimmt die Evangelische Landeskirche in Württemberg, welche kirchlichen Rechts- und Verwaltungsvorschriften künftig im Kirchenkreis der hohenzollernschen Lande gelten.
(3) Maßnahmen, welche die Evangelische Landeskirche in Württemberg seit der vorläufigen Übernahme der kirchenleitenden Aufgaben, nämlich seit dem 1. September 1945 getroffen hat, werden seitens der Evangelischen Kirche der altpreußischen Union als rechtswirksam anerkannt.

Artikel 3.
(1) Die bei Inkrafttreten dieses Vertrages in den hohenzollernschen Kirchengemeinden fest angestellten Pfarrer werden Pfarrer der württembergischen Landeskirche; gegen diese richten sich künftig auch ihre Versorgungsansprüche.
(2) Versorgungsberechtigte, deren Ansprüche aus einem früheren kirchlichen Amt innerhalb der hohenzollernschen Lande herrühren, sind weiterhin von der Evangelischen Kirche der altpreußischen Union zu versorgen.
(3) Im übrigen tritt die württembergische Landeskirche in Ansehung des Kirchenkreises der hohenzollernschen Lande sowie der in Artikel 1 genannten Kirchengemeinden und der kirchlichen Amtsträger in alle Rechte und Pflichten der Evangelischen Kirche der altpreußischen Union ein.

Artikel 4.
Zur Abgeltung der Aufwendungen, welche die Evangelische Landeskirche in Württemberg in der Zeit vom 1. September 1945 bis zum Inkrafttreten dieses Vertrages in Wahr-

---

149 LKAS, Altregistratur des OKR, Gen. 528 III Qu. 27/1.

u EO III 58/50 II

a

Vertrag

zwischen der Evangelischen Kirche der altpreußischen Union
und der Evangelischen Landeskirche in Württemberg über den
Kirchenkreis der hohenzollernschen
Lande.

Die Evangelische Kirche der altpreußischen Union, vertreten durch die Kirchenleitung in Berlin-Charlottenburg,
Jebensstr.3,

und

die Evangelische Landeskirche in Württemberg, vertreten
durch den Landesbischof in Stuttgart, Gerokstraße 29,
schließen folgenden Vertrag:

Artikel 1.

Der Kirchenkreis der hohenzollernschen Lande, der mit den
Kirchengemeinden Sigmaringen, Hechingen, Gammertingen, Haiger-
loch und Dettingen gemäß Art.164 der altpreußischen Verfassungs-
urkunde einen selbständigen Kirchenkreis der Evangelischen
Kirche der altpreußischen Union bildet, scheidet aus dieser
Kirche aus und wird mit der Evangelischen Landeskirche in
Württemberg vereinigt. Die Glieder der genannten Gemeinde wer-
den damit Glieder der württembergischen Landeskirche.

Artikel 2.

(1) Die Besonderheiten der bestehenden Gottesdienstordnung
und der Ordnung des kirchlichen Lebens bleiben den in Art.1
genannten Kirchengemeinden erhalten, solange sie es wünschen.

(2) Im übrigen bestimmt die Evangelische Landeskirche in
Württemberg, welche kirchlichen Rechts- und Verwaltungsvorschriften künftig im Kirchenkreis der hohenzollernschen Lande
gelten.

(3) Maßnahmen, welche die Evangelische Landeskirche in
Württemberg seit der vorläufigen Übernahme der kirchenleitenden
Aufgaben, nämlich seit dem 1.September 1945 getroffen hat,
werden seitens der Evangelischen Kirche der altpreußischen
Union als rechtswirksam anerkannt.

Artikel

3972

VIII 328/50

Vertrag zwischen der Evangelischen Kirche der altpreußischen Union und der Evangelischen Landeskirche in Württemberg über den Kirchenkreis der Hohenzollernschen Lande. Ausfertigung der Evangelischen Kirche der altpreußischen Union (Evangelisches Zentralarchiv 7/8237).

- 2 -

Artikel 3.

(1) Die bei Inkrafttreten dieses Vertrages in den hohenzollernschen Kirchengemeinden fest angestellten Pfarrer werden Pfarrer der württembergischen Landeskirche; gegen diese richten sich künftig auch ihre Versorgungsansprüche.

(2) Versorgungsberechtigte, deren Ansprüche aus einem früheren kirchlichen Amt innerhalb der hohenzollernschen Lande herrühren, sind weiterhin von der Evangelischen Kirche der altpreußischen Union zu versorgen.

(3) Im übrigen tritt die württembergische Landeskirche in Ansehung des Kirchenkreises der hohenzollernschen Lande sowie der im Artikel 1 genannten Kirchengemeinden und der kirchlichen Amtsträger in alle Rechte und Pflichten der Evangelischen Kirche der altpreußischen Union ein.

Artikel 4.

Zur Abgeltung der Aufwendungen, welche die Evangelische Landeskirche in Württemberg in der Zeit vom 1.September 1945 bis zum Inkrafttreten dieses Vertrages in Wahrnehmung der kirchenleitenden Aufgaben für die Kirchengemeinden der hohenzollerschen Lande gehabt hat, wird die Evangelische Kirche der altpreußischen Union an sie den Betrag von 25.000,-DM in drei Jahresraten von 10.000,-, 10.000,- und 5.000,- DM zu Beginn der Rechnungsjahre 1950, 1951 und 1952 zahlen. Weitere Ansprüche werden aus diesem Vertrag von keinem der vertragschließenden Teile geltend gemacht werden.

Artikel 5.

(1) Dieser Vertrag tritt am 1.April 1950 in Kraft.

(2) Jeder der Vertragschließenden erhält eine Ausfertigung dieses Vertrages.

Berlin, den 24.Februar 1950   Stuttgart, den 24.Februar 1950

Die Kirchenleitung   Der Landesbischof
der Evangelischen Kirche   der Evangelischen Landeskirche
der altpreußischen Union   in Württemberg

nehmung der kirchenleitenden Aufgaben für die Kirchengemeinden der hohenzollern-schen Lande gehabt hat, wird die Evangelische Kirche der altpreußischen Union an sie den Betrag von 25 000,– DM in drei Jahresraten von 10 000,–, 10 000,– und 5000,– DM zu Beginn der Rechnungsjahre 1950, 1951 und 1952 zahlen.[150] *Weitere Ansprüche werden aus diesem Vertrag von keinem der vertragschließenden Teile geltend gemacht.*

Artikel 5.
(1) Dieser Vertrag tritt am 1. April 1950 in Kraft.
(2) Jeder der Vertragschließenden erhält eine Ausfertigung dieses Vertrages.

Berlin, den 24. Februar 1950
Die Kirchenleitung der Evangelischen Kirche der altpreußischen Union
Dibelius

Stuttgart, den 24. Februar 1950
Der Landesbischof der Evangelischen Landeskirche in Württemberg
Haug[151]

Kurz bevor der Landeskirchentag das Gesetz zu dem Vertrag über den Kirchenkreis der Hohenzollernschen Lande am 1. Februar 1950 verabschiedete, hatte Landesbischof Haug den Staatspräsidenten des Landes Württemberg-Hohenzollern, Gebhard Müller, über

---

150 Über die Frage, wer die Zahlungen aufbringen sollte, gab es Streit. Die rheinische Kirche stellte sich auf den Standpunkt, dass es sich bei der Zahlung dieser Jahresraten *nicht um eine Sache der Evangelischen Kirche im Rheinland, sondern um eine solche der Evangelischen Kirche der Altpreussischen Union handelt, und dass daher die finanziellen Lasten dieses Abkommens von denjenigen Gliedkirchen der Altpreussischen Union anteilmässig getragen werden müssen, die in der Lage sind, Zahlungen in D-Mark zu leisten,* das heißt, *von der Evangelischen Kirche der Altpreussischen Union, soweit sie sich auf Westberlin erstreckt, und von der Evangelischen Kirche von Westfalen und der Evangelischen Kirche im Rheinland* sollte *je ein Drittel* aufgebracht werden (Schreiben des rheinischen Landeskirchenamts an den Oberkirchenrat Berlin und die Evangelische Kirche von Westfalen vom 3. 7. 1950 [EZA 7/8237]). Der Oberkirchenrat in Berlin und die Kirchenleitung Berlin-Brandenburg vertraten dagegen die Auffassung, dass nur die *Evangelische Kirche im Rheinland mit den Zahlungen belastet werden könne* (Schreiben der Evangelischen Kirchenleitung Berlin-Brandenburg an den Evangelischen Oberkirchenrat Berlin vom 20. 7. 1950 [ebd.]); auch die westfälische Kirche wolle nicht zahlen (Aktenvermerk des Oberkirchenrats Berlin vom 4. 6. 1951 [ebd.]). Das rheinische Landeskirchenamt reagierte ungehalten. Am 17. 1. 1951 schrieb Oberkirchenrat D. Dr. Mensing an den Oberkirchenrat in Berlin unter Hinweis auf Art. 164 der Verfassungsurkunde der Kirche der altpreußischen Union von 1922: *Wir müssen also schon bitten, die Lasten als solche der Altpreussischen Union anzuerkennen.* Er beharrte auf der Drittelung der Kosten (ebd.). Schließlich einigte man sich darauf, die Zahlungen in den Westmarkhaushaltsplan der altpreußischen Kirche aufzunehmen (ebd.), *der Schlüssel, nach dem die Leistungen auf die einzelnen Gliedkirchen zu verteilen sind, ergibt sich dann von selbst* (Schreiben des Oberkirchenrats Berlin an das Konsistorium der berlin-brandenburgischen Kirche vom 29. 6. 1951 [ELAB 1/3143]). Die rheinische Kirche erhielt 1952 55 000 DM (25 000 DM Abfindungssumme aus Art. 4 des Abtretungsvertrags, 30 000 DM für Versorgungsaufwendungen nach Art 3. des Vertrages für 1951 und 1952). In den folgenden Jahren wurden der rheinischen Kirche Zahlungen für die Versorgung der hohenzollerischen Pfarrwitwen Herzog, Müller und Schüz sowie des 1934 aus dem Amt gejagten Pfarrers Katz (Walters) bzw. dessen Witwe erstattet (EZA 7/8237).

151 EZA 7/8237 (Ausfertigung für die Evangelische Kirche der altpreußischen Union), ebenso die im Amtsblatt der Evangelischen Landeskirche in Württemberg Bd. 34 Nr. 5 vom 21. 3. 1950 veröffentlichte Fassung (ebd.). – In einem Aktenvermerk des Oberkirchenrats in Berlin zum Vertragsentwurf heißt es: *Bei der Ausfertigung ist der Wechsel in der Angabe der Vertragspartner dergestalt zu beachten, dass in dem für Württemberg bestimmten Exemplar die württembergische Landeskirche in Überschrift, Einleitung und Unterschrift an erster Stelle aufgeführt wird* (ebd.).

die bevorstehende Eingliederung des Kirchenkreises in die württembergische Landeskirche informiert. Das auf den 25. Januar datierte Schreiben war am 30. Januar in der Staatskanzlei eingegangen. Nachdem er *im Sommer letzten Jahres* bei einem Besuch den Staatspräsidenten *in vorläufiger Weise* bereits davon unterrichtet habe, wollte der Bischof *nunmehr genauere Kenntnis vermitteln*, verbunden mit der Bitte, *unser Vorhaben zu gegebener Zeit auch von der staatskirchenrechtlichen Seite her zu unterstützen.* Die Staatskanzlei leitete das Schreiben am 1. Februar dem Kultministerium *zur Stellungnahme* weiter, *inwieweit staatliche Belange berührt werden.*[152] Diese Stellungnahme wurde erst am 14. Juni, also nach Inkrafttreten des Vertrages, abgegeben: *Der Anschluss des Kirchenkreises der hohenzollerischen Lande an die Württ[embergische] Ev[angelische] Landeskirche kann staatlicherseits nur begrüsst werden, da er eine Verwaltungsvereinfachung bedeutet. Der Staat braucht künftig hinsichtlich seiner Leistungen an die Ev[angelische] Kirche nur noch mit dem Ev[angelischen] Oberkirchenrat in Stuttgart und nicht mehr mit der Ev[angelischen] Kirche (altpreussische Union) zu verhandeln. Durch den inzwischen abgeschlossenen [...] Vertrag der beiden beteiligten Kirchen kann selbstverständlich eine rechtliche Verpflichtung des Staats zu höheren Leistungen an die Kirche, als sie bisher bestanden, nicht begründet werden. [...] Eine Angleichung [...] der staatskirchenrechtlichen Verhältnisse erscheint [...] z[ur] Z[ei]t nicht zweckmässig. Es dürfte angebracht sein, diese Frage erst nach der Bereinigung der Südweststaatfrage zu regeln.*[153] Diese Angleichung hatte der Stuttgarter Oberkirchenrat in Schreiben an die Kultministerien der Länder Württemberg-Hohenzollern und Württemberg-Baden vom 25. Januar 1950 vorgeschlagen. Zwar ändere die Eingliederung *an dem in Hohenzollern zur Zeit geltenden Staatskirchenrecht noch nichts*, man würde *es aber dankbar begrüssen, wenn wir zu gegebener Zeit im Interesse der Vereinfachung der Verwaltung nicht nur zu einer Angleichung der kirchenrechtlichen, sondern auch der staatskirchenrechtlichen Verhältnisse gelangen könnten.*[154]

Zwischenzeitlich hatte der Oberkirchenrat mit Schreiben vom 20. April das Staatsministerium, das Finanzministerium und das Kultministerium des Landes Württemberg-Hohenzollern vom Abschluss des Eingliederungsvertrags in Kenntnis gesetzt. Da Staatspräsident Müller meinte, *es wäre* im Zusammenhang mit dem Eingliederungsvertrag *zu prüfen, ob irgendein staatlicher Akt (Genehmigung, staatl[iches] Gesetz) erforderlich ist,*[155] wurde das Kultministerium auf der Kabinettssitzung am 27. Juni angewiesen, diese Frage zu prüfen. Es kam zu dem Ergebnis, *die Frage ist [...] zu verneinen.*[156]

Am Palmsonntag 1950, dem 2. April, wurde von den Kanzeln der ehemals hohenzollerischen Kirchengemeinden folgendes *Wort des Landesbischofs an die fünf der württ[embergischen] Landeskirche eingegliederten hohenzollernschen Kirchengemeinden* verlesen:

Mit dem gestrigen Tage sind die fünf evangelischen Gemeinden der hohenzollernschen Lande: Sigmaringen, Hechingen, Gammertingen, Haigerloch und Dettingen unserer Evangelischen Landeskirche in Württemberg eingegliedert worden.
Als Euer Landesbischof heisse ich nun Euch mit Euren Pfarrern im Namen der Kirchen-

152 StAS Wü 2 T 1 Nr. 1553 Bl. 061.
153 StAS Wü 2 T 1 Nr. 1553 Bl. 058.
154 StAS Wü 80 T 1–2 Nr. 401 Bl. 0044.
155 StAS Wü 2 T 1 Nr. 1553 Bl. 059 (handschriftlicher Randvermerk auf dem Schreiben des Oberkirchenrats an das Staatsministerium vom 20. 4. 1950).
156 StAS Wü 2 T 1 Nr. 1553 Bl. 057.

leitung und der Schwestergemeinden unseres ganzen Landes herzlich willkommen. Euer Zusammenschluss mit uns erfolgt auf Grund der Zusammengehörigkeit, die uns im Glauben schon geschenkt ist: Ein Leib und ein Geist und einerlei Hoffnung unserer Berufung, ein Herr, ein Glaube, eine Taufe, ein Gott und Vater Euer und unser aller!

So wird in Euren Kirchen auch künftig kein neues Evangelium verkündigt werden, sondern das alte liebe und teure Evangelium von Jesus Christus, das Wort vom Kreuz, welches Euren und unseren Vätern eine Gotteskraft gewesen ist zur Seligkeit.

Und so soll auch kein anderer Grund gelegt werden ausser dem Grund der Apostel und Propheten, da Jesus Christus der Eckstein ist. Auf diesem aber wollen wir, wie es unsere Jahreslosung ausspricht, als die lebendigen Steine gemeinsam uns bauen zum geistlichen Hause und zum heiligen Priestertum.

Beim Diasporatag in Sigmaringen am 29. Juni hoffe ich viele von Euch zu sehen. Bis dahin grüsse ich Euch herzlich als Euer Landesbischof Haug.[157]

---

157 LKAS, Altregistratur des OKR, Gen. 528 III Qu. 28.

Paul Münch

Jubiläumskultur?

Vom Nutzen und Nachteil konfessioneller Gedenktage

Jubiläen haben Hochkonjunktur. Private und öffentliche Gedenkzeiten rhythmisieren in wachsender Anzahl den Festkalender. Geburtstage, Ehe-, Firmen- und Vereinsjubiläen, politische und konfessionelle Erinnerungstermine strukturieren als herausgehobene Termine den Alltag.[1] Wie dabei mit der Vergangenheit umgegangen, wie Geschichte verwertet wird, ist nicht unproblematisch. Der menschliche Blick zurück ist trügerisch. Auf den Wahrheitsgehalt von Erinnerungen kann man sich, wie die moderne Hirnforschung hinlänglich belegt hat, nur sehr eingeschränkt verlassen.[2] Jedes Gedenken ist interessengeleitet, betont, was ins Bild passt, blendet aus, was stört, erfindet nicht selten *alternative facts* oder *fake news*, geriert sich also *postfaktisch*, wie die neuen Modeworte für ein altes Problem heißen.[3] Nirgends klaffen wissenschaftliche Geschichtsschreibung und populäre Erinnerungskultur weiter auseinander als bei Jubiläen.

Der Anlass für die folgenden Überlegungen ist das Reformationsjubiläum 2017, samt der vorbereitenden *Lutherdekade* der wohl längste jemals organisierte Jubiläumszyklus der Geschichte.[4] Die Evangelische Kirche in Deutschland begnügte sich, um an den Beginn

---

1 Vgl. zur Fest-, Feier- und Jubiläumsgeschichte DIETER DÜDING/PETER FRIEDEMANN/PAUL MÜNCH (Hg.): Öffentliche Festkultur. Politische Feste in Deutschland von der Aufklärung bis zum ersten Weltkrieg. Reinbek 1988. – WINFRIED MÜLLER in Verbindung mit WOLFGANG FLÜGEL, IRIS LOOSEN, ULRICH ROUSSEAUX (Hg.): Das historische Jubiläum. Genese, Ordnungsleistungen und Inszenierungsgeschichte eines institutionellen Mechanismus. Münster 2004. – PAUL MÜNCH (Hg.): Jubiläum, Jubiläum … . Zur Geschichte öffentlicher und privater Erinnerung. Essen 2005. – MICHAEL MAURER (Hg.): Festkulturen im Vergleich. Inszenierungen des Religiösen und Politischen. Köln, Weimar, Wien 2010.
2 Vgl. aus der Fülle neuerer Titel insbesondere die aus der Sicht eines Historikers geschriebene Studie von JOHANNES FRIED: Der Schleier der Erinnerung. Grundzüge einer historischen Memorik. München 2004.
3 Das von der Gesellschaft für deutsche Sprache 2016 zum „Wort des Jahres" gewählte „postfaktisch" geht zurück auf RALPH KEYNES: The Post Truth Era. Dishonesty and Deception in Contemporary Life. New York 2004. – Vgl. generell RICHARD J. EVANS: Fakten und Fiktionen. Über die Grundlagen historischer Erkenntnis. Frankfurt (Main), New York 1998. – PAUL MÜNCH (Hg.): „Erfahrung" als Kategorie der Frühneuzeitgeschichte. München 2001. – PAUL MÜNCH: Schule des Augenmaßes? Zur Problematik historischer Erfahrung. In: Essener Unikate 16 (2001), S. 30–41.
4 Der Text beruht im Wesentlichen auf dem Vortrag, den ich auf freundliche Einladung der Hechinger evangelischen und katholischen Kirchengemeinden am 21. 2. 2017 im evangelischen Gemeindehaus halten durfte.

der Reformation Martin Luthers vor 500 Jahren zu erinnern, nicht wie üblich mit Gedenkfeiern im Jubiläumsjahr, schon gar nicht mit einem einzigen Festtag am 31. Oktober, sondern dehnte das Jubiläum über einen Zeitraum von zehn Jahren aus.

Um die *Lutherdekade* historisch einordnen zu können, bedarf es grundsätzlicher Überlegungen. Seit wann gibt es Jubiläen? Warum laden gerade „runde" Daten zum Gedenken ein? Was oder wen feiern wir, wenn wir Jubiläen veranstalten? Wie inszenieren wir denkwürdige Ereignisse? Wer finanziert Jubiläen und welche Interessen verstecken sich hinter den Jubel- und Gedenkfesten?

Ich werde zunächst einige Informationen zur Geschichte der Jubiläumskultur geben (1). Anschließend resümiere ich knapp die evangelisch-lutherischen Jahrhundertfeiern von 1617 bis 1917 (2). Im 3. Kapitel kommentiere ich unter der Überschrift „Konfession und Politik" die *Lutherdekade* (3). Danach spreche ich Ähnlichkeiten evangelischer und katholischer „Heiligen"-Verehrung an (4). Mit dem Schlagwort „Versöhnte Verschiedenheit" erinnere ich abschließend an das ökumenische Erinnerungspotential des Jahres 1530 (5). Wer sich dafür interessiert, wie man Luther im Ersten Weltkrieg auf dem Dorf geehrt hat, lese den Exkurs über das *Lutherjahr 1917* im hohenzollerisch-preußischen Dettingen (6).

1. Jüdisch-christliche Traditionen: Jobeljahr, Jubeljahr, Heiliges Jahr

Um zu verstehen, was ein Jubiläum ist, müssen wir der Geschichte des Wortes nachspüren. Das Wort „Jubiläum" entstammt der jüdischen Geschichte, hat seine etymologische Wurzel also im Hebräischen.[5] Im „Jubiläum" steckt das Wort „jôbel", das eigentlich einen Widder bezeichnet, bald aber auf das aus Widderhorn gefertigte Blasinstrument Schofar übertragen wurde. Was ist damit gemeint? Die Israeliten feierten, ausgehend vom jüdischen Brauch des alle sieben Jahre begangenen Sabbatjahres, nach 7 x 7 Jahren das 50. Jahr als Jubeljahr, das an Jom Kippur, dem höchsten jüdischen Feiertag, mit weithin schallenden Widderhornrufen öffentlich bekannt gemacht wurde (Leviticus 25,8–55). Martin Luther übersetzte das „Jubeljahr" wegen seiner akustischen Qualität als *Halljahr*.[6] Weil die Israeliten während dieses Jahres den Untergebenen Schuldenerlass gewähren, veräußertes Land zurückgeben und Sklaven frei lassen sollten, sprach man auch vom „Erlassjahr".[7]

Ich danke Pfarrer Herbert Würth und Diakon Dr. Karl Heinz Schäfer herzlich dafür. – Leider können in der Druckfassung nur wenige Abbildungen meiner Präsentation wiedergegeben werden. – Das Presseecho auf die Veranstaltung machte deutlich, wie belastet dieses Thema noch immer ist. Vgl. die Berichte der Hohenzollerischen Zeitung Hechingen (23. 2. 2017), des Schwarzwälder Boten Hechingen (24. 2. 2017) und des Schwäbischen Tagblatts Tübingen (25. 2. 2017).

5 Vgl. WINFRIED MÜLLER: Vom „papistischen Jubeljahr" zum historischen Jubiläum. In: MÜNCH (Hg.), Jubiläum (wie Anm. 1), S. 29–44. – HORST FUHRMANN: „Jubel". Eine historische Betrachtung über den Anlaß zu feiern. In: HORST FUHRMANN: Einladung ins Mittelalter. München ²1987, S. 239–252.

6 MARTIN LUTHER: Biblia: Das ist: die gantze Heilige Schrift / Deudsch / Auffs new zugericht. Wittemberg M.D.XLV. III. Buch Mose C.XXV.

7 An diese Praxis erinnern noch Schuldenerlasse für Länder der Dritten Welt und Preisnachlässe bei Firmenjubiläen. Seit der völkerrechtlich illegalen israelischen Besetzung der Palästinensergebiete im Jahr 1967 sind exakt 50 Jahre vergangen, ein wunderbarer Anlass, in diesem Jobeljahr den Palästinensern ihre für den israelischen Siedlungsbau entzogenen Ländereien zurückzugeben. Dass davon gegenwärtig keine Rede sein kann, zeigen die Postulate des Bündnisses zur Beendigung der israelischen Besatzung (BIB).

Das Christentum übernahm die Praxis der Jobeljahre, wenngleich verändert. In Anlehnung an das hebräische Erlassjahr sprach man im lateinischen Mittelalter vom „annus jubilaeus", einem „Jubeljahr", oder vom „annus sanctus", einem „Heiligen Jahr". Das *Heilige Jahr* ist bis heute in der katholischen Kirche die christliche Variante des jüdischen Jobeljahres.[8]

In Anknüpfung an die Nachlasspraxis des Alten Testaments bezeichnete man als *Jubeljahr* nun jene besondere Zeit, während der ein Sündennachlass gewährt wurde. Papst Bonifatius VIII. begründete am 22. Februar des Jahres 1300 im römischen Christentum die Tradition sogenannter *Heiliger Jahre*.[9] Das erste *Heilige Jahr* sollte an die Geburt Christi vor 1300 Jahren erinnern, ein Gedenken, das man künftig alle 100 Jahre, bald alle 50, seit 1475 alle 25 Jahre feierte. Das letzte reguläre *Heilige Jahr* wurde im Jahr 2000 ausgerufen. Hinzu kamen im Lauf der Geschichte sogenannte außerordentliche *Heilige Jahre*. Beide Traditionen sind in der katholischen Kirche bis heute lebendig geblieben, etwa bei der Eröffnung des außerordentlichen *Heiligen Jahres der Barmherzigkeit* durch Papst Franziskus, das am 8. Dezember 2015 begann und am 20. November 2016 mit der feierlichen Schließung der Pforte endete.[10]

Während eines Heiligen Jahres stellte man jedem Gläubigen, der eine Pilgerreise nach Rom unternahm und dort verschiedene Orte besuchte, einen vollkommenen Ablass in Aussicht.[11] Damit war in der katholischen Kirche nicht die seit dem Beginn der Neuzeit zu Recht angeprangerte Mechanik von Geldzahlung und Seelenrettung gemeint, nach dem Motto: *Wenn das Geld im Kasten klingt, die Seele in den Himmel springt.* Der Gewinn eines vollkommenen Ablasses sollte stets an wichtige Voraussetzungen gebunden sein. Gläubige müssen ihre Verfehlungen bereuen und in der Beichte bekennen, um Vergebung zu erlangen, vielleicht auch Wiedergutmachung leisten. Ein Ablass kann allein zeitliche Sündenstrafen, etwa im Fegefeuer, verkürzen oder abwenden. Ablässe konnten während des Heiligen Jahres im Petersdom, doch auch in weiteren römischen Kirchen, darüber hinaus weltweit an vielen Orten gewonnen werden. Papst Franziskus hat während des außerordentlichen Heiligen Jahres der Barmherzigkeit sogar Türen in Gefängniskapellen und Krankenzimmern zu symbolischen „Heiligen Pforten" erklärt.

Die rhythmische Ordnung der *Heiligen Jahre* strahlte vom religiösen Sektor bald auf viele säkulare Lebensbereiche aus.[12] Die rasche Übernahme der kirchlichen Jubiläumsrhythmik in der profanen Welt wurde durch mehrere Faktoren unterstützt. Dazu zählen die humanistische Erinnerung an antike Säkularfeiern, die Durchsetzung des Dezimalsystems seit dem 15. und die Entwicklung der Jahreskalender seit dem 16. Jahrhundert, schließlich die Übernahme der modernen Jahrhundertrechnung durch die Historiographie. Sie entstand im Konfessionsstreit, prägt aber bis heute Geschichtsschreibung und

---

8 Vgl. Heribert Smolinsky: [Art.] Jubeljahr 2,1/2,2. In: Theologische Realenzyklopädie. Bd. 17. Berlin, New York 1988, S. 282–285.

9 Vgl. Eva-Maria Jung-Inglessis: Das Heilige Jahr in Rom. Geschichte und Gegenwart. Rom 1997.

10 Vgl. Franziskus [Papst]: Misericordiae Vultus. Verkündigungsbulle des Jubiläums der Barmherzigkeit (11. 4. 2015).

11 Vgl. Gustav Adolf Benrath: [Art.] Ablaß. In: Theologische Realenzyklopädie. Bd. 1. Berlin, New York 1977, S. 347–364.

12 Vgl. Müller, Vom „papistischen Jubeljahr" (wie Anm. 5), S. 29–44.

Jubiläumskultur.[13] Auch die seit dem späten Mittelalter populäre Einteilung des menschlichen Lebens in zehn Dekaden spiegelt die Rhythmisierung des menschlichen Lebens nach dem Dezimalsystem.[14] Zeitspannen von 25, 50 und 100 Jahren prägten künftig als „runde" Termine nicht nur die religiöse, sondern auch die profane Jubiläumskultur.[15]

Die Feier *Heiliger Jahre* bildet die Spitze der katholischen Jubiläums- und Erinnerungskultur. Ihre Basis ist ein tägliches, sich im Jahresrhythmus wiederholendes Gedenken.[16] Jeder Tag im katholischen Kirchenjahr ist einem Heiligen gewidmet, den ein Namensträger mit der Feier seines Namenstages ehrt. Der Heiligenkalender rhythmisiert und individualisiert auf diese Weise das Leben eines katholischen Christen bis in den wirtschaftlichen und sozialen Alltag hinein.[17] Die Reformatoren beendeten die Praxis ordentlicher und außerordentlicher *Heiliger Jahre*. Sie strichen auch den Heiligenkalender drastisch zusammen, wobei die reformierte Spielart der evangelischen Kirche schärfer verfuhr als die lutherische. Im Unterschied zur katholischen Gedenkpraxis, die mit den jährlich wiederkehrenden Gedächtnisfeiern vergleichsweise statisch blieb, öffnete sich die 1617 begründete evangelische Jubiläumskultur dem dynamischen Fortschritts- und Entwicklungsdenken der Neuzeit.[18] Die Feier der Reformation und ihrer Gründerväter bedeutete einen tiefen Bruch mit der Tradition und war damit weit mehr dem geschichtlichen Wandel unterworfen als katholische Jubelfeste. Dies zeigt ein Blick auf die evangelischen Reformationsjubiläen, die seit 1617 im Jahrhundertrhythmus gefeiert wurden.

2. Die Reformationsjubiläen 1617 bis 1917

In der Tradition der zu Beginn der Neuzeit üblichen Jubiläumszyklen begann sich seit dem 17. Jahrhundert eine spezifisch protestantische Jubiläumskultur zu entfalten. Man feierte künftig regelmäßig den Reformationsbeginn. Später erinnerte man regelmäßig auch an Luthers Geburtsjahr und gedachte seines Sterbejahres. Der 1617 begonnene Zyklus der Zentenarfeiern kulminierte in der *Lutherdekade*, die auch 2017 die Reformation in der Tradition des 19. Jahrhunderts mit dem sogenannten Thesenanschlag Luthers am 31. Oktober 1517 beginnen ließ. Damit wurde ein sekundärer Vorgang, von dem manche heute annehmen, dass er überhaupt nicht stattgefunden hat, als ein konfessionsgeschicht-

---

13 Vgl. Johannes Burkhardt: Die Entstehung der modernen Jahrhundertrechnung. Ursprung und Ausbildung einer historiographischen Technik von Flacius bis Ranke. Göppingen 1971. – Vgl. auch Arndt Brendecke: Die Jahrhundertwenden. Eine Geschichte ihrer Wahrnehmung und Wirkung. Frankfurt (Main), New York 1999.

14 Vgl. Paul Münch: Lebensformen in der Frühen Neuzeit 1500–1800. Berlin 1998, S. 140–148.

15 Die heute außerhalb dieser klassischen Termine ebenfalls gefeierten Zehner- Fünfer- oder gar Einjahresjubiläen wurden erst seit dem 19./20. Jahrhundert üblich.

16 Vgl. Michael Mitterauer: Anniversarium und Jubiläum. Zur Entstehung und Entwicklung öffentlicher Gedenktage. In: Emil Brix/Hannes Stekl (Hg.): Der Kampf um das Gedächtnis. Öffentliche Gedenktage in Mitteleuropa. Wien, Köln, Weimar 1997, S. 23–89.

17 Vgl. hierzu auch unten Kap. 4.

18 Vgl. Johannes Burkhardt: Reformations- und Lutherfeiern. Die Verbürgerlichung der reformatorischen Jubiläumskultur. In: Düding/Friedemann/Münch (Hg.), Öffentliche Festkultur (wie Anm. 1), S. 212–236, hier S. 227–231 (*Die Feier der Geschichte*).

lich bedeutsames Epochendatum fortgeschrieben.[19] Gesichert ist nur, dass Martin Luther um den 31. Oktober 1517 herum seine lateinischen 95 Thesen gegen den Ablass an die für ihn zuständige geistliche Obrigkeit, den Erzbischof Albrecht von Brandenburg, verschickt hat, nicht aber, dass er sie an die Tür der Wittenberger Schlosskirche nagelte. Doch das Jahr 1517 zählt neben der Eroberung Konstantinopels durch die Türken (1453) und der sogenannten Entdeckung Amerikas (1492) weiterhin zu jenen Epochenjahren, mit denen man die helle Neuzeit vom dunklen Mittelalter abgrenzt.[20] Obgleich die angeblichen Hammerschläge wohl nie erklungen sind, auch in der zweiten Hälfte des 16. Jahrhunderts in der evangelischen Gedächtniskultur keine Rolle spielten und erst seit dem 18. Jahrhundert ins Bild gesetzt wurden, feierte man bereits 1617 das Geschehen rund um den 31. Oktober als erstes Zentenarjubiläum des Reformationsbeginns.[21] Es verwundert nicht, dass bei dieser evangelischen Jahrhundertfeier Sachsen, das Hauptland des lutherischen Wirkens, den Anfang machte und dass die sächsischen Fürsten als politische Schutzmächte fungierten.[22] Die enge Verbundenheit von Kirche und Staat hatte Luther mit der Einrichtung des sogenannten landesherrlichen Kirchenregiments seit den zwanziger Jahren des 16. Jahrhunderts begründet. Mit theologischen Argumenten allein hatte er der innerreformatorischen und sozialrevolutionären Kräfte, die seine Lehren freigesetzt hatten, nicht mehr Herr werden können.[23]

Das Jahrhundertjubiläum 1617 stellte den Wittenberger Reformator in den Mittelpunkt des Gedenkens. Es war das erste große Lutherjubiläum: *primus Jubilaeus Lutheranus.*[24] Das Auftreten des Wittenberger Mönchs deutete man als Ankunft des seit dem ausgehenden Mittelalter erhofften neuen Propheten. In Predigten verglich man Luther mit Noah und Mose.

Die eschatologische Stimmung jener Jahre wollte in ihm gar den ersten Engel der Apokalypse und Gottes auserwähltes Werkzeug am Ende der Zeiten sehen. Man dankte Gott für die durch Luther bewirkte Errettung aus der schrecklichen Finsternis des Papsttums und sein Geleit ins helle Licht des Evangeliums.[25] Das Jubiläum diente der Selbstvergewisserung der neuen Konfession, aber auch der Abgrenzung gegenüber den innerevange-

---

19 Die jahrzehntelange Debatte über dieses fiktive Ereignis kann hier nicht rekapituliert werden. Vgl. aus der Fülle der Literatur Hartmut Lehmann: Martin Luther und der 31. Oktober 1517. In: Münch, Jubiläum (wie Anm. 1), S. 45–60. – Hartmut Lehmann: Luthergedächtnis 1817 bis 2017. Göttingen 2012.

20 Vgl. Paul Münch: Gefährliche und geschwinde Zeiten. In: Damals spezial (Karl V. Kaiser, Feldherr – Sieger?) 32 (2000), S. 52–60. – Vgl. zum neuesten Versuch, das eigentlich randständige Jahr 1517 mit weltgeschichtlicher Bedeutung aufzuladen: Heinz Schilling: 1517 – Weltgeschichte eines Jahres. München 2017.

21 Vgl. Hans-Jürgen Schönstädt: Antichrist, Weltheilsgeschehen und Gottes Werkzeug. Römische Kirche, Reformation und Luther im Spiegel des Reformationsjubiläums 1617. Wiesbaden 1978.

22 Vgl. Wolfgang Flügel: Konfession und Jubiläum. Zur Institutionalisierung der lutherischen Gedenkkultur in Sachsen 1617–1830. Leipzig 2005.

23 Vgl. als neueren Überblick den Katalog der Ausstellung: Staatliche Kunstsammlungen Dresden/ Dirk Syndram/Yvonne Wirth/Iris Yvonne Wagner (Hg.): Luther und die Fürsten. Selbstdarstellung und Selbstverständnis des Herrschers im Zeitalter der Reformation. Dresden 2015.

24 Vgl. Flügel, Konfession und Jubiläum (wie Anm. 22), S. 29.

25 Vgl. zur Lichtsymbolik der Reformationsjubiläen Burkhardt, Reformations- und Lutherfeiern (wie Anm. 18), S. 223 f.

lischen Glaubensfeinden.[26] Zu dem alten Gegensatz Luthertum/Papstkirche war der Konflikt zwischen dem Luthertum und der reformierten Konfession hinzugekommen.

Die Katholiken hielten die erste evangelische Säkularfeier bereits dem Begriff nach allenfalls für ein Pseudojubiläum.[27] Sie reagierten mit dem überlegenen Bewusstsein, dass dieses Jahrhundertgedenken ihrer 1600 Jahre alten Kirche nichts anhaben könne.

Der Jesuit Adam Contzen (1571–1635), Beichtvater des bayerischen Herzogs Maximilian I. und bedeutender Staatstheoretiker, veröffentlichte 1618 eine lateinische Streitschrift in zwei Teilen.[28] Sie kritisierte in zeitüblich gelehrter Weise die Berechtigung des ersten großen Reformationsjubiläums. Contzen verglich, wie das Kupfer zeigt, die beiden Konfessionen unter den Sinnbildern von Sonne und Mond. Er nimmt die Lichtmetapher, die bei der evangelischen Säkularfeier für die Errettung aus der Finsternis des Papsttums gestanden hatte, wieder für die alte Kirche in Anspruch. Die Sonne, der vollkommene, den Tag erleuchtende Himmelskörper, bescheint als Symbol katholischer Beständigkeit (*Symbolvm Catholice constantiae*) die uralte, seit 1600 Jahren unveränderte christliche Kirche, der Mond verweist hingegen auf die Unbeständigkeit der evangelischen Häresien (*Symbolvm Haereticae mutabilitatis*). Diese der Natur entnommenen Bilder versteht man nur, wenn man sich klarmacht, dass damals im Unterschied zu heute alles Neue, jede Veränderung, für schlecht, das Alte hingegen generell für gut gehalten wurde.[29]

Wie sah es ein Jahrhundert später aus? Als man im Jahr 1717 rund um den 31. Oktober die zweihundertste Wiederkehr des Thesenanschlags feierte, hatte sich die politische Situation verändert. Der sächsische Kurfürst war zum Katholizismus konvertiert, die konfessionellen Spannungen hatten trotz des Westfälischen Friedens von 1648 wieder zugenommen. Die religiösen Positionen blieben unversöhnlich. Der Papst galt in protestantischer Perspektive weiterhin als Vorläufer des Antichristen, dem der von Gott gesandte Prophet Luther die Stirn geboten hatte. Wegen der unsicheren Lage beging man das zweite Säkularjubiläum aber eher bescheiden, andererseits aber mit vielen neuen Elementen, von reicher ausgestatteten Festgottesdiensten, Umzügen, Illuminationen bis hin zu Kinderbelustigungen samt Bewirtung mit *Jubel-Brödgen*.[30] Neu war 1717, dass neben Theologen und fürstlichen Beamten, den traditionellen Eliten, nun auch das Bürgertum mitfeierte und zum Reformationsjubiläum beitrug.

---

26 Vgl. VOLKER LEPPIN: Identitätsstiftende Erinnerung: Das Reformationsjubiläum 1617. In: BERND JOCHEN HILBERATH/ANDREAS HOLZEM/VOLKER LEPPIN (Hg.): Vielfältiges Christentum – dogmatische Spaltung – kulturelle Formierung – ökumenische Überwindung. Leipzig 2016, S. 45–67.

27 Vgl. JEAN SCHILLINGER: Jubilé ou Pseudojubilé? Polémiques entre protestantes de Strasbourg et jésuites de Molsheim à l'occasion de la commémoration du centenaire de la Réforme (1617). In: THOMAS NICKLAS (Hg.): Glaubensformen zwischen Volk und Eliten. Frühneuzeitliche Praktiken und Diskurse zwischen Frankreich und dem Heiligen Römischen Reich / Autorités, foi, perceptions. Croyances populaires et pratiques religieuses en France et dans le Saint Empire à l'époque moderne. Halle (Saale) 2012, S. 179–201.

28 ADAM CONTZEN: CHRONOLOGIA JVBILAEI EVANGELICI OPPOSITA Pijs lachrymis Catholicorum [...]. MOGVNTIAE M.DC.XIIX und: IVBILVM JUBILORVM JVBILAEVM EVANGELICVM, ET PIAE LACRYMAE OMNIVM ROMANO-CATHOLICORVM [...]. MOGVNTIAE M.DC.XIIX.

29 Zum langsamen Wandel dieser Auffassung während des 17. Jahrhunderts vgl. PAUL MÜNCH: Das Jahrhundert des Zwiespalts. Deutschland 1600–1700. Stuttgart 1999, S. 163–166.

30 FLÜGEL, Konfession und Jubiläum (wie Anm. 22), S. 167.

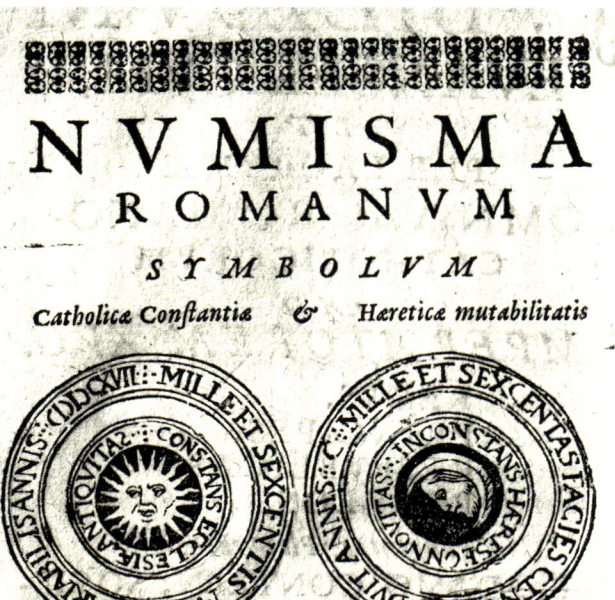

Frontispiz-Kupfer von Adam Contzens Buch JVBILVM JVBILORVM von 1618 (Bibliothek des Autors).

Die dritte Säkularfeier des Reformationsbeginns 1817 fiel in eine epochal veränderte Zeit.[31] Die Französische Revolution, der Untergang des Heiligen Römischen Reiches Deutscher Nation, die napoleonischen Kriege und Reformen, die Neuordnung Europas durch den Wiener Kongress: Diese revolutionären Geschichtsbrüche veränderten die Erinnerung an Luther und seine Reformation in ganz neuer Weise. Schon seit der Mitte des 18. Jahrhunderts hatte man den Wittenberger Mönch unter stark erweiterten Perspektiven beurteilt. Der aufklärerische Blick deutete den Reformator über die religiöse Sphäre hinaus als Begründer eines neuen Menschenbildes. Herder, Lessing, auch Goethe rühmten die reformatorische Neubewertung menschlicher Freiheit und Individualität, ja sie stilisierten Luther fast schon zum frühen Aufklärer. Diese Erweiterung des Lutherbildes über die konfessionelle Sphäre hinaus war nur möglich, weil es in Deutschland während des 18. und bis ins 19. Jahrhundert hinein noch keine katholische Intellektuellenschicht gab, die einer solchen Deutung hätte widersprechen können. Dieser Eindruck drängt sich auf, wenn man sich die deutsche Gelehrtenlandschaft im ausgehenden 18. Jahrhundert anschaut.[32] Die maßgeblichen deutschen Schriftsteller und Philosophen – von Klopstock, Lessing, Wieland, Schiller und Goethe bis zu Kant, Fichte, Schelling und Hegel – waren evangelischer Konfession. Ihnen fiel es leicht, „evangelisch" und „deutsch" zusammen-

31 Vgl. LUTZ WINCKLER: Martin Luther als Bürger und Patriot. Das Reformationsjubiläum von 1817 und der politische Protestantismus des Wartburgfestes. Lübeck, Hamburg 1969. – RAINER FUHRMANN: Das Reformationsjubiläum 1817. Martin Luther und die Reformation im Urteil der protestantischen Festpredigt des Jahres 1817. Bonn 1973.
32 Vgl. HELMUTH KIESEL/PAUL MÜNCH: Gesellschaft und Literatur im 18. Jahrhundert. Voraussetzungen und Entstehung des literarischen Markts in Deutschland. München 1977, S. 90.

zudenken, jedenfalls leichter als den Katholiken, die mit dem Ausscheiden Österreichs aus der deutschen Nationalgeschichte zu Beginn des 19. Jahrhunderts auch politisch zu einer Minderheit im preußisch dominierten Deutschen Bund geschrumpft waren. In diesem Sinne beschwor man 1817 die Bedeutung Luthers für Politik und Staat. Goethe träumte mit der Zusammenlegung des vierten Jahrestags der Völkerschlacht von Leipzig und des Reformationsfestes am 18. Oktober gar von einem *Fest aller Deutschen*.[33] In diesem Sinne wurde der Wittenberger Mönch im Kontext des gleichzeitig stattfindenden studentischen Wartburgfestes emphatisch als ein früher Vertreter bürgerlicher Kultur und mutiger Bahnbrecher der erhofften nationalen Einheit gefeiert. Luther figurierte als Held, der mit seinem Feldzug gegen den Papst die Freiheit der Deutschen Nation wiederhergestellt und sich um die deutsche Sprache verdient gemacht hatte.

Im zweiten deutschen Kaiserreich setzte sich die nationale Vereinnahmung des Reformators fort. 1883, als man Luthers 400. Geburtstag feierte, sah der Historiker Heinrich von Treitschke, von dem die fatale Devise stammt, die Juden seien unser Unglück, in dem Wittenberger Mönch geradezu eine Verkörperung seiner Zeit, einen vom ganzen Volk verehrten *Helden und Lehrer* der Nation.[34] Nun erst wurde der Thesenanschlag zum bedeutsamsten Ereignis am Beginn der evangelischen Reformation aufgewertet. Bildliche Darstellungen und unzählige Lutherbiographien jeden Formats stilisierten den Reformator zum vorbildlichen Haus- und Familienvater, was ihm in weiten, insbesondere bürgerlichen Schichten zu großer Popularität verhalf. Gleichzeitig erfuhr der von Glaubenszweifeln geplagte Augustinermönch eine Aufwertung zum nationalen Helden, ja zur weltgeschichtlichen Figur, deren Hammerschläge in ganz Europa „vom Ende des Mittelalters und vom Beginn einer neuen Epoche der Weltgeschichte kündeten".[35] Man verglich den Reformator mit dem *eisernen Kanzler* Bismarck, verlieh ihm gar die mythologischen Züge des germanischen Helden Siegfried. Heinrich von Treitschke entdeckte an Luther, der mit *Frau Musika* die *deutscheste der deutschen Künste* pflegte, *Blut von unserem Blute. Aus den tiefen Augen dieses urwüchsigen deutschen Bauernsohnes blitzte der alte Heldenmut der Germanen, der die Welt nicht flieht, sondern sie zu beherrschen sucht durch die Macht des sittlichen Willens*.[36]

1917, als sich der sogenannte Thesenanschlag zum 400. Male jährte, kulminierte die nationale, ja nationalistische Eindeutschung Luthers.[37] Anlässlich des 400-jährigen Gedenkens an den Thesenanschlag erklärte der evangelische Theologieprofessor Hans von Schubert (1859–1931), der Mensch Luther gehöre *nicht nur den Evangelischen, sondern allen Deutschen*. Seine *sieghafte Persönlichkeit* sei *ein nationaler Besitz, ein Stück unserer Kultur*. Mitten im Weltkrieg zeichnete man Luther in mythologischer Überhöhung als germanischen Hammerschwinger, der an der Tür der Wittenberger Schlosskirche das neue Reich geschmiedet habe.[38] Weil diese Tür seit 1858 aus Metall gefertigt war, hörte

---

33 Vgl. Lehmann, Martin Luther (wie Anm. 19), S. 50.

34 Heinrich von Treitschke: Luther und die deutsche Nation. Vortrag, gehalten in Darmstadt am 7. November 1883. In: Heinrich von Treitschke: Ausgewählte Schriften. 1. Bd. Leipzig ³1907, S. 157.

35 Lehmann, Martin Luther (wie Anm. 19), S. 55.

36 Treitschke, Luther und die deutsche Nation (wie Anm. 34), S. 155.

37 Die folgenden Zitate bei Lehmann, Martin Luther (wie Anm. 19), S. 56 f.

38 Dass man das *Lutherjahr 1917* auch ganz anders feiern konnte, zeigt ein Blick in das kleine hohenzollerisch-preußische Dorf Dettingen. Vgl. unten Abschnitt 6.

man Luthers Thesenanschlag im Schlachtenlärm des Krieges nun endlich so dröhnen, wie es im Westfälischen Volkskalender zu lesen war:

Du stehst am Amboß, Lutherheld,
Umkeucht vom Wutgebelfer
Und wir, Alldeutschland, dir gesellt,
Sind deine Schmiedehelfer [. . .]
Wir schmieden, schmieden immerzu
Alldeutschland, wir und Luther Du
Das deutsche Geld und Eisen.
Und wenn die Welt in Schutt zerfällt,
Wird deutsche Schwertschrift schreiben:
Das Reich muß uns doch bleiben.

3. Konfession und Politik: Die *Lutherdekade* (2008–2017)

Ein Jahrhundert später, in den ersten Dekaden des 21. Jahrhunderts, standen Martin Luther und der Beginn der Reformation wieder auf dem Jubiläumsprogramm, das den Beginn der Reformation vor 500 Jahren erneut mit dem Thesenanschlag am 31. Oktober 1517 verband. Dem eigentlichen Jubiläumsjahr 2017 wurde mit der *Lutherdekade* eine lange Vorbereitungsphase vorangestellt. Nach ihrer feierlichen Eröffnung im September 2008 war jedes folgende Jahr einem besonderen Thema gewidmet. Inhalte und Wege der lutherischen Reformation samt ihrer weltweiten Wirkung sollten nachgezeichnet werden. Die Themen von 2008 bis 2017 lauteten: Reformation und Bekenntnis, Reformation und Bildung, Reformation und Freiheit, Reformation und Musik, Reformation und Toleranz, Reformation und Politik, Reformation – Bild und Bibel, Reformation und die Eine Welt. Jedes Jahresthema wurde mit einer nicht mehr überschaubaren Anzahl von Einzelveranstaltungen in ganz Deutschland präsentiert, mit Schwerpunkten an den Luthergedenkstätten.[39]

Hierfür standen finanzielle Mittel in ungewöhnlicher Höhe zur Verfügung, weil es gelang, das auf zehn Jahre gedehnte Megajubiläum nicht bloß als konfessionellen Erinnerungsakt, sondern als Ereignis von gesamtstaatlicher Bedeutung zu interpretieren. Im Ergebnis präsentierte sich die *Lutherdekade* als eine Eventkette, die von der evangelischen Kirche Deutschlands, doch ganz wesentlich auch mit öffentlichen Geldern, also Steuermitteln, finanziert wurde.[40] Aus dem Etat der Beauftragten der Bundesregierung für Kultur und Medien standen bis zum Jahre 2017 jährlich 5 Millionen Euro bereit; hinzu kamen staatliche Beiträge *entsprechend der jeweiligen Kernkompetenz der einzelnen Ressorts*. Begründet wurde dieses außerordentliche finanzielle Engagement der Bundesregierung mit der nationalen Bedeutung und den weltweiten Wirkungen der lutherischen Reformation.

39 Vgl. den Wikipedia-Artikel „Luther-Dekade", https://de.wikipedia.org/wiki/Luther-Dekade (zuletzt aufgerufen am 28. 8. 2019).
40 Vgl. Die Beauftragte der Bundesregierung für Kultur und Medien. Projektgruppe Reformationsjubiläum: Die Bundesregierung und das Reformationsjubiläum 2017. Eine Positionsbeschreibung. Bonn 2014.

Die staatliche Alimentierung eines konfessionellen Jubiläums steht in alter Tradition, weil die evangelische Kirche in Deutschland seit den zwanziger Jahren des 16. Jahrhunderts eng mit weltlichen Obrigkeiten verbunden ist. Wenn man bedenkt, dass zehn der zwölf deutschen Bundespräsidenten evangelischer Konfession waren und sind, der frühere Bundespräsident Joachim Gauck evangelischer Pfarrer war und die Kanzlerin Angela Merkel Tochter eines evangelischen Pfarrers ist, dann könnte man mit Heribert Prantl die Bundesrepublik tatsächlich *für eine protestantische Republik halten*.[41] Auch die in der Öffentlichkeit wenig bekannte Tatsache, dass katholischen Priestern politisches Engagement generell untersagt ist, während evangelische Pfarrer in der Bundesrepublik vielfach politische Ämter auf allen Ebenen innehaben, bezeugt eine im Vergleich mit der katholischen Kirche engere Verflechtung der evangelischen Kirche mit dem Staat in der Gegenwart. Die Erinnerung an die Reformation Luthers lag, wie die Geschichte der Reformationsjubiläen zeigt, stets gleichermaßen im konfessionellen wie staatlichen Interesse. Das Positionspapier der deutschen Bundesregierung anlässlich der *Lutherdekade* beurteilte, was vom wissenschaftlichen Beirat mitgetragen wurde, die Reformation als ein *Ereignis von Weltrang* und behauptete, sie sei *über ihre religiöse Bedeutung hinaus politisch, kulturell, gesellschaftlich, wirtschaftlich und touristisch im nationalen wie im internationalen Horizont wichtig*.[42] Niemand wird die wichtigen Anstöße, die Martin Luther mit der Rückbesinnung auf die biblische Form des Christentums gab, unterschätzen. Niemand wird auch leugnen, dass die mit der Reformation eingetretene *Pluralisierung des lateinischen Christentums als ein wichtiger Dynamisierungsfaktor der politischen, kulturellen, ökonomischen, sozialen und religiösen Entwicklung* angesehen werden kann,[43] doch die Reformation Martin Luthers gewissermaßen als den *Urknall der europäischen Moderne*[44] zu feiern, überschreitet die Grenzen angemessener Deutung.

Die Zeit Martin Luthers ist uns fremd geworden. Von den Anfängen der Reformation trennen uns 500 Jahre, eine Zeitspanne, während der unsere zentralen politischen und sozialen Begriffe ihre Inhalte mitunter völlig verändert haben. Wir können sie nicht eins zu eins auf das 21. Jahrhundert übertragen, so als gründete unsere demokratische Wertewelt – Freiheit, Gleichheit, Toleranz – unmittelbar auf der Reformation Martin Luthers. Doch so kam die Botschaft in vielen Gemeinden an, wo man das Reformationsjubiläum ungebrochen als konfessionelles **und** politisches Ereignis feiern konnte, mit gutem Gewissen, da dies ganz im Sinne der Veranstalter war.[45] Eine seriöse historische Analyse erlaubt solche postfaktischen Kurzschlüsse nicht. Von „Toleranz", wie wir sie heute verstehen, kann zu Luthers Zeit nicht die Rede sein. Der Wittenberger Reformator hat von Anfang an alle von seiner Lehre abweichenden evangelischen Strömungen, von den Täufern und den Spiritualisten bis zu den reformierten Spielarten der Reformation, leiden-

41 So HERIBERT PRANTL: Anatomie eines Amtes. In: Süddeutsche Zeitung Nr. 35, Samstag/Sonntag 11./12. Februar 2017, S. 14.
42 Vgl. THOMAS KAUFMANN: Die Reformation – ein Historischer Überblick. In: UDO DI FABIO/JOHANNES SCHILLING (Hg.): Weltwirkung der Reformation. Wie der Protestantismus unsere Welt verändert hat. München 2017, S. 17.
43 Ebd., S. 65.
44 Vgl. ULRIKE JUREIT: Reformation als Konfliktgeschichte. Beobachtungen zum Reformationsgedenken 2017. In: UDO DI FABIO [u. a.] (Hg.), Weltwirkung der Reformation (wie Anm. 43), S. 198.
45 Vgl. z. B. Zollern-Alb-Kurier vom 3. 11. 2016, S. 18.

schaftlich bekämpft, kaum anders als seine Gegner, die nicht duldsamer agierten. Nur einige Humanisten dachten anders. Entsetzt über die Hinrichtung des spanischen Arztes Michel Servet im Genf Calvins erinnerte etwa Sebastian Castellio (1515–1563) daran, das Christentum dürfe als Religion der Liebe allenfalls mit geistlichen Waffen gegen abweichende Glaubensüberzeugungen vorgehen. Die Tötung von „Ketzern", also konfessionell Andersdenkenden, lehnte er mit dem Hinweis auf das Gleichnis vom Unkraut im Weizen ab. Castellio entdeckte im Glauben an den gleichen Gott sogar bereits eine Gemeinsamkeit von Juden, Christen und Muslimen.[46] Solche Stimmen ebneten die Wege zu den Toleranzpostulaten der Aufklärung, denen sich die etablierten, fundamentalistisch verhärteten Konfessionen nur langsam öffneten. Auch wer „Freiheit", einen anderen Grundwert unserer Demokratie, nicht religiös, sondern, wie Luther sagte, *fleischlich* verstand, verfiel dem Verdikt des Reformators. Das mussten die Bauern leidvoll erfahren, die naiv geglaubt hatten, sie könnten mit der *Freiheit eines Christenmenschen* die bedrückenden feudalen Herrschaftsverhältnisse abschütteln.[47] Luther gab ihre *reubischen und mördisschen Rotten* unnachsichtig der Vernichtung preis.[48] Historisch falsch ist auch die Meinung, Martin Luther hätte direkte Impulse für die Entwicklung demokratischer Gesellschaftsmodelle gesetzt. Mit der Einrichtung des Landeskirchentums, das evangelische Obrigkeiten an die Spitze der Kirchenwesen stellte, waren die Weichen grundsätzlich „monarchisch", nicht „demokratisch" gestellt.[49] Dieses evangelische Bündnis von Kirche und Staat, das „demokratische" Entwicklungen (zu) lange verhinderte, zeitigte Spätfolgen bis weit in die Neuzeit hinein. Das zeigt der „Kulturkampf" im 19. Jahrhundert, der die Katholiken wegen ihrer „internationalen" Bindung an Rom als national unzuverlässige Elemente ausgrenzte, das belegt auch die Nähe von großen Teilen der evangelischen Kirche („Deutsche Christen") zur NS-Diktatur. Während der *Lutherdekade* erlag die evangelische Erinnerungskultur zu oft der Versuchung, die fremd gewordene Geschichte des Reformationsbeginns *mit gegenwartstauglichem Sinn zu versorgen.*[50] Noch vor wenigen Jahrzehnten wären solch kurzschlüssige Rückführungen des modernen Grundrechtekatalogs auf die Reformation kaum denkbar gewesen. Der ehemalige Bundespräsident Gustav Heinemann, der als gläubiger Protestant während seiner Amtszeit (1969–1974) immer wieder die Staatsbindung der lutherischen Kirche als besonders verhängnisvoll für die Geschichte der Demokratie anprangerte, bezeichnete mit dem evangelischen Theologen Hans Iwand die obrigkeitshörige evangelische Kirche mehrfach als einen an die *Staatslokomotive* angekoppelten *„Halleluja-Wagen"*, der allerdings *auf deren Fahrtrichtung und Geschwindigkeit ohne Einfluß* bleibe.[51]

---

46 Vgl. SEBASTIAN CASTELLIO: De haereticis, an sint persequendi, et omnino quomodo sit cum eis agendum, Luteri et Brentii, aliorumque multorum tum veterum tum recentiorum sententiae. Magdeburg 1554 (Facsimile-Ausgabe Genf 1954).

47 MARTINUS LUTHER: Von der freyheyt eynes Christenmenschen. Wittenberg 1520.

48 Vgl. MARTIN LUTHER: Wider die sturmenden Bawren auch wider die reubischen und mördisschen rotten der andern Bawren. Wittemberg 1525.

49 Das gilt grosso modo auch für die reformierte Konfession, der man eine noch größere Rolle für die Entwicklung der Demokratie zugeschrieben hat. Vgl. PAUL MÜNCH: Zucht und Ordnung. Reformierte Kirchenverfassungen im 16. und 17. Jahrhundert. Stuttgart 1978, S. 189–192 (*Demokratisierung?*).

50 Vgl. JUREIT, Reformation als Konfliktgeschichte (wie Anm. 45), S. 198 f.

51 Vgl. etwa GUSTAV HEINEMANN: Bemerkungen zum Verhältnis Kirche und Staat (6.10.1973). In: Bundespräsidialamt (Hg.): GUSTAV W. HEINEMANN: Reden und Interviews (V). 1. Juli 1973–1. Juli 1974. Bonn 1974,

4. Katholische Heiligenverehrung und evangelischer Personenkult

Trotz aller Unterschiede weisen die seit der Reformation konfessionell divergierenden Jubiläumskulturen Gemeinsamkeiten auf, etwa bei der Feier vorbildlicher Christen.[52] Katholiken und Protestanten waren sich bei der Ehrung konfessioneller Helden ähnlicher, als man angesichts der theologischen Differenzen meinen möchte. Beide Konfessionen erinnern entsprechend ihrer je eigenen Jubiläumsrhythmik regelmäßig an herausragende Persönlichkeiten ihrer Geschichte.[53] Die katholische Kirche erhebt noch immer vorbildliche Christinnen und Christen in geregelten Kanonisationsverfahren zur *Ehre der Altäre*, macht sie zu *Seligen* oder *Heiligen*, die man verehrt und in Notlagen anrufen kann.[54] Diese Praxis wurde von den Reformatoren abgelehnt.[55] Gleichwohl feierte man auch im evangelischen Raum von Anfang an die reformatorischen Gründerväter als Vorbilder christlichen Lebens, allen voran Martin Luther.[56]

Man stellte den Wittenberger Mönch anfangs sogar wie einen Heiligen der alten Kirche dar. Dafür sprach einiges, denn der spätere Reformator agierte mit der Verschickung seiner 95 Ablassthesen an die kirchlichen Oberen ja noch keineswegs als protestantischer Revolutionär, sondern als kirchentreuer Reformkatholik, der seine Kritik an den Missständen des Ablasshandels innerkirchlich bei seinen Vorgesetzten vorbrachte.[57] Im Jahr 1517 war Luther selbst noch kein „Lutheraner", wie man von jesuitischer Seite ein Jahrhundert später scharfsinnig spottete.[58] Ein Holzschnitt von Hans Baldung Grien aus dem Jahr 1521 kann den Reformator deswegen fast noch wie einen „Heiligen" mit einem nimbusartigen Strahlenkranz um das Haupt darstellen. Der Augustinermönch mit Tonsur und Kutte deutet auf die Bibel, erleuchtet vom heiligen Geist in Gestalt einer Taube. Für

S. 23. – Vgl. auch GUSTAV HEINEMANN: Ansprache zum Gedenken an den Wormser Reichstag von 1521 (17. 4. 1971). In: FRITZ REUTER (Hg.): 1521 Luther in Worms 1971. Worms 1973, S. 18. – Vgl. zu Heinemanns Verwertung von Geschichte generell PAUL MÜNCH: Geschichte und Demokratie. Zu Inhalt und Funktion demokratischer Traditionen in den Reden des Bundespräsidenten Gustav W. Heinemann (1969–1974). In: HORST RABE/HANSGEORG MOLITOR/HANS-CHRISTOPH RUBLACK (Hg.): Festgabe für Ernst Walter Zeeden zum 60. Geburtstag am 14. Mai 1976. Münster 1976, S. 481–503.

52 Vgl. MICHAEL MAURER: Konfessionskulturen. Feste feiern katholisch – Feste feiern protestantisch. In: MAURER (Hg.), Festkulturen im Vergleich (wie Anm. 1), S. 61–83.

53 Vgl. MARTIN SALLMANN: Reformatoren und Heilige als Brennpunkte konfessioneller Gedächtniskulturen: Martin Luther, Karl Borromäus und Johannes Calvin im Vergleich. In: Schweizerische Zeitschrift für Religions- und Kulturgeschichte 103 (2009), S. 99–116.

54 Vgl. [Art.] Heilige/Heiligenverehrung. In: Theologische Realenzyklopädie. Bd. 14. Berlin, New York 1985, S. 641–672.

55 Vgl. PAUL MÜNCH: Das Jahrhundert des Zwiespalts. Deutsche Geschichte 1600–1700. Stuttgart 1999, S. 109–125 (Religion und Konfession). – Vgl. auch PAUL MÜNCH: Die Kosten der Frömmigkeit. Katholizismus und Protestantismus im Visier von Kameralismus und Aufklärung. In: HANSGEORG MOLITOR/HERIBERT SMOLINSKY (Hg.): Volksfrömmigkeit in der Frühen Neuzeit. Münster 1994, S. 107–119.

56 Vgl. ULRICH KÖPF: Protestantismus und Heiligenverehrung. In: PETER DINZELBACHER/DIETER R. BAUER (Hg.): Heiligenverehrung in Geschichte und Gegenwart. Ostfildern 1990, S. 320–344.

57 Vgl. zu dieser Sicht verschiedene Publikationen des katholischen Kirchenhistorikers Erwin Iserloh seit 1961, etwa: ERWIN ISERLOH: Luther zwischen Reform und Reformation. Der Thesenanschlag fand nicht statt. Münster ³1968.

58 Vgl. CONTZEN, IVBILVM JUBILORVM (wie Anm. 28), S. 17: *Nondum Lutheranus tum erat Lutherus, nihil de iustificatione, coelibatu, Sacramentis, Vbiquitate, mouebatur. Monachali veste, profanam animam contegebat, missam celebrat, & vestra sententia Idololatram agebat.*

Hans Baldung Grien, Lutherbildnis (1521)
(Vorlage: Porträts von Martin Luther, Kupferstichkabinett Berlin [SMB]).

den Künstler ist Martin Luther kein verurteilter Ketzer und geächteter Mensch, sondern ein von Gott erleuchteter Kirchenlehrer. Weil er auf dem Weg ist, die lange unterdrückte christliche Botschaft wieder unverfälscht zu verkünden und der Kirche ihre verloren gegangene Form und Würde wiederzugeben, stellt ihn der Künstler provokativ als „Heiligen" dar. „Heilig" freilich nicht durch päpstliche Kanonisation post mortem, wenngleich in der alten Bildsprache, „heilig" allein durch seine Leistung bei Lebzeiten, die man in dieser Übergangszeit reformkatholisch oder reformatorisch deuten kann. Ähnliche Zuschreibung in alter Tradition kennen wir auch aus späterer Zeit, etwa wenn seine Verehrer den Wittenberger Reformator als von Gott erleuchteten Ausnahmemenschen, als *Propheten*, als *Triumphator* oder als *heiligen Wundermann* (*Sanctus Thaumasiander*) feierten.[59] Spuren dieser protestantischen „Heiligenverehrung", die auch evangelische „Märtyrer" kennt, finden sich bis heute.[60] Lutherdenkmäler schmücken seit dem 19. Jahrhundert viele öffentliche Plätze. Das größte, entworfen von Ernst Rietschel und 1868 enthüllt, steht in Worms in Sichtweite des katholischen Domes. Bilder Luthers und anderer Reformatoren sind auch in evangelischen Gotteshäusern zu sehen, oftmals an jenen bevorzugten Orten, die vordem kanonisierten Heiligen vorbehalten waren.[61]

---

59 Vgl. die Schrift des Konfessionspolemikers MATTHIAS HOE VON HOENEGG: Sanctus thaumasiander et triumphator Lutherus: das ist Bericht von dem heiligen Wundermanne vnd wieder das Bapstthumb, auch andere Rotten vnd Secten triumphirenden Rüstzeug Gottes [...]. Leipzig 1610. – Ähnliche Zuschreibungen auch in den Lutherbiographien von Johannes Mathesius oder Cyriakus Spangenberg. Vgl. hierzu ERNST WALTER ZEEDEN: Martin Luther und die Reformation im Urteil des deutschen Luthertums. Studien zur Selbstdeutung des lutherischen Protestantismus von Luthers Tode bis zum Beginn der Goethezeit, 2 Bde. Freiburg 1950 und 1952.
60 Vgl. etwa Dr. LEONHARD VOLKERT/GOTTLIEB WILHELM HEINRICH BROCK: Die heiligen Märtyrer der evangelischen Kirche. Ein Volksbuch für evangelische Christen. 1. Heft. Erlangen 1845. – Vgl. auch HARALD SCHULTZE/ANDREAS KURSCHAT (Hg.): Evangelische Märtyrer des 20. Jahrhunderts. Leipzig ²2008.
61 Etwa in Balingen, wo Luthers Porträt und ein Bildnis des aus der Stadt stammenden, pietistisch geprägten evangelischen Theologieprofessors Johann Tobias Beck (1804–1878) Ehrenplätze im Chor der evangelischen Stadtkirche einnehmen.

Am Beispiel des heiligen Carlo Borromeo (1538–1584), des katholischsten der katholischen Helden der Gegenreformation, kann man zeigen, dass Auswüchse des Personenkults, wie sie im 19. und 20. Jahrhundert üblich wurden, schon früher bei der Verehrung katholischer Heiliger zu beobachten sind. Karl Borromäus, wie er im deutschen Sprachraum genannt wird, war Kardinal und Erzbischof von Mailand und gilt als einer der führenden Köpfe der katholischen Erneuerung im konfessionellen Zeitalter. Er spielte eine bedeutende Rolle in der Abschlussphase des Reformkonzils von Trient, veranlasste mehrere Gründungen von Priesterseminaren, die nach ihm benannt wurden, etwa das Collegium Borromaeum der Erzdiözese Freiburg. Carlo Borromeo starb 1584 im Alter von 46 Jahren. 1602, also ungewöhnlich rasch, wurde er selig- und 1610 heiliggesprochen, nicht wegen seiner kirchenpolitischen Aktivitäten, sondern wegen seiner persönlichen Frömmigkeit und asketischen Lebensführung. Seine Popularität wuchs so rasch, dass mit seinem Namenstag, dem 4. November, sogar eine Bauernregel verbunden wurde: *Wenn's an Karolus stürmt und schneit, dann lege deinen Pelz bereit.* Bereits 1697, also lange vor der Errichtung monumentaler Lutherstatuen, widmete man Carlo Borromeo in Arona, seiner Geburtsstadt am Lago Maggiore, ein monumentales, 23 Meter hohes, aus Kupfer gefertigtes und von innen begehbares Denkmal, den „Carlone". 1884, zum 300. Todestag des Heiligen wurde die Kolossalstatue restauriert. Die Jubiläumsfeierlichkeiten in diesem Jahr verliefen weit bescheidener als die gleichzeitige deutsche Lutherehrung. Man veranstaltete Festgottesdienste, hielt Jubiläumspredigten und Andachten, nutzte das Borromäus-Gedenken aber vor allem zur Kritik an der evangelischen Reformation, welche eine Enzyklika des Papstes Pius X. für alle säkularisierenden Tendenzen der Zeit, „Modernismus" genannt, verantwortlich machte. Als sich 2010 das Datum der Heiligsprechung dieses Helden der Gegenreformation zum 400. Mal jährte, wurde kein großes Jubiläum gefeiert. Man veranstaltete zu Ehren des Schutzpatrons der katholischen Schweiz ein wissenschaftliches Symposium, dessen Ertrag in einem gelehrten, umfangreichen Sammelband publiziert wurde.[62]

Der konfessionelle Personenkult entfaltete sich in Porträts, Biographien, Predigten, Anekdoten, legendenartigen Geschichten und personengebundenen Devotionalien in einer von Jahrhundert zu Jahrhundert immer stärker anschwellenden medialen Vielfalt, die bei Jubiläen zur Hochkonjunktur auflaufen konnte. Einen Kulminationspunkt dieser Entwicklung hat die *Lutherdekade* dargestellt. Sie hat den Reformator zur Ikone der Reformation verklärt, dessen stilisiertes Porträt als Markenzeichen alle Aktivitäten des Megajubiläums begleitete.[63] Während Dinge aus Luthers tatsächlichem oder angeblichem Besitz, etwa sein Tintenfass, sein Löffel, seine Ringe und Trinkgläser, insbesondere aber seine Bücher und Briefe schon früh wie *Reliquien* verehrt wurden, erreichten Name und Konterfei des Reformators während der *Lutherdekade* den Status allgegenwärtiger Logos, dienten als konsumfördernde Markenzeichen für eine bunte Fülle von Jubiläumsandenken,

62 Vgl. Mariano Delgado/Markus Ries (Hg.): Karl Borromäus und die katholische Reform. Akten des Freiburger Symposiums zur 400. Wiederkehr der Heiligsprechung des Schutzpatrons der katholischen Schweiz. Fribourg, Stuttgart 2010.
63 Vgl. Hole Rössler (Hg.): Luthermania – Ansichten einer Kultfigur. Ausstellungskataloge der Herzog August Bibliothek Nr. 99. Wolfenbüttel 2017. – Vgl. auch Jureit, Reformation (wie Anm. 45), S. 195–197.

von Luther-Shirts und Basecaps über Luthergetränke und Luthersüßigkeiten bis zu Luther-socken mit der Aufschrift *Hier steh ich. Ich kann nicht anders*.[64]

Problematischer als die Vermarktung katholischer oder evangelischer Heiliger, die bei Jubiläen ihre mehr oder weniger seriösen Höhepunkte erreicht, ist das unausgesprochene Gesetz, bei solchen Anlässen die dunklen Seiten konfessioneller Ausnahmemenschen zu marginalisieren oder ganz auszublenden, nach der Devise „De mortuis nil nisi bene". Zu den Topoi der konfessionellen Jubiläumskultur, die katholische Heilige und evangelische Glaubenshelden gleichermaßen erstrahlen lässt, gehört auch die ungeschriebene Regel, Schattenseiten, die man entsprechend dem jeweiligen Zeitgeist bei manchen konfessio-nellen Virtuosen entdeckt, allenfalls am Rande anzusprechen. So findet etwa der unnach-sichtige Kampf, den Carlo Borromeo als päpstlicher Visitator in Graubünden gegen die aus Italien geflüchteten Protestanten führte, noch immer nur marginale Beachtung, weil er nicht ins Bild des heiligen *Patronus Helvetiae* passt.[65] Eine ernsthafte Auseinanderset-zung mit den Judenschriften Martin Luthers, die noch den Nationalsozialisten als Blau-pause für die Reichspogromnacht des Jahres 1938 dienten, setzte ebenfalls erst während der *Lutherdekade* ein.[66] Dem ökumenischen Harmoniebedürfnis dieses Megajubiläums ist zu verdanken, dass zentrale Streitfragen, die den Konfessionsstreit jahrhundertelang beherrschten, im offiziellen Jubiläumsdiskurs ausgespart blieben, etwa die aus der Glau-bensspaltung resultierenden Konfessions- und Bürgerkriege oder die Bilderstürmerei radikaler Reformatoren. Die mit der Reformation erreichte Pluralisierung des Christen-tums in mehrere Konfessionen wird als Gewinn verbucht, weil sie die aufklärerische Re-ligionstoleranz vorbereitete, doch über die damit verbundenen entsetzlichen Verluste wollte man nicht mehr sprechen. Danach aber fragen Menschen, die den christlichen Kir-chen den Rücken gekehrt haben, weil sie angesichts der neuen Glaubenskriege im Nahen Osten nicht verstehen, warum man sich mitten in Europa wegen theologischer Streitfra-gen jahrhundertelang die Köpfe eingeschlagen hat. Falls man auf konfessionelle Jubelfes-te nicht ganz verzichten möchte, könnte der ökumenische Ansatz wenigstens die Chance eröffnen, solche Jubiläen versöhnlicher als früher zu begehen.

---

64 Neben solchen Spaßartikeln überschwemmten Lebensabrisse des Wittenberger Reformators den Bü-chermarkt, mitunter von höchst fragwürdiger Qualität. Ein geradezu „postfaktisches" Vergnügen bereitete ein Roman von Asta Scheib, den die Südwestpresse Ulm im Jubiläumsjahr 2017 ihren Lesern in 157 Fortset-zungen zumutete. Unter dem Titel „Sturm in den Himmel" versuchte die Autorin, die Jugend des Reforma-tors nachzuzeichnen. Klein-Martin, der natürlich schon „Luther" heißt, obgleich dieser „Freiheits"-Name erst viel später den „Luder"-Namen ersetzte, isst schon Kartoffelbrei, ein Gemüse, das man in Deutschland erst seit dem 18. Jahrhundert kultivierte. Als Schüler erhält Martin Unterricht von Jesuiten und Kapuzinern, obgleich diese Orden erst gegründet wurden als Luther schon erwachsen war etc. pp.
65 Vgl. etwa Kurt Kreussing: Der heilige Karl: Mit Feuer und Flamme für die Kirche. Ketzerische Nachbe-merkungen zur Hohenemser Borromäus-Ausstellung. In: Kultur 3 (1988), S. 16–18. – Markus Springer: Protestanten auf dem Scheiterhaufen. Karl Borromäus – wie viele Hexen darf ein Heiliger verbrennen lassen? In: Sonntagsblatt 360 Grad Evangelisch 44 (2010), 31. 10. 2010.
66 Sibylle Biermann-Rau: An Luthers Geburtstag brannten die Synagogen. Eine Anfrage. Stuttgart 2012. – Thomas Kaufmann: Luthers „Judenschriften". Ein Beitrag zu ihrer historischen Kontextualisierung. Tü-bingen ²2013. – Referat für Christlich-Jüdischen Dialog der Nordkirche in Kooperation mit der Arbeitsstelle Reformationsjubiläum 2017 der Evangelisch-Lutherischen Kirche in Norddeutschland (Hg.): „Ertragen kön-nen wir sie nicht". Martin Luther und die Juden. Begleitheft zur Ausstellung. Hamburg ⁴2016.

5. Versöhnte Verschiedenheit?

Seit nunmehr 500 Jahren streiten sich die christlichen Konfessionen. Nach dem Dreißigjährigen Krieg beklagte Friedrich Logau, der große Aphoristiker des 17. Jahrhunderts, dass
mit der Ausbildung verschiedener Konfessionskirchen die Einheit der westlichen Christenheit verloren gegangen sei:

> *Luthrisch, Päpstisch und Calvinisch, diese Glauben alle drei*
> *Sind vorhanden, doch ist Zweifel, wo das Christentum dann sei.*[67]

Diese Situation hatte bereits nach dem ersten großen Lutherjubiläum 1617 ein Flugblatt
mit dem Titel *Geistlicher Rauffhandel* beklagt und eindrucksvoll ins Bild gesetzt. Der
Papst greift Luther und Calvin in die Haare, während diese das Oberhaupt der katholischen Kirche einvernehmlich an den Ohren ziehen. Die evangelischen Gründerväter sind
aber auch untereinander zerstritten. Luther, der die päpstliche Bannbulle mit Füßen tritt,
zerrt Calvin am Bart, der seinerseits versucht, den Wittenberger Reformator mit dessen
eigener Waffe, vielleicht der Bibel, zu schlagen. Am Boden hinter dem Genfer Reformator liegt eine gestürzte Bischofsstatue, ein Hinweis auf die Bilderstürmerei der sogenannten Calvinisten. Angesichts der konfessionellen Raufereien im Innern einer Kirche
scheint sich der auf dem Mittelstück des dreiflügeligen Altargemäldes dargestellte gekreuzigte Christus ins Freie geflüchtet zu haben. Das geöffnete Retabel vermittelt fast
den Eindruck eines Fensters, suggeriert einen Blick aus der gotischen Enge des Gotteshauses hinaus in die freie Natur. Nur dort, fern von einer in den Hintergrund gerückten
Kirche, scheint, wie die rechte Seite des Flugblatts zeigt, wahres christliches Leben möglich zu sein. Ein einfach gekleideter Hirte, kniet „einfältig" betend vor Gott, frei von
kirchlicher Einengung und fern von konfessionellem Zwiespalt. Der dem Flugblatt beige-
gebene Text deckt schonungslos die inneren Konfliktlinien der entstehenden Konfessionen auf, von den unterschiedlichen Sakraments-, Ubiquitäts- und Prädestinationsleh-
ren über Messe, Marienverehrung, Wallfahrten, Fleischverbot und Kirchenausstattung
bis zur umstrittenen, von den Protestanten abgelehnten Gregorianischen Kalenderre-
form des Jahres 1582. In der Zeit des beginnenden Dreißigjährigen Krieges war die bildlich dargestellte Hoffnung eine ferne Utopie. Nur manche ausgegrenzten evangelischen
Gruppierungen – von Täufern, Spiritualisten bis zu Pietisten – versuchten damals, diesem Frömmigkeitsideal nachzuleben.[68]

Gab oder gibt es zwischen unversöhnlichem Theologengezänk und Rückzug in private
Frömmigkeit noch einen dritten Weg christlichen Lebens und vielleicht auch christlichen
Gedenkens? Wie sollten wir künftige Konfessionsjubiläen begehen? Wer den Jahrhunderte währenden *Geistlichen Rauffhandel*, der sich bei den konfessionalistischen Identi-
tätsfeiern der Jubeljahre immer wieder entfaltet hat, tatsächlich beenden will, dem drängt
sich der Gedanke, solche Jubiläen ökumenisch zu feiern, geradezu auf.[69] Tatsächlich haben die evangelische und die katholische Kirche, vertreten durch den EKD-Ratsvorsit-

---

67 Karl Otto Conrady (Hg.): Das große deutsche Gedichtbuch. Frankfurt (Main) 1987, S. 95.
68 Ihnen setzte man erst zu Ende des 17. Jahrhunderts ein Denkmal. Vgl. Gottfried Arnold: Unpartei-
ische Kirchen- und Ketzerhistorie vom Anfang des Neuen Testaments bis auf das Jahr Christi 1688. Leipzig,
Frankfurt (Main) 1699. Neuausgabe: 4 Bde. Hildesheim 2008.
69 Vgl. Sallmann, Reformatoren und Heilige (wie Anm. 54), S. 115.

Geiſtlicher Kauffhandel.

O ſchaw doch wunder mein lieber Chriſt /   Einander in die Haar gefallen /
Wie der Bapſt / Luther vnd Calviniſt /   GOtt helffe den Verjrten allen.

Deß HERREN Wort bleibt inn Ewigkeit.

LUTHER.   PABST   CALVINUS

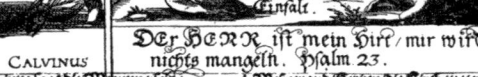

Einfalt.

DEr HERR iſt mein Hirt / mir wird
nichts mangelt. Pſalm 23.

Die liebe fromme Einfalt / durch einen armen Schaffhirten vorge-
bildet / ſagt vnd klagt:

ACh Herr Gott / ein elends weſen /
Wir können weder ſchreibn noch leſen /
Sein vngelehrt / einfältig Leut /
Verſtehen nicht den groſſen Streit /
So all Lehrer täglich treiben /
In dem predigen vnd ſchreiben /
Werden im Glauben nur verjrrt /
Mancher gar Epicuriſch wird /
Oder lebt ſo hinein im Tag /
Daß er gar nichts mehr glauben mag.
Es iſt etwann bey hundert Jahr /
Fiel Luther dem Bapſt in die Haar /
Der Bapſt wolt das nicht gut ſeyn lan /
Fiel den Luther auch wider an /
Das rauffen wärt ein kurtze Friſt /
Da mengt ſich drein der Calviniſt /
Fiel Bapſt vnd Luther in die Haar /
Drauff der Zanck noch viel ärger war /
Dann Bapſt vnd Luther widerumb
Sich raufften mit Calvin / all vmb
Schwer Artickel / ohn maß vnd end /
Das hochwürdige Sacrament /
Gab vns der Bapſt in einer gſtalt /
Der Luther wider / brach das bald /
Räpſcht vns den Leib vnd Blut deß Herrn /
In beyder gſtalt / viel glaubts ein gern ;

Calvinus ſagt die Meynung ſein :
Es wer nichts da dann Brot vnd Wein /
Das grübeln verſtehe ich nit /
In der Tauff habens auch viel Streit /
Vnd von der Perſon Jeſu Chriſt /
Ein groſſes diſputiren iſt /
Von ſeiner Allenthalbenheit /
Iſt widerumb ein ſchwerer Streit /
Deßgleichen von der Gnadenwahl /
Habens ein groſſen Zanck zumal /
Luther ſpricht : daß jeder Menſch frey /
Zur Seligkeit verſehen ſey.
Aber Calvin verwirfft die Lehr /
Deß rauffens iſt layder noch mehr :
Der Bapſt rufft die Heiligen an /
Luther / Calvin laſſens anſtahn /
Wollen auch von der Meß nichts hörn /
Der Bapſt helts heilig / hoch in Ehrn /
Auff Maria die Jungfrawen /
Setzt Bapſt Hoffnung vnd Vertrawen /
Dagegen Luther vnd Calvin /
Verachten das in jhrem Sinn.
Der Bapſt wil / man ſoll Walfahrt gahn /
Luther vnd Calvin fechtens an /
Der Bapſt verbeuts Fleiſch in der Faſtn /
Drumb heiſſen ſie jhn ein Fantaſtn.
Der Bapſt die Heiligthumb verehrt /
Luther vnd Calvin ſolchs abwehrt /
Bapſt vnd Luther die Bilder leidn /
Calvinus ſagt : man ſoll ſie meidn.

Meßgwand / Kerben / die Kirch zu ziern /
Das läſt Luther dem Bapſt paſſirn.
Dargegen wil der Calviniſt /
Daß der Brauch gar vnnötig iſt.
Bapſt vnd Luther zu feyrn pflegen
Apoſtl Täg / aber dagegen
Widerſpricht ſolchs der Calviniſt /
Im Calender auch ein Streit iſt /
Der New Calender / als ich ſag /
Gfällt allweg ich vmb zehen Tag.
Luther vnd Calvin die zween Mann /
Wöllens zehen Tag ſpäter han.
Der Punct ſeynd ein groſſer Hauffen /
Drumb ſich die drey Männer rauffen /
Vnd wäret noch je länger je mehr /
Der gemein Läo beklagt das ſehr /
Weil er davan wird jrr vnd toll /
Weiß nicht wem Theil er glauben ſoll /
Vnd iſt layder zu vermuten /
Es möcht ſich noch ein Lehr außbruten.

Beſchluß :
HErr Jeſu / ſchaw du ſelbſt darein /
Wie vneins die drey Männer ſeyn /
Komm doch zu deiner Kirch behend /
Vnd bring ſolch zancken zu eim end.

ENDE.

Flugblatt (1620) auf den Streit der Konfessionen (aus: Paul Drews: Der evangelische Geistliche in der deutschen Vergangenheit. Jena 1905, S. 56).

zenden Heinrich Bedford-Strohm und den Vorsitzenden der deutschen Bischofkonferenz, Reinhard Kardinal Marx, anlässlich des 500. Reformationsjubiläums zum ersten Mal in der Geschichte ein gemeinsames Ökumene-Papier vorgelegt, das auf Versöhnung statt auf Abgrenzung setzte. Ziel sei allerdings nicht die Wiedervereinigung der Kirchen, sondern eine *versöhnte Verschiedenheit*, die vielleicht in Zukunft wenigstens eine Abendmahls- und Eucharistiegemeinschaft möglich mache.[70]

Dennoch hat man als Termin des fünften Säkularjubiläums in alter Tradition wiederum den 31. Oktober 1517, das Datum des prekären Thesenanschlags, gewählt, ein polemisch besetztes Ereignis von allenfalls „postfaktischer" Qualität. Die Erinnerung an den Ablassstreit zu Anfang der Reformation hat die konfessionellen Auseinandersetzungen bis heute eher geschürt als befriedet. In wenigen Jahren steht das 500. Gedenken an den Wormser Reichstag von 1521 an, auch dies ein eher abgrenzender Jubiläumsanlass, der schon immer dazu verleitete, den Reformator nach seinem Bruch mit dem Papst als heroischen Kämpfer gegen den Kaiser zu stilisieren. Weder 1517 noch 1521, die dem Reformator Bann und Reichsacht eintrugen, passen zu jener ökumenischen Haltung, die das 500. Jubiläum des Thesenanschlags grundieren sollte. Vielleicht käme es der Absicht „versöhnter Verschiedenheit" eher entgegen, wenn sich das Gedenken künftig am Jahr 1530 orientierte. Erinnern wir uns: Nach 1517 hatten sich immer mehr Reichsstände der lutherischen Reformation angeschlossen. Kaiser Karl V. versuchte deswegen nochmals die konfessionelle Einheit des Heiligen Römischen Reiches Deutscher Nation zu retten. Er lud die verfeindeten Religionsparteien 1530 auf einen Reichstag nach Augsburg, wo das von Philipp Melanchthon unter Mitarbeit des späteren württembergischen Reformators Brenz verfasste Augsburgische Bekenntnis, die sogenannte *Confessio Augustana*, diskutiert werden sollte. Sie bot einen theologisch differenzierten Aufriss der evangelischen Lehre und war in der Hoffnung auf eine Wiederherstellung der konfessionellen Einheit auch versöhnlich formuliert. Obwohl beide Seiten nach den turbulenten 1520er-Jahren nochmals eine Einigung anstrebten, misslang der Versöhnungsversuch.[71] Damit war der Faden zwischen der katholischen und den bereits auseinanderdriftenden protestantischen Konfessionen für Jahrhunderte zerschnitten. Von einem „Heiligen" Römischen Reich konnte künftig eigentlich nicht mehr die Rede sein.[72]

Gleichwohl hat es, was bei meinem holzschnittartigen par force-Ritt durch die neuere evangelische Jubiläumsgeschichte des Jahres 1517 unberücksichtigt bleiben musste, schon früher ansatzweise erfolgreiche Versuche zur Beilegung des innerchristlichen Konfessionskonflikts gegeben. Geschichte verläuft nicht so einsinnig, wie es manche Produzenten „alternativer" Fakten gerne hätten. Im Gefolge aufklärerischen Denkens, das die Spitzfindigkeiten konfessioneller Lehrunterschiede ablehnte, kam es bekanntlich im frühen 19. Jahrhundert zu brüderlichen Unionen von Lutheranern und Reformierten. Wich-

70 Vgl. den von dpa/epd übernommenen Artikel in der regionalen Presse: Schulterschluss vor dem Reformationsjahr. Kirchen legen Ökumenepapier vor (Hohenzollerische Zeitung, 17. 9. 2016, S. 4). – Dieses Ökumenepapier fand ein vielfaches Echo in den Gemeinden, etwa in Hechingen. Vgl. KLAUS STOPPER: Reformation wird ökumenisch gefeiert. In: Schwarzwälder Bote Hechingen. Nr. 23, 28. 1. 2017.

71 Bis heute streitet man sich darüber, wer das Scheitern zu verantworten hat. Dies zeigt, wie verhärtet die Fronten unter der Oberfläche nach wie vor sind.

72 Vgl. PAUL MÜNCH: Das unheilige Reich. In: Damals. Das Magazin für Geschichte und Kultur 9/2006, S. 68–72.

tiger für unseren Zusammenhang ist, dass das aufklärerische Toleranzdenken nun selbst die traditionellen Abgrenzungstendenzen konfessioneller Jubiläumskulturen in den Hintergrund drängte. Schon 1817 waren die Protestanten den Katholiken, die ihrerseits nachbarschaftlichen Anteil am Reformationsfest nahmen, toleranter begegnet. Noch versöhnlicher geschah dies 1830 anlässlich des 300. Jubiläums der *Confessio Augustana*. Man ebnete, wie ein in Leipzig veranstalteter Festzug zeigt, die Konfessionsunterschiede nicht ein, doch man demonstrierte schon damals in aller Öffentlichkeit das Ideal „versöhnter Verschiedenheit": *Der feierliche Zug durch die Stadt wurde eröffnet durch den Rabbiner mit der Thora, dem die Patres der katholischen und der Archimandrit der griechischen Kirche folgten; danach schritten die Geistlichen der lutherischen Kirche und die Pastoren der reformierten Kirche, und aus dem Auge so mancher Guten floß eine Thräne der himmlischen Freude, als die würdigen Diener des Vaters im Himmel so vereint, als von gleichen Gesinnungen beseelt, dahin walleten.*[73] Die Reihenfolge des Zuges bildet historisch korrekt den Gang der Christentumsgeschichte ab, von der jüdischen über die römisch-katholische, die orthodoxe bis zur lutherischen und reformierten Konfession. Dass die lutherischen und reformierten Geistlichen nicht die erste Stelle im Festzug beanspruchten, sondern sich mit ihrer nachgeordneten historischen Rolle begnügten, bedeutete eine in aller Öffentlichkeit präsentierte Rücknahme des zuvor stets betonten Anspruchs, die Reformation als historische Zäsur, als epochalen Neuanfang zu feiern. Der Leipziger Festzug, der uns heute wie eine Utopie vorkommt, war vielleicht nur möglich, weil das Jubiläum nicht an die Abgrenzungsdaten 1517 oder 1521, sondern an den Versöhnungsversuch des Augsburger Reichstages von 1530 anknüpfte. Johannes Burkhardt hat schon vor dreißig Jahren auf die aufklärerische, „aktive bürgerliche Toleranz" hingewiesen, die damals den alten Konfessionshader aus der konfessionellen Festkultur verbannte. Man verstand die Konfessionen nicht mehr als unversöhnlich getrennte Glaubensgemeinschaften, sondern „als konkurrierende Religionsvereine, denen auch die Nichtmitglieder in der jeweiligen Stadt zu ihren Stiftungsfesten die Ehre gaben."[74] Die Praxis „versöhnter Verschiedenheit" blieb Episode, sie zerbrach rasch, als man nach der Reichsgründung den „deutschen", ja „germanischen" Luther wiederentdeckte, mithin die an Rom orientierten Katholiken als national unzuverlässige Elemente ausgrenzte.

6. Exkurs: Das *Lutherjahr 1917* im hohenzollerisch-preußischen Dettingen

Wie sah es in der Diaspora aus, wie jubilierte man im preußischen „Kaiserstammland"? In den Hohenzollernschen Landen lebten vor dem Übergang der beiden Fürstentümer an Preußen im Jahr 1850 nur sehr wenige Protestanten.[75] Durch Zuwanderung vermehrte sich ihre Zahl in der zweiten Hälfte des 19. Jahrhunderts. Über das Verhältnis der katholischen Mehrheit zu den evangelischen Diasporachristen, auch über Konfessionsjubiläen,

---

73 Zeitgenössische Festbeschreibung, zitiert nach Burkhardt, Reformations- und Lutherfeiern (wie Anm. 18), S. 222.
74 So BURKHARDT, Reformations- und Lutherfeiern (wie Anm. 18), S. 221 f.
75 Vgl. als aspekte- und bilderreiche Dokumentation VOLKER TRUGENBERGER/BEATUS WIDMANN (Hg.): Evangelisch in Hohenzollern. Katalog zur Ausstellung des Evangelischen Dekanats Balingen und des Staatsarchivs Sigmaringen. Stuttgart 2016.

wissen wir noch zu wenig, um generell urteilen zu können. Insofern sind die folgenden Anmerkungen nicht mehr als ergänzungsbedürftige Beobachtungen. Pfarrer Wilhelm Damm, der von 1879 bis 1921 der evangelischen Hechinger Kirchengemeinde vorstand, stellte im Rückblick auf die feierliche Einweihung des evangelischen Gotteshauses am 29. November 1857 das konfessionelle Klima in der Stadt als eher entspannt dar: *Die ganze Einweihungsfeierlichkeit ging ohne jegliche Störung von katholischer Seite von statten. Der katholische Lehrer Fecker u*[nd] *der katholische Kirchenorganist Lehmann hatten – ersterer in Leitung des Gesangvereins*[,] *letzterer im Orgelspiel der Gemeinde – in freundlicher Weise Dienste geleistet.* Als die evangelische Gemeinde größer wurde, beklagte Damm ein *Vorwiegen der gemischten Ehen* in seiner Gemeinde als *Krebsschaden*.[76] Die Frage der Kindererziehung in Mischehen bereitete auch den katholischen Stadtpfarrern stets große Sorgen.[77]

Wie war es um die Integration der evangelischen Pfarrerfamilien in der überwiegend katholischen Stadt bestellt? Robert Moser, der die junge Hechinger Gemeinde in den ersten Jahren nach ihrer Gründung betreute, pflegte mit seiner Frau ganz selbstverständlich gesellschaftliche Beziehungen *zu verschiedenen katholischen und auch israelitischen Häusern*, sprach gar davon, dass *dieser herzliche freundschaftliche Verkehr mit verschiedenen Familien* seinem Pfarrerleben in Hechingen *vielfachen Reiz und Annehmlichkeit verliehen* habe. Mosers Grundsatz lautete: *suum cuique, jedem das Seine.* Man respektiere sich gegenseitig, man vermeide konfessionelle Diskussionen, sei aber keineswegs indifferent: *Im Gegenteil. Sie, wie wir hielten fest, Jedes an seinem Glauben, hielten alles, Jedes auf seine Kirche, auf seinen Kultus und waren die eifrigsten Bekenner*[,] *und gerade das erhielt die Freundschaft und machte uns gegenseitig so lieb und wert.*[78] 1879 bezifferte Isidor Schellhammer, der Verweser der Hechinger katholischen Pfarrstelle, die Konfessionsverhältnisse: Unter den 3469 Einwohnern befänden sich 2691 Katholiken, 448 Evangelische und 320 Juden.[79] Das Verhältnis der Konfessionen in der Stadt während des Kulturkampfes ist noch kaum erforscht. Auffällig ist allerdings, dass die evangelische Kirchengemeinde 1884 an der Einweihung des der evangelischen Kirche benachbarten Eugeniendenkmals am Kinderhaus nicht teilgenommen hat, vermutlich weil ihr zur Verbreiterung der Straße vor dem Denkmal ein Grundstücksstreifen des Pfarreigartens abgefordert worden war.[80] 1889 beschrieb der katholische Stadtpfarrer Heinrich Heyse anlässlich einer Visitation das Verhältnis der Konfessionen zueinander folgendermaßen: Die 563 Protestanten der Stadt seien alle zugewandert, unter ihnen befinde sich *kein einziger „Hechinger", – sondern lauter Beamte, – denn es ist Plan in der Sache, nach Hohenzollern, wo möglich, protestantische Beamte zu schicken; – dann Fabrikarbeiter und Dienstboten. Die beiden Confessionen stehen einander nicht feindlich gegenüber, auch wird von protestantischer Seite keine Pro-*

---

76 Beide Zitate bei WILHELM DAMM: Chronik der evangelischen Gemeinde (1883), übertragen aus der Sütterlinschrift von ALBRECHT TRICK (2006). Exemplar des Stadtarchivs Hechingen, S. 13 f. – Vgl. zu diesem typischen Diasporaproblem TRUGENBERGER/WIDMANN, Evangelisch in Hohenzollern (wie Anm. 75), S. 30–32.
77 Die einschlägigen Akten im katholischen Pfarrarchiv Hechingen sind noch nicht ausgewertet.
78 Vgl. ROBERT MOSER: Auch ein schwäbisches Pfarrerleben. III. Teil. 1. Heft. Einige Jahre in Hechingen in der preußischen Landeskirche 1858–61. Balingen 1889, S. 15.
79 Erzbischöfliches Archiv Freiburg Ordinariat Specialia Pfarreien Nr. 14449 (11. 9. 1879).
80 Vgl. die Akten zur Errichtung des Denkmals im Stadtarchiv Hechingen (St. Mus. A.25), für deren Benutzung ich Thomas Jauch herzlich danke.

Katholischer Hechinger Stadtpfarrer Dr. Konstantin Holl (links) und evangelischer Stadtpfarrer Wilhelm Damm (Vorlagen: Hohenzollerische Heimatbücherei Hechingen, UB 136 II und UB 57 I).

selytenmacherei betrieben. Das hier angesprochene Abwerbungsproblem könnte freilich Heyses persönlich reserviertes Verhältnis zu seinem evangelischen Amtskollegen belastet haben: *Ich stelle mich zum protestantischen Prediger nicht schroff, aber auch nicht freundschaftlich; ich sehe ihn nirgends, als auf der Straße, da begegne ich ihm artig.*[81]

Im Vorfeld und während des Ersten Weltkriegs scheint man, vielleicht vor dem Hintergrund der geschlossenen Heimatfront, enger zusammengerückt zu sein. Der langjährige evangelische Stadtpfarrer Wilhelm Damm kam mit seinem von 1869 bis 1919 an der Jakobuskirche wirkenden katholischen Kollegen Dr. Konstantin Holl offensichtlich bestens aus, vielleicht nach dem Vorbild der Patrone der Hechinger katholischen und evangelischen Kirche, der Apostelbrüder Jakobus und Johannes. August Vezin, ein Lehrer am Hechinger Gymnasium, beschwört in seinen anrührenden Erinnerungen fast schon ökumenische Verhältnisse: *Der alte Damm war eine johanneisch=irenische Natur in jener Zeit überschroffer konfessioneller Gegensätze – sein letzter Wunsch soll gewesen sein, neben*

81 Erzbischöfliches Archiv Freiburg Ordinariat Specialia Pfarreien, Nr. 14449 (12.7.1889). – Heyse selbst entstammte, wie mir Dr. Volker Trugenberger freundlicherweise mitteilte, einer Mischehe. Sein Vater war der evangelische fürstliche Haushofmeister Christian Heyse, der kurz vor der Primiz seines Sohnes katholisch geworden war. Das hinderte den katholischen Stadtpfarrer vermutlich an einem unbelasteten Umgang mit seinem evangelischen Amtsbruder Damm.

seinem 1919 allzufrüh verstorbenen katholischen Konfrater, Dr. Konstantin Holl, beigesetzt zu werden – jedenfalls ruhen sie auf dem schönen Friedhof von Heiligkreuz Seite an Seite.[82]

Es ist auffällig, ja geradezu überraschend, dass das 400. Gedenkjahr des Thesenanschlags im Jahr 1917 in den preußischen Hohenzollernschen Landen nach allem, was wir wissen, ohne das im evangelischen Deutschland vorherrschende nationalistische Pathos gefeiert wurde. Darauf deutet der bislang einzige bekannte Bericht über ein evangelisches Jubelfest hin. Er stammt aus Dettingen (Oberamt Haigerloch), verfasst von Paul Herzog, der nach einer Tätigkeit als Seemannspfarrer in England seit 1916 als Pastor in der kleinen evangelischen Diasporagemeinde amtierte.[83]

Herzog wollte das Jubiläum nicht nur wenige Tage rund um den 31. Oktober begehen, sondern, wie er programmatisch schrieb, Luther und sein Werk das ganze Jahr lang feiern: *Das Jahr 1917 ist ein Lutherjahr.* Von Anfang an ließ er in Gottesdiensten Lutherlieder einüben und konnte Pfarrerkollegen aus anderen hohenzollerischen Gemeinden bewegen, sich an einer Vortragsreihe über die Reformationszeit in der Kirche zu beteiligen: Der hohenzollerische Superintendent Max Diestel aus Sigmaringen sprach über *Die Verbreitung der Reformation*, Herzog selbst stellte die Reformatoren *Luther, Zwingli und Calvin* vor. Martin Schüz aus Haigerloch referierte über *Reformation und Kunst*, der Gammertinger Pfarrer Wilhelm Bork stellte *Luthers Entwicklung* vor. Wilhelm Damm aus Hechingen verglich abschließend *Reformation und Gegenreformation*. Im September und Oktober folgten Reihenpredigten: *1. Von der christlichen Freiheit, 2. Von der Rechtfertigung, 3. Vom allgemeinen Priestertum, 4. Was wir an unserer Kirche haben.* In Christenlehre und Bibelstunde wurden zwölf weitere Luther- und Glaubensthemen behandelt: *Luther und sein Vater; Luther und seine Freunde; Ein großer Mann und doch demütig; Unser Katechismus; Unsere Bibel; unser Gesangbuch; Luther als Beter; Luther als Freund der Jugend!; Luther der Held von Wittenberg; Wie Luther den Frieden findet; Einführung der Reformation in der Nachbarschaft; Luthers letzte Lebenstage.*

Der eigentliche Reformationstag wurde feierlich begangen: *Am 31. Oktober zogen Kinder und Gemeindekirchenrat im Festzug vom Pfarrhaus hinüber in die mit Tannengrün und Girlanden reich geschmückte Kirche. Zum erstenmal brauste der volle Wechselgesang „Herr Gott Dich loben wir" durch die Kirche. „Komm Heiliger Geist" und „Ein feste Burg" waren die Hauptlieder.* Die Predigt über 1. Kor. 3,5–11 behandelte die Frage: *„Gott hat uns zur rechten Zeit den Baumeister der evang*[elischen] *Kirche geschickt. Wie ehren wir diesen Mann und sein Werk am besten?"* Abends führten Kinder bei einem Gemeindeabend in der Kirche das Theaterstück „Die Lutherfeier" von Albrecht Thoma auf. Als Dank erhielten sie Bilder und Lutherbücher. Am folgenden Sonntag fand eine Nachfeier statt, bei der abwechselnd Lieder und Psalmen vorgetragen wurden. Die Predigt handelte von *Luther als Held des Glaubens* und *Luther als Lehrer des Glaubens.* In der Schule fand eine gesonderte Lutherfeier statt, und *es wurde dafür gesorgt, dass in jedes Haus Lutherbilder und Lutherbücher kamen und die Lutherlieder jedermann vertraut wurden.*

---

82 AUGUST VEZIN, Mein Einstand in Hechingen, in: 50 Jahre Staatliches Gymnasium Hechingen, Hechingen o. J. [1959], S. 76.

83 Ich danke Dr. Volker Trugenberger für die Überlassung der einschlägigen Kopien aus der Dettinger evangelischen Kirchenchronik.

Grabstein des Pfarrers Paul Herzog auf dem Friedhof in Dettingen (Aufnahme: Karl-Josef Sickler, Horb-Dettingen).

Beim Dettinger Jubiläum des Jahres 1917 fällt auf, dass offensichtlich direkte politische Aktualisierungen vermieden wurden. Man rühmte Luther als Glaubenslehrer, Glaubenshelden und als Freund, doch nicht wie andernorts als hammerschwingenden, deutschen Nationalheros. Wie gerne würde man die Vorträge und Predigttexte nachlesen, um genauer herauszufinden, warum das Lutherjahr in Dettingen so zurückhaltend gefeiert wurde. Wenn der mit seinem katholischen Hechinger Amtsbruder Konstantin Holl befreundete Wilhelm Damm über *Reformation und Gegenreformation* sprach, fiel sein Vergleich beider Konfessionen vielleicht nicht so abgrenzend aus wie in dem ab 1926 in mehreren Auflagen erschienenen Büchlein des späteren hohenzollerischen Superintendenten Hans Seeliger mit dem Titel:

Evangelisch oder katholisch? Eine Auseinandersetzung mit dem römischen Katholizismus.[84] Die Themen der Vorträge, der Christenlehr- und Bibelstunden beleuchteten Figuren und Stationen der Reformationsgeschichte, griffen mit Zwingli und Calvin aber über Luther hinaus. Dieser vergleichsweise weite Blick und die Vermittlung zentraler evangelischer Glaubenslehren regen an, konfessionelle Jubiläen auch im regionalen und lokalen Rahmen zu erforschen. Das Beispiel des preußischen Dettingen zeigt, dass man auf Dörfern mitunter weniger nationalistisch, dafür aber theologisch angemessener jubilierte als in den konfessionellen Zentren. Ob in Dettingen die Persönlichkeit des welterfahrenen Pfarrers Paul Herzog, die Diasporasituation, der pietistische Hintergrund der Kirchengemeinde oder andere Ursachen für den besonderen Stil des Jubiläums maßgeblich waren, bedürfte weiterer Nachforschungen.

---

84 Die 4. Auflage in meinem Besitz ist 1934 in Witten erschienen, bereits mit Verbeugungen vor den neuen Herren: *Wir Evangelische stehen mit ganzem Herzen zur Volksgemeinschaft.* (Vorwort).

Vorabendeinläuten

des 500. Reformationsjubiläumstags
und einmaligen staatlichen Feiertags 31. Oktober 2017
Montag, 30. Oktober 2017, 18 Uhr, auf dem Marktplatz
in Balingen
Geläut-Spiel für die Balinger Stadtkirchenglocken
für acht Glocken und singende Gemeinde

Konzeption: Professor Hans-Peter Braun, Tübingen
Sprecher: Dekan Beatus Widmann
Läuten der Glocken: Kirchenmusikerin Ulrike Ehni

Fassung für die Ausführenden

Einleitung

Sprecher:
Die evangelische Kirche feiert in diesem Jahr den Beginn der Reformation vor 500 Jahren. Luther wollte daran erinnern: Das Verhältnis zu Gott soll nicht von Angst geprägt sein. Die frohe Botschaft heißt: In Christus wird ein heilender Gott sichtbar und erfahrbar. Seine aus dem Studium der Schrift gewonnene Erkenntnis konnte Luther nicht für sich behalten. „Wes das Herz voll ist, des geht der Mund über", so übersetzte Luther den Vers 34 aus dem 12. Kapitel des Matthäus-Evangeliums. Mit dieser Botschaft von Gottes Liebe ging er an die Öffentlichkeit. Dafür lehnte er sich gefährlich weit aus dem Fenster. Das rief er in die Welt hinaus.

Kirchenglocken sind auch solche Rufe. Sie erinnern im Draußen an ein Drinnen.

Nach draußen erklingen sie an den Sonn- und Feiertagen und erinnern an die Gottesdienste drinnen in der Kirche. Das Läuten zum Vaterunser ist eine Erinnerung für die Menschen draußen und die Kranken, die nicht zum Gottesdienst kommen können:

Jetzt wird drinnen in der Kirche das Vaterunser gebetet!

Der Stundenschlag der Glocken erinnert mitten im Lärm und der Hetze des Alltags an die verrinnende Zeit. Das Morgen-, Mittag- und Abendläuten lädt zu einem kurzen Gebet, zu einem heilsamen Innehalten inmitten des Alltags ein.

Jede Glocke hat einen eigenen Ton und eine besondere Funktion. Die meisten besitzen auch eine Inschrift.

Heute möchten wir Ihnen in einem „Geläut-Spiel" unsere acht Balinger Glocken vorstellen. Aber nicht nur das, wir wollen auch, begleitet vom Läuten der Glocken, singen. Dazu haben Sie ein kleines Heft in die Hand bekommen.

Vorneweg singen wir die Lieder mit der Ansinggruppe kurz an. Wir laden Sie zum Mitsingen ein!

[Kurze Einführung und Anleitung zum Mitsingen (Wolfgang Ehni)]

I Anstimmen

Sprecher:
(nach der jeweiligen Ansage wird die Glocke eingeschaltet)

Zu Beginn hören wir die **Segensglocke**.

Sie ist die älteste und höchste Glocke der Balinger Stadtkirche und stammt aus dem vierzehnten Jahrhundert. Sie erklingt auf den Ton **gis²**.

Die **Morgenglocke** mit dem Ton **gis¹** wurde 1948 gegossen. Sie läutet um 6 Uhr morgens den Tag ein und hat die Inschrift:

„Seine Barmherzigkeit ist alle Morgen neu."

Die **Friedensglocke** mit dem Ton **Gis⁰**, gegossen 2009, ist die tiefste und jüngste Glocke und wird nur an großen Festtagen geläutet.

Alle drei Glocken läuten ein gis. Wir summen einmal diesen Ton!

Die Gemeinde beginnt das gis zu summen.

Nach einer gewissen Zeit des Lauschens setzt dazu die Ansinggruppe mit dem gregorianischen Hymnus „Gott heilger Schöpfer aller Stern" (EG 3) ein:

Wir hören die Ansinggruppe mit dem gregorianischen Hymnus aus dem 10. Jahrhundert:

EG 3 Gott, heilger Schöpfer aller Stern

Text: Thomas Müntzer 1523 nach dem Hymnus »Conditor alme siderum« 10. Jh., bei Johann Leisentrit 1567 • Melodie: Kempten um 1000

1. Gott, heil - ger Schöp - fer al - ler Stern,
6. Lob, Preis sei, Va - ter, dei - ner Kraft

1. er - leucht uns, die wir sind so fern,
6. und dei - nem Sohn, der all Ding schafft,

1. dass wir er - ken - nen Je - sus Christ,
6. dem heil - gen Trös - ter auch zu - gleich

1. der für uns Mensch ge - wor - den ist.
6. so hier wie dort im Him - mel - reich.

II Einstimmen

Sprecher:

Die Morgenglocke mit ihrem **gis**[1] läutet weiter, die anderen Glocken verstummen. – Neu hinzu kommt die Abendglocke von 1948, auch Betglocke genannt, die zum Vaterunser geläutet wird mit dem Ton **e**[1]; sie trägt die Inschrift: „Wachet und betet".

Jetzt folgt die **Ewigkeitsglocke oder große Kreuzglocke** von 1948 mit dem Ton **cis**[1]. Sie wird werktags zur Sterbestunde Jesu um 15.00 Uhr geläutet und trägt die Inschrift:

„Jesus Christus, gestern und heute und derselbe auch in Ewigkeit."

Diese drei Glocken ergeben zusammen einen Molldreiklang.

Zu diesem Klang stimmen wir das Lutherlied an: „Erhalt uns, Herr, bei deinem Wort".

Alle:

EG 193 Erhalt uns, Herr, bei deinem Wort

Text und Melodie: Martin Luther 1543 (Melodie nach Nr. 4)

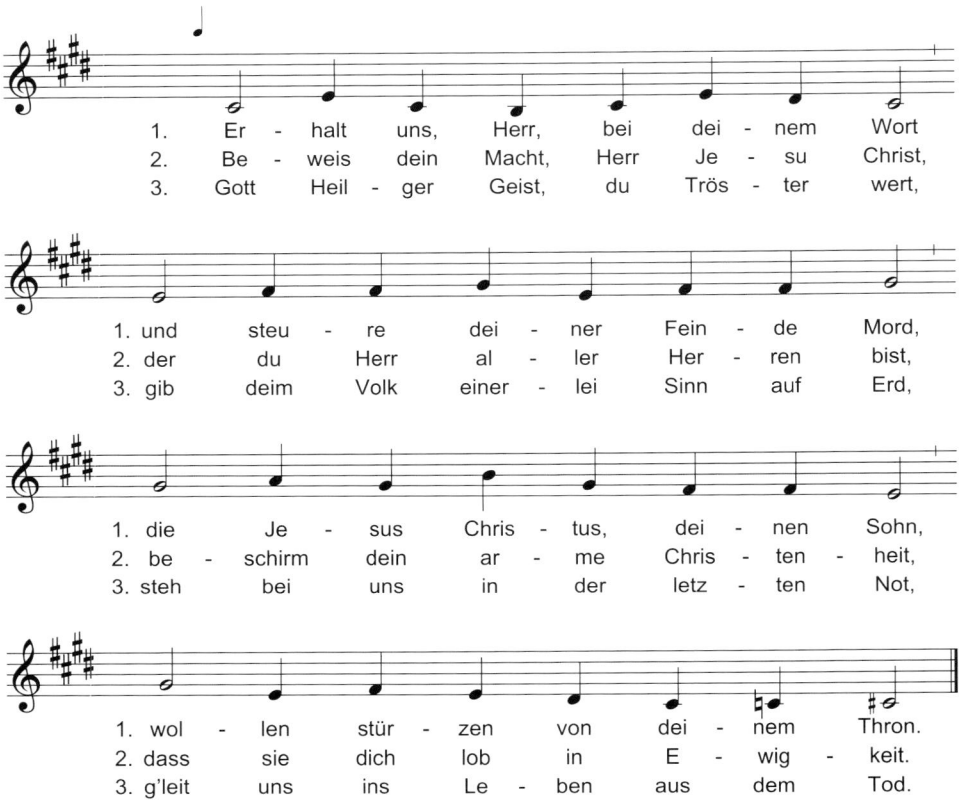

1. Er - halt uns, Herr, bei dei - nem Wort
2. Be - weis dein Macht, Herr Je - su Christ,
3. Gott Heil - ger Geist, du Trös - ter wert,

1. und steu - re dei - ner Fein - de Mord,
2. der du Herr al - ler Her - ren bist,
3. gib deim Volk einer - lei Sinn auf Erd,

1. die Je - sus Chris - tus, dei - nen Sohn,
2. be - schirm dein ar - me Chris - ten - heit,
3. steh bei uns in der letz - ten Not,

1. wol - len stür - zen von dei - nem Thron.
2. dass sie dich lob in E - wig - keit.
3. g'leit uns ins Le - ben aus dem Tod.

III HALLELUJA

Sprecher:

Morgenglocke **gis**[1] und Abendglocke **e**[1] läuten weiter, die Ewigkeitsglocke **cis**[1] verstummt.

Neu erklingt die **Tagesglocke** von 1948 mit dem Ton **fis**[1], auch „Kleine Kreuzglocke" genannt, die werktags um 11.00 Uhr geläutet wird. Sie hat die Inschrift:

„O Land, Land, Land, höre des Herrn Wort".

Dazu intoniert die Ansinggruppe das Halleluja EG 181.1. Es wird von der Gemeinde wiederholt und dann nach jeder von der Ansinggruppe gesungenen Choralstrophe als Refrain gesungen:

EG 181.1 Halleluja

Melodie: gregorianische Antiphon zum 5. Psalmton

Hal - le - lu - ja, Hal - le - lu - ja, Hal - le - lu - ja, Hal - le - lu - ja.

Nur Ansinggruppe:

EG 442 Steht auf, ihr lieben Kinderlein

Text: Erasmus Alber (vor 1553) um 1556 • Melodie: 15. Jh.; geistlich bei Nikolaus Herman 1560 nach Nr. 441

4. Gotts Wort, du bist der Mor - gen - stern,
5. Leucht uns mit dei - nem Glän - zen klar

4. wir kön - nen dein gar nicht ent - behrn,
5. und Je - sus Chris - tus of - fen - bar',

4. du musst uns leuch - ten im - mer - dar,
5. jag aus der Fins - ter - nis Ge - walt,

4. sonst sit - zen wir im Fins - tern gar.
5. dass nicht die Lieb in uns er - kalt.

IV Psalm

Sprecher:

Morgen-, Tages- und Abendglocke **gis¹**, **fis¹** und **e¹** läuten weiter.

Hinzu kommt die **Taufglocke** (1948) mit dem Ton **h¹** und der Inschrift:

„Lasset die Kindlein zu mir kommen".

Jetzt die Gloriosa, die **Festtagsglocke** von 1955, die sonntags und an 2. Feiertagen um 20.00 Uhr geläutet wird mit dem tiefen H°; sie trägt die Inschrift:

„Ehre sei dem Vater und dem Sohne und dem Heiligen Geiste!"

Dazu singen wir alle:

EG 293 Lobt Gott den Herrn, ihr Heiden all

Text: Joachim Sartorius 1591 • Melodie: Melchior Vulpius 1609

V Vaterunser

Sprecher:

Taufglocke **h¹** und Gloriosa **H⁰** verstummen wieder, Morgen-, Tages- und Abendglocke **gis¹**, **fis¹** und **e¹** läuten weiter.

Dazu singt die Ansinggruppe jetzt das gregorianische Vaterunser:

EG 186 Vater unser im Himmel

Melodie: Ökumenische Fassung 1973 nach einem gregorianischen Vaterunser

Va - ter un - ser im Him - mel. Ge - hei - ligt wer - de dein Na - me.

Dein Reich kom - me. Dein Wil - le ge - sche - he wie im Him - mel so auf Er - den.

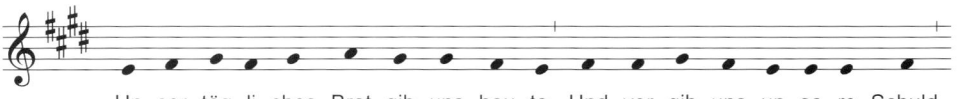

Un - ser täg - li - ches Brot gib uns heu - te. Und ver - gib uns un - se - re Schuld,

wie auch wir ver - ge - ben un - sern Schul - di - gern.

Und füh - re uns nicht in Ver - su - chung,

son - dern er - lö - se uns von dem Bö - sen.

Denn dein ist das Reich und die Kraft und die Herr - lich - keit

in E - wig - keit. A - men.

Glockenstuhl der Balinger Stadtkirche (Aufnahme: Martin Schöberl, Balingen).

VI Finale

Sprecher:

Und jetzt hören wir das volle Geläut aller acht Glocken der Balinger Stadtkirche: Morgen-, Tages- und Abendglocke **gis¹**, **fis¹**, **e¹** läuten weiter, und es setzen ein:

die Segensglocke mit **gis²**,

die Taufglocke mit **h¹**,

die Ewigkeitsglocke (Christusglocke) mit **cis¹** und

die Gloriosa (Festtagsglocke) mit **H⁰**.

Als letzte und tiefste Glocke kommt die **Friedensglocke von 2009** mit ihrem **Gis⁰** dazu. Sie trägt die Inschrift des Engelsgesanges aus der Weihnachtsgeschichte:

„Ehre sei Gott und Friede auf Erden"

Dazu singt die Ansinggruppe die Lutherstrophe „Ein feste Burg ist unser Gott":

EG 362 Ein feste Burg ist unser Gott

Text und Melodie: Martin Luther 1529

1. Ein fes - te Burg ist un - ser Gott,
   Er hilft uns frei aus al - ler Not,

1. ein gu - te Wehr und Waf - fen.
   die uns jetzt hat be - trof - fen.

Der alt bö - se Feind mit Ernst er's jetzt meint;

groß Macht und viel List sein grau - sam Rüs - tung ist,

auf Erd ist nicht seins - glei - chen.

Nun singen Ansinggruppe und alle:

„Erd und Himmel sollen singen"

1. Strophe: Die Ansinggruppe singt immer eine Textzeile vor, die Gemeinde singt die Zeile nach.

2. Strophe: Alle

3. Strophe: Der Ansinggruppe beginnt. Durch Handzeichen aufgefordert setzen weitere Gruppen kanonisch nach jeder Halben ein.   (+ Cajon ad lib.)

Jede Gruppe singt die Strophe zweimal und hört dann auf.

EG 499 Erd und Himmel sollen singen

Text: Str. 1-2 Paul Ernst Ruppel 1957 nach dem Hymnus »Corde natus ex parentis« von Aurelius Prudentius Clemens um 405; Str. 3 Paulus Stein 1961 • Melodie: Paul Ernst Ruppel 1957 nach dem Spiritual »Singing with a sword in my hands, Lord«

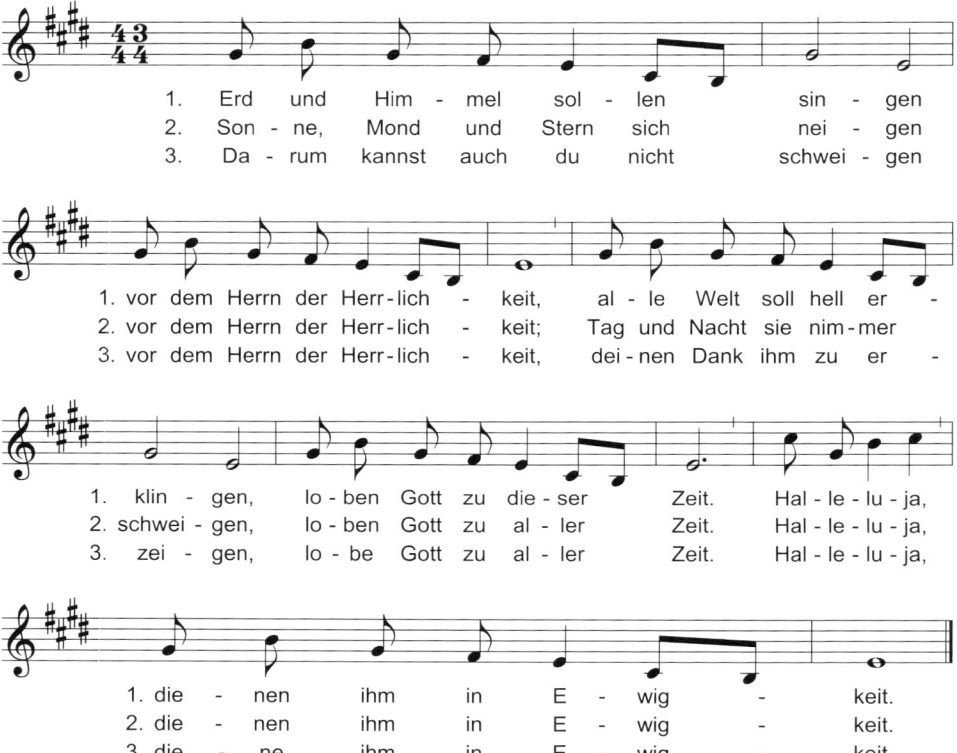

1. Erd und Him - mel sol - len sin - gen
2. Son - ne, Mond und Stern sich nei - gen
3. Da - rum kannst auch du nicht schwei - gen

1. vor dem Herrn der Herr - lich - keit, al - le Welt soll hell er -
2. vor dem Herrn der Herr - lich - keit; Tag und Nacht sie nim - mer
3. vor dem Herrn der Herr - lich - keit, dei - nen Dank ihm zu er -

1. klin - gen, lo - ben Gott zu die - ser Zeit. Hal - le - lu - ja,
2. schwei - gen, lo - ben Gott zu al - ler Zeit. Hal - le - lu - ja,
3. zei - gen, lo - be Gott zu al - ler Zeit. Hal - le - lu - ja,

1. die - nen ihm in E - wig - keit.
2. die - nen ihm in E - wig - keit.
3. die - ne ihm in E - wig - keit.

Sprecher:

Jetzt werden die Glocken von unten nach oben ausgeschaltet.

Die älteste und höchste Glocke, die **Segensglocke**, macht den Schluss.

Festgottesdienst

zur Feier des Reformationsjubiläums in Balingen
Dienstag, 31. Oktober 2017, 10 Uhr,
in der Stadtkirche Balingen

Liturgie: Dekan Beatus Widmann
Predigt: Professor Dr. Jürgen Kampmann
Musikalisch Mitwirkende: Bezirkskantor Wolfgang Ehni an der Orgel
  Evangelische Kantorei unter der Leitung von Wolfgang Ehni
  Posaunenchor Balingen-Heselwangen unter der Leitung von Dieter Klaiber

Vorspiel des Posaunenchors, dazu **Einzug** der Mitwirkenden

Lied: Heut ist des Herren Ruhetag (Nikolaus Selnecker, 1530–1592) (Melodie: Erschienen ist der herrlich Tag)

1. Heut ist des Herren Ruhetag, / vergesset alle Sorg und Plag, / treibt eure Wochenarbeit nicht, / kommt vor des Höchsten Angesicht. / Halleluja.

4. Rühmt unsers Gottes Meistertag, / da er aus nichts geschaffen hat / den Himmel und die ganze Welt / und was dieselbe in sich hält. / Halleluja.

7. Denkt auch, dass heut geschehen ist / die Auferstehung Jesu Christ; / wodurch die wahre Freudigkeit / in aller Not uns ist bereit't. / Halleluja.

11. Drum wollen wir begehn mit Fleiß / den Tag nach recht christlicher Weis', / wir wollen auftun unsern Mund / und sagen das von Herzensgrund: / „Halleluja."

16. O Heilger Geist, lass uns dein Wort / so hören heut und immerfort, / dass sich in uns durch deine Lehr / Glaub, Lieb und Hoffnung reichlich mehr'. / Halleluja.

17. Erleuchte uns, du wahres Licht, / entzieh uns deine Gnade nicht, / all unser Tun auch so regier', / dass wir Gott preisen für und für. Halleluja.

Die Türmerwohnung der Balinger Stadtkirche war im Jubiläumsjahr rot beleuchtet
(Aufnahme: Peter Schilling, Hechingen).

Gruß und Tagesspruch 1. Korinther 3,11

Liturg: Im Namen Gottes, des Vaters und des Sohnes und des Heiligen Geistes.

Gemeinde: Amen.

Liturg: Einen andern Grund kann niemand legen als den, der gelegt ist, welcher ist
                Jesus Christus.

Psalm 46 (EG 725, im Wechsel gesprochen)

Liturg: Gott ist unsre Zuversicht und Stärke,
                eine Hilfe in den großen Nöten, die uns getroffen haben.

Gemeinde: Darum fürchten wir uns nicht, wenngleich die Welt unterginge
                und die Berge mitten ins Meer sänken,

Liturg: wenngleich das Meer wütete und wallte
                und von seinem Ungestüm die Berge einfielen.

Gemeinde: Dennoch soll die Stadt Gottes fein lustig bleiben mit ihren Brünnlein,
                da die heiligen Wohnungen des Höchsten sind.

Liturg: Gott ist bei ihr drinnen, darum wird sie festbleiben;
                Gott hilft ihr früh am Morgen.

Gemeinde: Die Heiden müssen verzagen und die Königreiche fallen,
                das Erdreich muss vergehen, wenn er sich hören lässt.

Liturg: Der Herr Zebaoth ist mit uns,
                der Gott Jakobs ist unser Schutz.

Alle: Ehr sei dem Vater und dem Sohn und dem Heiligen Geist, wie es war im
(gesungen)   Anfang, jetzt und immerdar, und von Ewigkeit zu Ewigkeit. Amen. Amen.

Gebet und Stilles Gebet (Dekan Widmann)

Jesus Christus, du Herr deiner Gemeinde. Du leitest dein Volk auf seinem Weg durch die Geschichte. Du erneuerst deine Kirche durch die Kraft deines Heiligen Geistes. Wir danken dir für die frohe Botschaft von der Rettung des Sünders, die deine Kirche durch Martin Luther in der Reformation aufs Neue erkannt hat. Mache uns treu, dass wir diese Botschaft nicht preisgeben, sondern deinem Wort trauen, unseren Glauben bewähren und das Evangelium auch heute aller Welt bekannt machen. Dir sei Ehre und Anbetung in alle Ewigkeit. Amen.

Kantorei: Gratias agimus tibi (Johann Sebastian Bach)

Epistellesung: Römer 3,21–28: Die Rechtfertigung allein aus Glauben (Beate Thumm)

[Paulus schreibt:] Nun aber ist ohne Zutun des Gesetzes die Gerechtigkeit, die vor Gott gilt, offenbart, bezeugt durch das Gesetz und die Propheten. Ich rede aber von der Gerechtigkeit vor Gott, die da kommt durch den Glauben an Jesus Christus zu allen, die glauben. Denn es ist hier kein Unterschied: Sie sind allesamt Sünder und ermangeln des Ruhmes, den sie vor Gott haben sollen, und werden ohne Verdienst gerecht aus seiner Gnade durch die Erlösung, die durch Christus Jesus geschehen ist. Den hat Gott für den Glauben hingestellt zur Sühne in seinem Blut zum Erweis seiner Gerechtigkeit, indem er die Sünden vergibt, die früher begangen wurden in der Zeit der Geduld Gottes, um nun, in dieser Zeit, seine Gerechtigkeit zu erweisen, auf dass er allein gerecht sei und gerecht mache den, der da ist aus dem Glauben an Jesus. Wo bleibt nun das Rühmen? Es ist ausgeschlossen. Durch welches Gesetz? Durch das Gesetz der Werke? Nein, sondern durch das Gesetz des Glaubens. So halten wir nun dafür, dass der Mensch gerecht wird ohne des Gesetzes Werke, allein durch den Glauben.

Lied: Nun freut euch, lieben Christen g'mein (EG 341,1+5+7+9, Martin Luther 1523; die Gemeinde singt ohne Begleitung unter Anleitung des Kantors im Stehen)

1. Nun freut euch, lieben Christen g'mein, / und lasst uns fröhlich springen, / dass wir getrost und all in ein / mit Lust und Liebe singen, / was Gott an uns gewendet hat / und seine süße Wundertat; / gar teu'r hat er's erworben.

5. Er sprach zu seinem lieben Sohn: / „Die Zeit ist hier zu erbarmen; / fahr hin, meins Herzens werte Kron, / und sei das Heil dem Armen / und hilf ihm aus der Sünden Not, / erwürg für ihn den bittern Tod / und lass ihn mit dir leben."

7. Er sprach zu mir: „Halt dich an mich, / es soll dir jetzt gelingen; / ich geb mich selber ganz für dich, / da will ich für dich ringen; / denn ich bin dein und du bist mein, / und wo ich bleib, da sollst du sein, / uns soll der Feind nicht scheiden."

9. Gen Himmel zu dem Vater mein / fahr ich von diesem Leben; / da will ich sein der Meister dein, / den Geist will ich dir geben, / der dich in Trübnis trösten soll / und lehren mich erkennen wohl / und in der Wahrheit leiten.

Evangeliumslesung: Matthäus 5,1–10: Die Seligpreisungen (Pfarrerin Birgit Wurster)

Als er [Jesus] aber das Volk sah, ging er auf einen Berg. Und er setzte sich, und seine Jünger traten zu ihm. Und er tat seinen Mund auf, lehrte sie und sprach:
Selig sind, die da geistlich arm sind; denn ihrer ist das Himmelreich.
Selig sind, die da Leid tragen; denn sie sollen getröstet werden.
Selig sind die Sanftmütigen; denn sie werden das Erdreich besitzen.
Selig sind, die da hungert und dürstet nach der Gerechtigkeit; denn sie sollen satt werden.
Selig sind die Barmherzigen; denn sie werden Barmherzigkeit erlangen.
Selig sind, die reinen Herzens sind; denn sie werden Gott schauen.
Selig sind, die Frieden stiften; denn sie werden Gottes Kinder heißen.
Selig sind, die um der Gerechtigkeit willen verfolgt werden; denn ihrer ist das Himmelreich.

Kantorei: Laudate Dominum (Christopher Tambling)

Nicänisches Glaubensbekenntnis (EG 687)

Wir glauben an den einen Gott,
den Vater, den Allmächtigen,
der alles geschaffen hat,
Himmel und Erde,
die sichtbare und die unsichtbare Welt.

Und an den einen Herrn Jesus Christus,
Gottes eingeborenen Sohn,
aus dem Vater geboren vor aller Zeit:
Gott von Gott, Licht vom Licht,
wahrer Gott vom wahren Gott,
gezeugt, nicht geschaffen,
eines Wesens mit dem Vater;
durch ihn ist alles geschaffen.
Für uns Menschen und zu unserm Heil
ist er vom Himmel gekommen,
hat Fleisch angenommen
durch den Heiligen Geist
von der Jungfrau Maria
und ist Mensch geworden.
Er wurde für uns gekreuzigt unter Pontius Pilatus,
hat gelitten und ist begraben worden,
ist am dritten Tage auferstanden nach der Schrift
und aufgefahren in den Himmel.
Er sitzt zur Rechten des Vaters
und wird wiederkommen in Herrlichkeit,
zu richten die Lebenden und die Toten;
seiner Herrschaft wird kein Ende sein.

Wir glauben an den Heiligen Geist,
der Herr ist und lebendig macht,
der aus dem Vater und dem Sohn hervorgeht,
der mit dem Vater und dem Sohn
angebetet und verherrlicht wird,
der gesprochen hat durch die Propheten,
und die eine, heilige, allgemeine
und apostolische Kirche.
Wir bekennen die eine Taufe zur Vergebung der Sünden.
Wir erwarten die Auferstehung der Toten
und das Leben der kommenden Welt. Amen.

Lied: Komm, Feuer Gottes, Heiliger Geist (EG 127,4–6, Ambrosius Blarer, Reformator des südlichen Württembergs „ob der Steig", um 1533/1534)

4. Komm, Feuer Gottes, Heilger Geist, / erfüll die Herzen allermeist / mit deiner Liebe Brennen. / Von dir allein muss sein gelehrt, / wer sich durch Buß zu Gott bekehrt; gib himmlisches Erkennen. / Der fleischlich Mensch sich nicht versteht / auf göttlich Ding und irregeht; / in Wahrheit wollst uns leiten / und uns erinnern aller Lehr, / die uns gab Christus, unser Herr, / dass wir sein Reich ausbreiten.

5. Wie mit dem Vater und dem Sohn / du eins bist in des Himmels Thron / im ewgen Liebesbunde, / also mach uns auch alle eins, / dass sich absondre unser keins, / nimm weg der Trennung Sünde / und halt zusammen Gottes Kind, / die in der Welt zerstreuet sind / durch falsche G'walt und Lehre, / dass sie am Haupt fest halten an, / loben Christus mit jedermann, / suchen allein sein Ehre.

6. Durch dich besteht der neue Bund, / ohn dich wird Gott niemandem kund, / du neuerst unsre Herzen / und rufst darin dem Vater zu, / schaffst uns viel Fried und große Ruh / und tröstest uns in Schmerzen, / dass uns auch Leiden Ehre ist, / da du durch Lieb gegossen bist / in unser Herz ohn Klage. / Du leitest uns auf ebnem Weg / und führst uns hier den rechten Steg, / weckst uns am Jüngsten Tage.

Predigt: 1. Korinther 3,11 (und Altarbild von Lucas Cranach in der Wittenberger Stadtkirche) (Professor Dr. Jürgen Kampmann, Hechingen) siehe S. 261

Lied: Der Glaub ist ein lebendge Kraft (Petrus Herbert 1566) (Melodie: Erhalt uns, Herr, bei deinem Wort)

1. Der Glaub ist ein lebendge Kraft, / die fest an Gottes Worte haft', / ein herzlich starke Zuversicht, / die sich allein auf Christus richt'.

2. Der Glaub findt alls in Jesus Christ / was uns zum Heil vonnöten ist / nimmt alle Gnad aus Christi Schoß / und macht zu Christi Mitgenoss.

3. Der Glaub wirkt im Gewissen Fried / und tröstet jedes traur'ge Glied / der Glaub gibt Gott die Ehr allein, / macht, dass wir Gottes Kinder sein.

4. Der Glaub gebiert ein rechte Lieb / und Hoffnung durch des Geistes Trieb / der Glaub wirkt Freudigkeit zu Gott / bekennt und ruft ihn an in Not.

5. Lob sei und Dank dem treuen Gott / der uns den Glauben geben hat / an Jesus Christus, seinen Sohn, / der unser Trost ist und Heilsbronn.

6. Verleih uns, Herr, aus Christi Füll / des rechten Glaubens End und Ziel / da ist der Seelen Seligkeit / die ewge Freud und Herrlichkeit.

Beichte (Dekan Widmann)

Wir beten.

Herr, du kennst uns besser, als wir uns selbst kennen. Und dennoch lässt du uns nicht fallen. In der Stille bekennen wir unsere Schuld:

(– Stille –)

Sei du bei uns, Herr. Vergib, was zwischen uns und dir steht. Vergib uns unsere Schuld.

Ist dies eure Bitte, so sprecht: Herr, erbarme dich über uns:

(– Antwort –)

Der allmächtige Gott hat sich über euch erbarmt. Durch Jesus Christus schenkt er euch seine Gnade und die Vergebung eurer Schuld. Amen.

Einleitung zur Einsetzung des Abendmahls (Dekan Widmann)

Jesus Christus lädt uns ein an seinen Tisch. In den Gaben von Brot und Wein ist er gegenwärtig. So haben wir teil an seinem Leben, das er am Kreuz für uns hingegeben hat. Wir empfangen Vergebung der Sünden, Frieden mit Gott und Gemeinschaft untereinander, wie es Christus verheißen hat.

Lied: Dass du mich einstimmen lässt in deinen Jubel (EG 609,1+2, Kommunität Gnadenthal 1976)

Kehrvers:
Dass du mich einstimmen lässt in deinen Jubel, o Herr, / deiner Engel und himmlischen Heere, / das erhebt meine Seele zu dir, o mein Gott; / großer König, Lob sei dir und Ehre!

1. Herr, du kennst meinen Weg, und du ebnest die Bahn, / und du führst mich den Weg durch die Wüste.
Kehrvers

2. Und du reichst mir das Brot, und du reichst mir den Wein, / und du bleibst selbst mein Begleiter.
Kehrvers

Einsetzungsworte (Dekan Widmann)

Hört die Worte der Einsetzung des Heiligen Abendmahls.

Der Herr Jesus in der Nacht, da er verraten ward und mit seinen Jüngern zu Tische saß, nahm das Brot, sagte Dank und brachs, gabs seinen Jüngern und sprach: „Nehmet hin und esset; das ist mein Leib, der für euch gegeben wird. Das tut zu meinem Gedächtnis."

Desgleichen nach dem Mahl nahm er den Kelch, sagte Dank, gab ihnen den und sprach: „Trinket alle daraus; das ist mein Blut des Neuen Bundes, das für euch und für viele vergossen wird zur Vergebung der Sünden. Das tut zu meinem Gedächtnis."

Abendmahlsbitte: Christe, du Lamm Gottes (EG 190.2, Melodie: Martin Luther 1528)

Christe, du Lamm Gottes, der du trägst die Sünd der Welt, erbarm dich unser.
Christe, du Lamm Gottes, der du trägst die Sünd der Welt, erbarm dich unser.
Christe, du Lamm Gottes, der du trägst die Sünd der Welt, gib uns deinen Frieden. Amen.

Friedensgruß

Der Friede des Herrn sei mit euch.

Lasst uns einander ein Zeichen der Versöhnung und des Friedens geben.

(– Friedensbezeugung in Wort und Geste –)

Austeilung (in Form der Wandelkommunion; währenddessen Posaunenchor: Let us break bread together)

Dankgebet: Psalm 103,1–4 (im Wechsel)

Liturg:	Lobe den Herrn, meine Seele,
Gemeinde:	und was in mir ist, seinen heiligen Namen.
Liturg:	Lobe den Herrn, meine Seele,
Gemeinde:	und vergiss nicht, was er dir Gutes getan hat:
Liturg:	der dir alle deine Sünde vergibt
Gemeinde:	und heilet alle deine Gebrechen;
Liturg:	der dein Leben vom Verderben erlöst,
Gemeinde:	der dich krönet mit Gnade und Barmherzigkeit.

Fürbittengebet; zwischen den jeweiligen Gebetsanliegen wird der **Gebetsruf „Kyrie eleison"** gesungen (EG 178.12, Jacques Berthier, Taizé 1978)

Stadtkirchengemeinderatsvorsitzende Beate Thumm:
Barmherziger Gott und Vater. Wir danken dir von Herzen für alles Gute, das du deinem Volk bisher erwiesen hast. Dir danken für die Erkenntnis deiner Gnade in Jesus Christus und für die Vielfalt an geistlichen Gaben, mit denen dieses Land seit der Reformation beschenkt worden ist. Wir bitten zugleich, vergib, wo etwas in deiner Kirche durch unsere Ängstlichkeit oder unseren Hochmut missraten ist. Dich rufen wir an:

Gemeinde singt: Kyrie eleison

Dekan Anton Bock, katholisch:
Leite deine Kirche und alle, die in ihrem Dienst stehen, durch deinen Geist. Lass dein Wort zu jeder Zeit in ihr lebendig sein, dass der Glaube gestärkt wird und die Liebe zu allen Menschen wachsen kann. Brich deinem Evangelium Bahn und lass dein Heil offenbar werden bis an die Enden der Erde. Dich rufen wir an:

Gemeinde singt: Kyrie eleison

Stadtkirchengemeinderätin Dr. Nicole Hoffmeister-Kraut:
Wir denken an den Dienst, der geschieht, um dich als Herrn der Welt an allen Orten zu bezeugen. Erwecke dir immer neu Boten und Botinnen deines Wortes. Öffne uns in der weltweiten Christenheit die Augen, wie wir voneinander lernen und miteinander teilen können. Leite dein getrenntes Volk auf dem Weg zur Einheit. Dich rufen wir an:

Gemeinde singt: Kyrie eleison

Dekan Michael Buk, orthodox:
Wir befehlen deiner Treue alles Leben und bitten besonders für jene, die öffentliche Verantwortung tragen. Gib, dass unser Land nach deinem Willen regiert wird. Lass Gerechtigkeit, Freiheit und das Wohl aller gefördert und dem Bösen gewehrt werden. Hilf, bestehende Feindschaft und allen Streit zu überwinden und dass Frieden einkehren kann unter den Völkern. Darum rufen wir dich an:

Gemeinde singt: Kyrie eleison

Oberbürgermeister Helmut Reitemann:
Schütze uns in unserem Miteinander Tag für Tag. Gib deinen Segen zu aller Arbeit. Erfülle die Familien mit dem Geist deiner Liebe. Lass Offenheit und Rücksicht herrschen zwischen Alt und Jung. Bewahre unsere Erde vor der Zerstörung und gib, dass alle Menschen – jetzt und in Zukunft – genug von dem haben, was zum Leben nötig ist. Darum rufen wir dich an:

Gemeinde singt: Kyrie eleison

Pfarrer Martin Schöberl:
Sieh mit Erbarmen auf jede und jeden, die sich in Kummer und Trübsal, in Armut, Krankheit und Not befinden. Stehe denen bei, die um der Wahrheit willen verfolgt werden. Tröste alle, die leiden, mit deinem Geist. Mach uns bereit, unser Kreuz auf uns zu nehmen, und sei mit deiner Kraft und Gnade in unserer Schwachheit mächtig. Darum rufen wir dich an:

Gemeinde singt: Kyrie eleison

Vaterunser

Vater unser im Himmel. Geheiligt werde dein Name. Dein Reich komme. Dein Wille geschehe, wie im Himmel, so auf Erden. Unser tägliches Brot gib uns heute. Und vergib uns unsere Schuld, wie auch wir vergeben unsern Schuldigern. Und führe uns nicht in Versuchung, sondern erlöse uns von dem Bösen. Denn dein ist das Reich und die Kraft und die Herrlichkeit in Ewigkeit. Amen.

Segen (Dekan Widmann)

Der Herr segne euch und behüte euch.
Der Herr lasse sein Angesicht leuchten über euch und sei euch gnädig.
Der Herr erhebe sein Angesicht auf euch und gebe euch Frieden.

Gemeinde: Amen, Amen, Amen.

Lied: Nun danket alle Gott (EG 321,1–3, Martin Rinckart 1636; stehend gesungen)

> 1. Nun danket alle Gott mit Herzen, Mund und Händen, / der große Dinge tut an uns und allen Enden, / der uns von Mutterleib und Kindesbeinen an / unzählig viel zugut bis hierher hat getan.

> 2. Der ewigreiche Gott woll uns bei unserm Leben / ein immer fröhlich Herz und edlen Frieden geben / und uns in seiner Gnad erhalten fort und fort / und uns aus aller Not erlösen hier und dort.

> 3. Lob, Ehr und Preis sei Gott dem Vater und dem Sohne / und Gott dem Heilgen Geist im höchsten Himmelsthrone, / ihm, dem dreiein'gen Gott, wie es im Anfang war / und ist und bleiben wird so jetzt und immerdar.

Nachspiel

Anschließender **Stehempfang** zu vielerlei Begegnungen und interessanten Gesprächen bei Happen – wie zu Luthers Zeiten … und guten Getränken …

Jürgen Kampmann

Predigt im Gottesdienst am Reformationstag

Dienstag, 31. Oktober 2017, 10 Uhr, in der Stadtkirche Balingen

Die Gnade unseres Herrn Jesu Christi und die Liebe Gottes und die Gemeinschaft des Heiligen Geistes sei mit euch allen! [Amen.]

Wie schon zu Eingang des Gottesdienstes gehört: Als biblischer Leitgedanke zum Reformationstag dient alle Jahre und auch im Jahr 2017 ein Satz, den der Apostel Paulus in seinem 1. Brief an die christliche Gemeinde in Korinth geschrieben hat, ein Satz aus dem 3. Kapitel dieses Briefes, in der Luther-Übersetzung der Bibel durch Fettdruck hervorgehoben, damit man ihn nur nicht überliest:

„Einen anderen Grund kann niemand legen außer dem, der gelegt ist, welcher ist Jesus Christus."

Der soll nun auch der Predigt zugrunde liegen.

Herr, segne du Reden und Hören, wecke Verstehen und Glauben! Amen.

Liebe Gemeinde,
500 Jahre Reformation steht in Großbuchstaben auf der besonderen Einladungskarte zu diesem Tag. „500 Jahre Reformation" – in unserem Land ausgezeichnet und hervorgehoben dadurch, dass sogar ein einmaliger staatlicher Feiertag mit Arbeitsruhe dafür eingerichtet ist – wann hätte es das je zuvor gegeben! In meinen bald 60 Lebensjahren ist das noch nicht einmal vorgekommen. Und ob ich es noch einmal erleben werde – solch einen Sonderfeiertag? „500 Jahre Reformation" – und was macht die Kirche an diesem Tag?

Sie feiert *kein* Geschichtsfest. Sie lädt **nicht** zu einer Besichtigung ein. Sie veranstaltet auch *nicht* einen „Tag des offenen Denkmals". Sie stellt sich **nicht** ins Schaufenster, sie rückt **nicht** ihre Kunstgegenstände aus den zurückliegenden Jahrhunderten frisch entstaubt in Vitrinen ins rechte Licht, wie das vielleicht in einem Museum geschähe. Sie veranstaltet auch kein Klopfen auf die eigene Schulter unter dem Motto „500 Jahre Reformation – 500 Jahre gut gemacht" und verleiht dann Orden und Anerkennungsurkunden für verdiente Mitglieder, wie das in Vereinen bei Jubiläen ja oft üblich ist. Keine Leistungsschau wird geboten, kein Stolzieren auf dem Catwalk des Marktes der religiösen Möglichkeiten in Konkurrenz um die Gunst der Kunden.

All das steht heute nicht auf dem Programm, sondern nur das Wort *Festgottesdienst*. Und das ist richtig – und das ist gut so! Denn die Kirche lebt **nicht** von dem, was sie selbst zuwege bringen kann, sondern von dem, womit Gott ihr dient. Und deshalb ist auch an dem heutigen besonderen Tag davon – von ihm, von Gott, von Gottes Dienst – die Rede.

Habt Ihr noch den schwungvollen ersten Choral im Ohr? Er nennt beim Namen, um was es bei einem jeden christlichen Feiertag geht: „Heut ist des Herren [also Gottes!] Ruhetag – vergesset alle Sorg und Plag – treibt eure Wochenarbeit nicht – kommt vor des Höchsten Angesicht!" Kurz: Da ist Raum, da ist Zeit für Gott. Unsere Geschäfte und Geschäftigkeiten sind da nicht dran, sondern: „Rühmt unsers Gottes Meistertat, / da er aus nichts geschaffen hat / den Himmel und die ganze Welt / und was dieselbe in sich hält." Und natürlich: „Denkt auch, dass heut geschehen ist / die Auferstehung Jesu Christ."

Das sind die Grunddaten des Dienstes, den Gott erwiesen hat und uns noch erweist, längst vor und ganz unabhängig von allen Konzilsbeschlüssen, Synodalverlautbarungen und Gemeindekonzeptionen. Um diesen Dienst Gottes geht es, nicht um **unsere** Geschichte und schon gar nicht um unsere Geschicht*en*, sondern um **Gottes** Tun, um **Gottes** Geschichte für uns. Das ist entscheidend – die ist entscheidend!

Denn mit den Möglichkeiten, die wir Menschen haben, ist es nicht gerade gut bestellt. Es gehört zu den liturgiegeschichtlich beachtlichen Leistungen in den von der lutherischen Reformation geprägten Kirchen, dass sie gerade am Reformationstag den Menschen, die zum Gottesdienst kommen, das nicht ersparen und schon durch die Wahl der beiden zu diesem Tag gehörigen biblischen Lesungen den enormen Spannungsbogen, in dem jeder Einzelne und alle zusammen vor Gott stehen, sofort markieren. Auf der einen Seite ist da das Evangelium vom 1. November, vom Gedenktag der Heiligen, als Evangelium eben auch für den Reformationstag gewählt – die Seligpreisungen. Welch' eine großartige, selige, glückselige Perspektive vermitteln sie doch: „Selig sind, die ...", selig sind – die da Leid tragen, die Sanftmütigen, die da hungert und dürstet nach der Gerechtigkeit, die Frieden stiften – um nur einiges zu nennen. Selig werden sie von Christus gepriesen – wie prima! Aber dann stockt doch im nächsten Moment der Atem. Bin denn ich das, von dem da die Rede ist? Oder bin ich das gerade nicht – ein solcher Seliger? Wem steht denn der Sinn danach, zu den „geistlich Armen" gezählt zu werden? Wer hat Gefallen daran, Leid zu tragen? Wer meint, mit Sanftmütigkeit und Barmherzigkeit wirklich im Leben durchkommen zu können? Ist da nicht gerade anderes nötig, Durchsetzungsvermögen, Leistungsstärke? Wie sieht es mit unserem „Frieden stiften" aus, in der Nachbarschaft, auf den Schulhöfen, in den Familien – von den großen politischen Konflikten zu schweigen? Und wie ist es mit dem „reinen Herzen" bestellt?

Kurz: Bin ich das, der da seliggepriesen wird in den Seligpreisungen? Wenn ich es aber bei ehrlicher Betrachtung **nicht** bin, was dann? Das spricht die andere biblische Lesung zum Reformationstag an. Und auch das haben wir heute in diesem Gottesdienst als Dienst Gottes für uns gesagt bekommen; in den Worten des Apostels Paulus an die

Christen in Rom ist es schon im ersten Jahrhundert der Christenheit formuliert, und genauso wie die Seligpreisungen ist es in der Lutherbibel im Fettdruck hervorgehoben:

„Es ist hier kein Unterschied: Sie sind allesamt Sünder und ermangeln des Ruhmes, den sie vor Gott haben sollten."

Welch ein Spannungsbogen: Da die Glückseligen, und hier: „Sie sind allzumal Sünder und ermangeln des Ruhmes, den sie vor Gott haben sollten."

Dieser nüchternen Analyse standzuhalten, den Graben zwischen Sollen und Sein zu erkennen, zu benennen und zu bekennen – das erspart die Reformation niemandem. Sie macht keine falschen Hoffnungen, und sie rechnet keinen Augenblick damit, dass sich an diesen Grunddaten, wie es mit uns Menschen vor Gott steht, je etwas grundlegend zu ändern vermöchte.

Aber die Reformatoren haben eine Zuversicht: Dass es stimmt, was die biblischen Zeugen von Gott sagen: Dass er, **Gott,** daran etwas ändern will – nein: Dass er daran längst etwas geändert hat! Paulus schließt das im Brief an die Christen in Rom sofort an: „Sie [die Menschen] werden ohne Verdienst gerecht" – und zwar „aus seiner [Gottes] Gnade" – und das nun nicht irgendwie unbestimmt, als bloß fixe Idee, als Traum, als Vision geboren etwa aus religiöser Versenkung oder auch Ekstase, sondern anschaulich, greifbar, in die Geschichte der Menschheit einbeschrieben „durch die Erlösung, die durch Christus Jesus geschehen ist." Mit anderen Worten: Am Christusgeschehen ist Gottes Wollen und Wirken zu erkennen. Oder wie Paulus es den Christen in Korinth geschrieben hat: „Einen anderen Grund kann niemand legen außer dem, der [schon] gelegt ist, welcher ist Christus Jesus."

Gott wirkt alles, was für den unseligen Menschen nötig ist, seinerseits. Er schließt keinen Kooperationsvertrag mit Arbeitsteilung: „Du bist fromm, dann bin ich auch gnädig." Er handelt in Christus ganz allein, ganz einsam – er lässt Willkür mit sich treiben, sich verspotten, ins Gesicht schlagen, zu Unrecht verurteilen, entkleiden, ans Kreuz schlagen, von Finsternis am Kreuz umhüllen, verlassen sterben, sich die Knochen brechen, sich in die Seite stechen, sich ins Grab, hin zur Verwesung legen – er umgeht nicht, er überspielt nicht die Abgründe, die das menschliche Leben charakterisieren. Aber: Er geht darin nicht unter! Er durchbricht den Zusammenhang von bösem Denken und Tun und Tod und Verwesung. Seine Geschichte endet nicht im Grab und Vergessenwerden, sondern in Auferweckung, Leben, Sitzen zur Rechten Gottes, also: in Seligkeit und Himmel. Dafür gibt sich Gott in Christus hin, dafür gibt er sich her – ohne irgendein Zutun, ohne eine Zutat der Menschen, ohne Werke, welcher Art auch immer. Nach Rom schreibt Paulus deshalb: „So halten wir nun dafür, dass der Mensch gerecht wird [also: vor Gott von Gott ins Recht gesetzt wird] ohne des Gesetzes Werke [also: Bemühungen aus religiöser Motivation welcher Art und aus welchem Beweggrund auch immer], sondern aus Glauben" – „**allein** aus Glauben" setzt Luther in seiner Übersetzung zur Verdeutlichung noch hinzu, um jeder Missdeutung hier vorzubauen.

Wobei klar ist: Auch Glaube ist nicht das Werk, die Möglichkeit, die Entscheidung des Menschen, auch Glaube ist Gottes Gabe, Gottes Geschenk. Oder mit Martin Luthers Worten: „Ich glaube, dass ich nicht aus eigener Vernunft noch Kraft an Jesus Christus, meinen Herrn, glauben oder zu ihm kommen kann, sondern der Heilige Geist [also: niemand Geringeres als Gott selbst!] hat mich durch das Evangelium berufen." – Und nicht nur mich, sondern „die ganze Christenheit auf Erden".

Von daher war es also kein Versehen, dass wir vor der Predigt mit dem Worten des württembergischen Reformators Ambrosius Blarer im Lied die Bitte angestimmt haben: „Komm, Feuer Gottes, Heiliger Geist, erfüll die Herzen allermeist" – eben weil es so ist, wie es Blarer dann ja auch beim Namen nennt: „Der fleischlich Mensch sich nicht versteht auf göttlich Ding und irregeht." Christenleute sind keine „self-made-men" oder „self-made-women", sie sind und bleiben angewiesen, dass ihnen im Entscheidenden geholfen wird von Gott.

Nun mag jemand denken: Das ist ja schrecklich unmodern, ganz statisch, gar nicht innovativ. Das kann man aber nur bestätigen: „Ja, das siehst du ganz richtig,

dem ist so!" Reformation will und kann nichts Neues bringen, schon damals im 16. Jahrhundert nicht. Sondern dem, was Gott **bleibend gültig** getan hat und **bleibend gültig** in der Gegenwart wirkt, dem soll Raum verschafft werden, das aber immer wieder neu: Nicht Modernisierung, Fortentwicklung, sondern Re–Formation, das Rück–Formen auf diese Grundlage, das bleibt die dauernde Aufgabe, auch nach 500 Jahren, von Generation zu Generation, von Lebensjahr zu Lebensjahr, von Kirchenjahr zu Kirchenjahr, von Sonntag zu Sonntag. Deshalb wiederholt sich auch der Lauf des Kirchenjahres „alle Jahre wieder", weil die **gleichen** Inhalte des Glaubens zu wiederholen, wieder in Erinnerung zu bringen sind.

Denn wir Menschen sind so sehr vergesslich und dauernder Veränderung unterworfen. Unsere Zeit läuft, sie läuft ab – Gottes Zeit bleibt. Und so sehr wir Menschen uns verändern – Gott bleibt sich mit seiner Zuwendung zu uns Menschen auf heilsame Weise treu, ungeachtet aller Migration, aller Digitalisierung, aller radikalen und populistischen Ideen, die heute die gesellschaftliche Debatte bestimmen und aufkochen und doch morgen schon vom nächsten Thema, von der nächsten Widrigkeit des Lebens, der es und in der es zu bestehen gilt, abgelöst wird. Die zentrale Aufgabe der Kirche lässt sich daher auch ganz knapp beschreiben: Das Evangelium rein zu predigen – „pure docere", wie es lateinisch präzise ausgedrückt ist, also „rein zu lehren" und die Sakramente „recte administrare", also in richtiger, der Einsetzung durch Christus entsprechender Weise zu verwalten. Verwalten – mehr kann die Kirche nicht. Verwalten dessen, womit Gott selbst schon gewirkt hat und wieder wirken will.

In einer großartigen Weise ist das in Wittenberg ganz bald nach Martin Luthers Tod 1547 ins Bild gebracht worden – in einem Gemälde Lucas Cranachs für den Altar in der

Altarbild des Lucas Cranach in der Stadtkirche Wittenberg (Vorlage: Alamy Stockfotos).

dortigen Stadtkirche. Zu diesem großen Gemälde gehört auch eine Predella, die unten auf die Altarplatte aufsitzt und die sich damit unmittelbar in Augenhöhe der Pfarrer befindet, die an diesem Altar Dienst tun. Was wird ihnen da vor Augen gebracht? Das Gemälde habt Ihr als kleinen Farbdruck alle vor Augen.

Unübersehbar ist: Alle Menschen haben hier nur eine Position am Rande – auch der Prediger auf der Kanzel. Christus der Gekreuzigte, der sich für die Menschen ganz hingebende Gott, der steht im Mittelpunkt, allein auf weiter Flur. Und der Prediger kann auch nicht mehr machen, als mit seinem ausgestreckten Arm, mit seinen Fingern eben dorthin zu weisen. Spannend sind nun Details, die sozusagen als „Mahnung per Bild" dem Pfarrer mit auf den Weg gegeben werden, wenn er in Gottes Dienst wirkt:

1. All den Gemeindegliedern, die da in der bildlichen Darstellung versammelt sind, ob Mann oder Frau, vom Säugling bis zum Greis, wird kein anderer Ausblick eröffnet als der auf Christus. Kein Fenster gibt es da, aus dem man auf etwas anderes herausschauen könnte, keine Heiligenstatue oder Heiligenbild an der Wand, das man sich zum Vorbild nehmen könnte oder sollte – allein Christus. Nebenthemen, zweite Programme sind nicht angesagt.

2. Der Prediger rührt mit den Fingern der Hand, die nicht auf Christus hinweist, an die Zeilen eines aufgeschlagenen Buches, die Heilige Schrift. Will anzeigen: Die Orientierung auf Christus entspringt nicht aus dem Hirn des Predigers, aus dessen religiösen

Erfahrungen und Empfindungen, sondern aus dem Zeugnis, das von Gottes Wirken in der Heiligen Schrift greifbar ist.

3. Überraschend: Der Prediger auf der Kanzel hat gar nicht den Mund geöffnet! Denn das könnte man dahin missverstehen, als ob die Interpretation der Heiligen Schrift eine menschliche Aufgabe oder zumindest eine für die Theologen sei. Die sollen aber nicht mehr als „rein" lehren und „richtig" verwalten – also nicht mit ihren eigenen Ideen zu Markte ziehen und dafür nach Beifall von den Zeitgenossen suchen, sondern sie sollen aus der Schrift schöpfen. Deren Botschaft ist zu vermitteln.

4. Das Einzige, was in dem ganzen Bild nicht statisch wirkt, das ist erstaunlicherweise das Lendentuch des Gekreuzigten! Das hängt nicht schlaff herunter, wie es eigentlich doch zu erwarten wäre in solch einem ganz geschlossenen Raum ohne jedes Fenster. Das Lendentuch weht vielmehr heftig, aber auch nicht wie von einem natürlichen starken Windzug in eine bestimmte Richtung hin, sondern es fliegt hoch und füllt den ganzen Raum unter dem Kreuz. Will zeigen: Vom gekreuzigten Christus allein gehen Leben und Bewegung aus! Christus selbst bringt Leben – also das, worauf es zuletzt ankommt! Darum steht er, Christus, auch hier in der Balinger Stadtkirche unübersehbar vor aller Augen.

„Ein anderen Grund kann niemand legen, außer dem, welcher gelegt ist." Das bleibt gültig, nicht nur 500 Jahre, sondern auch 1000 Jahre nach der Reformation. In dieser Zuversicht und Erwartung, dass dieser Dienst Gottes auch für uns, für **mich** gilt, unverändert, lassen wir uns seine Gaben reichen.

Er begegnet uns in dem Wort, das uns seine Hingabe für uns zusagt, er begegnet uns in dem Sakrament, das wir uns reichen lassen und in dem er Eingang und Wohnung in uns nimmt, leibhaftig! Dafür muss Raum sein in der Kirche, dafür muss Raum sein in unserem Leben.

Der Friede Gottes, der höher ist als alle Vernunft, der bewahre eure Herzen und Sinne in Christus Jesus. Amen.

Der Glaub ist ein lebendge Kraft (Melodie: Erhalt uns, Herr, bei deinem Wort)

1. Der Glaub ist ein lebendge Kraft | die fest an Gottes Worte haft', | ein herzlich starke Zuversicht, | die sich allein auf Christus richt'.

2. Der Glaub findt alls in Jesus Christ | was uns zum Heil vonnöten ist | nimmt alle Gnad aus Christi Schoß | und macht zu Christi Mitgenoss'.

3. Der Glaub wirkt im Gewissen Fried | und tröstet jedes traur'ge Glied, | der Glaub gibt Gott die Ehr allein, | macht, dass wir Gottes Kinder sein.

4. Der Glaub gebiert ein rechte Lieb | und Hoffnung durch des Geistes Trieb, | der Glaub wirkt Freudigkeit zu Gott, | bekennt und ruft ihn an in Not.

5. Lob sei und Dank dem treuen Gott, | der uns den Glauben geben hat | an Jesus Christus, seinen Sohn, | der unser Trost ist und Heilsbronn.

6. Verleih uns, Herr, aus Christi Füll | des rechten Glaubens End und Ziel, | das ist der Seelen Seligkeit, | die ewge Freud und Herrlichkeit.

Petrus Herbert 1566

HANS-JOACHIM ECKSTEIN

Allein aus Glauben

Die Wiederentdeckung des Evangeliums und die reformatorische Freude[1]

Reformation bedeutet „Erneuerung" und „Wiederherstellung" – und wir haben in dem vergangenen Jahr vielfältig an die Reformationsereignisse vor 500 Jahren gedacht, um für uns und unsere Kirche heute erneut Impulse zu gewinnen und das Geheimnis der Reformation wiederzuentdecken. Was hat für die Reformatoren und die vom Evangelium neu Überwältigten die Freude des Glaubens gebracht? Wodurch ist ihnen das Evangelium von Jesus Christus erneut als eine „gute" und „erfreuliche" Botschaft erschienen? Warum war es ihnen so wichtig zu bekennen, dass „allein Christus" – *solus Christus* – Grundlage, Zentrum und Maßstab unseres Heils und unserer Kirche ist und dass wir vor Gott „allein aus Gnade" – *sola gratia* – bestehen können? Was bedeutet die „evangelische" Einsicht, dass das Leben aus Gott „allein im Glauben" – *sola fide* – empfangen wird?

I

Nun ist die Wiederentdeckung des Evangeliums in der Reformation unmittelbar mit der Wiederentdeckung der einmaligen Bedeutung der Heiligen Schrift verbunden, weshalb als weitere exklusive Bestimmung auch das „allein die Schrift" – *sola scriptura* – bekannt wird. Für Martin Luther gilt als Quelle und Grundlage seiner alles erneuernden Erkenntnis in besonderer Weise das Zeugnis des Apostels Paulus, und hier wiederum speziell der Römerbrief. So wollen wir uns bei unserer Spurensuche nach der reformatorischen Freude zur Wiederentdeckung der „erfreulichen Nachricht" exemplarisch mit den für die Refor-

---

1 Siehe zur Vertiefung und Begründung der Ausführungen: HANS-JOACHIM ECKSTEIN: Das Evangelium – eine Kraft Gottes. In: HANS-JOACHIM ECKSTEIN: Zur Wiederentdeckung der Hoffnung. Grundlagen des Glaubens. Holzgerlingen 2002, S. 54–76. – HANS-JOACHIM ECKSTEIN: Gott ist es, der rechtfertigt. In: HANS-JOACHIM ECKSTEIN: Kyrios Jesus. Perspektiven einer christologischen Theologie. Neukirchen-Vluyn ²2011, S. 75–86. – HANS-JOACHIM ECKSTEIN: Christus in euch. Von der Freiheit der Kinder Gottes. Eine Auslegung des Galaterbriefs. Göttingen 2017, S. 69–139.

mation so zentralen Sätzen in Röm 1,16–17 beschäftigen: „Ich schäme mich des Evangeliums nicht; denn es ist eine Kraft Gottes zum Heil für jeden Glaubenden – den Juden zunächst und auch den Griechen. Denn die Gerechtigkeit Gottes wird in ihm offenbart – aus Glauben zum Glauben [das heißt: ausschließlich im Glauben]; wie geschrieben steht: ‚Der aus Glauben Gerechte wird leben' (Hab 2,4)."

Mit diesen Worten formuliert Paulus das Thema seines ausführlichsten Schreibens, das er an die ihm persönlich noch unbekannte Gemeinde in Rom verfasst. Nachdem der Apostel seinen Auftrag, das Evangelium für die Völker zu verbreiten, im Osten des Römischen Reiches grundsätzlich erfüllt hat (Röm 15,19.23), strebt er nun im Westen bis an „das Ende der Erde", was aus der Perspektive eines an Jerusalem orientierten Israeliten am anderen Ende der mediterranen Welt Spanien bedeutet (Röm 15,24.28). Da Paulus die Christen in Rom für die geistliche und personelle Unterstützung dieses Missionsvorhabens gewinnen will (Röm 15,24.28), stellt er sich ihnen mit seiner Verkündigung des Evangeliums zunächst vor, muss er doch durchaus damit rechnen, dass auch die Gemeinden Roms bereits von den Auseinandersetzungen des Heidenapostels mit den toraobservant lebenden Judenchristen und ihrer Forderung nach Beschneidung der Heidenchristen gehört haben (Gal 2,1–21; 5,2.12; 6,12 f.). So entfaltet Paulus in dem großen Hauptteil des Römerbriefes über 15 Kapitel (Röm 1,16–15,13) das ihm vor Damaskus erschlossene und aufgetragene Evangelium von Jesus Christus – jeweils im Hinblick auf die in der aktuellen Debatte umstrittenen theologischen Fragen.

Die persönlich formulierte Einleitung „ich schäme mich des Evangeliums nicht" ist nicht etwa als „understatement" des Apostels zu deuten, sondern im Sinne einer gesteigerten Aussage: „ich bekenne das Evangelium ganz freimütig und gern" (rhetorisch gesehen handelt es sich also um eine Steigerung durch die Verneinung des Gegenteils, eine sogenannte „Litotes"). Wie viel Ernst in dieser unerschrockenen Bereitschaft liegt, wird erst vom Briefabschluss Röm 15,25.30 f. her deutlich: Paulus befindet sich beim Verfassen des Römerbriefes (um 56 n. Chr.) unmittelbar vor seiner letzten Jerusalemreise, bei der er infolge seines konsequenten Bekenntnisses nun endgültig verleumdet und gefangen genommen werden sollte. Er selbst hat seine freimütige Evangeliumsverkündigung wohl wenige Jahre später in Rom mit seinem Martyrium besiegeln müssen (um 64 n. Chr.).

Dieses offene Bekennen des Evangeliums ist für Paulus gleich zweifach begründet: Zunächst ist es bekennenswert, da es sich dabei nicht nur um das Wort des Paulus oder das der Jerusalemer Apostel handelt, sondern um Gottes eigenes Wort. Wie bereits im Briefeingang Röm 1,1 betont, ist es das „Evangelium **Gottes**" (*Genitivus subiectivus*; vgl. Röm 15,16), das Gott selbst seinen Aposteln bei der Offenbarung seines auferstandenen Sohnes erschlossen hat (Gal 1,11 f.15 f.; vgl. 1 Kor 15,5–10). Die Verkündigung der Apostel – das sogenannte Kerygma – hat dieses von Gott vorgegebene Evangelium als Grundlage und Kriterium (Röm 10,16 f.; Gal 1,6–12), was im Fall einer Auseinandersetzung um die „Wahrheit des Evangeliums" zwischen Aposteln von entscheidender Bedeutung ist – wie z. B. beim Konflikt zwischen Paulus, Petrus und den Jakobusleuten in Antiochien, Gal 2,11–21.

Neben dem göttlichen *Ursprung* des Wortes motiviert den Apostel auch der **Inhalt** des Evangeliums zu seinem freudigen Bekenntnis, denn es enthält im Wortsinn eine „erfreuliche Botschaft" und „gute Nachricht" für die Menschen, denen es verkündet wird. Fragen wir nach dem konkreten Inhalt des Evangeliums, dann werden wir zunächst und vor allem auf die Person Jesus Christus hingewiesen, denn das Evangelium **Gottes** ist das Evangelium von seinem **Sohn** (Röm 1,3 f.9; 15,19). Es teilt uns mit, wer Christus ist und wie Gott, der Vater, an und in ihm zugunsten der Menschen gehandelt hat und handeln wird. Die reformatorische Betonung des *solus Christus* – des „Christus allein" – gründet in diesem christozentrischen Verständnis des Evangeliums. Dieses Handeln Gottes ist dabei so zentral und wesentlich mit dem Kreuz und der Auferstehung verbunden, dass Paulus das Evangelium als Ganzes auch als das „Wort vom Kreuz" (1 Kor 1,17 f.) bezeichnen kann. Und es ist so zentral mit der Frieden stiftenden Versöhnung der Welt mit Gott befasst, dass er es ebenso als das „Wort von der Versöhnung" charakterisiert (2 Kor 5,19).

In unserem Zusammenhang, Röm 1,16 f., wird das Evangelium von Paulus in fünffacher Hinsicht als „bekenntniswürdig" charakterisiert: Es ist 1.) eine **Kraft** – 2.) von **Gott** – 3.) zum **Heil** – 4.) für **jeden** – 5.) im **Glauben** (1,16b). Dabei wird die in der Auseinandersetzung mit den jüdischen Gesprächspartnern besonders brisante Betonung des „für **jeden**" (4.) durch die Ergänzung „den **Juden** zuerst und **auch den Griechen**" (1,16 c) nochmals hervorgehoben. Dass es Paulus in seinem prägnanten Briefthema neben diesem **universalen** Aspekt vor allem um die exklusive Bedeutung des **Glaubens** geht (zusammengefasst in der Wendung „für **jeden Glaubenden**", 1,16b), zeigt sich an der doppelten Aufnahme des Glaubensmotivs im folgenden Satz: Die Offenbarung geschieht „**aus** Glauben **zum** Glauben" – das heißt „ausschließlich, von Anfang bis Ende im Glauben" (1,17a) –, und die Schrift (Hab 2,4) spricht ausschließlich dem „aus **Glauben** Gerechten" das Leben zu (1,17b).

Nun mag uns heute – mehr noch als die fünffache Qualifikation des Evangeliums – überraschen, dass Paulus als weitere Begründung für das freudige Bekenntnis der guten Botschaft Gottes und als inhaltliche Zusammenfassung derselben angibt: „Denn die **Gerechtigkeit Gottes** wird in ihm [dem Evangelium] offenbart." — Inwiefern kann man beim Wort Gottes von einer „erfreulichen Nachricht" reden, wenn darin Gottes **Gerechtigkeit** offenbart wird? Und was hat die Gerechtigkeit mit der Bestimmung des Evangeliums als „Kraft Gottes zum Heil für jeden Glaubenden" zu tun? Wenn doch, wie Paulus im Anschluss (Röm 1,18–3,20) selbst nochmals vergegenwärtigt, Gott ein gerechter Richter ist und jeder Mensch einmal auf der Grundlage seines gelebten Lebens von Gott ohne Ansehen der Person beurteilt werden wird (Röm 2,6 ff.), inwieweit handelt es sich dann bei Gottes Wort um eine entlastende und erleichternde Botschaft?

Erwarten wir nicht von einem gerechten Richter, dass er seine Gerechtigkeit in einem unbestechlichen, analytischen Urteil erweist, dass er nach dem lateinischen Rechtsgrundsatz *suum cuique* – „jedem das Seine" – einem jeden zuteilt, was er verdient: Dem zu Unrecht Verklagten den Freispruch und dem Schuldigen die verdiente Verurteilung, dem Unschuldigen die Wiedergutmachung und dem Ungerechten seine Strafe? Muss die Ankündigung einer solchen „verteilenden" Gerechtigkeit (*iustitia distributiva*) des allwissenden himmlischen Herrn nicht eher Angst und Sorge verbreiten als Hoffnung? Wer will sich denn anmaßen, nach Gottes Maßstäben und ihm gegenüber stets vollkommen und gerecht gelebt zu haben?

In der Tat lässt sich mit unserem Vorverständnis von „Gerechtigkeit" das Evangelium als ein erfreuliches und kraftvolles Wort Gottes zum Heil für jeden Glaubenden kaum begreifen. Paulus schließt sich in seiner Bestimmung von der „Gerechtigkeit Gottes" jedoch vielmehr an das alttestamentlich-jüdische Verständnis von Gerechtigkeit an:

(1) Nach alttestamentlichem Verständnis ist die „Gerechtigkeit" (hebr. ṣedāqā) viel weniger als in unserem Denken an einer abstrakten Norm, an einem „Gesetz" orientiert, sondern an den **Beziehungen** – zunächst zu Gott, dann zum Nächsten und zum eigenen Volk. Der Mensch ist nicht **an sich** gerecht und auch nicht primär gegenüber dem **Gesetz vom Sinai** – das zweifellos die Grundlage des jüdischen Glaubens und Lebens bildet –, sondern im Hinblick auf eine konkrete, gelebte **Beziehung**. Die Aussage: „Ich bin gerecht!" müsste nach alttestamentlichem Verständnis sofort präzisiert werden durch die Frage: „Wem gegenüber?" Denn die Gerechtigkeit wird hier als **Relations-**, das heißt **Beziehungsbegriff** verstanden: „Gerechtigkeit" (hebr. ṣedāqā) ist in alttestamentlich-jüdischer Tradition das **der Beziehung entsprechende**, das **gemeinschaftsbezogene** Verhalten; und als „gerecht" gilt ein Tun, wenn es „gemeinschaftstreu", „loyal" und „heilvoll" ist.

(2) Dieses besondere Verständnis von „Gerechtigkeit" als einem Relationsbegriff entspricht nun einer vertieften **anthropologischen** Gesamtsicht: Der von Gott geschaffene und von ihm in die Gemeinschaft gestellte Mensch existiert nicht an sich und unabhängig von anderen, sondern er lebt in konkreten Beziehungen, im Angesprochensein und Sprechen, im Mitteilungsgeschehen zwischen Gott und seinem Volk. Was unserer individualistischen Tradition durchaus fremd erscheinen mag, ist für die biblischen Traditionen konstitutiv – das heißt wesentlich und grundlegend: Der Mensch ist für das „Wir" geschaffen, für die lebensfördernde und heilvolle Gemeinschaft. Haben die einzelnen Mitglieder eine solche zuträgliche Beziehung, dann herrscht im gefüllten Sinn „Frieden" – „Schalom". Denn wenn der Mensch **ist**, dann ist er **in Beziehung**. Mit dem Verlust seiner lebensstiftenden und lebenstragenden Beziehungen ist sein Leben selbst gefährdet. Der Beziehungslose würde seine Lebensgrundlage verlieren, der von Gott und Menschen Verlassene sähe sich von der Todessphäre bedroht. Auf diesem Hintergrund gewinnt die Bestimmung der Gerechtigkeit als **ein der Beziehung entsprechendes Verhalten** einen ganz gefüllten Sinn: „Gerechtigkeit" (ṣedāqā) ist nachdrücklich als **personaler** Relationsbegriff zu verstehen.

(3) Nun versteht es sich fast von selbst, dass die inhaltliche Konkretion einer solchen Gerechtigkeit von dem **jeweiligen Verhältnis** abhängig ist. Die Beziehung zu Gott ist eine andere als die zu Menschen, die Relation zum Nächsten ist nicht die gleiche wie die zum Feind. Was als gerechtes Verhalten gegenüber einem Fremden im Land gelten mag, zum Beispiel die Duldung und die Gewährung des Gastrechtes, wäre als Verhalten gegenüber der Ehefrau und den Kindern oder auch gegenüber den eigenen Eltern unzureichend. Die **Beziehung** gibt die Kriterien für die Bestimmung des gerechten Verhaltens vor. – In Hinsicht auf die Gottesbeziehung sind die Vorgaben in der breiten alttestamentlichen Tradition im entscheidenden Punkt überraschend einheitlich und weitgehend. Ob wir an die drei ersten der Zehn Gebote denken (2 Mo 20,1 ff.; 5 Mo 5,6 ff.) oder an das bis in die Gegenwart hinein von Juden gebetete „Höre Israel, der Herr ist unser Gott, der Herr allein" (Schᵉma Jisrael) samt dem nachfolgenden Gebot der Liebe zu Gott (5 Mo 6,4 f.), die hier beschriebene Relation ist nicht nur eine von vielen personalen Beziehungen, sie zeichnet sich vielmehr durch ihre **Ganzheitlichkeit** und **Ausschließlichkeit** aus. Die Beziehung zu Gott ist Israel von Gott selbst als eine **ganzheitlich**-personale eröffnet, oder um es mit den Worten der „Zugehörigkeitsformel" zu sagen, Gott spricht zu Israel: „Ich will unter euch wandeln und will **euer Gott** sein, und ihr sollt **mein Volk** sein" (3 Mo 26,12; vgl. Hes 37,27; Offb 21,3).

(4) Wenn aber die Beziehung zu Gott in solch radikaler und umfassender Weise als „Liebe von ganzem Herzen, von ganzer Seele und mit aller Kraft" (5 Mo 6,5) beschrieben wird und wenn die Loyalität und Treue zu Gott in der Ausschließlichkeit des ersten Gebotes bestimmt wird – „Ich bin der Herr, dein Gott, du sollst keine anderen Götter neben mir haben!" (2 Mo 20,2f.) –, dann erscheint auch das Verständnis der Ungerechtigkeit, der Verfehlung und Sünde in einem neuen Licht. „Ungerechtigkeit" ist dann nicht nur ein konkretes unmoralisches Verhalten, sondern im Kern eine **Verletzung der persönlichen Beziehung**. Als Sünde erscheint nicht vorrangig eine bestimmte Gebotsübertretung, sondern vielmehr die **Abwendung von der Gemeinschaft**. Das eigentliche Vergehen liegt in der **Verfehlung der Bestimmung zur Gemeinschaft**, und die Sünde ist ihrem Wesen nach **Trennung von Gott**. Alles, was von Gott trennt, ist Sünde, denn es gefährdet die Gottesbeziehung und damit das Leben; und alles, was der Beziehung zu Gott, zum Nächsten und mir selbst schadet, wird in Geboten und Weisungen als Verfehlung bestimmt.

Auf diesem Hintergrund wird deutlich erkennbar, dass es bei dem biblischen Verständnis von Gerechtigkeit keineswegs um einen primär **moralischen** oder einen ausschließlich **forensisch-juristischen** Begriff geht, sondern hinsichtlich der Gottesbeziehung um einen spezifisch „**theologisch**" gefüllten: Als Gerechtigkeit gilt das der **ganzheitlich-personalen Beziehung** entsprechende Verhalten – von Gott aus gegenüber den Menschen und von Seiten der Menschen gegenüber Gott. Das konkrete Hören, Reden und Tun wird als Ausdruck dieser Beziehung gewertet; es kann weder an die Stelle der Beziehung treten, noch könnte das moralische Verhalten seinerseits die Beziehung konstituieren, das heißt begründen oder wiederherstellen.

II

Auf dem Hintergrund dieser alttestamentlich-jüdischen Tradition erscheint die Frage nach dem Evangeliumsverständnis des Apostels im Römerbrief umso spannender: Wie ist die Offenbarung der Gerechtigkeit Gottes bei Paulus als „gute Botschaft" gedacht? — Bevor der Heidenapostel in Röm 3,21 mit der positiven Entfaltung seiner Grundthese von Röm 1,16f. beginnt, spricht er zunächst über die **Notwendigkeit** der Offenbarung der Gerechtigkeit Gottes (Röm 1,18–3,20). Im Hinblick auf die ganzheitlich-personale Beziehung, die dem Menschen von Gott zugedacht ist, und in Anbetracht des gefüllten Verständnisses von Gerechtigkeit, könnte kein Mensch – ob Jude oder Heide – aufgrund seines Denkens, Redens und Tuns vor Gottes Angesicht als gerecht erwiesen werden. Der Ausgang eines **analytischen** Urteils durch Gott am Tag des Gerichts ist nicht offen, sondern bereits entschieden: „Denn wir haben zuvor Anklage erhoben, dass alle, Juden wie Griechen, unter der Sünde sind" (Röm 3,9). „[…] damit jeder Mund gestopft werde und die ganze Welt vor Gott schuldig sei" (Röm 3,19). „Denn alle haben sie gesündigt und entbehren der Herrlichkeit Gottes" (Röm 3,23). Wie ernst Paulus dieses radikale Ergebnis meint – das er bereits in der Schrift bezeugt sieht (Röm 3,9–20) –, wird daran deutlich, dass er in seinem Schriftbeweis in Röm 4 sogar Abraham und David in die Reihe der Gottlosen und auf Vergebung angewiesenen Sünder gestellt sieht, die infolge ihres gelebten Lebens keinesfalls vor Gott bestehen könnten.

Rechtfertigung im Sinne des endgültigen und verbindlichen Freispruchs zum Leben durch Gott kann es unter dieser Voraussetzung nicht aufgrund eines **analytischen** richterlichen Urteils geben, sondern ausschließlich als **Begnadigung** der als schuldig Erwiesenen und zu Recht Verurteilten. So wie ein Schuldiger und rechtskräftig Verurteilter hinsichtlich seines gelebten Lebens auch von einem König oder Präsidenten nicht anders beurteilt werden, wohl aber durch sie **begnadigt** werden kann, so wird den an Christus Glaubenden im Evangelium zugesagt: „sie sind **geschenkweise** gerechtfertigt worden, das heißt sie haben **umsonst** den rettenden Freispruch empfangen, durch seine [Gottes] **Gnade** kraft der Erlösung, die in Christus Jesus [geschehen] ist" (Röm 3,24). Gott als Richter rechtfertigt die als schuldig Erwiesenen, indem er sie im Evangelium begnadigt und sie geschenkweise freispricht, ihnen wirksam zusagt: „Du bist frei!" Dieser Freispruch aber basiert eindeutig auf einem **synthetischen** Urteil Gottes: Die Rechtfertigung bewirkt selbst, was sie zuspricht; sie setzt die Gerechtigkeit und Freiheit des Menschen nicht voraus, sondern schafft sie erst durch das vollmächtige Wort: „Ich begnadige dich!" Sie ist eine **performative** – die Handlung selbst vollziehende – Aussage. Die Freiheit des Verurteilten wird durch den, der die Autorität hat, Schuldige zu begnadigen, nicht **festgestellt**, sondern **hergestellt**. Die Kraft des Evangeliums und die Gewissheit der Rechtfertigung liegen damit freilich allein in der Autorität dessen begründet, der sie zuspricht, verantwortet und verwirklichen kann.

III

Was ist dann aber präzise unter der „Gerechtigkeit Gottes" (Röm 1,17; 3,5.21 f.25 f.; 10,3; 2 Kor 5,21) zu verstehen, die Paulus in Röm 1,16 f. als den zentralen Inhalt des von ihm bezeugten Evangeliums von Jesus Christus angibt? Ist dabei (1) an die Gerechtigkeit gedacht, die Gott **selbst** als **Eigenschaft** hat (*Genitivus subiectivus*, Genitiv des logischen Subjekts), oder ist (2) die Gerechtigkeit gemeint, die Gott **wirkt** und **schafft** (*Genitivus auctoris*, Genitiv des Urhebers), oder wird (3) mit Gerechtigkeit Gottes die Gerechtigkeit beschrieben, die der Mensch **vor** Gott, **im Angesicht** Gottes erweisen muss, um vor ihm im Gericht zu bestehen – gemäß der aus der Lutherbibel vertrauten Übersetzung: „die Gerechtigkeit, die **vor Gott gilt**" (*Genitivus obiectivus*, Genitiv des logischen Objekts)? – Um eine lange und komplizierte theologische Diskussion kurz zu machen: Gemäß dem Verständnis des Paulus bringen alle drei Aspekte Entscheidendes in den Blick:

(1) **Gott** selbst hat sich – im Unterschied zu Israel und der Welt – in Christus seinen Menschen gegenüber als treu und zuverlässig, und das heißt „gerecht" erwiesen; er hat sogar an seiner Erwählung und Berufung festgehalten, als die Israeliten sich – wie die Völker – nicht der von Gott eröffneten Beziehung entsprechend verhielten, sondern Gott gegenüber untreu und illoyal waren, als sie nicht „sein Volk" sein wollten und er nicht mehr als „ihr Gott" anerkannt wurde. Insofern ist es angemessen, davon zu sprechen, dass „Gerechtigkeit Gottes" (*Genitivus subiectivus*) **seine Eigenschaft** und **sein Verhalten** bezeichnet: Die Erlösung in Christus geschah „zum Erweis **seiner** Gerechtigkeit in der jetzigen Zeit, dass **er selbst gerecht ist** [...]" (Röm 3,26).

(2) Wenn der Erweis der Gerechtigkeit Gottes darin besteht, dass er Schuldige begnadigt und Verurteilte freispricht („Gott ist es, der gerechtmacht und freispricht", Röm 8,33)

und dass er sogar den erwiesenermaßen Gottlosen gerechtspricht („[Abraham] glaubte an den, der den **Gottlosen** gerechtmacht", Röm 4,5), dann ist die Rede von der Gerechtigkeit Gottes als derjenigen, die er dem Menschen schafft und **für ihn** und **an seiner Stelle** bewirkt (*Genitivus auctoris*), nicht nur zutreffend, sondern der eigentlich überraschende und zentrale Aspekt des Evangeliums. Gott ist für seinen Teil gemeinschaftstreu und gerecht, und er macht zudem – und gerade als solcher – den gerecht, der sich seinerseits illoyal und ungerecht verhalten hat. Er erweist seine Gerechtigkeit also darin, „dass er selbst gerecht **ist** und den an Jesus Glaubenden gerecht **macht**" (Röm 3,26).

(3) Schließlich ist auch der Gedanke der Gerechtigkeit, die **vor** Gott im Endgericht gilt und **ihm gegenüber** bestehen kann – also der „Gerechtigkeit Gottes" im Sinne eines objektiven Genitivs – durchaus für die paulinische Darstellung der Rechtfertigung zutreffend, solange stets im Bewusstsein bleibt, dass nicht an die **menschliche** Gerechtigkeit – ob als Jude, als Heide oder auch als Christ (!) – gedacht ist, sondern an die dem Menschen in Christus von Gott **geschenkte** Gerechtigkeit (*iustitia Dei passiva*), die „Gerechtigkeit durch den Glauben an Christus, die Gerechtigkeit aus Gott auf der Grundlage des Glaubens" (Phil 3,9)! Sie kommt dem Menschen in dem Sinne als eine „**fremde** Gerechtigkeit" – *iustitia aliena* – zugute, dass ihm die Gerechtigkeit **Christi** „zugerechnet" wird (*iustitia imputativa*). Denn auch die Gerechtigkeit der an Christus gläubig Gewordenen besteht prinzipiell darin, dass Christus für sie von Gott „zur Gerechtigkeit gemacht worden ist" (1 Kor 1,30), und er, der von keiner Sünde wusste, für uns und zu unseren Gunsten „zur Sünde wurde", damit wir durch ihn „zur Gerechtigkeit Gottes würden", das heißt zu Menschen, die in ihrem ganzen Sein durch Gottes Gerechtigkeit gekennzeichnet sind (2 Kor 5,21).

Die Zuversicht der an Christus Gläubigen basiert also nicht etwa auf der Hoffnung, dass ihr eigenes Leben seit der Taufe bzw. seit ihrem Gläubigwerden im Endgericht nach den Maßstäben der umfassenden Liebe und der uneingeschränkten Beziehungstreue bestehen könnte. Vielmehr beruht sie allein auf der im Evangelium zugesprochenen Gewissheit, dass Gott, der Vater, uns aufgrund seiner erwiesenen Liebe und grenzenlosen Treue – trotz aller berechtigten und unberechtigten Anklagen gegen uns! – endgültig begnadigen und freisprechen will (Röm 8,31–33). Und sie basiert auf der Zusage, dass Christus, der für uns Gestorbene und Auferstandene, der nun zur Rechten seines Vaters ist, trotz aller Verurteilungen hinsichtlich unseres gelebten Lebens für uns eintritt und Fürsprache für uns einlegt (8,34)! Vater und Sohn, Richter und Fürsprecher kommen in ihrem Urteil und Plädoyer überein. Bei gleichzeitiger Begnadigung durch den Vater und zusätzlicher Fürsprache durch den Sohn kann man im Sinne von Röm 8 davon sprechen, dass bei der Rechtfertigung in Christus **Gott sich selbst zuvorkommt**!

Nur unter dieser Voraussetzung wird verständlich, dass der Apostel von der endzeitlichen Rechtfertigung als einem **gegenwärtigen** Geschehen sprechen kann: „Nun wir denn **gerechtfertigt worden sind** durch den Glauben, **haben** wir Frieden mit Gott durch unseren Herrn Jesus Christus" (Röm 5,1). Stünde nach Paulus das endgültige Urteil Gottes über die Glaubenden noch aus und wäre von der Bewährung und dem eigenen Verhalten der Gläubigen noch abhängig, ob sie im Endgericht freigesprochen oder endgültig verurteilt werden, dann wären weder die **präsentischen** Aussagen über Rechtfertigung und Heilsempfang noch auch die Zeugnisse der **Heilsgewissheit**[2] nachvollziehbar. Nicht

---

2 Siehe Röm 8,38 f.; 11,29; 14,4; 1 Kor 1,8 f.; 10,13; Phil 1,6; 1 Thess 5,24.

die eigene Gerechtigkeit der Gläubigen macht gewiss, dass fortan keine Macht und keine Größe mehr die Gerechtfertigten von Gott trennen können, sondern ausschließlich die im Evangelium erklärte Liebe und Treue Gottes[3], das heißt die „Gerechtigkeit **Gottes**".

Selbstverständlich darf die Rechtfertigung des Gottlosen nach Paulus nicht als Rechtfertigung der **Gottlosigkeit** missverstanden werden, und ohne Zweifel sind die aus Gnaden Gerechtfertigten zum Leben in der Gerechtigkeit befähigt und berufen. Dennoch versteht der Apostel das **Gerechtsprechen Gottes** keineswegs im Sinne der gegen die Reformatoren vertretenen *iustificatio effectiva*, der sogenannten „wirksamen Gerechtmachung", die den Ungerechten zum faktisch ganz gerecht Lebenden machen soll, so dass dieser im Endgericht dann infolge seiner eigenen Werke als Gerechter anerkannt werden wird. Nicht erst für Martin Luther, sondern vor allem für Paulus selbst ist und bleibt es die Gerechtigkeit **Christi**, auf die sich die Hoffnung der Christen allein gründet.[4]

Zusammenfassend lässt sich also zum Verständnis der „Gerechtigkeit Gottes" nach Paulus festhalten, dass die Gerechtigkeit sowohl als Gottes **Eigenschaft** im Blick ist wie auch als Gottes **Heilshandeln**, sowohl als Gottes rettende **Heilsmacht** als auch als Gottes **Heilsgabe** an den Menschen. Sie wird als geprägte Wendung bei Paulus gerade **nicht** für das gerechte Richten und Verurteilen gemäß der *iustitia distributiva* verwandt, sondern speziell für die „**heilbringende**" – das heißt freisprechende und begnadigende – Gerechtigkeit, die *iustitia Dei salutifera*. Wenn Paulus von dem Vollzug der Rechtfertigung und Gerechtmachung durch Gott spricht, meint er durchgängig die „Rechtfertigung des Gottlosen um Christi willen allein aus Gnade durch den Glauben" – also die *iustificatio impii propter Christum sola gratia per fidem* (Röm 3,24.26.28; 4,5; 5,1.9).

IV

Kehren wir nun in unserem letzten Hauptteil zu der Formulierung der Grundthese des Römerbriefes (Röm 1,16 f.) zurück, so werden die Charakterisierung des Gotteswortes als „guter Botschaft" und die fünffache Qualifikation des Evangeliums als „Kraft – Gottes – zum Heil – für jeden – Glaubenden" auf dem Hintergrund unserer Erkenntnisse zur „Gerechtigkeit Gottes" unmittelbar verständlich und nachvollziehbar:

(1) Die **Kraft** des Evangeliums (vgl. 1 Kor 1,18.24) gründet in der Autorität dessen, der darin spricht und der es offenbart hat, und bezieht sich zudem auf den Inhalt der „erfreulichen Nachricht": Sie bezeugt die **Heilsmacht** und **Heilssphäre** der Gerechtigkeit Gottes, die den Sünder zu erlösen und den Gottlosen zu einem Gerechten zu machen vermag (1 Kor 2,4 f.; 1 Thess 2,13). Dabei ist das Evangelium nicht lediglich als theoretische Mitteilung über Geschehenes, sondern als wirksamer Zuspruch und als wirkmächtiger Freispruch zu verstehen. So wie die erste Schöpfung durch Gottes Wort und sein „Es werde […]!" geschaffen wurde (1 Mo 1,3 ff.; Ps 33,6.9), so hat Gott auch durch sein Evangelium in den Herzen der Gläubigen Licht werden lassen, dass sie Gott im Angesicht Christi

---

3 Siehe Röm 5,5–8; 8,35–39.
4 Siehe wissenschaftlich HANS-JOACHIM IWAND: Rechtfertigungslehre und Christusglaube. Eine Untersuchung zur Systematik der Rechtfertigungslehre Luthers in ihren Anfängen. München ³1966 (Theologische Bibliothek 14). – OTTO WEBER: Grundlagen der Dogmatik. Teil II. Berlin ²1969, S. 292–296.

erkennen können (2 Kor 4,6). Das Evangelium bewirkt bei seiner Verkündigung die Rettung im Glauben, von der es Kunde gibt (Röm 10,17; Gal 3,2.5).

(2) Diese im Evangelium wirkende Kraft – *dynamis* – hat ihren Ursprung und ihre bleibende Stärke allein **in Gott** (2 Kor 4,7; 12,9; 13,4; Phil 4,13). Die Gerechtigkeit, von der das Evangelium spricht, ist ausschließlich **Gottes** Gerechtigkeit, die am Menschen wirksam ist und ihm zukommt, die aber keineswegs vom Menschen selbst hervorgebracht oder auch nur ohne Gott erhalten werden könnte. Das Evangelium spricht seinen Hörern Gottes Kraft und Wirken zu, es fordert nicht vom Menschen, dass er in seinem Reden und Tun nunmehr selbständig und unabhängig von Christus „göttliche" Kraft hervorzubringen oder aufzuweisen hätte. Vielmehr wirkt die Heilsmacht der Gerechtigkeit Gottes gleich einem **Kraftfeld**, das den, der sich in ihrem Wirkungsbereich befindet, mit seiner Energie beeinflusst und bewegt.

(3) Nicht weniger entscheidend ist auch die dritte Bestimmung: Die Gerechtigkeit Gottes als Inhalt des Evangeliums wirkt ausschließlich **zum Heil** des Menschen – das heißt zu seiner Rettung, seiner Heilung und Bewahrung im Heil. Paulus kann selbstverständlich auch von Gottes **Richten** und **Verurteilen** sprechen, dann gebraucht er aber – wie im unmittelbaren Anschluss an unsere Stelle in Röm 1,18 – den Begriff „**Zorn** Gottes" (Röm 2,5.8; 3,5; 4,15; 5,9; 12,19; 1 Thess 1,10; 2,16; 5,9), mit dem er speziell Gottes Endgericht über alle menschliche Gottlosigkeit und Ungerechtigkeit bezeichnet. Gottes **Gerechtigkeit** aber erweist sich ausschließlich zum Heil! — Der sinngleiche Gebrauch von Gerechtigkeit und Heil geht ebenfalls auf spezifische alttestamentliche Traditionen zurück, die wir in Jesaja 40 ff. (Jes 46,12 f.; 51,5a.8; 56,1; 59,17; 61,10 f.; 62,1 f.) und vereinzelt in den Psalmen (71,15 f.; 98,2 f.) greifen können. Dort wird dem als schuldig und straffällig erwiesenen Volk von Gott verheißen: „Höret mir zu, die ihr verlorenen Herzens seid, die ihr ferne seid von der Gerechtigkeit! Ich habe nahe gebracht meine **Gerechtigkeit**, und mein **Heil** säumt nicht" (Jes 46,12 LXX). Oder: „Schnell naht meine **Gerechtigkeit**, und mein **Heil** wird hervortreten wie das Licht; und auf meinen Arm werden die Heiden hoffen […]" (Jes 51,5 LXX). Diese angekündigte Offenbarung der Gerechtigkeit Gottes als rechtfertigendes und rettendes Heil erkennt Paulus in der Sendung Christi und der Gabe des Evangeliums nunmehr als verwirklicht, und er sieht sich selbst als einen der Freudenboten, die nach Jes 52,7 gesandt sind, Frieden zu verkündigen, Gutes zu predigen, Heil zu verkündigen und den Antritt der Königsherrschaft des Herrn, das heißt Jesu Christi, des Gottessohnes, zu bekennen (Röm 10,9–16; 15,20 f.).[5]

(4) Die nächste Bestimmung: „für **jeden**", die durch die Ergänzung „den Juden zunächst **und auch den Griechen**" ausdrücklich präzisiert wird, mag uns als überwiegend „heidenchristlich" – das heißt „nicht-judenchristlich" – geprägte Kirche inzwischen als selbstverständlich erscheinen. Dabei übersehen wir aber die grundsätzliche Bedeutung, die die universale Ausweitung des Evangeliums hat. Es wendet sich weder ausschließlich an eine bestimmte Volksgruppe noch an einzelne Stände und Gruppen noch auch ausschließlich an ein Geschlecht, sondern an **alle** Menschen – ohne Ansehen der Person. Dementsprechend gilt auch für die durch Christus Berufenen uneingeschränkt: „Es gibt nicht Juden

---

[5] Wobei Paulus in der griechischen Übersetzung (der sogenannten Septuaginta [LXX]) von Jes 52,7 auch die für ihn zentrale Wendung der „Evangeliumsverkündigung", der Ansage der guten Botschaft, das heißt des endzeitlichen Heils, vorfindet (vgl. auch Jes 40,9; 60,6; 61,1; Nah 1,15 [2,1]).

noch Griechen, es gibt nicht Sklaven noch Freie, es gibt nicht Mann noch Frau. Ihr alle nämlich seid **einer** – ihr bildet alle eine Einheit – in Christus" (Gal 3,28).

Diese universale Entschränkung der Evangeliumsverkündigung war nicht nur für die damalige zeitgeschichtliche Auseinandersetzung – hinsichtlich der Aufnahme von Heiden in die von Judenchristen geprägte frühe Kirche – von größter Bedeutung. Sie repräsentiert und besiegelt die völlige **Voraussetzungslosigkeit** der Verkündigung des in Christus erschlossenen Heils. Es gibt keine **Vorbedingung**, die der Hörer des Evangeliums von sich aus zu erfüllen hätte, und es gibt keinerlei **Voraussetzung**, die er selbst mitbringen müsste, um die Heilszusage auf sich beziehen zu dürfen. Denn die Voraussetzungen und Vorbedingungen der Rechtfertigung vor Gott und der versöhnten Gemeinschaft mit ihm hat Gott jetzt seinerseits zugunsten seiner Menschen in der Sendung seines Sohnes erfüllt und verwirklicht: „Sie sind umsonst – das heißt geschenkweise – gerechtfertigt worden durch seine Gnade kraft der Erlösung, die in Christus Jesus [geschehen] ist" (Röm 3,24).

Im Evangelium wendet sich Gott den Menschen **bedingungslos** zu und nimmt sie – wie das Kreuzesgeschehen zeigt – **unbedingt** an. Denn in der Lebenshingabe Jesu für die Seinen ist nach Paulus der überwältigendste Ausdruck der vorbehaltlosen Liebe Gottes zu sehen: Christus gab sein Leben für uns hin, als wir noch Unvermögende, Gottlose, Feinde Gottes und Sünder waren (Röm 5,6–8). Die im Evangelium verkündigte Zuwendung Gottes macht sich nicht von menschlichen Werten, Voraussetzungen und Leistungen abhängig, sondern sie gilt dem Menschen als das, was er ist. Sie hat nicht nur seine Qualitäten, sondern ihn selbst im Blick. Gottes in Christus offenbarte Liebe kommt dem Menschen nicht zu, weil er sich als liebenswert und einmalig erweisen kann, sondern der Mensch erkennt seinen wahren Wert und seine unverwechselbare Bedeutsamkeit daran, dass er von Gott geliebt wird (Röm 5,8; 8,31f.; Gal 2,20; vgl. Eph 2,4ff.; 5,2.25b).

(5) Wenn auch Gottes Zuwendung zur Welt zweifellos voraussetzungslos ist und seine Liebe sich in Christus als vorbehaltlos erwiesen hat, so möchten manche einwenden, dass sie trotzdem nicht ganz **bedingungslos** sei. Bei aller Voraussetzungslosigkeit der Liebe und Berufung gibt es doch scheinbar eine Bedingung, an die die Rechtfertigung aus Gnaden geknüpft wird – nämlich den **Glauben**. Das Evangelium ist „Gottes Kraft zum Heil für jeden **Glaubenden**" – bzw., wie auch übersetzt wird, „für jeden, **der glaubt**". Ist der Glaube nun die **eine** Bedingung, die der Mensch von sich aus und allein erfüllen muss, um das Geschenk der Begnadigung zu erhalten? Ist er der **eine** Schritt, den der Mensch ohne Gottes Hilfe auf Gott zugehen muss, nachdem ihm Gott in Christus 99 von 100 oder – reden wir groß von der Gnade – 999 von 1000 Schritten entgegengekommen ist?

Diese gedanklichen – wichtiger aber noch: seelsorgerlich bedeutsamen – Schwierigkeiten können nur aufkommen, wenn man den Glauben als eine menschliche Möglichkeit und Leistung missversteht. Richtig gesehen wird bei der Betonung der **Notwendigkeit** des eigenen Glaubens, dass die Gemeinschaft mit Gott und das neue Leben in Christus im Neuen Testament durchgängig mit dem Glauben verbunden werden: Es gibt danach keine christliche Identität ohne Glauben! Zutreffend ist auch, dass es der **Mensch** ist, der glaubt, denn der „**Glauben**sbegriff" wird als solcher in unserer Sprache ja nicht in Hinsicht auf Gottes Haltung der Welt gegenüber gebraucht. Hingegen ist es unzutreffend, dass der „Glaube" bei Paulus als **menschliche** Möglichkeit oder als **vom Menschen selbst** zu erbringender Beitrag dargestellt wird. Wenn nämlich die von Gott geforderte und erfüllte Gerechtigkeit die ganzheitlich-personale Beziehung bedeutet und wenn die eigentliche, grundlegende Sünde die **Trennung** und **Unabhängigkeit** von Gott ist, wie sollte dann der Glaube vom Menschen selbst und ohne Gott zu leben und hervorzubringen sein? Wäre dann der erste Schritt des Glaubens nicht schon wieder ein Schritt in der Unabhängigkeit und also letztlich erneut in Ungerechtigkeit?

Ob es heißt, dass der rettende Freispruch „auf der Grundlage des Glaubens" (Röm 1,17; 3,26.30; 5,1; 9,30; 10,6; Gal 2,16 c; 3,8.11.[22.]24; 5,5) empfangen wird, oder ob betont wird, dass das Heil „vermittels des Glaubens", „durch den Glauben" (Röm 3,22.30; Gal 2,16a; Phil 3,9) erlangt wird – in jedem Fall versteht Paulus den Glauben nicht als **Voraussetzung** und **Vorbedingung**, die der Mensch von sich aus zu erfüllen hätte, um anschließend dafür das Heil zu erlangen. Vielmehr beschreibt er den Glauben als die **Art und Weise**, in der Gott dem Menschen schon gegenwärtig Anteil an seiner Gerechtigkeit gibt.

Der Mensch muss nicht zuerst glauben, damit Gott ihm infolgedessen das Leben schenkt, sondern indem der Mensch glaubt, hat er bereits das Leben. Der **Glaube selbst** ist schon Geschenk (Röm 3,24; Phil 1,29; vgl. Eph 2,8), denn er ist die gegenwärtige Gestalt der **Gottesbeziehung**. Der Glaube ist nach Paulus nicht die *conditio* (Bedingung), sondern der *modus* (die Art und Weise) des Heilsempfangs; die Gerechtigkeit wird dem Menschen nicht „**wegen** seines Glaubens" (*propter fidem*), sondern „**durch** den Glauben", „**in Gestalt** des Glaubens" (*per fidem*) zugeeignet. Nur unter diesen Voraussetzungen wird verständlich, warum das Evangelium selbst als die wirkmächtige Kraft Gottes zu verstehen ist (Röm 1,16; 1 Kor 1,18.24) und schon das Zustandekommen des Glaubens auf das Wirksamwerden des Geistes und der Kraft Gottes zurückgeführt wird (1 Kor 2,4 f.; 1 Thess 2,13).

Wenn der Glaube aber die gegenwärtige Gestalt der von Gott geschenkten Beziehung und Gemeinschaft mit ihm selbst ist, dann bedeutet er mehr als nur ein „Für-wahr-Halten" und als „Anerkennung" bzw. „Gehorsam", ja, er ist noch mehr als menschliches „Vertrauen" und „Sich-Anvertrauen". In all dem **äußert** sich der Glaube, er geht aber nicht in diesen Ausdrucksformen auf. In der Tat soll der Mensch selbst – nicht nur **einen**, sondern: **unzählige** – Schritte im Glauben machen, aber er braucht keinen einzigen Schritt **ohne** Christus zu gehen, schon gar nicht den ins Endgericht! Die auf der Basis des Glaubens gelebte Gottesbeziehung ist – wie jede Erfahrung echter Liebe – ausgesprochen **folgenreich**, sie bleibt aber durch ihren Geschenkcharakter für immer **voraussetzungslos** und **bedingungslos**. Am Evangelium orientiertes Hören, Reden und Tun verstehen sich selbst als Folgerung, Ausdruck und Wirkung der Gemeinschaft mit Gott, sie dürfen aber niemals zur nachträglichen Bedingung für die Beziehung umgedeutet werden: „Denn die Gerechtigkeit **Gottes** wird in ihm [dem Evangelium] offenbart – **aus Glauben zum Glauben** [das heißt ausschließlich im Glauben]; wie geschrieben steht: ‚Der **aus Glauben Gerechte** wird leben'" (Röm 1,17).

Anhang

Abkürzungsverzeichnis

a.D; a.D.	außer Dienst
Abb.	Abbildung
Abs.	Absatz
Abt.	Abteilung
AEKiR	Landeskirchliches Archiv der Evangelischen Kirche im Rheinland
Anm.	Anmerkung
APU	Altpreußische Union
Art.	Artikel
Bd.	Band
Bde.	Bände
Bearb.	Bearbeiter(in)
betr.	betreffend
BK	Bekennende Kirche
Bl.	Blatt
BRD	Bundesrepublik Deutschland
bzw.	beziehungsweise
CA	Confessio Augustana
CT	Confessio Tetrapolitana
D.	Doctor theologiae
d.Ä.	der Ältere
D.C.; DC	Deutsche Christen
DDR	Deutsche Demokratische Republik
ders.	derselbe
DHB	Diasporahaus Bietenhausen
DM	Deutsche Mark
dpa	Deutsche Presseagentur
Dr.	Doktor
e.V.	eingetragener Verein
ebd.	ebenda
EG	Evangelisches Gesangbuch
einschl.	einschließlich
EKD	Evangelische Kirche in Deutschland
EKdapU	Evangelische Kirche der altpreußischen Union
EKU	Evangelische Kirche der Union
ELAB	Evangelisches Landeskirchliches Archiv in Berlin
EOK	Evangelischer Oberkirchenrat
epd	Evangelischer Pressedienst
Eph	Epheser
etc.	et cetera
Ev.	Evangelisch(e)
EZA	Evangelisches Zentralarchiv in Berlin
f.	folgende
ff.	fortfolgende
Gal	Galater
GBDC	Glaubensbewegung Deutsche Christen
geb.	geboren
Gen.	Generalia
gest.	gestorben
Gestapo	Geheime Staatspolizei
Hab	Habakuk
h.c.	honoris causa
Hes	Hesekiel
Hg.	Herausgeber(in)
hg.	herausgegeben
HJ	Hitlerjugend
i.R.	im Ruhestand
ICAN	International Campaign to Abolish Nuclear Weapons
Jes	Jesaja
km	Kilometer
Kor	Korinther
Kr.	Kreis
KZ	Konzentrationslager
lib.	[ad] libitum
Lic.	Licentiat
LKAS	Landeskirchliches Archiv Stuttgart

Lkr.	Landkreis	Prof.	Professor
LXX	Septuaginta	Ps	Psalm
M	Mark	Qu.	Quadrangel
M.	Magister	Röm	Römer
med.	medicinae	S.	Seite
MBW	Melanchthons Briefwechsel	s. v.	sub voce
Mo	Mose	SA	Sturmabteilung
mschr.	maschinenschriftlich	SED	Sozialistische Einheitspartei Deutschlands
mult.	multiplex		
Mt	Matthäus	sog.	sogenannte(n)
Nah	Nahum	Sp.	Spalte
ND	Neudruck	SS	Schutzstaffel
NDB	Neue Deutsche Biographie	Supt.	Superintendent
NF	Neue Folge	St.	Sankt
Nr.	Nummer	Str.	Straße
NS	Nationalsozialismus, nationalsozialistische(n)	StAS	Staatsarchiv Sigmaringen
		Thess	Thessalonicher
NSDAP	Nationalsozialistische Deutsche Arbeiterpartei	Tl.	Teil
		u. a.	und andere; unter anderem
NSV	Nationalsozialistische Volkswohl-fahrt	UAH	Universitätsarchiv Heidelberg
		UEK	Union Evangelischer Kirchen in der Evangelischen Kirche in Deutschland
o. D.	ohne Datierung		
o. J.	ohne Jahr	USA	United States of America
O. O.	ohne Ort	VELKD	Vereinigte Evangelisch-Lutherische Kirche Deutschlands
Offb	Offenbarung (des Johannes)		
OKR	Oberkirchenrat	vgl.	vergleiche
op.	Opus	WHW	Winterhilfswerk
PG	Parteigenosse	württ.	württembergische(m/n/r/s)
PhD	Doctor of Philosophy	z. B.	zum Beispiel
Phil	Philipper	ZKG	Zeitschrift für Kirchengeschichte

Mitarbeiterinnen und Mitarbeiter

Braun, Hans-Peter
Stiftskirchenmusikdirektor i. R., Honorar-
professor der Staatlichen Hochschule für Musik
Trossingen; Tübingen

Eckstein, Hans-Joachim, Dr. theol.
Emeritierter Professor für Neues Testament
mit Schwerpunkt Evangelienforschung an
der Universität Tübingen; Dettenhausen

Ehmer, Hermann, Dr. theol.
Archivdirektor i. R., Honorarprofessor für
württembergische Kirchengeschichte an der
Universität Tübingen; Stuttgart

Ehni, Wolfgang
Bezirkskantor des Evangelischen Kirchenbezirks Balingen; Balingen

Holtz, Sabine, Dr. phil.
Professorin für Landesgeschichte an der
Universität Stuttgart, Vorsitzende der
Kommission für geschichtliche Landes-
kunde in Baden-Württemberg; Tübingen

Hüffmeier, Wilhelm, Dr. theol. Dr. theol. h.c.
Präsident i. R. der Kirchenkanzlei der Union
Evangelischer Kirchen in der EKD; Berlin

Kampmann, Jürgen, Dr. theol.
Professor für Kirchenordnung und Neuere
Kirchengeschichte an der Universität Tübin-
gen; Hechingen

Kommer, Dorothee, Dr. theol.
Pfarrerin; Wehingen

Ludwig, Hartmut, Dr. theol. habil.
Privatdozent an der Humboldt-Universität
Berlin; Schöneiche

Münch, Paul, Dr. phil.
Emeritierter Professor für Neuere Geschichte
mit dem Schwerpunkt Frühe Neuzeit an der
Universität Duisburg-Essen; Bisingen-Wessingen

Schöberl, Martin
Pfarrer; Baienfurt

Schöllkopf, Wolfgang, Dr. theol.
Pfarrer, Privatdozent für Kirchengeschichte an
der Universität Tübingen; Ulm

Schubert, Anselm, Dr. theol.
Professor für Neuere Kirchengeschichte an der
Universität Erlangen-Nürnberg; Nürnberg

Spicker-Beck, Monika, Dr. phil.
Historikerin; Freiburg i. Br.

Stäbler, Walter, Dr. theol.
Pfarrer und Studiendirektor i. R.; Neckartenzlingen

Trugenberger, Volker, Dr. phil.
Archivdirektor i. R.; Sigmaringen

Widmann, Beatus
Dekan des Evangelischen Kirchenbezirks
Balingen; Balingen

Zekorn, Andreas, Dr. phil.
Leiter des Kreisarchivs des Zollernalbkreises;
Balingen

Abbildungsnachweis

Archive, Bibliotheken, Institutionen, Museen, Bildagenturen

Abingdon-on-Thames, Alamy: S. 264 f.
Basel, Historisches Museum: S. 53
Berlin, Evangelisches Zentralarchiv: S. 210, 212 f.
– Kupferstichkabinett (SMB): S. 229
Bietenhausen siehe Rangendingen-Bietenhausen
Halle/Saale, Bibliothek der Franckeschen Stiftungen: S. 75
Hechingen, Hohenzollerische Heimatbücherei: S. 237
– Hohenzollerisches Landesmuseum: Umschlag
Jena, Thüringer Universitäts- und Landesbibliothek: S. 62
Lauffen am Neckar, Museum im Klosterhof: S. 20

Rangendingen-Bietenhausen, Archiv Diasporahaus: S. 122, 124, 128
– Diasporahaus: S. 116 f., 121, 126 f., 131 f., 133–135
– Gemeindearchiv: S. 118
Stuttgart, Evangelische Landeskirche in Württemberg, Oberkirchenrat, Referat 7.4: Kartenbeilagen
– Hauptstaatsarchiv: S. 50
– Landeskirchliches Archiv: S. 21, 23, 26, 29
– Landesmuseum Württemberg: S. 66, 68 f.
– Württembergische Landesbibliothek: S. 57
Tübingen, Universitätsbibliothek: S. 59
Wien, Österreichische Nationalbibliothek: S. 45

Privatpersonen

Elfriede Hahn †, Hechingen: S. 169
Reiner Löbe, Bingen: S. 300, Umschlag
Professor Dr. Paul Münch, Bisingen-Wessingen: S. 223
Ralph Musen, Balingen: S. 133
Lara A. Sauer, Staatsarchiv Sigmaringen: S. 171

Peter Schilling, Hechingen: S. 253
Katharina Schmid, adposit design, Kirchheim/Teck: S. 13, Umschlag
Martin Schöberl, Balingen: S. 248
Horst Schweizer, Albstadt-Pfeffingen: S. 12
Karl-Josef Sickler, Horb-Dettingen: S. 239
Dr. Walter Stäbler, Neckartenzlingen: S. 70

Publikationen

PAUL DREWS: Der evangelische Geistliche in der deutschen Vergangenheit. Jena 1905: S. 233
Evangelisch in Hohenzollern. Katalog zur Ausstellung des Evangelischen Dekanats Balingen und des Staatsarchivs Sigmaringen. Hg. von VOLKER TRUGENBERGER und BEATUS WIDMANN. Stuttgart 2016: S. 11, Umschlag
Ordnung der Agende für die evangelische Kirche in den Königlich Preußischen Landen. Mit besonderen Bestimmungen und Zusätzen für die Provinz Westphalen und die Rhein-Provinz. Berlin 1834: S. 113
Philipp Matthäus Hahn, 1739–1790. Ausstellungen des Württembergischen Landesmuseums Stuttgart und der Städte Ostfildern,

Albstadt, Kornwestheim, Leinfelden-Echterdingen. Teil 2: Aufsätze. Stuttgart 1989: S. 67, 81
WALTER STÄBLER: Pietistische Theologie im Verhör. Stuttgart 1992: S. 76 f.
WALTER STÄBLER (Hg.): Philipp Matthäus Hahn – Jakob Friedrich Klemm: „Etwas zum Verstand des Königreichs Gottes und Christi". Stuttgart 2016: S. 79
JULIUS THEOBALD (Hg.): Geschichte der evangelischen Gemeinden in den Hohenzollernschen Landen. Festschrift zur Feier des fünfzigjährigen Bestehens evangelischer Kirchengemeinden in Hohenzollern (1861–1911). Sigmaringen 1911: S. 175

Ortsregister

Im Ortsregister vermerkt sind die in der Darstellung im Fließtext und in den Fußnoten erwähnten Orts- und Landesnamen, nicht aber solche, die nur im Zusammenhang von bibliographischen Angaben in Fußnoten genannt sind. Adjektivisch begegnende Orts- und Landesbezeichnungen sind unter dem jeweiligen Substantiv zu finden, Teilterritorien oder spezifische Lokalitäten in Städten wurden eingerückt verzeichnet.

Personenregister

Im Personenregister verzeichnet sind die in der Darstellung im Fließtext und in den Fußnoten erwähnten Personen, nicht aber solche, die nur im Zusammenhang von bibliographischen Angaben in Fußnoten genannt sind. Dem Adel angehörige Personen sind unter deren Vornamen aufgenommen, wenn sie unter diesem üblicherweise in der Geschichtsschreibung bekannt sind. Sofern Namensbestandteile bzw. Vornamen erschlossen wurden, sind diese in eckige Klammern gesetzt. Akademische Titel sind nicht verzeichnet.

Abbildung auf S. 300:
Die evangelische Stadtkirche in Sigmaringen
(Aufnahme: Reiner Löbe, Bingen).